JN250736

法人・企業課税の理論

〔租税法研究双書 8〕

手 塚 貴 大

弘文堂

「租税法研究双書」刊行にあたって

　租税法は、比較的新しい法分野であり、その本格的研究が始まってから、まだ50年ほどを数えるにすぎない。しかし、今日においては、個人にとっても企業にとっても、租税とのかかわり合いがきわめて深くなっているため、租税法の重要性は著しく増大しており、それにつれてその研究も急速に盛んになりつつある。租税法は、昭和20年代以来の草創期と確立期を経て、ようやく発展期に入ったといえよう。それを研究する者の数も着実に増加しており、その研究も、解釈論のみでなく、租税制度論や租税政策論の分野にも及んでいる。また、外国法や比較法の研究も盛んになりつつある。

　このたび刊行されることになった「租税法研究双書」は、このような状況の中で、租税法に関するすぐれた研究を世に送ることによって、その今後におけるいっそうの発展に寄与することを目的とするものである。この双書においては、内容と範囲をとくに限定することなく、基礎理論的な研究から実務と関係の深い研究まで、また、解釈論に関する研究から租税法度や租税政策に関する研究まで、種々の内容の著作を刊行してゆく予定である。若し、この双書が租税法の理論と実務の発展に貢献することができるならば、それは関係者にとって大きな喜びである。

金　子　　宏

はしがき

　本書は基本的には筆者が勤務校である広島大学での研究に基づいて公表した論文のうちいくつかをまとめて一冊の書物として刊行するものである。表題の示すとおり、企業税制に関する諸論文を収録しているが、それに関連する（と筆者が考える）諸問題について論じたものも収録することとした。筆者は比較法研究の対象としてはドイツ租税法を扱っているため、本書の考察対象もそのようになっている。

　内容の詳細については、各章をお読みいただくこととし、ここで本書の問題意識について簡単に申し述べたい。筆者にとって、企業税制とは、現実のビジネスの世界において重要性をもつ魅力的な研究対象であったが、問題はそこにどのような視点でアプローチするかである。そこで、現在の制度について考察を加えることもありえるであろうが、現在の制度は過去の制度の変遷の上に成り立っているという当然の認識を想定すれば、税制の変遷に着目し、その都度税制がどのような思考に基づき設計されているかを知ることが重要であると筆者は考えた。比較対象としてドイツ租税法を選択し、（株式会社を中心に）企業税制がどのような制度的変遷を経て現在に至っているかを検討することとした（第1章から第4章）。その中で税制改革の背景を探り出し、何が税制改革の動機となり、同時に何が税制改革にブレーキをかけるのかを示すことを試みた。そして、（企業税制に限ったことではなく）税制の設計については、出来上がった税制に着目するだけではなく、そのプロセスにも着目する必要がある。そこで特にプレッシャー活動に基づく税制の歪みを排除することを念頭に置いた税制改革のプロセス、さらにはそうした税制の具体像を示すこととした（第6章、第7章）。その他にも税制簡素化を指向する租税政策の基礎理論を提示することも試みた（第5章）。第5章から第7章までは企業税制とはやや離れているが、いずれも無関係ではなく、企業税制の枠内でも議論の対象となるものであるため、本書に敢えて収録することとした。

　そして、いずれもドイツの議論を参照しながら、現行税制の具体像を示すことではなく、租税法学の観点からどのような理論的示唆を得られるかという点に意を払いながら執筆することを心掛けた。その意味で、本書は試論的な考察（思考実験ともいえようか）も多く含まれている。本書におけるそうした試みに対する評価は読者の方々に委ねたい。至らない点も多々あろうけれども、誠に勝手ながら今後の研究を通じて補っていきたいと考えている。

　また、既発表論文をまとめるという趣旨から、次のことも触れておくべきである。いくつか修正を施しはしたものの原論文をほぼそのまま収録した。その関係で発表時期が数年前の論文もあるため、文献の引用は最新版ではない。内容も含めて全面修正も考えないではなかったが、その時々の私の考えをまとめることにも意義があると考え、そのままとした。

　さて、本書を刊行するにあたり、様々な先生方のご指導・ご鞭撻を賜ったのでこの場を借りて御礼申し上げることとしたい。まずは筆者が慶應義塾大学における学部・大学院において指導教授としてご指導を賜った八木欣之介先生、木村弘之亮先生である。両先生方は筆者に行政法学および租税法学の手ほどきをしてくださった。意に満たない点は多々あるが、本書が両先生方より賜ったご指導にいくばくか応えることができるものであればよいと願っている。

　次に、本書の出版をお認めくださり、過分なご推薦を賜った金子宏先生にも心より御礼申し上げる次第である。筆者が大学院時代に愛読した租税法研究双書の一冊に本書を加えていただくことはこの上ない喜びである。

　さらには弘文堂の北川陽子氏にも出版事情の厳しい中において本書の刊行にご尽力をくださったことにつき、感謝申し上げる。北川氏には原稿を辛抱強くお待ちいただき、大変ご迷惑をおかけし、叱咤激励もいただいた。北川氏なしには本書の刊行はなかった。

　最後に、両親や、妻、子供達、また研究を支援してくれた義理の両親といった家族に対しても深く感謝しなければならない。特に亡き義父は子育てを親身になって手伝ってくれた。それによって確保した時間を使って本書に所収された論文の多くは執筆された。

　なお、本書は、広島大学法学部後援会の出版助成に基づいて刊行される。
同会にも感謝したい。

　2017年 9 月

　　　　　　　　　　　　　　　　　　　　　　手塚　　貴大

目　次

第6章　租税政策と財政政策
——ドイツ租税法学における租税・財政制度論を素材として

初出一覧

第 1 章 「企業課税の現状と再構築の可能性—ドイツ租税法における法人税を素材とした一試論—(1)～(3・完)」広島法学34巻 1 号（2010年）、同37巻 2 号（2013年）、同37巻 3 号（2014年）

第 2 章 「企業・投資課税における経済学的中立性と租税法—ドイツ企業税制改革に係る基礎理論の分析—(1)～(2・完)」広島法学29巻 1 号（2005年）、同29巻 3 号（2006年）

第 3 章 「連結納税制度の導入」金子宏編『租税法の発展』（有斐閣・2010年）

第 4 章 「企業結合に対する租税法の制度的対応—ドイツ租税法における機関会社制度と組織再編税制を素材として—(1)」広島法学33巻 3 号（2010年）

第 5 章 「税制簡素化と租税法・租税政策—ドイツ租税法学における税制改革論・課税要件構築論の一端—(1)～(3・完)」広島法学39巻 1 号（2015年）、同39巻 3 号（2016年）、同40巻 1 号（2016年）

第 6 章 「租税政策と財政政策—ドイツ租税法学における租税・財政制度論を素材として 」税法学569号（2013年）

第 7 章 「租税政策の形成過程と租税制度（所得税等）の構築—ドイツ租税政策論における応益性（Äquivalenz）概念を素材とした一試論—(1)～(2・完)」広島法学38巻 3 号（2015年）、同38巻 4 号（2015年）

第1章

企業課税の現状と再構築の可能性
——ドイツ租税法における法人税を素材とした一試論

Ⅰ　はじめに

1　問題の所在

　企業課税における法人税の存在根拠は一見自明で、実は定説はない[1]。法人税とは所得税の一類型であるが[2]、所得税ではなく一部の企業にのみ法人税という別個の税を課している。わが国では一般的に「法人税は所得税の前取り[3]」という位置付けがなされ、いわば法人税が所得税における源泉徴収機能または繰延課税防止機能を有しているという言明がある。これによると、法人税は機能的に所得税の一部であり、その存在は見方によっては論理必然的なものではなく、場合によっては徴収の必要がない。ちなみにドイツにおいて有力に主張されている法人課税の根拠として競争中立性がある。すなわち、凡そ"法人も人的企業も市場で活動し、両者は競争状態にあるので、税法上の扱いを異にすれば、税法が経済的意思決定に介入することになり正しくない[4]"ということである。換言すれば、法人に係る利益、特に内部留保利益に対して何らかの課税を行なわなければ人的企業と

1 ）　岡村忠生他『ベーシック税法〔第4版〕』（有斐閣・2009年）189頁以下〔渡辺徹也〕。

2 ）　清永敬次『税法〔第7版〕』（ミネルヴァ書房・2007年）121頁。

3 ）　金子宏『租税法〔第15版〕』（弘文堂・2010年）251頁、石弘光『現代税制改革史—終戦からバブル崩壊まで』（東洋経済新報社・2008年）67頁以下。

4 ）　Pezzer, Heinz-Jürgen, Rechtsfertigung und Rechtsnatur der Körperschaftsteuer, in: Widmann Siegfried, Besteuerung der GmbH und ihrer Gesellschafter, Köln 1997, S.14f.; Hey, Johanna, Einführung zum Körperschaftsteuergesetz, in:Hermann, Carl／Gerhard Heuer／Arndt Raupach （Hrsg.）, Einkommen- und Körperschaftsteuer Kommentar （Loseblatt）, Köln Stand 1999, Rz.17; Desens, Marc, Das Halbeinkünfteverfahren:Eine theoritische, historische, systematische und verfassungsrechtliche Würdigung, Köln 2004, S.15. なお、ここで引用した Hey 論文では"競争平等"という言葉が使われているが、意味内容は同じである。

の関係で競争上の不平等が発生するゆえ、当該部分に対して法人課税が行なわれるのである。したがって、私法上の法形態にかかわらず、市場で競争状態に置かれる組織には同様の税負担の創出が求められる。具体的には法人の内部留保利益に係る課税と人的企業のそれに係る課税とが同一であることが端的には求められる。右の言明の前提として、一に、法人は株主から私法上独立しており、また別個の独自の組織であること、二に、法人がそれに基づき独自に経済活動を行なっていること、がある。[5] しかし、この前提には問題もなお残る。一に、納税義務の所在を自然人であれ、法人であれ、人格の所在に一致させるのであれば、法人は法人の名を以て経済活動を現実にしているのであるから、法人に対する独自の法人課税はいわば自然であることとなるが、そもそも法人税の存在は論理的に自明ではないし、本章で後に示すように（Ⅲ2）、私法上の法形態は企業課税の制度設計に際して決定的基準ではない。二に、経済的にみると、法人税が転嫁する可能性があることは周知であり、株主、使用人、消費者が考えられる。すなわち、最終的担税者は別に存在するので、帰着先の解明可能性の問題は措くとして、法人税は課さずに、彼らに課税する選択肢もありうる。[6] このことは私法上の法形態のみを基準に課税方式を構想・設計することの一つの不合理を示すものである。換言すれば、私法上の法形態をベースに企業課税、特に法人課税の意味を問うことはできない。[7] 本章では企業課税の租税政策に係る基準として私法上の法形態とは別の着眼点を明らかにすることとしたい。[8]

---

5)　本文中のような法人の独立性はかねてより、例えば、Vodrazka, Karl, Die Körperschafts-besteuerung der Kapitalgesellschaft-Argument und Folgerungen, StuW 1971 236にみられるように指摘されてきた。

6)　岡村忠生「法人課税の意味」同編著『新しい法人税法』（有斐閣・2007年）53頁。

7)　同旨、大杉謙一「事業形態の多様化と法制の課題―私法と税法における『法人格』」神田秀樹=財務省財務総合政策研究所編『企業統治の多様化と展望』（金融財政事情研究会・2007年）137頁以下。

8)　渕圭吾「法人税の納税義務者」金子宏編『租税法の基本問題』（有斐閣・2007年）422頁は、"端的に等しいものを等しく扱う"とするだけでは合理的な制度設計はできないと説く。

2　本章における検討の視角

　わが国においても法人課税を根本的に捉え直す試みがある。その一例は
いわゆるステイクホルダー課税としての法人課税の再構築である。所論に
よると、その内容は、凡そ、個人所得税との関係での法人の存在による課
税繰延を防止するために、法人が支払う給与等の損金算入項目を逆に損金
不算入とすることにより課税ベースを拡大する必要があるとの認識のもと、
企業をその事業を行なおうとする者の集合体と考え、個人が法人を含む事
業体を形成して事業を行なうのは、取引コストの減少等によりその形態を
採ることが最も効率的である場合に限られるといういわゆる企業の理論を
ベースに、株主のみではなく、企業に長期的に参加している者や長期的に
企業の業績から自己の収益等に影響がある者を含めて、そうした者が法人
税を最終的に負担していると考えて法人税制を設計するということである[9]。
また、出資者が法人を設立すれば、出資者がお互いに出資後に出資者とし
て適切に行動するか否かを監視するコストが、法人という器と個々の出資
者との間での出資に伴う契約のみで足りる点で大幅に減少するというので
あって、そのコスト軽減分に法人税が課されるという説明もなされる[10]。次
に、エージェンシーコストの軽減を根拠とする見解もある[11]。すなわち法人
の株主の中には様々な者がいて、仮に法人税がなく組合のように個々の出
資者のもとで課税されると、例えば非課税株主や課税所得計算上利用可能
な損失を有する株主と、配当があった場合に課税されることになる株主と
が存在する場合には、法人からの損益の分配のあり方をめぐり利害対立が
発生することになる。しかし法人のもとで法人の損益に基づき法人税が課
されると、そうした利害対立は回避されるというのである。そうした利害
対立が回避されることにつき利益を観念し、法人課税が行なわれることに
なる。以上のような議論を以て法人課税のあり方が模索されているが、特
に、後二者の議論の特徴として法人課税の対象を法人が経済活動の結果と
して稼得した法人所得として考えていないことが指摘できる。後にも触れ

9）　岡村・前掲注6）。

10）　岡村他・前掲注1）182頁〔渡辺〕。

11）　佐藤英明編著『租税法演習ノート〔第2版〕』（弘文堂・2008年）146頁〔渡辺徹也〕。

るが（Ⅱ2）、かつて法人課税の正当化根拠として法人の有限責任性の対価、他の企業形態と比較した場合のその高度な信用力が挙げられたが、前叙の議論はこの点でそうしたかつての見解に類似している。そもそも理論的に法人税の正当化根拠が問題とされてきた。すなわち、周知のように、租税理論として個人に対する所得課税の可能性については疑問が呈せられることはなく、所得とはそもそも欲求の充足でありそれについて課税可能性を考慮した結果現在の租税制度のように金銭および金銭的価値をもつものに所得課税が行なわれているのである。それゆえ所得課税が可能な者として以上の議論によると課税により生ずる心理的痛税感を感ずることのできる者が想定されており、所得課税は自然人である個人のもとで初めて可能となるとされたのである。このように考えると法人はそうした所得を稼得することは性質上ありえないので、先に挙げた取引コストの低減、エージェンシーコストの低減という新たな視点が出てくるという理解もありえよう。

　さらに議論を進めよう。法人税は法人"所得"税[12]とされているが、これによると法人の所得稼得可能性が前提とされていることになる。しかし、法人に前述の心理的感覚を観念することが性質上できないので所得税と厳密に同一の理論的枠組みで法人課税の存在を論証することは必ずしもできない。したがって、法人課税の正当化根拠が理論的問題点として提起される。それと並んで、法人課税を正当化できるとして、法人が法人課税済みの利益からその株主に対して配当を行なう際に株主のもとで配当所得課税が行なわれることにより生ずる二重課税をどのように評価すべきかも問題となる。なおこの問いについては法人に独自の担税力がないこと、または法人税が他者に転嫁されることが明らかになれば生じない問題に他ならない。この点は経済理論によれば法人をはじめとする企業は、自然人の所得の稼得に資する契約形成物（Vertragsgebilde）であり、独自の担税力をもたないとされることがある。[13]この考え方は、おそらくは法人を契約の束と

12)　わが国では、例えば、水野忠恒『租税法〔第4版〕』（有斐閣・2009年）287頁は「法人税は法人の所得に対する租税である」とする。

13)　Schreiber, Ulrich, Besteuerung der Unternehmen:Eine Einführung in Steuerrecht und Steuerwirkung 2. Aufl., Berlin・Heidelberg 2008, S.76.

捉える立場と同義であって、法人の基本構造を契約とみるものである。この考え方によれば、法人の出資者との関係での法人自身に係る独自性は希薄となり、法人に独自の担税力を承認するという理論的帰結を必ずしも導かないように思われる。さらに、企業はその役員が出資者のために運営するので、出資者の所得稼得のための媒体にすぎず、それに独自の担税力は承認しがたいとする立場もありうる。しかし、筆者は、後に詳述するが（Ⅲ4）、ドイツの学説が示唆するように法人は法的に株主から別個独立の存在と考えるのが実定法に忠実であり、それにも独自の担税力は承認できるし、また転嫁の有無および程度は不明確であり、それをベースに法人課税のあり方を論ずるのは必ずしも適切でないように考える。

　このように法人課税のあり方を考える際には、法人そのものに加えて法人と株主との関係での課税をも考えねばならない。加えて法人のみでなくその他にも企業活動を行ない法形態として人的会社および個人がある。ドイツ実定租税法はそれらと法人との間での課税方式を分けているが、それを現状のままにしておくべきか、またはその他の途が選択されるべきかという問題も提起されうる。具体的には企業という属性に着目して課税方式を統一化したり、逆に法人税を廃止することも考えられる。これはいわゆる法形態の中立性の問題である。特にドイツにおいては私法上の法形態をベースに課税方式を分けており、これが前述のような中立性が企業税制において充足されない要因を形成している。そこで学説上も実務上も一定の要件の充足を条件としつつ、実質的に人的企業にも法人税を課するという提案がなされている。したがって法人税の基本的特徴を明らかにした上で、それが法人とは異なる事業体に法人課税を行なうことを可能とするか否かという問いについて検討されるべきであろう。本章ではこれらを中心に検討を行うが、特に現実の実定法を概観することを以てドイツ法人税法の基本構造を明らかにし、その上でドイツ法人税法の歴史的展開と学説等につ

14)　例えば、Mitschke, Joachim, Erneuerung des deutschen Einkommensteuerrechts:Gesetzestextentwurf und Begründung, Köln 2004, Rz.27.

15)　Kraus, Christoph, Körperschaftsteuerliche Integration von Personenunternehmen, Frankfurt a. M. 2009, S.48ff.

いて検討を行なった後、今後の望ましい法人課税のあり方をドイツの学説
に照らして検討する。アメリカ租税法については既に優れた紹介・分析が
あるので[16]、そちらに譲り、前述のような問題点につき、本章ではドイツ法
人税法・企業課税法を素材として法人税の意味・今後のあり方および再構
築の方向性を検討する。なお便宜上本章は文献を網羅的に引用することは
せず、今後詳細な検討を加えたい。

Ⅱ　ドイツ企業税法の現状

1　企業税法の法構造──いわゆる二元主義における法人税

⑴　私法準拠主義──法人税法の現状

　企業課税における課税単位のあり方は、複数ありうる。便宜的呼称を以
てすると法人格基準と企業基準とに大まかに識別できる。前者は私法上の
法人格の有無と納税義務の所在を一致させる基準であり、後者は私法上の
法人格の有無あるいは法形態とは別個に納税義務の所在を決定する基準で
ある。ドイツ租税法は原則として前者によっている。すなわち、法人には
法人税が（ドイツ法人税法1条）、人的会社および個人事業者には所得税が
課される（ドイツ所得税法1条1項1文・2条1項2号・15条1項1文2号）。
組合についてもそうである。すなわち、法人は権利能力を有し、その反対
に人的会社はそれを有さないとされるので、そうした私法上の性質を租税
法上も税制の設計に際して受容するのである。これが二元主義であり、企
業税法において二つの異なる課税方式が並存している。その根拠は後に挙
げるように（Ⅱ3⑴）法秩序の統一性であるが、それには理論的には疑問
があるとされている。実は私法上も人的会社、さらには組合も法人と同じ
ように権利能力を有しており、その点で実際的に法人との類似性が指摘さ
れている。それにもかかわらず存続し続けるこの二元主義の問題は、いわ
ゆる企業課税が法形態について非中立的になっている点である。換言すれ
ば、私法上の法人格の有無が担税力の違いあるいは課税方式の違いを正当

16)　岡村・前掲注6）。

化するものであるか否かが問題となるのである[17]。実際には法人税と所得税との間には税率・課税ベース等も含めた課税構造の違いがあり、結局法人・人的会社間での税負担は違いがある。また法人には法人段階で法人税が課され、それが株主に配当される段階にあっては株主のもとで配当所得課税がなされるという二段階課税が予定されている。これは先の法人の私法上の独立性を根拠として株主との間で課税関係が分離されていることによる（いわゆる分離原則）。しかしその反対に人的会社のもとではそれが個人事業者の集合体と観念され（会計束理論（Bilanzbündeltheorie）[18]という人的会社の個人事業者の集合体としての把握[19]。Vielheit der Gesellschafter）[20]、人的会社を通じて経済活動が行なわれても、その成果については出資者のもとで所得課税がなされるという一段階課税が基本的には予定されている（透明性原則）。またドイツ所得税法における人的会社の課税方式はかなり複雑である。本章は主として法人税を検討するので、人的会社課税も含めた検討は別の機会に譲り、以下にドイツ法人税法の基本構造を大まかに鳥瞰する。

　ドイツ法人税法においては個々の法人を基準に課税単位が決定されている（同法1条）。したがって法人のもとで法人が稼得した所得に法人課税がなされる。これは課税における法人の遮断効である（Abschirmwirkung）[21]。法人税の課税物件は所得であり、株主への分配が行なわれる前の（同法8

---

17)　参照、Heinrichs, Joachim, Dualismus der Unternehmensbesteuerung aus gesellschaftrechtlicher und steuersystemtischer Sicht:Oder:Die nach wie vor unvollendete Unternehmenssteuerreform, StuW 2002, 201ff., 202, 204.

18)　Heinrichs（Fn.17）, StuW 2002, 202. 尤も人的会社が所得税法上まったく無視されているわけではない。例えば、ドイツ所得税法15条1項1文2号において人的会社の課税所得計算は二段階に行なわれるとされ、具体的には会社の所得はまず会社会計（Gesellschaftbilanz）が作成され、それに基づき出資者の会社所得に係る持分が計算される。ここで人的会社は帳簿書類等義務の主体であり（ドイツ租税通則法140条以下、ドイツ商法238条1項1文・242条1項・6条1項）、人的会社と出資者との間の取引は第三者間のものとして性質決定される。Knobbe-Keuk 教授（Brigitte, Knobbe-Keuk, Bilanz- und Unternehmenssteuerrecht 9. Aufl., Köln 1993, S.365.）によると、これは先に挙げた会計束理論からの乖離であると解されている。

19)　詳細は他日を期するが、参照、Hallerbach, Dorothee, Die Personengesellschaft im Einkommensteuerrecht : Zivilrechtliche Einordnung und einkommensteuerliche Folgen, München 1999, S.108ff.; Pinkernell, Reimar, Einkünftezurechnung bei Personengesellschaften, Köln 2001, S.20ff.

20)　Hey, Johanna, in: Tipke, Klaus／Joachim Lang（Hrsg.）, Steuerrecht 20. Aufl., §18 Rz.10.

21)　Heinrichs（Fn.17）, StuW 2002, 202.

条3項1文）暦年の所得である（同法7条3項）。ドイツ法人税法は法人所得の定義を有しておらず、ドイツ所得税法のそれを参照している（ドイツ法人税法8条1項）。その結果法人所得（同法7条・8条1項）は、ドイツ所得税法における事業所得に該当し（ドイツ法人税法8条2項、ドイツ所得税法2条1項1文2号）、利益所得（Gewinneinkünfte）であり（ドイツ所得税法2条2項1号）、商法会計をベースに導出される税法会計上の成果である（同法5条）。なお法人税法上の要請からそれに一定の修正が加えられる（ドイツ法人税法8条1項以下）。次に、株主（個人）に配当があって初めて株主のもとで配当所得税が流入段階で（ドイツ所得税法11条）株主に課される（同法20条1項1号）。したがって法人のもとで発生した損失は株主にとって課税上何らの影響も及ぼさない（ドイツ法人税法8条1項・8c条、ドイツ所得税法10d条）。ここで実現主義に着目すべきである。株主のもとに流入していない法人の内部留保利益につき株主は処分可能性を有していない。なお法人格という枠を超えて損益通算を可能にするのは機関会社制度（Organschaft）である。従属会社の正負の所得を支配会社に拠出し、支配会社のもとで法人課税が行なわれるので、支配会社は従属会社の損失を利用できる。しかし、個々の企業ごとに納税義務は残り、機関グループ全体を納税義務者としていない。また機関会社制度自体の検討は別稿を予定している[22]。

(2)　企業課税における法秩序の統一性・法的安定性
——私法準拠主義の根拠と限界

　前述のように現行法において私法準拠主義が採用される根拠は法秩序の統一性である。または法的安定性の実現ともいえよう。それは、すなわち、

---

22)　手塚貴大「ドイツ企業結合税法の法構造と諸問題—機関会社制度、組織再編税制、国際的アスペクト」森本滋編著『企業結合法の総合的研究』（商事法務・2009年）39頁以下。その他にも以下のような特徴がある。機関グループを構成する会社間取引による内部利益は実現したものとされる。機関会社制度のもとでは、確かに、私法準拠主義が修正されているが、しかし、なお色濃く残っているともいいうる。本来親子会社で経営を行なうか、または事業部制で経営を行なうかという判断につき、租税法が影響を与えることは望ましくなく、機関会社制度を選択した企業グループについては租税法上グループ全体を一つの企業と扱うのが一応首尾一貫しているといえる。尤も機関会社制度のような連結申告をいわゆる租税通常措置と割り切って性質決定することは必ずしも正しくない。

私法上の法人格の所在と納税義務とを対応させることである。例えば法人は私法上その背後に存在する株主から独立しているので租税法においてもそれをベースにすべきとする。その根拠として所論は法秩序の統一性を以て私法と租税法とが事実関係を同一に扱うことになることを挙げる。この根拠は一見正しいように思われる。しかし、こうした課税方式の振り分けを論ずる際に、法秩序の統一性を援用することは必ずしも説得的でない。理論的には法秩序の統一性は自己目的（Selbstzweck）ではなく価値判断の矛盾を避けるためのものであると反論可能であり、租税法は経済的事実関係を把握するものであり、私法を課税のベースにしても必ずしも適切な税制とは言い切れない。[23]この法秩序の統一性をベースとすると、ドイツ企業税法における二元主義は正当化される。しかしこの二元主義は租税法学においては論難の対象である。Lauterbach 氏[24]によると、ある法領域における価値判断が他の法領域におけるそれについて拘束的に妥当するとは限らないとする。また私法準拠主義を連邦憲法裁判所も承認し、さらにはそれが必要であるとの判断をした時期もあった[25]が、その当時租税法は私法との関係において独立したものと考えられていない時期であった。また二元主義を通じて企業形態の選択が税負担を通じて歪曲されることになる。尤も、この点二つの見方が可能である。一に、企業形態の選択自体はなおあるため、かような歪曲は生じないとみることができる。二に、法人と人的会社等との間の税負担の違いから、それを斟酌した企業形態の選択が行なわれなければならない点でなお歪曲は生ずるとみることもできる。Lauterbach 氏は、会社法上用意されている企業の法形態の選択について税負担が基準になると会社法の目的論とは合致しない状況が創出されるという。[26]これは租税制度が私法準拠することによる弊害である。この歪曲は取引コスト、情報コストを発生させる。その他にも、Lauterbach 氏の整理によると、[27]

23)　Hey, Einführung（Fn.4）, Rz.20.
24)　Lauterbach, Frank, Ein neues Unternehmenssteuerrecht für Deutschland?:Fehlende Rechtsformneutralität der Unternehmensbesteuerung und allgemeiner Gleichheitssatz, Frankfurt a. M. 2008, S.73ff.
25)　BVerfG-Urt. V. 24. 1. 1962-1BvR 845／58-BVerfGE 13, 331ff, 340.
26)　Lauterbach, Ein neues Unternehmenssteuerrecht（Fn.24）, S.74.
27)　Lauterbach, Ein neues Unternehmenssteuerrecht（Fn.24）, S.10.

企業税法において、所得税、法人税、事業税の課税があり、それらが企業
形態に応じて異なった税負担をもたらすことは複雑性、そして計画の不安
定性をもたらすとする。その他にもドイツ企業税法の一般的傾向として税
負担が高いことを挙げている。

　以上の議論を要するに、例えば Brandis 氏は「担税力を測るためには、
経済的現実のみが描写されうる[28]」とする。企業税法においてもこのような
理解が現在では一般的である[29]。この言明中の経済的現実の表現は担税力の
測定の際に法形式のみを基準とすることは許されないことを含意する。し
たがって、法形式と経済的現実とが整合する場面もあれば、両者の間に齟
齬があることもある。後者の場合には、経済的現実を基準とすべきである、
換言すれば、経済的現実を課税要件に立法すべきであると結論付けられう
る。法人課税の領域でいえば、法形態は課税方式の配備について拘束的な
基準にならないであろう[30]。したがって、あらゆる租税政策の形成に際して
私法準拠主義を徹底させることは一概に正しい租税政策とはいえないであ
ろう。また、同じように、立法者の第一次に行なった価値判断の首尾一貫
性の論理を適用することも正しくないことが示唆されている。

(3)　私法準拠主義の限界

　以上の検討を踏まえると、私法準拠主義に固執することは必ずしも理論
的に支持しうるものではなく、企業課税のあり方はできるだけ別の基準に
よるほうがよいこともある。私法準拠主義の前提も崩れている。すなわち、
人的会社、組合はまったく権利能力を有さないわけではない。私法上の法
形態は必ずしも担税力の指標または課税方式の違いを正当化するものでは

---

28)　Brandis, Peter, Bemessungsgrundlege im Steuerrecht und im Sozialrecht—Aus der Sicht des Steuerrechts, in: Mellinghof, Rudolf, Steuern im Sozialstaat, Köln 2006, S. 102

29)　Tipke, Klaus, Steuerrechtsordnung I 2. Aufl., Köln 2000, S.496;Lang, in:Tipke／Lang (Hrsg.), Steuerrecht (Fn.20), §4 Rz.91; Prokisch, Rainer, Von der Sach- und Systemgerechtigkeit zum Gebot der Folgerichtigkeit, in:Kirchhof, Paul／Moris Lehner／Arndt Raupach／Michael Rodi（Hrsg.）, Staaten und Steuern:Festschrift für Klaus Vogel zum 70.Geburtstag, Heidelberg 2000, S.299.

30)　Hey, Johanna, Harmonisierung der Unternehmensbesteuerung in Europa:Ein Vorschlag unter Auswertung des Ruding-Berichts und der US - amerikanischen 'integration debate', Köln 1997, S.245f.

ない。それは近時のドイツの学説が論証するところである。そのいくつか
を以下に挙げておく。

(a)　公益法人の収益事業

　公法上の法人が事業活動を行なった際には公法人は当該活動に関しての
み無制限納税義務を負う（ドイツ法人税法１条１項６号[31]）。右規定により一
個の法人格に納税義務の範囲を異にする複数の納税義務が観念される。こ
れにより実定法上も何らかの正当化根拠があれば個々の法人格を課税単位
とする必然性は必ずしもなくなる。そして担税力の所在を私法上の法人格
にのみ求めることはできないことになる。

(b)　(部分的) 権利能力──私法規定からのアプローチ

　尤も、近時では人的会社の私法上の権利能力に着目し、それを構造上法
人と同質視し、人的会社にも法人課税を行うべきことを提案する学説もあ
る。右の議論はいわゆる「部分的権利能力」（ドイツ商法124条）を人的会
社に承認することによる。Heinrichs 氏によると、人的会社にも一応権利
能力を承認することは、租税法が法秩序の統一性を根拠として私法準拠主
義に基づき企業税法に一元主義を妥当させ[32]ていることが誤りであることに
なる。すなわち法人のみが私法上の権利主体であることを前提とする議論
は誤りである、そして、法人格の付与とは超実定法的に行なわれるわけで
はなく、立法者によって行なわれる、というのである。

　実例を以下に示そう。権利能力の取得は登記簿への登記によって行なわ
れることもあれば（ドイツ株式法41条１項１文、ドイツ有限会社法11条１項、
ドイツ民法21条）、国家の付与行為によることもあり（ドイツ民法22条）、一
定の要件の充足により取得されることもある（ドイツ商法123条２項・124
条）。さらに、そもそも人的会社も権利能力を有するという明文の規定も
ある（ドイツ組織変更法３条・124条・191条）。そして人的商事会社はその
同一性を維持しつつ、法人への組織変更が可能であるとする規定もある
（同法191条・202条１項１号）。

---

31)　Wagner, Thomas, Konzeption einer Gruppenbesteuerung, Lohmer-Köln 2006, S.35の Fn.127
　　を参照。

32)　Heinrichs（Fn.17）, StuW 2002, 206.

(c)　判例——組合の権利能力の承認

　連邦裁判所によると、組合の形式を採る手形引受人等に対する手形訴訟に際して、組合は権利能力を有していると判示した。[33]

(d)　私法準拠主義の限界の示唆するもの

　以上のように判例も学説も、厳密なその範囲は措くとして、人的会社・組合に私法上権利能力を承認している。法人が権利能力を有し、出資者と独立して独自に経済活動を行なう組織であることに着目し法人課税が行なわれるとすると、人的会社についても、先にも述べたような（Ⅱ1(1)）、いわゆる会計束理論に基づく個人事業者の集合体としての人的会社という捉え方は実定法上できず、法人・人的会社・組合についてはこの点の属性は同一であり、それらについて同一の課税方式が適用される素地が構築されたこととなる。したがって一定程度人的会社を所得計算の中心に置く制度が現在は構築されている。結局法人と人的会社との課税方式の違いを私法に求めることはもはや行ないがたくなってきている。ドイツにおいても現行の企業税法はなお私法準拠主義に与しているが、それに対して学説は批判的である。Ⅱ1(1)(b)、(c)でみたように、ドイツにおいては私法上人的会社および民法上の組合についても権利能力が承認されてきた。租税立法者が私法準拠主義をベースに企業税法における租税政策を構築するという価値判断を行なったのであれば、それを首尾一貫させるのが正しい立法のあり方とされる。仮にこうした立場に与するとしても、もはや私法上法人とそれ以外の法形態との間に権利能力、あるいは株主・出資者と法人・人的会社との間の法律関係（例、株主・出資者の会社財産に係る処分可能性）等について違いが見出せないのであれば、租税立法者は新しい私法上の基準をベースに税制を再構築すべきこととなる。[34]すなわち、現行の企業税法について、法人と人的会社等との税負担の均衡を企図していくつかの改革措置が立法者により講ぜられているのであるが、私法準拠主義をベースに

33)　BGH-Urt. v. 29. 1. 2001-Ⅱ2R 331／00, NJW 2001, 1056.

34)　Heinrichs, Joachim／Ulrike Lehmann, Rechtsformneutralität der Unternehmensbesteuerung: Kritische Anmerkungen zum Beschluß des BVerfG v. 21. 6. 2006- 2 BvL2／99, DStR 2006, 1316 ＝NJW 2006, 2757, StuW 2007, 16ff., 20.

しているので、税負担は結局均衡化されず、そうした租税政策の不合理さが顕著になり、また税制の複雑性が増していくというのである。

　また人的会社にも権利能力という面だけみても法人とその人格の面での同一性が承認されうるという議論は企業税制に大きな変化を与えるものである。すなわち、法人課税を人的会社にも適用できることとなる。さらにいえば、法人および人的会社に"企業"という属性に着目することによって両者に統一的な課税方式が適用できる可能性が開かれる。ドイツの学説は大まかにはそのような方向に歩みを進めてきた。

2　企業の担税力──法人税の正当化根拠

　さて人的会社については、先にみたようにその権利能力の有無、法主体性という点で法人との比較可能性が理論的には承認されようとしているが、批判はありつつもなお人的会社ではなくその出資者に対する課税が行なわれる。これは従来人的会社のもとでは出資者に直接損益が帰属するという構造があることの帰結とされた。しかし法人については事情が異なり、法人という企業レベルでの課税が行なわれる。このように法人という法形態について特別な法人税が課される根拠は何か。特に経済理論によると法人に独自の担税力はないとされることがある。また法人の担税力を承認しないとしても、別の考慮から法人税の存在意義が論証されることもある。先にも述べたように人的会社にも法人課税を行なう可能性が示唆されているとしたが、そもそも法人税の存在自体が理論的に自明であるとされない以上、法人税の存在根拠を明らかにする理論的必要性はあろう。以下にドイツにおける法人課税の正当化に係る議論をいくつか示して検討することとしよう。

(1)　法人課税の正当化アプローチ

　ドイツにおける近時の関連文献を一端ではあるかもしれないが鳥瞰すると、法人課税の性質論として、凡そ以下のような言説がみられる。

(a)　国法による法人格の付与の対価

　法人税は国法により法人格を与えられた企業がその対価として支払うべき対価とする立場であり、1920年ドイツ法人税法はこれによるが、法人税

の課税標準として法人利益が挙げられている以上、法人格の有無と稼得した利益額とは直接関係ないという理論的批判は可能である。[35] また現行ドイツ法人税法1条1項5号によると権利能力なき社団、財団、目的財産（Zweckvermögen）等も法人課税の対象とされるので、この立場には理論的に与しえない。[36]

(b)　有限責任制の対価

　株主が法人に出資した場合、株主は出資額を限度として法人の債権者に責任を負えばよく、このことは人的企業のそれとは異なる。有限責任を強調すれば投資家からの出資も得やすいため、法人は資金調達に大きなアドバンテージを得るであろう。それゆえこうした有限責任性の対価として法人課税が行なわれるという立場がある。[37] しかし有限責任のメリットを享受するのは株主であるともいえるのであり、必ずしも法人のもとでのみそうしたメリットが観念されるわけではない。すなわち株主のメリットがそれとは別個の法人のもとで調整されることになる。ただ方法としては配当の際にインテグレーションを行なわないのであれば、株主の配当については二重課税が残り、その二重課税による受取配当の減少分を有限責任の対価とみることはできる。しかしそもそも有限責任によるメリットを正確に測定すること、株主および法人にメリットを正確に割り振ることも一概にはできない。なおこの立場によると法人の担税力の有無は問題とならないともいいうるのであり、[38] 客観的担税力に即した課税方式が構築される保障もない。

(c)　法人による所得稼得可能性

　法人の所得稼得可能性を根拠に法人税を根拠付ける見解もある。ドイツにおいても、わが国においても法人税は法人"所得税"と呼称され、[39] 実定法上も各事業年度の所得に対する税である（法人税法21条「各事業年度の所

---

35)　Wäckerlin, Urs, Betreibsausgabenabzugsbeschränkung und Halbeinkünfteverfahren:Zugleich ein Beitrag zur Besteuerung des anteilseigners einer Kapitalgesellschaft,Berlin 2006, S.31.

36)　Wäckerlin, Betreibsausgabenabzugsbeschränkung（Fn.35）, S.31.

37)　Wäckerlin, Betreibsausgabenabzugsbeschränkung（Fn.35）, S.32.

38)　Wäckerlin, Betreibsausgabenabzugsbeschränkung（Fn.35）, S.32.

39)　Hey, Einführung（Fn.4）, Rz.20.

得」）とされるように、法人税を法人が稼得する所得に係る税であるとされる。これは個人および法人が同性質の所得を稼得できることを前提としているように解釈できる。既に周知のようにそもそも所得を広義に解釈すれば、それは欲求の充足であると解されるように、個人は自らの欲求を所得により充足し、効用を満足させることになる。すなわちいわゆる犠牲説によれば法人は課税を通じて犠牲を感ずることがないので、法人に対する（所得）課税はできないことになる（いわゆる租税効果の理論[40]）。

　しかし現実に法人は自己の名で経済活動を行ない、納税をしている。またそもそも犠牲説については、ある財について消費量が多ければ多いほど人の当該財に対するありがたみがなくなることを前提としている。ところが財の消費についてどのような効用を感じ、消費量の減少について犠牲を感ずるかは個々の消費者毎に異なるし、また犠牲説は財の犠牲についての議論であって、税による金銭の犠牲については必ずしも当てはまらないという批判もありうる。このように考えると犠牲説を以て所得課税・法人課税を議論することは必ずしもできないことになろう。上記議論を敷衍すれば周知のように担税力を主観的担税力と客観的担税力とに識別する必要があろう。すなわち前者は個々の納税義務者の主観的事情を考慮すべきことを含意する担税力概念であり、後者はそうではない概念であって、前者は個人所得課税に適用される。例えば Neumark 教授によると担税力を人的担税力（persönlich-individuelle Leistungsfähigkeit）と物的担税力（sachlich-generische Leistungsfähigkeit）とに識別し[41]、後者の意味における担税力はいわゆる主観的担税力を課税上斟酌する必要のないそうした担税力であるとする。法人の所得とされるものは、個人が稼得する所得（Einkommen）とは異質の利益（Gewinn）であると解することとなる。その他にもそうした利益が担税力を構成しないとするのは不自然であり、ドイツにおいては法人税を端的に「法人の所得税」として立法者が構築してきたとする見解も

40)　Schneider, Dieter, Körperschaftsteuer, in:Neumark, Fritz（Hrsg.）, Handbuch der Finanzwissenschaft Bd.2 3.Aufl., Tübingen 1980, S.509ff., S.535;Flume, Werner, Die Betriebsertragsteuer als Möglichkeit der Steuerreform, DB 1971, 692.

41)　Neumark, Fritz, Grundsätze gerechter und ökonomisch rationale Steuerpolitik, Tübingen 1970, S.134.

ある。[42] このように法人に独自の担税力を承認すると、法人税については株主のもとでの所得税との比較においてその独自性が承認されることになる。尤も、依然として、株主のもとに配当所得として法人の利益が流入するのであるから、二重課税排除の問題は残るし、法人段階でどの程度の税負担が課されるべきであるかという問題はなお残るのである。

　なお右の立場によると、法人は株主とは別個に独立した存在であるので、法人は多くの個人が出資をして配当を得るための手段であり、当該法人が清算される際に法人段階にとどまっている利益もすべて出資者のもとに流入する、そして配当の際には二重課税の排除の要請がある、という立論は必ずしもできなくなる。

(d)　経済政策としての法人税

　法人および株主のそれぞれの段階で別々に課税をすれば、法人課税のもとで税率、原価償却、投資税額控除等の様々な政策を組み込み、それにより経済活動に様々な影響を与えることが可能になる。[43] 例えば法人以外の事業体にも法人課税を行ない、その際法人段階および出資者段階での二段階課税の税制を構築すれば、法人税率の構築のありようや二重課税の排除の程度に応じて当該事業体への出資を促進することにも、抑止することにも繋がりうる。[44] 尤も租税が経済政策の手段として利用されることは当然であるが、それだけで法人税の存在を論証することはできないと思われる。法人税のもたらす税収の規模、さらには今日の租税体系における地位を考えると、それを政策税制と性質決定することは奇異である。後にもⅡ4で述べるように法人に認められる担税力が課税根拠の核となるだろう。

(e)　応益負担原則

　応益負担原則は、[45] それを課税の正当化根拠として、所得課税の局面では一般的には受け入れられがたい。特に自然人の所得課税を論ずる場合にはそうである。確かに自然人の所得税制を構築する際に主観的担税力を租税

42)　Brünnerhoff ,Dieter, Finanzwissenschaft 9. Aufl., München 2007, S.517.

43)　Hey, Hrmonisierung der Unternehmensbesteuerung (Fn.30), S.269.

44)　同旨、高橋祐介「事業体課税—アメリカ法を題材にして」税法学559号（2008年）189頁。

45)　Wäckerlin, Betreibsausgabenabzugsbeschränkung (Fn.35), S.33.

法上斟酌するためには応益負担原則をベースとした場合には不都合が生じよう。しかし自然人は公共サービスの対価として納税をしているという点はなお真実である。その際公共サービスと租税との対価関係は相当程度希薄であるかもしれないがやはりそうした関係はある。翻って法人についても法人が法人としての活動を行なうに際して、公共サービスを享受していることは承認できるので法人自体もその対価を支払うために納税しているといえよう。このような意味で法人税を正当化することはなお不可能ではない。しかし留意点がある。先にも述べたように、応益負担原則は、それをあまりに強調しすぎると所得課税の局面においては主観的担税力の考慮を行なうに際して不都合が生じうる。確かに法人についてはこのような考慮は必要ではない。この点では応益負担原則は説得的であるが、しかし応益負担原則のみで法人課税を論ずることはできないと思われる。企業のうち法人にのみ国家のインフラ利用に係る対価関係を観念することは困難である。また、応益負担原則は法人税負担のあり方を考える際には理論的には与しえない。すなわち法人が実際に享受している公共サービスの量を定量的かつ正確に把握することが困難なことは周知であるし、加えて法人税負担を経済情勢に応じて変化させるという立法者の租税政策の構築の余地が性質上狭められる。何故ならそうした経済政策としての法人税の可能性は公共サービスの対価という位置付けにそぐわないからである。もちろん筆者は法人税が経済政策手段に尽きるものではないと考えるが、しかしそうした要素は捨て去られるべきではなかろう。したがって応益負担原則は抽象的に法人税の存在を論証することはできるが、その具体的構築に際しては理論的な阻害要因を制度設計に際してもたらすこととなる。

　(f)　**基本権主体としての法人──権利義務の法人への帰属**

　加えて法人自体も基本権主体であることが援用されうる。すなわち法人も基本権の保障のもと市場における経済活動を展開し、自己の名で所得を稼得しているために法人課税が可能であるとする。このように組織の法的

---

46)　Wäckerlin, Betriebsausgabenabzugsbeschränkung（Fn.35), S.33. 所論いわく国家が自身を
　　法人の利益に係る参加者（Teilhaber）と一方的にすることはできないという。

独立性から独自の担税力を承認する立場はかねてより主張されてきた。[47] ま
た私法上も会社財産は法人の名で資産を獲得・保有し、それに帰属する。[48]
既にⅠ2で述べたが法人は個人のもとでみられるような意味での効用も観
念されず、また消費活動を行なわないので、そもそも担税力が観念されえ
ないとすることもできるが、財産の帰属主体という意味では法人にその経
済活動の成果が帰属し、そこに担税力を見出すことができることになる。
以上のようにみると、企業の権利能力の保有に着目することは、その基本
権享有主体性に着目することと親和的である。さらに後にも言及するが（Ⅲ
2(1)(c)、(2)(a)）ドイツにおいては会社と株主との利害は完全には一致せず、
会社は株主以外の利害関係者の利益をも斟酌して経営上の意思決定を行な
い、ひいては株主の利益と離れた自己の利益に基づきそうした意思決定を
行なう存在であるとされる。これはドイツ法人税法が法人格を基準として
課税単位を設定していることと馴染む。また一般的に担税力を犠牲能力と
一義的に解することもできない。租税法において担税力を測定するとはい
わゆる主観的担税力と客観的担税力とを識別することと解されることにも
馴染む。ドイツにおいては法人の基本権享有主体性をベースとして、前述
のような議論の展開を以て、担税力の主体としての法人とその市場競争者
との間の税負担の均衡を求めるというように、競争中立性が導かれる。[49]

(2)　競争中立性と法人のもとでの仮の担税力

　そもそも法人税は法人の所得に対する租税であるとされる。後にⅢ1で
もみるが、立法史をたどると現行ドイツ法人税法は自然人とは異なる法人
という抽象化された法的形成物（abstrahiertes Rechtsgebilde）を前提として
いる。1920年にドイツにおいては初めて法人税が所得税から分離される形

---

47) Schneider, Dieter, Körperschaftsteuerreform und Gleichmäßigkeit der Besteuerung, StuW
1975, 97ff., 100; Stüdemann, Klaus, Grundformen der Einnahmenbesteuerung-Versuch eines
betriebswirtschaftlichen Besteuerungsmodell-, StuW 1985, 155f. さらには、Jachmann, Monika,
Besteuerung von Unternehmen als Gleichheitsproblem:Unterschiedliche Behandlung von
Rechtsform, Einkunftsarten, Werten und Steuersubjekten im Ertrag- und Erbschaftsteuerrecht,
in: Jürgen, Pelka (Hrsg.), Europa- und verfassungsrechtliche Grenzen der Unterneh-
mensbesteuerung, Köln 2000, S.17f.
48) Pezzer, Heinz-Jürgen, Rechtsfertigung und Rechtsnatur（Fn.4）, S.13.
49) 例えば、Jachmann, Besteuerung von Unternehmen（Fn.47）, S.18.

態で課されることとなった背景にはこのような思考がある。すなわち法人税は法人という私法上の組織形態に対して課される所得税であるとされる[50]（法人所得税）[51]。ドイツにおいては競争中立性が法人課税の根拠であると主張されることは既に本章冒頭（Ⅰ1）で言及したが、その本質的含意は法人は自己の名で財産を保有し、それを市場で利用して所得を得ているため、その当該所得に対して何らかの課税を行なわないと市場における他の競争者との間で適正な課税とはいえなくなるということであると考えられる。このことは法人が権利義務者体であること、そしてそれゆえに所得を独自に稼得できることが前提となろう。そうするとⅡ2で法人課税の根拠としていくつか見解を挙げたが、その中でも重要であるのは、法人が客観的担税力を有することおよび法人が基本権享有主体であることであろう。この二点を以て法人課税が正当化できることとなろう。また租税制度の公共政策実現手段としての性質にも鑑みれば経済政策としての法人税という色彩もなお失うものではないであろう。

　しかし経済理論をベースとすると必ずしもかような結論には行き着きえない。先にも言及したが法人税についていわゆる転嫁の可能性を観念すれば、法人が法人税を商品に転嫁し、法人税額分を利益として回収することになる。転嫁を通じて法人は法人税を事実上負担しない可能性もある。しかし転嫁可能性と法人に係る独自の担税力の有無とは一応別問題であると考えられる。何故なら法人に独自の担税力があったとしても転嫁することはできるからである。加えて「転嫁は経済部門および個別ケースに応じて競争状況および需給の弾力性に依存する[52]」という性質をもつため、転嫁の有無およびその程度については一概に明らかでないゆえ、転嫁の可能性を以て法人に係る独自の担税力を否定することはできないと解する。

　加えて学説上法人の存在・活動が何を目的としているかがドイツ租税法において課税方式を決定する議論をする際に重要視されていると思われる。

---

50)　尤もドイツ租税法上の法人概念は私法のそれと比較して、権利能力なき社団を含む点で、若干広い（ドイツ法人税法1条1項5号）。

51)　Wäckerlin, Betreibsausgabenabzugsbeschränkung（Fn.35）, S.28.

52)　Tipke, Klaus, Steuerrechtsordnung Ⅱ 2. Aufl., Köln 2003, S.1169.

すなわち例えばインテグレーションを論ずる際に法人と株主との両段階における二段階課税を承認すべきか、または除去すべきかを考える際の一つの核心として、法人を株主の所得を稼得するための道具としてみるのか、または法人を独自に自己の目的を追求する存在としてみるのか、という論点がある[53]。上の論点は端的に法人に係る法的独立性の有無を基準として課税方式を決定しようとするのとは異なり、法人の性質をその経済的実質に照らし論じようとするものである。この点法人は確かに株主から法的に独立して活動し、またその意思決定は日常的には経営陣が行う。その際個々の株主の細かい意向は斟酌されないといえよう。また周知のように会社経営に際して追及される目標は株主の利益最大化とは限らず、利害関係者のそれであるともいえよう。その意味で法人は株主の利益のために存在するという言明は維持しえない[54]。しかし株主の利益もなお斟酌されるはずであり、法人と株主とが完全に法的にも経済的にも分離独立した存在であるとまでは言い切れない[55]。特に中小法人ではそうである。中小法人においては留保してある利益もいずれは（清算等により）株主のもとに流入することが予定されている、仮に法人のもとにとどまっている利益であるといえよう。この点で、かかる法人のもとでは法人の担税力はあくまで"仮のもの"[56]であると十分いいうると思われる。この考え方は、一に、株主にとっての法人の存在をその実態に照らして分析した結果であるといえようし、また、二に、法人が基本権主体、権利能力主体であることをその背景としているとも考えられ、法人の独自のものとしての存在と株主のとの関係とを併せた見方であるということができよう。

　では大規模法人についてはどうか。法人が基本権主体として経済活動を

53)　Schneider（Fn.47）, StuW 1975, 100.

54)　Knobbe-Keuk, Bilanz- und Unternehmenssteuerrecht（Fn.18）, S.566;Heinrichs, Joachim, Unternehmensbewertung und persönliche Ertragsteuern aus（aktien-）rechtlicher Sicht, ZHR 164（2000）, 453ff., 470; Mülbert, Peter O., Shareholder Value aus rechtlicher Sicht, ZGR 1997, 129ff., 156ff.;Roth, Markus, Unternehmerisches Ermessen und Haftung des Vorstands:Handlungsspielräume und Haftungsrisiken insbesondere in der wirtschaftlichen Kriese, München 2001, S.23ff.

55)　Hey, Harmonisierung der Unternehmensbesteuerung（Fn.30）, S.255.

56)　Heinrichs（Fn.17）, StuW 2002, 205.

　行ない、国庫に納税をして公共サービスの対価を納めるということのみで
は、法人税の正当化としては不十分である。何故なら法人所得のうち利益
処分に当たる部分は永久に法人のもとに溜め置かれるわけではないからで
ある。また法人は個人の所得稼得のための媒体という性質決定ができる場
合もあり、かかる場合には法人税は所得税の前取りとしての性質をなお失
わない。以上のように考えると法人は基本権主体であって市場で自律的に
経済活動を行なう存在であるが、しかし出資者である株主との関係では投
資対象であり所得稼得の媒体・手段としての性質をなお失わないものとい
えよう。そうすると法人に独自の担税力を観念することはできるが、法人
の担税力は株主に配当がなされる段階で当該部分について消滅する。[57]こう
した考え方によれば、大規模法人においても担税力は少なくとも中小法人
と同じように"仮のもの"であると位置付けることができよう。次に議論
すべきは法人課税のあるべき基本構造、特に株主との関係での具体的な課
税方式であることになろう。これについては後にⅢでドイツ法人税法の歴
史的・学説史的展開を素材に検討する。

　なお法人と株主との関係を論ずる際にはインテグレーション（統合）に
も触れておく必要がある。本章冒頭（Ⅰ1）で指摘したように法人税が所
得税の前取りであるとしたら、配当所得に対する法人税および所得税の重
課は二重課税であり、その排除が要請される。インテグレーションは法人
税の位置付けを論ずる際の分析視角を提供する。法人税と所得税とを別物
であるとすれば、インテグレーションは必ずしも必要ではなく、それは単
なる投資促進措置と性質決定される。わが国においては支配的見解により
従来法人税は所得税の前取りと考えられていたが、最近は、法人税の転嫁
の可能性、法人の様々な規模と比較法的にみて会社形態の企業にすべて法
人税が課されるわけではないこと、法人の利益の増加による株式価値の増
加を株主が享受するので当該株式譲渡時点が初めてであることを根拠とし
て、[58]所得税と法人税との関係をかかる考え方を以て一元的に割り切ること

57)　Hey, Johanna, Diskussion, in:Pelka, Jürgen（Hrsg.）, Unternehmenssteuerreform, Köln 2001, S.88.
58)　金子・前掲注3）252-254頁。

はしていない。しかし、ドイツにおいては不十分ではあれ、インテグレーションが要請されているので、法人税と所得税との関係は実定法上の租税政策の構築に際しては少なくとも考慮要素である。すなわち、先にも論じたが法人段階で15％の法人税率で法人課税が行われた後の事業者としての株主のもとで配当課税は法人税引後の受取配当の40％が非課税扱いとなる（ドイツ所得税法3条40号1文）。そして個人株主のもとでは15％の法人課税後に配当に充てられる利益につき25％の源泉徴収型調整税（Abgeltungs-steuer）が配当所得税として課され、課税関係が終了することがある。尤も個人所得税率が25％の株主にとっては通常の賦課課税が選択可能である（同法20条1項1号・32d条1項・43a条1項の1の1号・52a条）。しかし現行の法人税法が形成されるまでドイツ法人税法は立法上相当の変遷を経ている。その変遷の過程については後にⅢで検討するが、ここではインテグレーションを基軸として、法人税の存在意義についてどのような議論が可能であるかを一応示しておく。

　したがって、ドイツでは所得税と法人税とのインテグレーションの度合いを根拠に法人税の位置付けを行なうと思われる立場もある[59]。すなわち、インピュテーション方式の廃止と二分の一所得免除方式の導入によって、クラシカルメソッドへの法人税の回帰が認識され、そこに法人税の所得税からの独立があるとされる（いわゆる"独立法人税"）。個人の配当課税に係る現行の源泉徴収型調整税および事業者株主にとっての部分免除方式（Teileinkünfteverfahren）でもこの点に変化はない。そもそもインテグレーションは配当に係る二重課税を排除することを企図するが、それは法人税が所得税の前取りであることの証左になりうる。また、そのインテグレーションの度合いが粗くなるほど、法人税と所得税とは別物であることになる。しかし、ドイツにおいて法人税率は15％であることに着目すると、クラシカルメソッドへの回帰はあるにしても、法人という株主から独立した組織に15％という極めて低い税率を適用することは、法人の独立性とは別

---

59)　Lang, Joachim, Prinzipien und Systeme der Besteuerung von Einkommen, in:Ebling, Iris（Hrsg.）, Besteuerung von Einkommen, Köln 2001, S.90ff.

の考慮が働いたとみることもできる。換言すれば、法人の独立性を強調するならば、少なくとも法人と人的会社等の適用税率は同じでなければならないはずである。尤も、税率の引下げは企業競争力の観点からの措置であり法人税の位置付けそのものとは関係がないともいいうる。しかし法人に独自の担税力を承認しつつも、一定の経済政策的要請から税負担を他の企業形態と比較して大幅に引き下げたと位置付けることもなお可能である。以上の検討の示唆することは、インテグレーション（およびその程度）と実定租税法における法人税の位置付けとの間に直接の結び付きはないということである。

3　競争中立性と企業課税の構築へ示唆

(1)　競争中立性の意義

　競争中立性がドイツにおける法人課税の有力な根拠となっていることは本章冒頭Ⅰ1で指摘した。すなわち、競争中立性を基準にするのは、一見すると、少なくとも企業の法形態を特に問題としないことを意味する。したがって法人も基本権主体として自己の名で権利義務に基づき市場で取引をし、利益を稼得できる以上、それに課税がなされることになろう。例えばこの点 Pezzer 教授は「法人は法的および経済的に独立した形成物として担税力を示す純資産の増加分を獲得する[60]」とする。またこのような競争中立性という正当化根拠には次のような事情があるといわれる。本章でも後にⅢで触れるが、ドイツ法人税法の立法史をみてみると、20世紀初頭まで法人および自然人に対する所得課税はプロイセン所得税法において統一的に規定されていたが、1920年帝国法人税法以降初めて法人税が所得税から切り離され、法人所得に対する独自の課税としての法人税が誕生した。このような法人税の所得税からの分離の根拠として、法人も自然人と同じように課税されるべきであるという考え方が隆興してきたこと、法人も自然人と同様に市場において競争する存在であること、がある。これは競争

---

60)　Pezzer, Rechtsfertigung und Rechtsnatur der Körperschaftsteuer（Fn.4), S.14.

中立性を指すと解される[61]。その他にも、第一次世界大戦後の財政需要の増大という事情があったこと、資金調達の容易さや高度の信用といった法人という企業形態にいつくかのメリットが特に認められること、であった[62]。主に法人と自然人との間での課税スキームの統一化の要請、そして両者間での市場における競争が競争中立性をよく示していると思われる。以上の歴史的経緯と並ぶ事情として、個人のもとで配当所得税が課せられる時点は、法人が配当を行ない、それに続いて株主のもとに配当が流入した時点であるという、配当所得税に適用される収支計算に基づく所得計算がある[63]。またこの競争中立性は法人と人的会社との私法上の構築の違いを敢えて議論せずとも課税方式を統一化することを正当化しやすい。

　しかし、競争中立性を以て法人課税を正当化しても、法人課税を具体的に如何にして構築するかは別問題である。特に、競争中立性の言明を首尾一貫させると、現行のドイツ企業税法を合理的に説明できない箇所が残る。もし完全に競争中立的な企業税制が構築されるべきであれば、法人とそれ以外の人的会社における二元主義があってよいはずがない[64]。このような二元主義が妥当している以上、税制は企業間競争に中立的ではない。例えば、端的にみても、法人税率は15％と最高所得税率と比較して極めて低く、事業税を斟酌しても法人について人的会社等と比較して中立性はなお実現されていないと考えられるのである。したがって競争中立性は実は法人課税の存在自体を論証することはなお可能であるが、現行法を説明し尽くしていないとみるべきである。しかしさらに競争中立性の言明に何か規範的意義を承認するとするのであれば、企業形態、企業活動について原則として

---

61)　この考え方は、その当時既に学説により提唱されていた。例えば、参照、Wagner, Adolf, Finanzwissenschaft Zweiter Theil:Theorie der Besteuerung, Gebührenlehre und allgemeine Steuerlehre 2. Aufl., Leipzig 1890, S.419. また第二次世界大戦後の財政学者にもこの立場に与している者もいる。例えば、参照、von der Namer, Robert Nöll, Lehrbuch der Finanzwissenschaft Band 2: Spezielle Steuerlehre, Köln und Opladen 1964, S.141.

62)　Potthast, Thilo, Die Entwicklung der Köperschaftsteuer von den Vorformen bis zur Unternehmenssteuerreform 2001:Eine Untersuchung körperschaftsteuerlicher Entwicklungstendenzen in Steuergesetzgebung und Steuergestaltung, Frankfurt a.M. 2007, S.41ff.

63)　Hey, Einführung（Fn.4）, Rz.17.

64)　Kraus, Christoph, Körperschaftsteuerliche Integration（Fn.15）, S.121.

統一的な課税方式を要請するところにあるであろう。先の Pezzer 教授は「税負担の平等および競争の中立性を要求する基本法 3 条 1 項の一般的平等原則をも併せると、同じように経済生活において活動していて、純資産の増加分を稼得するそうしたあらゆる独立した形成物は、その私法上の法形態に関係なく平等に課税されるという要請が導出される」とする。Pezzer 教授はこのように競争中立性に法的な性格をも与えた上で、その意味内容を明確化している。要するに所論をベースとすれば競争中立性は企業形態に中立的な税制の構築を要請する法的な意味での規範的言明をもつことができる。

　しかし先にも II 1 で述べたように現行法は二元主義が妥当しているので、必ずしも競争中立的であるとはいえない。連邦憲法裁判所はこの点について一つの回答を示している。すなわち一つの具体例を考えると、そもそも法人についてのみ税負担が引き下げられるのかという問いに回答することが必要であろう。同裁判所は私法上の構造を異にする法人と人的企業との間での完全な平等扱いは憲法の要請するところではないとする決定を出した[65]。要するに、連邦憲法裁判所の立場からすると、私法上の法形態を基礎に租税制度を構築することは許されることになろう。いわく、「企業税法の構築に際して立法者はあらゆる状況について妥当な解決を発見するという困難の前に立たされる。……その際、一般的平等原則（ドイツ基本法 3 条 1 項）という基準に照らして判断するためには、企業活動が人的会社または法人という形態において行なわれるか否かに応じて、それを租税法上異なって扱うことについて十分な客観的根拠があるか否かである。……租税法は、それとともに、担税力の異なる帰属主体を決定する際には憲法上疑義なく私法上の基本的判断を受け入れている。それによると、人的会社のもとでは会社財産が持分権者に帰属するが（ドイツ商法105条 3 項・161条 2 項と結び付いたドイツ民法718条）、その反対に法人の財産はその株主の財産との関係で原則として独立している」（198f.）、「……法人に係る隔離された財産領域の中に独自の、客観的担税力が発生するが、しかし個人事業

---

65)　BVerfG-Beschl. v. 21. 6. 2006, 2 BvL 2／99, ─ 2 BvL 2／99─ BVerfGE 116, 164.

者および人的会社についてはそうではないというそうしたドイツ租税法を伝統的に刻印付けている前提は、一つのありうる差別化の基準を構成する。かような基準は営業用財産の増加を通じた担税力の負担根拠と整合性があり、そして収益課税または所得課税のもとで法形態に基づき異なった扱いをすることを確かに立法者に強制しないが、しかしそれを原則として禁ずるものでもない」(200) とする。

　なお既に法形態に依存した課税について否定する判決（注25））があったことは先に述べた。では先の判決と2006年決定との関係はどうか。先の判決を2006年決定の事実関係のもとに適用すれば判断は異なったかもしれない。2006年決定は先の判決が売上税に係るものであり、消費者への転嫁が予定されていること、非課税規定はかかる消費者との関係で問題となる点で事実関係のもとにおいては比較可能性を欠くとしている (199)。

　しかしこの決定の考え方は現在においては必ずしも採りえないとする立場がある。[66] すなわち人的会社の私法上の権利能力の欠如というこの判決の前提が今日もはや崩れているからである。法人は独自に権利能力を有しており、その出資者たる株主とは人格の面で異なるという私法上の法構造に基づいた課税方式の識別はできないのである。すなわち、先にⅡ1(3)(b)で示した例にみるように、実定法上部分的権利能力の議論があったり、そしてかような能力は実定法により立法者の判断により与えられるものであった。またドイツ基本法19条3項に基づき基本権保護の範囲は人的会社に拡張されている。この点で私法準拠主義に係る重要な立脚点の一つは崩壊している。

　したがってドイツの学説のレベルではこのように連邦最高裁判所の考えるような私法準拠主義の承認には批判がある。本章で後に検討するように（Ⅲ2）、それに続けて学説は新たな企業税法の構築を試みている。

(2)　競争中立性の機能——応益負担原則との対比による一試論

　ここで競争中立性の租税政策の構築に際しての機能的有意性をドイツの学説を参考にして明らかにすることを試みる。特にドイツの有力な租税法

---

66)　Lauterbach, Ein neues Unternehmenssteuerrecht（Fn.24), S.79ff.

学者が応益負担原則をベースに税制改革を論じているので、それとの比較を念頭に置くこととしたい。既に 2 (1)(e)でみたように、応益負担原則は法人税の存在を抽象的に論証することはなお不可能ではないが、具体的制度設計という点で難点がある。しかし前述のようにこの点で近時応益負担原則に着目する見解がある。例えば、Kirchhof 教授はいわゆる年度課税主義（Jahressteuerprinzip）を規定するドイツ所得税法 2 条 7 項 1 文を根拠に "時間における平等（Gleichheit in der Zeit）" という概念を定立し[67]、そこから今日の財政需要を充足するためには当期の課税所得を以て充てるべきとの言明を導出し、個人の経済活動に係る今日の成果への課税を通じた参加が正当化され、以て今日の国家収入が増加することとなるという。今日において公共サービスを享受する者はその対価を今日の所得から支払うべきこととなる。このような考え方には、財政運営について支出と収入と時期的に原則として一致させ、財政支出を規律付けるという積極的効果を承認することはできる。しかしこれに対しては特に担税力の基準を生涯所得に求め、複数課税期間を通じての所得の平準化を必要とする立場からは確かに批判がある[68]。ともかく法人は先にも述べたように私法上権利義務の主体であり、自己の名で財産を獲得できるとされている。またそのうち稼得した所得につき法人は配当または内部留保をすることができる。ここで内部留保した利益は当然所得としての属性をもちながらただ法人のもとに内部留保されていることのみを以て課税できないのは不合理と考えることもできよう。このことは担税力をもちながら法人形態の企業には何らの課税も行なわれず、（内部留保課税を除けば）その市場での競争相手である人的会社（の出資者）には配当の有無に関わりなく所得課税が行なわれるゆえ、課税の中立性は実現されていない。加えて法人のもとにおける大株主と小

---

67)　例えば、Kirchhof, Paul, Einkommensteuergesetzbuch : Ein Vorschlag zur Reform der Einkommen –und Körperschaftssteuer, Heidelberg 2003, S.35f.;ders., Der Karlsruher Entwurf und seine Fortentwiklung zu vereinheitlichen Ertragsteuer, StuW 2002, 3ff., 9ff.;ders., Die freiheitsrechtliche Struktur der Steuerrechtsordnung:Ein Verfassungstest für Steuerreformen, StuW 2006, 3ff., 16.

68)　Tipke, Klaus, Versuch einer steuerjuristischen Würdigung des Karlsruher Entwurfs, StuW 2002, 165f.

株主との利害対立により前者は内部留保を選好する。その際内部留保利益に課税をしないと、当該法人は公共サービスを享受しながら（その享受するサービスの量を具体的に確定できるか否かは措くとしても）それにつき何らの対価も支払わないこととなり確かに不合理といえよう。なお Kirchhof 教授の議論は法人が独自の担税力を有することが前提となっていると思われる。しかしここでは応益負担原則への批判が妥当する。特に、のぞましい法人税負担の程度が明らかではなく、換言すれば、競争中立的な税制の構築を必ずしも要請するものではない。反対に競争中立性は先にみたように企業形態にかかわらず、"同一の"税負担の創出を企業税制のあり方として要請する。これは法人税の課税根拠の論証と具体的制度設計の指示を担うものである。この点が競走中立性のもつ租税政策に係る機能的優位性であると考えられる。

　次に Kirchhof 教授の議論を克服すると思えるのが、Jürgen Vogt 氏の見解である。さらに敷衍させると次のようになろう。例えば Vogt 氏は、法人税のもつ人為益繰延課税の防止機能を挙げつつ、次のように述べる。「……したがって人は国庫を国家共同体の代表として見なしうるのであり、そしてそれとともに国家の租税請求権を生産要素への対価として見なすことができる。その際、それなくしては経済的共同生活および支障ない生産活動が今日もはや行ないえないそうした組織化された経済共同体による多様なサービスが生産要素として見なされる。応益負担原則のこうした現代的解釈の結果は "state partnership" への変化である。国家はそれとともに企業の匿名参加者となる。小株主が少なくとも利益の内部留保が行なわれる際に株式を譲渡することができる一方で、"匿名参加者である国家"は内部留保利益に係る税負担が少ない場合には企業成果に参加することができない。さもなくば会社に留保された利益が課税されなくなることを以て法人課税の正当化はつまり既に行なわれている[69]」と。

　この Vogt 氏の見解を約言すると以下のようになろう。"法人についても

---

69)　Vogt, Jürgen, Neutralität und Leistungsfähigkeit:Eine verfassungs- und europarechtliche Untersuchung der Unternehmensbesteuerung nach dem StSenkG, Frankfurt a.M. 2003, S.60f.

国家の提供するインフラを用いて経済活動を行なうこととなるが、そうした生産要素なくしては、もはや法人の経済活動は行なわれえない。このことは、私経済活動も私人と国家とがいわば共同で行なっていることを意味する。"と。このような理解をベースに Vogt 氏は法人税を国家の私経済活動への出資に対する対価と見なすのであるが、その際法人の内部留保利益に対する法人税負担があまりに少ないと国家にとっての対価はあまりに不十分であると論じている。Vogt 氏の国家と私経済活動との関係についての理解が理論的に正当か否かは別として、所論によると法人税負担はある程度高いものとなるであろう。これによれば、競争中立性の意味内容が示すように、法人と人的会社等との税負担の同一化という租税政策が導出されることもありえないことではない。要するに Vogt 氏は法人に独自の担税力を承認するのであるが、[70] そのことを以上の考察と併せ考えると、独自の担税力に対するものとしての法人税負担は相当程度に高くなる可能性もありうることとなる。しかしそれでもなお競争中立性ほどに租税政策の具体的内容を指示するものではない。

　なお Vogt 氏の言明のうち、国家のもつ生産要素提供機能を敷衍する形で以下のことを付言しておく。そもそも一方で国家の給付と税との厳密な対価関係をベースにする応益説は反対給付を伴わない法律に基づく金銭的負担である租税の性質を直視して否定されるべきであるが、他方で現代国家の性質を表現する租税国家概念にも着目すべきである。すなわち、現代国家は税収によらなければ私経済活動に不可欠である生産要素の提供という現在の国家活動の範囲・規模をもはや維持することができないので、定期的かつ確実に税収を確保する必要が生ずる。この点で人為的繰延課税は租税国家の存立基盤の維持という租税制度の意義と相容れないため、それに対する制度的対処が制度自体の保護機能として予め組み込まれるべきである。したがって、法人のもとで課税繰延を防止するために課税を行なうことが求められよう。また、この考え方は、法人が株主にとっての単なる投資媒体・手段であるか否かにかかわらず妥当する言明である。以上によ

---

70)　Vogt, Neutralität（Fn.69）, S.57f.

れば、Vogt 氏の応益負担原則をベースとした法人税の理解は、法人の独自の担税力に対する、国家の提供する生産要素に対する対価としての、そして人為的繰延課税防止のための装置であるということになろう。

(3) 競争中立性と法人税——法人税制の構築に際してのその限界

以上で近時の応益負担原則との比較を以て競争中立性の意義・租税政策の構築に際しての機能性を論証したが、しかし、先にもⅡ1で指摘したように、現実の税制は競争中立的なそれにはなっていない。すなわちそもそも競争中立的な税制は法人と人的会社等に統一的な課税方式の適用を要請するが、現実の企業税制はそうではなく、二元主義が妥当している。このように競争中立性の現実の租税政策に対する規範力はあまり強いものとみるべきではない。その要因はいくつか考えられるが、本章は以下の諸点に着目しようと考える。

一に、二元主義を克服する企業税制の提案はなされているが、その中で法人および人的企業に統一的に法人課税を行なうことが提案されている。しかし、ドイツの企業法制をみると、人的企業が圧倒的に多く、それらに対して実際には法人税率よりも低い所得税率が適用されている[71]という時代もあった。そうすると競争中立性を根拠にそれらに対して法人課税が行なわれると、税制上所得課税と比べて不利となる。この事情はこうした税制改革案の実現に係る政治的困難を示していると考えられる。加えて、法人税のもつ経済政策手段としての属性に着目すると、その機能の意義は大きく、特に税率の高低が投資家の意思決定に際して相当程度のシグナリング効果をもつと経験上考えられるので、法人税率が所得税率との関係で一方的に引き下げられることもありうる。

二に、競争中立性を強調することは、法人課税の独自性を強調することに繋がるが、実際にはその株主との関係でインテグレーションは行なわれる。ここで投資の中立性という言葉があるが、それは特に個人株主にとって法人への投資とそれ以外の投資とでそれに係る税負担が同一になること

---

71)　Lang, Joachim, BB-Forum:Unternnehmenssteuerreform im Staatenwettbewerb, BB 2006, 1769ff., 1771.

を要請する。法人税負担がどの程度であろうともインテグレーションが完全であれば、二重課税は除去され、投資の中立性は実現される。この点次の設例が参考となる。例えば現行法によれば大雑把にいうと利子は定期的に社債権者に支払う義務があるが、配当については原則として決議の有無でいわばその都度決定されうる。したがって、法人のもとで課税所得計算について社債の利子支払い（損金控除）と配当（利益処分）との間で相違があるが、法人税によって配当に充てられる予定の未配当のままの法人利益および内部留保利益について繰延可能性の調整を行なう必要が生ずることになろう。何故なら利子は社債権者のもとで所得課税がなされるので繰延課税の問題は生じないからである。それゆえ支払先で課税されるものには法人のもとで損金扱いされても差し支えないことになる。逆に内部留保利益には課税を行ない、その上で配当先でも課税が行なわれることになる。仮に支払先で十分な税負担に服さない法人利益には本来損金とされるものにも一定範囲で法人税を課すことになるとさえいえるかもしれない。それを以て具体的には、法人税負担および所得税負担の合計額が他の所得類型のもとにおける同額の所得に係る税負担と比べて等しくなるような税制の設計が行なわれるべきである。[72] また Vogt 氏も「こうしたことからもインピュテーション方式も法人を独自の法人税主体として承認したのである。法人税は法人のもとで稼得された利益について徴収される。しかし株主へ配当が行なわれる際には自然人に係る所得税債務から控除されることにより経済的には再び消滅させられる。これを通じて分離原則および透明性原則の二元主義から生ずる差異が回避され、そして——事業税により差異を度外視すれば——人的会社および法人の平等扱いが広範に充足された[73]」と述べ、インテグレーションによる株主・出資者のもとでの投資の中立性の実現可能性に言及しているのである。

　以上のように競争中立性は必ずしも首尾一貫して法人税制の中で実現されていない。このことは、例えば、租税政策の歴史的展開、税制改革の政

---

72)　Kraus, Körperschaftsteuerliche Integration（Fn.15）, S.83ff.
73)　Vogt, Neutralität（Fn.69）, S.57f.

治性、株主課税の存在等法人税制が様々な要因によって影響を受けつつ構築されてきたことにその原因があると考えられる。したがって確かに法人税制は多様である。例えば課税繰延の防止が法人課税の存在意義となれば、わが国では現在課税が停止されている税率1％の退職年金積立金等に対する法人税[74]があるように、極めて低い税率もありうることにはなる。しかし現行のドイツおよび日本の法人税法はそれとは異なっているのである。このように例えば内部留保に係る繰延利益のうちインフレによるものを超える部分についてのみ法人課税を行なうことを通じて国庫に収入するに足りるように構築することもありうるわけであって、その際法人税率は低めになることもありうる（このインフレによる部分を超える利益に対して課税することを税率ではなく課税標準の計算に際して控除することによって行なうこともありうる。この場合には税率は相対的に低くはならないかもしれない[75]）。そしてその上で株主段階での所得課税および出資者段階でのそれによる税負担は制度設計上同一にすることも可能である。この場合の租税政策は投資家にとっての意思決定の中立性を実現するにとどまる。しかし、逆にいえば、現行の日独の法人税法をみる限り、法人税率は退職年金積立金の運用益に対する法人税のそれと比べてなお高く、法人税の存在意義は人為的繰延課税防止以外のものがあることを法人税制は示していることになりうる。ドイツの学説が先に指摘したように法人には理論上仮のものであれ独自の担税力が承認されているので、人為的繰延課税防止と並んで法人の担税力に対する課税が行なわれていると理論構成することができるといいうる。

4　小　括

　以上で大まかにドイツ企業税法の現状と基本構造、そして法人税に係る議論が明らかになったものと思われる。すなわちドイツ企業税法は私法準拠主義をベースに、法人格の所在と納税義務の所在とを原則として一致させている。したがって、法人税はその歴史的淵源とも相まって法人に対す

---

74)　詳細は、参照、金子・前掲注3）377頁。

75)　Reif, Christian C., Reform der Besteuerung des Einkommens:Notwendigkeit, Anforderungen und Möglichkeiten, Wiesbaden 2005,S.59ff.

る独自の税目ということととなる。しかし租税法学説上は、私法において人的会社の権利能力が承認されているので、私法準拠主義への固執は理論的に支持しえない段階にまで来ているといいうる。しかし、現段階において立法実務上は私法準拠主義が克服されるとも思われない。

　また法人課税は理論的には自明ではない。伝統的所得概念は法人には観念されえないが、競争中立性の視点を強調すれば法人自体の保有する法人格および経済社会における活動の実態に基づき法人課税を行なうこと自体は何ら不合理ではない。勿論競争中立性という概念のみで法人税の具体的構築ができるわけではない。しかし私法準拠主義が妥当でないこと、そして競争中立性が法人課税の正当化に一定の有意な貢献をするということは、先のⅡ 3(2)の検討が示したとおりである。さらに競争中立性を援用することを通じて、法人のみでなく、その他の企業形態にも法人と同様の課税方式を適用することが可能となる。

　さらに現行の法人税制をみると、人為的課税繰延の防止のみが法人税の存在根拠というわけではないこととなる。ドイツの学説を敷衍すれば、法人は少なくとも仮の担税力を有するのであり、それについて独自の課税方式としての法人税があるとみるべきこととなる。

Ⅲ　企業課税における法人税——制度・理論史の概観と位置付け

　ここでは、ドイツ法人税の制度およびその変遷を通覧し、法人税が如何なる事情によって形成され、その後、如何なる理由によって改正されてきたのかについて大まかに把握することを目指す[76]。それをベースに現時点で法人税が置かれている、そうした制度の将来像を規定する要因を明らかにする。この作業はドイツ法人税法に係る制度と理論の歴史的展開を把握するという意味にとどまらず、ドイツ法人税法を素材として税制改革の規定要因を租税制度全体から構造的に把握する可能性をもたらすのである。

　加えてドイツ租税法学における学説が提示してきた諸改革案についても

---

76)　この点の先行研究として、畠山武道「法人税改革の動向—比較法的考察」租税法研究 3 号（1975年） 1 頁以下、特に、20頁以下がある。

触れることとする。法人税については学説がとりわけ問題視してきたものとして前述の企業税法における二元主義があるし、それに付け加えて法人株主間課税における例えば法人から株主へ流出する資産価値の適正性の問題もある。とりわけ学説は差し当たりその性質上中立性の原則をできるだけ純化した形態で改革案を構想し、構築することが可能である。尤も論者ごとに提示する法人税制は異なるし、それらが異なる理由を明らかにすることも興味深い理論的検討に繋がるであろう。すなわち、これを一般的にいえば、何故租税原則を純化して実施したと考えられる租税制度が現実の税制改革において実現されないのか、という問いについてその原因探求作業を行うことが、仮に税目横断的な明確かつ強固な一般理論の構築に到達しないとしても、少なくともある程度は必要とされると考えられる。[77][78]

1　ドイツ法人税法の歴史的展開

(1)　法人税制の展開——法人税の独立、法人株主間課税、法人税率

既にⅡ1(1)でみたように、企業課税のレベルでも法人と人的企業との間には課税に係る法構造に大きな違いがある。本章ではそれらすべてについて言及・検討することはできないため、特に、所得税からの独立という点での法人税の成立、企業税法における法人税と所得税との関係（二元主義、いわゆる統合方式等）および所得税率の関係における法人税率の推移を中心に極めて限定された範囲で概観する。

まず、19世紀において、ドイツでは従来法人税は所得税法において規律され、所得税の補完的租税とされた。[79]すなわち、例えば、プロイセン所得税法においては、有限会社を除いて、株式会社には0.6%から4%の税率

---

77)　なお、ここでの議論については、筆者は次の拙稿で既にその内容上のエッセンスを示した。参照、手塚貴大「法人税改革と租税政策論—ドイツ企業税法に係る税制改革の法構造と限界についての制度と理論の示唆」記念論文集刊行委員会編『行政と国民の権利　水野武夫先生古稀記念論文集』（法律文化社・2011年）601頁以下。したがって、本章Ⅲとこの拙稿とは内容上一部重複する箇所があることをご了承願いたい。

78)　なお、本章における法人税制および理論の展開に関連して、納税義務者による節税行動がみられ、それに対応する税制をはじめとする（企業）投資税制の問題があるが、それは第2章で一端を示す。

79)　Desens, Das Halbeinkünfteverfahren（Fn.4）, S.31.

で課税されたが、その根拠は、法人も自然人と同じように市場で競合的に経済活動を行なっているというそうした競争中立性であった[80]。二重課税については、法人に係る名目資本の3.5％に相当する金額が、法人のもとで控除された[81]。有限会社については1892年から私法上承認された[82]。有限会社はその出資者が株式会社と異なる属性をもち、有限会社の所得のほとんどが配当に充てられていたが、後に、内部留保を通じた節税に利用されるようになったため[83]、1906年以降に課税が始まった。税率はやや異なり、0.78％から５％であり[84]、二重課税については出資者のもとで配当所得は非課税とされた[85]。こうした二重課税を如何に解するか、換言すれば、法人課税が株主に係る所得税との関係で独立性をもちうるか否かが議論の対象にはなっていた[86]。

　そして、Erzberger 帝国財務相による税制改革の過程に触れるべきである[87]。すなわち、19世紀末に所得概念理論に変化が生じ、制限的所得概念から包括的所得概念へ転換があり、法人の有する資産に係る増加益も担税力を構成すると考えられた結果、法人の所得課税における独立性が承認され始め、実際には、第一次世界大戦後、ワイマール共和国成立、そしてそれに伴うワイマール憲法（8条）により、租税立法権がライヒに属することとなったので、1920年にライヒ共通の法人税法が初めて所得税法から独立した。これは Erzberger 帝国財務相による税制改革の過程である。法人税率は当初10％であり、1922年には20％とされた[88]。その際、法人は個人と異なるので、所得税法によって同一の課税方式に服することはできないとも

---

80)　Desens, Das Halbeinkünfteverfahren（Fn.4）, S.30の Fn.31.

81)　Desens, Das Halbeinkünfteverfahren（Fn.4）, S.31.

82)　Desens, Das Halbeinkünfteverfahren（Fn.4）, S.30.

83)　Desens, Das Halbeinkünfteverfahren（Fn.4）, S.31.

84)　Desens, Das Halbeinkünfteverfahren（Fn.4）, S.30の Fn.31.

85)　Desens, Das Halbeinkünfteverfahren（Fn.4）, S.30.

86)　例えば、Potthast, Die Entwiklung der Körperschaftsteuer（Fn.62）, S.28ff. によると、法人の経済的成果はその株主のためにあるとし、二重課税を否定しやすい“同一説（Identitäts-theorie)”、法人課税の独立性を首肯しやすい“企業それ自体（Unternehmen an sich）”の理論がある。

87)　Desens, Das Halbeinkünfteverfahren（Fn.4）, S.37ff.; Potthast, Die Entwicklung der Körperschaftsteuer（Fn.62）, S.37ff.

88)　Desens, Das Halbeinkünfteverfahren（Fn.4）, S.46.

された。つまり、法人による独自の法人格の保有をもその根拠として法人
と個人との異質性が強調され、[89]結局その文脈において法人株主間の二重課
税も当然視された。[90]具体的には、法人も自然人との間で市場において競争
関係に立っており、所得を稼得している以上租税法上同視可能であり、加
えて、おそらくは人的企業に比して資本装備が容易であること、同じく借
入が容易であることといった特徴を有していることが想定されていた。[91]ま
た第一次世界大戦に敗北したドイツが財政需要を充足するために二重課税
が許容されたという整理もある。[92]この点Potthast氏の整理[93]により仔細に
みると、ドイツでは1916年以降軍需産業が急成長し、それに呼応して1914
年から1918年までに国家財政の軍事費も膨張した結果、1918年においてそ
れは国民総生産（Gesamtvolkseinkommen）の約半分にまで到達した。イン
フレも継続し、ドイツは敗戦を迎えたのである。しかし、法形態の中立性
は実現されていない結果、学説から批判が提起された。加えて、1925年に
中小の有限会社（その資産が25,000ライヒマルク以下）等に優遇税制が導入
され、法人税率を10％、株主の配当所得税の計算に際して法人税の控除が
可能とされた。その結果中小の有限会社等の法形態が選好されたので
（"有限会社への逃避"）、[94]1931年以降人的企業にも特別準備金の制度を創設
してその内部留保の優遇措置を行なったが、有限会社への逃避を止められ
なかった。なお、1924年に第33回ドイツ法曹大会があり、事業者が特定の
法形態を根拠に所得課税または法人課税の選択を行なうこと、もしくは特
定の法形態を他のものよりも優先的に扱うことがないように所得税および
法人税は構築されるべきであるというように法形態の中立性への要請が明

89）　また、この点につき、個人に帰属しない所得を法人（という組織の）段階で補足するとい
　　う意味で、法人税は所得税の補完税（Ergänzungssteuer）といわれる。議論の詳細は、参照、
　　Schreiber, Ulrich, Rechtsformabhängige Unternehmensbesteuerung?:Eine Kritik des
　　Verhältnisses von Einkommen- und Körperschaftsteuer auf der Grundlage eines Modells für
　　mehrperiodige Steuerbelastungsvergleiche, Köln 1983, S.208ff.

90）　Desens, Das Halbeinkünfteverfahren（Fn.4）, S.41. の Fn.95.

91）　Potthast, Die Entwicklung der Körperschaftsteuer（Fn.62）, S.42. m.w.N.

92）　Potthast, Die Entwicklung der Körperschaftsteuer（Fn.62）, S.56.

93）　Potthast, Die Entwicklung der Körperschaftsteuer（Fn.62）, S.41.

94）　Desens, Das Halbeinkünfteverfahren（Fn.4）, S.44.

確にされたが⁹⁵⁾、統一的課税方式を適用することによる二元主義の克服では
なく、法形態に関わりなく法人課税または所得課税の選択権を与えること⁹⁶⁾、
さらには税率を調整することがそのための手段とされた⁹⁷⁾。

　また、1934年以降、法人税制に一定の変化があった。すなわち、企業の
法形態に関わりなく、企業活動を行う納税義務者には税負担軽減が行なわ
れたが、一般的には、最終的に法人税率は20％から55％までの段階税率に
なった（1942年時点）⁹⁸⁾。この根拠は戦時体制のもとでの企業の内部留保の促
進と税収確保である⁹⁹⁾。また、前述の有限会社に係る優遇税制は廃止され、
二重課税の排除も行なわれなくなった¹⁰⁰⁾。そして一定額超の配当には最高
100％の税率で課税がされたので、実質的には高額の配当は禁止された¹⁰¹⁾。
これにより、結果として、40％から60％という所得税率の態様に接近する
こととなり、少なくともこの点では一見両税間での中立性は一定程度実現
されたが、これはあくまでも結果にすぎない¹⁰²⁾。

　次に、第二次世界大戦後であるが、ここでは営業税（Betriebsteuer）の
提案がまず重要である。これは、既に第二次世界大戦前に、二元主義は商
法上の法形態を基準としていること¹⁰³⁾、さらには、資本強化された合資会社、

---

95)　Becker, Enno, Ist es erwünscht, das Einkommen aus Gewerbebetrieb nach gleichmäßigen Grundsätzen zu besteuerun, ohne Rücksicht auf die Rechtsform, in der das Gewerbe betrieben wird? Welche Wege rechtlicher Ausgestaltung bieten sich für eine solche Besteuerung?, in:Verhandlungen des 33. Deutschen Juristentages, Berlin・Leipzig, 1925, S.450f.

96)　詳細は、参照、Becker, Ist es erwünscht（Fn.95）, S.461ff.

97)　詳細は、参照、Lion, Max, Ist es erwünscht, das Einkommen aus Gewerbebetrieb nach gleichmäßigen Grundsätzen zu besteuerun, ohne Rücksicht auf die Rechtsform, in der das Gewerbe betrieben wird? Welche Wege rechtlicher Ausgestaltung bieten sich für eine solche Besteuerung?, in:Verhandlungen des 33. Deutschen Juristentages, Berlin・Leipzig, 1925, S.482ff. Lion は統一的課税方式の不採用の根拠として税制の複雑化に言及する。参照、Lion, a.a.O., S.482f.

98)　Potthast, Die Entwicklung der Körperschaftsteuer（Fn.62）, S.67.

99)　Potthast, Die Entwicklung der Körperschaftsteuer（Fn.62）, S.67f.

100)　これについては、例えば、Schmölders, Günter, Steuerumbau als Aufgabe für heute, FA 1943, 246ff., 265ff. によると、平等原則を犠牲にし、税収獲得に傾倒した政策が採用されているという。

101)　Desens, Das Halbeinkünfteverfahren（Fn.4）, S.47.

102)　Desens, Das Halbeinkünfteverfahren（Fn.4）, S.47f.

103)　例えば、Fischer, Curt, Um ein Unternehmungssteuerrecht : Eine rechts- und steuerpolitische Betrachtung, StuW 1942, 601ff.

加えて一人会社のような人的色彩の濃い株式会社の出現等[104]にみられるように、それが現実の企業活動と必ずしもそぐわないこと[105]を根拠に、税制改革案として主張された。その基本構造は、大まかには、営業（Betrieb）と性質決定可能な活動に営業税という同一の課税方式を適用する点で、Ⅲ2(1)(c)で後述する一般的企業税の前身ともいいうるものである。尤も営業税にもⅠ型からⅢ型まであり、内容を異にする。Ⅰ型においては、正規簿記の原則に従った帳簿作成を行なっている営業（Betrieb）活動について営業税を課し、持分権者に配当等がなされる際には、所得税から控除される[106]。Ⅱ型においては、営業活動につきⅠ型が要求する帳簿作成は必要ないが、営業活動から稼得される所得について独自のスケジュールを設定し、比例的な課税がなされる（スケジュールB。なお、スケジュールはこれのみではなく、他の複数の所得分類が独自の比例税率を擁する）。それが後に持分権者に配当等がなされる際には、二重課税の調整を伴わない累進課税がなされる[107]。Ⅲ型は、Ⅰ型と同様の帳簿作成を行なう営業活動に営業税を課税するが、持分権者の所得税から控除されないために、二重課税が生ずるというものである[108]。これは確かに既に述べたように一般的企業税にも通ずる優れた提案ではある。しかし、前述のⅡ型およびⅢ型については二重課税が排除されず、加えて、ドイツにおける営業の大部分が戦争によって操業停止に陥っている中で、経済活動を行なっている営業は良好な経営および変化に富む環境への適合から戦争中にもかかわらず体裁を保ち、収益をあげているため、他のそうした営業に比していわば独占的な地位を持っているので、そこに着目して課税するというそうした第二次世界大戦後の税収が必要な時期にそれを企図して提案された戦争営業税（Kriegsbetriebsteuer）であるとい

---

104)　Fischer（Fn.103）, StuW 1942, 615ff.

105)　Fischer（Fn.103）, StuW 1942, 621ff.

106)　Betriebsteuerausschuß der Verwaltung für Finanzen, Bericht und Gesetzentwürfe zur Betriebsteuer, StuW 1949, 1011f.（Boettcher, Carl）.

107)　Betriebsteuerausschuß der Verwaltung für Finanzen（Fn.106）, StuW 1949, 1012f.（Boettcher, Carl）.

108)　Betriebsteuerausschuß der Verwaltung für Finanzen（Fn.106）, StuW 1949, 1013f.（Boettcher, Carl）.

う批判もあり、採用には至らなかったという指摘がある[109]。特に戦争営業税という指摘は、今日に至るまで、営業税提案に対する懐疑になっている[110]。そして現実の租税政策の展開[111]については、占領期を経て、1946年から1950年には最高所得税率は95％であり、1953年には80％とされた。それと並行して法人税率は60％とされ、1949年には50％とされたが、1951年には再び60％とされた。そして、1953年には法人税率について、配当所得分については30％とされ、1958年にはそれがさらに15％とされた[112]。他方で、内部留保分についての法人税率は60％であり、1955年に45％に、1958年には51％とされた。これは二重課税の排除のためのものであったが[113]、法人課税の場面における法人の独立性は承認されたままであった。なお、一連の過程で立法者による法形態の中立性の実現は企図されていた[114]。第二次世界大戦後間もなくは産業復興のために出資が盛んに行なわれたが、復興が一段落すると株主は配当を要求するようになり、その結果二重課税が改めて問題視されたのである[115]。しかし、それに対する対応として、この期間には、立法者の法人税立法は税率の変更にとどまっていた[116]。さらに、1960年代末には，いわゆる出資者税（Teilhabersteuer）[117]の構想も提案され、理論的には支持を集めたが、株主に法人の利益を直接帰属させ、彼らのもとで所得課税を行うというメカニズムに原因を有するそうした実際上の理由等から採用に

---

109)　Schmölders（Fn.100）, FA 1943, 265ff.;Terhalle, Fritz, Steuerumbau als Aufgabe für heute und morgen:Eine Stellungsnahme zu Schmölders' Vorschalg einer Kriegsbetriebssteuer, FA 1943, 607ff.

110)　Hey, Einführung（Fn.4）, Rz.184.

111)　Desens, Das Halbeinkünfteverfahren（Fn.4）, S.53ff.

112)　Desens, Das Halbeinkünfteverfahren（Fn.4）, S.53.

113)　Desens, Das Halbeinkünfteverfahren（Fn.4）, S.54.

114)　BT-Drucks. 2／481, S.107.

115)　Potthast, Die Entwicklung der Körperschaftsteuer（Fn.62）, S.80.

116)　Potthast, Die Entwicklung der Körperschaftsteuer（Fn.62）, S.79f.

117)　Engels, Wolfram／Wolfgang Stützel, Teilhabersteuer:ein Beitrag zur Vermögenspolitik, zur Verbesserung der Kapitalstruktur und zur Vereinfachung des Steuerrechts, Frankfurt a. M 1968.

118)　例えば、Jacobs, Otto H., Unternehmensbesteuerung und Rechtsform:Handbuch zur Besteuerung deutscher Unternehmen, 3. Aufl., München 2002, S.100f. の整理によると、次のことに言及がある。企業の利益が持分権者に配当・分配がなされていなくても、彼らのもとで課税されること、企業のもとで生じた損失は繰越しおよび繰戻しができずに、また損失が持分権者に帰属するにもかかわらず、企業のもとに残り続けること、持分権者の所在を明確にしてお

は至らなかった。

　そして、1969年に組織された税制改革委員会である Eberhard-kommis-sion[119]の検討を経て、1977年においてインピュテーション方式（Anrechnungs-verfahren）が導入され、これにより、法人株主間の二重課税は完全に排除されることとなった[120]。これは従前の統合方式がクラシカルメソッドであったことに照らせば、大きな改正である。さらに、その際、法人に係る税負担が、その所得を内部留保しようが、配当しようが、人的会社の課税によるそれに適合させることが企図されたとみることもできよう[121]。この時点で、ドイツにおいては中規模の企業は人的会社および個人事業としての形態を擁しており、有限会社は少数であった[122]。しかし、法人課税そのものについては、法秩序の統一性を根拠に、人的会社にまでそれを拡張することは行なわれなかった。また法人税が維持されたのは、法人の内部留保利益に対する課税を確保するという考慮が作用したといわれる[123]。そしてインピュテーション方式のもとでは、法人の内部留保利益および配当利益についてそれぞれ法人税率を異にしていた。それは次のような推移をたどった[124]。前者の法人税率は、1977年から1990年までが56％、1990年から1993年までが50％、1994年から1998年までが45％、1998年から2000年までが40％とされた。後者の法人税率は、1977年から1993年までが36％、1994年から2000年までが30％であった。この税率改正のうち当初の法人税率（56％）は

　く必要があること、持分権者が非居住者である場合には課税ができない可能性があること、企業レベルでの課税がなされないので、企業に係る租税政策が観念されえないこと、法秩序の統一性が維持できないこと、出資者税はそもそも小規模企業を念頭に置いた課税方式であること、である。

119)　Bundesministerium der Finanzen, Gutachten der Steuerreformkommission, Bonn 1971, Körperschaftsteuer Ⅳ Tz.162f.

120)　Knobbe-Keuk, Bilanz- und Unternehmenssteuerrecht（Fn.18）, S.565によれば、法人税は個人所得税の前取り、第二の資本収益税になったといわれる。

121)　この点については、参照、Raupach, Arndt, Die Neuordnung des Körperschaftsteuersystems, in:Seeger, Siegbert F.,（Hsrg.）, Perspektiven der Unternehmensbesteuerung, Köln 2002, S.10.

122)　Potthast, Die Entwicklung der Körperschaftsteuer（Fn.62）, S.92.

123)　Potthast, Die Entwicklung der Körperschaftsteuer（Fn.62）, S.132. また、参照、BT-Drucks. 7／1470, S.326.

124)　Desens, Das Halbeinkünfteverfahren（Fn.4）, S.59.

法形態の中立性の実現が企図されていた[125]。そして一連の法人税率の引下げはドイツ企業の国際競争力への配慮であった[126]。しかし、学説の指摘によると、こうした内部留保税率はなお高いとされている[127]。また、この間、最高所得税率は、税収喪失を防止するため、56％から53％に一度だけ引下げがあったのみであった[128]。これにより、法人税率と最高所得税率との間で3％の差が生じたが、これを正当化するのが、"法人税率は比例税率であるから、それは同時に限界・平均税率であるが、所得税率については、最高所得税率は通常平均税率よりも高い"[129]ということである。この点、一定期間においては、法人税率と最高所得税率とが平仄を保っていた時期があったが、後述のように企業競争力という経済政策上の考慮がそれを許さなくなった。なお所得税法上の事業所得者については、事業税負担を考慮して最高所得税率は47％とされていた。また、以上にみた1977年から2000年までの期間における法人税制の動向として、インピュテーション方式の維持と税率の調整という特徴が見出され、大きな改正はない。これについては、ドイツ財務省における検討を踏まえてのものであると思われる。例えば、重要な資料としては、財務省の1990年の報告書[130]、1991年の報告書[131]があり、前者は、二元主義のもとにおけるインピュテーション方式による中立性の実現に高い評価を与えた上で、物的会社のもとにおける資金調達につき、内部留保税率を引き下げる場合には、人的企業の資金調達に比して差別的に優遇されることになるので、内部留保税率と最高所得税率とを一致させる必要性について触れ[132]、後者は、経済のグローバル化を視野に入れて、投

---

125)　BT-Drucks. 7／1470, S.330.

126)　BT-Drucks. 11／2157, S.2.

127)　Meyer-Sandberg, Nils, Die Duale Einkommensteuer als model ungleicher Besteuerung von Arbeit und Kapital, Frankfurt a.M. 2008, S.26.

128)　BR-Drucks. 1／93, S.27.

129)　BT-Drucks. 11／2157, S.173.

130)　Wissenschaftlicher Beirat beim Bundesministerium der Finanzen, Gutachten zur Reform der Unternehmensbesteuerung, Bonn 1990.

131)　Wissenschaftlicher Beirat beim Bundesministerium der Finanzen, Gutachten der Kommission zur Verbesserung der steuerlichen Bedingungen für Investitionen und Arbeitplätze, Bonn 1991.

132)　Wissenschaftlicher Beirat beim Bundesministerium der Finanzen, Gutachten zur Reform (Fn.130), S.30f., S.36f., S.47.

資と経済成長を実現すべく、法人税率を引き下げることに併せて、内部留保税率と最高所得税率とを一致させるべき必要性について触れている[133]。これらは、インピュテーション方式の優位性を前提としていること、そうであるとするならば、Ⅲ 2(2)(a)で後にも触れるが、法人税制の設計においては税率の構築に係る重要性が高まっていることを示しているといえるであろう。

　なお、1980年には、ドイツ法曹大会にて企業課税における法形態の中立性について議論されたが、インピュテーション方式が1977年法人税法改正で導入され、二重課税の排除は概ね実現されたにもかかわらず、それが二元主義の問題を克服するものではないとされつつも[134]、それを以て不十分ながらも緩和され、"競争中立性"は満足のいく程度の充足に近付いているという指摘があり[135]、必ずしも二元主義の克服は必要ないとされた[136]。

　ここで税制改革法（Steuerreformgesetz）による1990年改正にも触れておく必要があろう。既にみたように、1990年改正では、内部留保に係る法人税率と最高所得税率との一致・接近は捨てられた。続けて、立地点確保法（Standortsicherungsgesetz）による1994年改正では、法人税率の45％への引下げが行われた。これは法人税と所得税との間で税率の乖離が生じたことになるが、最高所得税率を併せて引き下げることは、当時の財政状況に照らして困難であるという認識があった[137]。これは法人税収と比較しての所得税収の多さからくる議論であり、換言すれば、企業税制のみに着目した税制改革は構造上困難であって、所得税制全体の構造が企業税制の改革の足かせになったということである[138]。なお、こうした乖離は、平均税率に着目

133)　Wissenschaftlicher Beirat beim Bundesministerium der Finanzen, Gutachten der Kommission（Fn.131）, Rz.369f., 440ff.

134)　Knobbe-Keuk, Brigitte, Empfiehlt sich eine rechtsformunabhängige Besteuerung der Unternehmen?:Referat, in:Verhandlungen des 53. Deutschen Juristentages, München 1980, O11.

135)　Littmann, Konrad, Empfiehlt sich eine rechtsformunabhängige Besteuerung der Unternehmen?:Referat, in: Verhandlungen des 53. Deutschen Juristentages, München 1980, O42.

136)　Beschlüsse: in: Verhandlungen des 53. Deutschen Juristentages, München 1980, O180.

137)　BT-Drucks. 1／93, S.25, S.27.

138)　ただし、Wendt, Rudolf, Spreizung von Körperschaftsteuersatz und einkommensteuerspitzensatz als Verfassungsproblem, in:Ders.（Hrsg.）, Staat, Wirtschaft, Steuern: Festschrift für Karl

して正当化された。[139]　また、1992年に人的企業に係る事業税の負担軽減措置が採用され、物的会社のそれとの接近化が実現した。さらに、1991年以降連帯付加金の徴収が開始されたわけであるが、当初はインピュテーション方式のもとにおいて、控除可能な法人税についても徴収されていたため、メカニズム上その二重負担が生じていたが、それはその後に解消した。そして、1997年には財産税が廃止され、1998年には事業資本税が廃止され、これらを以て物的会社と人的企業との間の税負担の接近化の一助になった。

　次に、減税法（Steuersenkungsgesetz）による2000年の税制改革により、[140]その複雑性、非居住者に係る税額控除請求権がない等という理由でインピュテーション方式が廃止され、二分の一所得免除方式が導入（Halbein-künfteverfahren）された。[141]　これは法人課税を行なわれた後、配当がなされる際には、その半額について個人所得課税がなされるものである。この結果、法人税率は25％に引き下げられたが、最高所得税率は結局42％（2005年段階）とされた。[142]　これは租税競争を意識してのことであり、それを租税政策上無視することはできないと考えられたためである。そうした法人税率の大幅な引下げに対応するために、事業所得者に係る事業税負担の減免措置が導入され（ドイツ所得税法35条）、最高所得税率の法人税率並みへの引下げが見送られたのは税収喪失をおそれてのことであった。[143]　また2000年改正は、法人のみならず、人的会社、個人事業者についても税負担の軽減

Heinrich Friauf zum 65.Geburtstag, Heidelberg 1996, S.863. によると、企業税制を構築する際には、所得税法における事業所得について、事業税の負担も考慮に入れる必要があるとの認識が共有されるようになってきた、という。

139)　Meyer-Sandberg, Die Duale Einkommensteuer（Fn.127）, S.28.

140)　SPD および BÜNDNIS 90／DIE GRÜNEN の1998年10月20日連立協定。さらには、財務省による Wissenschaftlicher Beirat beim Bundesministerium der Finanzen, Brühler Empfehlungen zur Reform der Unternehmensbesteuerung, Bonn 1999, S.14. も参照。

141)　その骨子について、参照、Wissenschaftlicher Beirat beim Bundesministerium der Finanzen, Brühler Empfehlungen（Fn.140）, S.49ff.

142)　Englisch, Joachim, Die Duale Einkommensteuer–Reformmodell für Deutschland?, Bonn 2005, S.7.

143)　Lang, Joachim, Perspektiven der Unternehmenssteuerreform, in:Bundesmnisterium der Finanzen, Brühler Empfehlungen zur Reform der Unternehmensbesteuerung, Bonn 1999, S.6. また、参照、BR-Drs. 1／93, S.27. 143,000マルク超の所得を稼得している 5 ％の納税義務者が所得税収の 4 割を担っているとされるのである。

を図る必要があるという認識であった[144]。その中で触れられていたのは、法人課税の選択権の付与、内部留保利益に係る法人税率の適用、事業税の負担軽減であったが、その中で採用されたのが、前叙のドイツ所得税法35条である。つまり、法形態の中立性の実現が企図されていたにもかかわらず[145]、しかし、課税方式は従前のまま維持され、その上二元主義を維持したままでのピースミール的な改正であったため[146]、法人税率と最高所得税率との乖離、さらには両者の税負担の乖離は広がった。なお、この時、1999年に連邦財政裁判所は2000年改正前の前述の事業所得に係る最高所得税率の軽減措置について連邦憲法裁判所に呈示決定を行なったが[147]、後に連邦憲法裁判所により合憲とされた[148]。

　加えて、2008年に二分の一所得免除方式が廃止され、法人税率が15％に引き下げられ、部分免除方式（Teileinkünfteverfahren）に代わった。これは、法人段階で法人課税が行なわれた後で、当該所得が配当に充てられる際には、その60％について配当所得税が課されるというものである。加えて、源泉徴収型調整税（Abgeltungssteuer）が配備され、配当所得について、一定の要件のもとで株主について25％の税率で課税され、それを以て配当所得に係る課税関係が終了する（ドイツ所得税法20条1項1号2号・32d条4項）。

(2)　法人税制を取り巻くもの——経済のグローバル化と法人税制

　以上がドイツ法人税法の歴史的展開であり、いくつか特徴がみられるが、筆者が特に着目すべきと考えたのは、やはり法人という個人とは別個独立した法主体に対する租税として発展してきたということである。今日の法人税制の出発点はこの点にあり、そしてそれを強く刻印付けていると思われる。比較的近いところで、1977年の法人税改革における法秩序の統一性

---

144)　BT-Drucks. 14／2683, S.4.

145)　BT-Drucks. 14／2683, S.4.

146)　すなわち、前掲注140）の Brühler Empfehlungen の S.45においては、後にⅢ2(1)(c)で述べる一般的企業税（AUS）の採用も提言されていたが、それ自体に対する批判および短期間での改正が無理であることを根拠に導入は見送られたとされる。

147)　Vorlagebeshulß des BFH v.24. 2. 1999, X R 171／96, BStBl. Ⅱ, S.450.

148)　BVerfG-Beschl. v. 21. 6. 2006, 2 BvL 2／99, – 2 BvL 2／99-BVerfGE 116, 164.

という立法者の判断による私法準拠主義は、筆者の知る限りにおいては、立法実務上現在において捨てられてはいない。それをベースに、ドイツ法人税法の発展がみられた。これについては、Ⅱ3(1)で見たように、連邦憲法裁判所も企業税法（に係る立法政策）における私法準拠主義を合憲としている。加えて、Ⅱ3(3)で見たように、事業者や人的会社について、適用税率が30％に満たない企業が極めて多いという。彼らは何らかの課税方式で以て自らに実質的に法人課税がなされることを拒絶するであろう。このため、彼らは、政策過程において政治的に抵抗するであろう。このような事情をベースに推測すると、企業全体に統一的な課税方式を適用するという租税政策は租税原則に非常によく整合するものであるにもかかわらず、現実の租税政策上においてはありえないものであることとなる。そうであるならば、法形態の中立性の実現について租税立法者に留保された最も重要な政策選択肢は、前述のドイツ企業税法の制度形成の過程からすると、税率の構築であることとになる。

　そして、上にみたように、ドイツ法人税法においては、その形成過程において、理論的には法形態に中立的な課税が要請されていたし、実際にも、例えば、法人税率と最高所得税率とを一致させることによって、そうした租税制度が実現されていた時期もあった。ところが、経済活動のグローバル化がそうした状況を許さなくなり、法人税率の段階的引下げが行われた。周知のように、法人税率も含めて、税率の構築に関して税率の水準を定量的に指示する法理論は目下のところない。したがって、法人税率のありようを決定しうるのは、最高所得税率との一致を要請する中立性、水平的公平を指示する平等原則のみになる。つまり、二元主義の放棄は措くとして、所得税率と法人税率との調整を以て中立性を維持する租税政策が採られていたのであるが、経済のグローバル化、ここでは、具体的には、ドイツ国内への投資の呼び込みおよびドイツ国内での経済活性化という経済政策上の事情がそれを許さなくなり[149]、かかる事情は両税率の乖離の正当化根拠としうるという指摘もある[150]。とするならば、現行の企業税法における二元主

---

149)　Meyer-Sandberg, Die Duale Einkommensteuer（Fn.127）, S.42.

150)　例えば、参照、Meyer-Sandberg, Die Duale Einkommensteuer（Fn.127）, S.47.

義の克服を指示する法的根拠はさほど強くはないといわねばならない。こ
の点で、従来の税制改正が二元主義を根本的に克服しなかったことの根拠
の一つがあるのかもしれない。

　尤も、理論的にも、政策的にも法人に係る税負担が一方的に引下げられ
ることについて問題視される可能性はありうる。これについては、後述2(1)
における法人税改革提案に係る検討に際して、同時に触れることとしたい。

2　ドイツ法人税法の理論史

(1)　法人税改革案──法人税の基礎概念としての法形態の中立性

　既にⅡでみたように、企業課税を論ずる上で中立性が現実の制度設計上
も理論上も高い重要性をもつ。とりわけドイツ租税法学においては競争中
立性を以て法人税の正当化が試みられているわけであるが、加えてここで
指摘できるのは、法形態の中立性を以て企業課税のレベルでの法人と人的
企業との間の税負担の統一化を実現することが試みられていることである。
尤もこの統一化についても、課税方式を同一にするという形態での完全な
統一化を指向するのか、または二元主義は残しつつも税負担についてのみ
できる限りの同一化あるいは接近化を試みるのかという違いが認められる。
いずれにせよ、二元主義に着目がなされつつ、所得税と法人税との関係に
触れられる傾向があり、その上で法形態の中立性を一つの重要な基準とし
てドイツにおける企業税法の租税政策は企図されているため、それを着眼
点として、都合上ドイツ法人税法の理論史のうち最近触れられる論点を検
討することとしたい。

(a)　Flat Tax と法人税

　Flat Tax [151] を導入すれば、所得税率は法人税率と同一になりうる。例えば、
Flat Tax を指向する税制改革案は多いが、例えば、ドイツにおける Paul
Kirchhof 教授により提案された所得税法典における Flat Tax の構想によ[152]

---

151)　本文中において触れるもののほか、参照、Wissenschaftlicher Beirat beim BMF, Flat Tax
　　oder Duale Einkommensteuer?：Zwei Entwürfe zur Reform der deutschen Einkommen-
　　besteuerung, Bonn 2004.

152)　Kirchhof, Paul, Einkommensteuergesetzbuch, Heidelberg 2003.

　ると、所得税率および法人税率を25％で統一化し、納税義務者を自然人および租税法人とする（同法典 2 条 4 項）。租税法人とは自然人以外の従来の法人等の企業活動を行なう納税義務者である。加えて、租税法人への出資者に対して同法人から配当がなされた場合には当該出資者のもとで配当に所得課税は行なわれない（同法12条 1 項。§ 2　Rz.35.）。この点で非常に中立的である。要するに、Flat Tax と法人税とを併せ考えれば、法人税率と所得税率とが一致し、二重課税の調整措置を必要としないので、前述の中立性が導かれる。これはドイツにおいては二元主義の克服に繋がる。そして、Flat Tax には、Kirchhof 教授のほかにも、例えば Spengel 教授が言及しているのであり[154]、所論によれば、法人税と所得税との関係についていえば、配当については法人段階で課税された後、株主段階では課税は行なわれず、完全統合が可能となる。さらにこうした扱いは利子・使用等にも当てはまる。その結果いわゆる資金調達の中立性も実現されるのである。また、さらにそれらに賃金も加えて支払法人段階での源泉徴収課税が行なわれることになるのであって、受取者である自然人のもとで所得課税がなされないのであるから、累進税率による課税が行なわれるときのように、そうした納税義務者について年度帰属を操作するという誘因は生じなくなる。

　ただし、Flat Tax の導入により税収の大幅減は現実的なものであるようにも思われる。また、Elicker 教授は、累進税率の意義を国民の正義感情に結び付けて議論している[155]。この立場によれば、控除を高めに設定することにより所得再分配を実現するという立場にはなお与することはできない[156]かもしれない。それに対しては、経済活性化による税収の増分によって、かかる税収減少分を補いうるという立場もあると思われる。このような立

153)　詳細は、例えば、Schlick, Gregor, Die Flat Tax als gerechtigkeitsforderndes Einkommen-steuermodell, Wirtschaftsdienst 2005, 582ff., 589.

154)　Spengel, Christoph, Besteuerung von Einkommen-Aufgaben, Wirkungen und europäische Herausforderungen:Gutachten G für den 66. Deutschen Juristentag, München 2006, G49f.

155)　Elicker, Michael, Entwurf einer proportionalen Netto-Einkommensteuer:Textentwurf und Begründung, Köln 2004, S.267f.

156)　Sachverständigenrat zur Begutachtung der gesamtwirtschaftlichen Entwicklung（SVR）, Jahresgutachten 2005／06:Die Chance nutzen － Reformen mutug voranbringen, 2005, S.271 Rz.372.

場の正当性は筆者には一概に明らかではないが、税収の減少量の実態によっては必ずしも正当化しえないと考えられる。特に、後にⅢ 2 (2)(c)で指摘するように、税収源に伴う財政支出の義務的削減のおそれという点で Flat Tax の導入は現実的ではないのかもしれない。

(b)　二元的所得税と法人税

　二元的所得税を法人税も念頭に置きつつ構築すると次のようになる。最近の提案によれば、まず配当所得については、法人税率を25％として、その株主は自己の株式簿価に標準的利子率（ 5 ％～10％程度）を乗じて得られた金額超を配当所得として得た場合には、当該超過分について25％で所得課税が行なわれる。これと並んで、利子、事業所得、独立労働所得、農林業所得、賃貸借所得について、それぞれの企業活動レベルで、右と同一の課税方式の適用があり、その後出資者に配当・払出しがあれば、累進所得税が適用される。これによれば、次の一般的企業税と同様に私法準拠主義ではなく、企業活動をメルクマールに課税方式を構築できる点では優れて中立的な租税制度が構築されうる。実は、二元的所得税の構築の際に、直後の(c)でも触れるが、企業（Betrieb）に対する投資より稼得される所得を基準に構築をする可能性、さらには広く資本利用（Kapitalnuztung）を基準とする可能性というようにいくつか選択肢がある。例えば、前者のように事業を基準とすれば、後者と比較して正当性の問題が生じやすい。後者であれば、構築次第によっては、前述の提案をさらに一歩進めて、同一の性質を有する資本性所得について、同一の税負担を課すことが可能となろう。Spengel 教授の提案によれば、若干不明確な点はあるが、例えば、事業所得、自由業所得、賃貸借所得等については、それらをいずれも資本に還元される部分と労働に還元される部分とに識別し、前者については資本の投下による運用益に相当する額に比例課税を適用し、後者については通

157)　SVR, Jahresgutachten 2005／06 (Fn.156), S.276 Rz.379.

158)　SVR／MPI／ZEW, Reform der Einkommen- und Unternehmensbesteuerung durch duale Einkommensteuer, Expertise im Auftrag des Bundesministerium de Finanzen und für Wirtschaft und Arbeit vom 23. 2. 2005, Wiesbaden 2006, S.8 Rz.18.

159)　Spengel, Besteuerung von Einkommen (Fn.154), G52ff.

160)　Spengel, Besteuerung von Einkommen (Fn.154), G53.

常の累進所得課税の適用を行なうことになる。[161]

　しかし、これについては、例えば、小規模な人的会社を念頭に置くと、その出資者は出資の対価として、そして労働の対価として会社から金銭等を受領することがあるが、直前で述べたような両者を適切に割り振って課税することが実際には困難である場合がある。[162]この点、例えば、前述の設例のもとで、最高所得税率を42％とし、それに加えて連帯付加金（0.55％）が課されるとすると、労働所得に対する税負担は $0.42 \times (1 + 0.005)$ により44.31となり、出資に対する配当に係る税負担は $0.25 + 0.25 (1 - 0.25)$ により43.75となり[163]、税率の設定の適正化により、両者はほとんど違いはなくなると反論がありうる。[164]ところが、資本所得を得るための投資の際に投資対象の簿価の引上げの可能性、さらには法人のもとでの内部留保の選好といった手段が採られると、所得税法の内部で所得分類ごとに税負担が大きく異なってくる可能性はなお残るとされる。[165]このように二元的所得税にはとりわけ税務執行上の問題がある。

(c)　一般的企業税と法人税

　一般的企業税（allgemeine Unternehmenssteuer。以下、「AUS」とする）は、法人のみならず、人的会社・個人事業者についても、AUS という共通の課税方式を適用するものである。[166]これにより、法人、有限会社、合名会社、合資会社等の企業活動の展開という共通のメルクマールを備える点でその経済的実態を同じくする会社に共通の課税方式を適用することを可能とする。それゆえ、AUS は、法人格を課税単位の基準とせずに、市場における企業活動の実態に着目して課税単位を決定するものであるといいうる。換言すれば、この提案の優れた点は、法人格基準の桎梏から課税方式の選択を解き放つ点であると考えられる。そして、企業を通じて稼得された正

161)　Spengel, Besteuerung von Einkommen（Fn.154）, G54.

162)　詳細は、参照、Meyer-Sandberg, Die Duale Einkommensteuer（Fn.127）, S.110ff.

163)　SVR／MPI／ZEW, Reform der Einkommen- und Unternehmensbesteuerung（Fn.158）,S.32 Rz.80.

164)　SVR, Jahresgutachten 2005／06（Fn.156）, S.277 Rz.380.

165)　Meyer-Sandberg, Die Duale Einkommensteuer（Fn.127）, S.130.

166)　Stiftung Marktwirtschaft, Steuerpolitisches Programm der Kommission "Steuergesetzbuch", Berlin 2006, S.19f.

負の所得については、企業内部での損益通算が可能である[167]。ただし、人為的損失の利用を防ぐために、純粋な賃貸活動（Vermietungstätigkeit）からの所得については AUS を適用することは予定されていない[168]。

　具体的な構造として、大まかには、25％〜30％での前述の範囲に AUS を課税し、その税収を一定割合で連邦と州との間で分割し、AUS 課税済みの企業の所得が株主・出資者に配当・払出しがなされる際には、当該所得の一定割合を控除後、残余額に所得税が課される。加えて、二段階課税が行なわれるので、最終的に出資者が個人の場合には、配当について所得課税が行なわれるために、特に、Flat Tax のもとでみられるような税収喪失は生じない。なお、一定の要件を充足する利益が120,000ユーロ未満の人的企業については、透明原則に基づいたパススルー課税が可能である[169]。その他にも、設立間もない企業の企業レベルでの損失、清算損失（Liquidationsverlust）、一定の要件を充足する通常の経済活動に伴って生ずる損失も、持分権者のレベルで損益通算可能とされている[170]。ただし、AUS の適用範囲は二元的所得税と比して狭いが、その構造上、前述の二元的所得税と同様の税務執行上の問題が隠れた利益配当という形で生じうる点には注意が必要である。さらには、AUS によって、確かに、一見すると法形態の中立性の実現という視点に限定すれば、現行法に比して、それは大幅な改善が見込まれる。しかし、AUS の適用範囲に個人事業者を含めれば、現行法における人的企業に係る課税方式である所得課税が後退することに繋がり、これはドイツにおける個人事業者の多さによると、企業課税の領域における（所得課税という）原則が例外に転換することになるという[171]。また、同時に AUS の適用範囲を実際に画す際には、新たに適用範囲の限界付けに係る問題が生ずるという[172]。これらの指摘について、Spengel 教授

---

167)　Stiftung Marktwirtschaft, Steuerpolitisches Programm（Fn.166）, S.23.

168)　Stiftung Marktwirtschaft, Steuerpolitisches Programm（Fn.166）, S.21.

169)　Stiftung Marktwirtschaft, Steuerpolitisches Programm（Fn.166）, S.23f. さらには、Herzig, Norbert／Alexander Bohn, Reform der Unternehmensbesteuerung‐Zwischenbericht zum Konzept der Stiftung Marktktwirtschaft, DB 2006,1ff., 6.

170)　Stiftung Marktwirtschaft, Steuerpolitisches Programm（Fn.166）, S.23f.

171)　Spengel, Besteuerung von Einkommen（Fn.154）, G45.

172)　Spengel, Besteuerung von Einkommen（Fn.154）, G45.

は明確にはしていないが、これは一般論として税制改正に伴う制度変更コストの発生を示唆するものであり、具体的には、AUS よりも所得課税のほうが有利である納税義務者については、その適用を拒むべく政治過程において立ち回るであろうことが予想される。

　加えて、AUS の適用企業については、個人所得税と比べて低い税率の適用が想定される。これについては、必ずしも AUS 独自の論点というわけではないが、AUS は法人課税と比較して、その適用範囲が広く、それに対応して低い企業税率の適用範囲も比較的広範に及ぶ。そのため、特に、企業の内部留保に係る税負担引下げという結果が伴われるのであり、これに関連する理論的問題点にも触れておく必要があろう。例えば、現実に法人税率引下げ政策が採られた場合、その目的の一つとして資金調達コストの引下げがある。すなわち、例えば、借入には利子の支払いが伴い、株式の発行には配当の支払いが伴う。これらはいずれも法人のもとでの投資可能である流動性を減少させる要因である。ここで税負担の引下げによれば、国家に吸収される流動性が減少し、余剰資金が法人の手元に残る。Schneider 教授によれば、これを企業統治の面からみれば、大企業のもとにある法人の役員は、持分権者の利益の最大化を企図することよりは、自己の利益（Eigeninteresse）の最大化を指向するため、資金調達コストの低減は、かようなステイクホルダーからの役員の独立性を高めることに繋がるとする。[173] 所論を敷衍すれば、資金調達コストの低下により内部留保利益が増加すれば、役員は自己の裁量で投資できるために企業経営の機動性が増加するというのであろうか。[174] そうであるとすれば、確かに、投資が活性化する可能性がある。加えて、この代替手段として租税特別措置としての減価償却、引当金の割増計上等に言及されることがあるが、前者について

173)　Schneider, Dieter, Reform der Unternehmensbesteuerung:Niedrigere Steuersätze für zurückbehaltene Gewinne oder höhere Finanzierung aus Abschreibungen?, BFuP 2006, 262ff., 264f. また、その際、いわゆる "企業それ自体（Unternehmen an sich）" の理論に言及される。これについては、前掲注86）を参照。
174)　また、AUS はその適用範囲について必ずしも大企業のみではないので、右の言明の妥当性は限定的に捉えるべきではあるかもしれない。

は、制度としての個別性が強く、改廃の可能性があり[175)]、逆にみれば、一般的な効果が期待できないということがいえるであろうし、後者については、確かに納税の猶予としての効果を有するが、現実の損失が発生した場合には、結局は損失分の負担が法人のもとに残るという見方も提供されている[176)]。このようにみると、一般的な法人税率（ここでは企業税率）の引下げにも合理性は認められるのである。

　ところが、かような AUS の属性については、企業に係る税負担の引下げについて正当性が問われうる。さらにいえば、企業に内部留保される所得と性質上類似する企業性所得（投資所得ともいいうる）との間の税負担の違いを如何にして正当化するかという問題である。この点、例えば、法人税を参照して、法人税が課される所得については、法人税自体をあたかも一つのスケジュールと考えるという立場も Eckhoff 教授により主張されている[177)]。これは、所論によれば、法人の内部留保利益と他の企業形態で得られる所得との間でそれに係る税負担の違いが問題にされるべきことが主張の真意である。また、これは資本所得に係る税負担引下げを企図する二元的所得税についても性質上ある程度共通して当てはまる問題である[178)]。そこで改めてかような正当化の可能性について如何なる議論がドイツにおいて展開されているかを以下に概観してみよう。例えば、前述の2000年減税法の立法に際して提唱された政府の立場[179)]、Schön 教授[180)]、Lang 教授[181)]が投資促進、雇用創出に触れ、Spengel 教授は、自己資本の強化、競争力の改善、出資後に法人を通じて得られた未配当利益（＝内部留保利益）について株

---

175)　Schneider（Fn.173), BFuP 2006, 264.

176)　Schneider（Fn.173), BFuP 2006, 271.

177)　Eckhoff, Rolf, Die Schedule-de lege lata und de lege ferenda, in:Kirchhof, Paul／Otto Graf Lambsdorff／Andreas Pinkwart（Hrsg.), Perspektiven eines modernen Steuerrechts:Festschrift für Hermann Otto Solms, Berlin 2005, S.31f.

178)　Eckhoff, Die Schedule（Fn.177), S.32.

179)　詳細は、参照、Schaumburg, Harald／Thomas Rödder, Unternehmenssteuerreform 2001: Gesetz・Materialien・Erläuterungen, München 2001, S.127ff.

180)　Schön, Wolfgang, Steuerreform in Deutschland－Anmerkungen zum verfassungsrechtliche Rahmen, in: Kirchhof／Lambsdorff／Pinkwart（Hsg.), Perspektiven（Fn.177), S.270ff.

181)　Lang, Joachim, Prinzipien und Systeme der Besteuerung von Einkommen, in:Iris, Ebling（Hrsg.), Besteuerung von Einkommen, Köln 2001, S.87f.

主が処分可能性を有さないことに基づき、それを優遇する必要性等に触れる。[182] 以上の指摘は、経済政策的観点からの要請、租税理論からの要請が含まれている。私見によれば、以上の指摘は経済政策および租税理論の立場からして、いずれも正当であると考えられるが、一定の限定が含まれると考えられる。すなわち、経済政策の観点については、Hüttemann 教授は、それを租税特別措置と性質決定することを通じて、例えば、制度としての存在時間限定性を以て正当化する余地を探ろうとするように、[183] 制度配備後にその実効性・効率性等を再検討すべきものとする。さらに、これについては、Ⅲ4で後にもみるように、憲法の観点から立法者の制度構築余地の枠内にあるか否かも問題となる。また、租税理論の観点からは、処分可能性の欠如に基づく優遇の必要性については、例えば、給与所得者の貯蓄優遇の必要性との整合性確保が問題となろう。このように先の論者に対する反論はいくつか考えられうる。

　このように、法人の内部留保利益について税負担を引き下げることは、他の企業性所得に係る税負担との関係で、その租税政策としての正当性が問われるのであるが、前叙の競争中立性を参照すれば、それは非中立的である。そこで、法人課税の範囲をできるだけ拡張し、かような非中立性を排除すべく、AUS の提案があると理解しうる。[184] しかし、ここで租税政策が Flat Tax の方向に進むことは、それが社会国家としての国家活動を行うための税収獲得を不可能とするために、現実的ではない。そこで AUS をはじめとして法人の内部留保利益に係る税負担と同水準の課税を、一定の基準を以て、そこに共通性が見出されるものに適用していく選択肢が残ることになる。とはいえ、一段階課税では税収不足が生じ、Flat Tax の採用と同じ結論に行き着く可能性もあるので、二段階課税を行ない、法人あるいは企業段階ではなお不十分であった税負担を出資者段階で回復することが企図されているとも解しうる。これによれば、低い税負担の適用範囲

182)　Spengel, Besteuerung von Einkommen（Fn.154）, G53.
183)　Hüttemann, Rainer, Verfassungsrechtliche Grenzen der steuerlichen Begünstigung von Unternehmen, in:Pelka, Jürgen（Hrsg.）, Europa- und verfassungsrechtliche Grenzen der Unternemensbesteuerung, Köln 2000, S.146ff.
184)　文脈は異なるが、同旨か、Spengel, Besteuerung von Einkommen（Fn.154）, G53f.

が広く、その点で憲法問題は生じないし、二段階課税の適用により税収確
保も制度内に仕組まれることになる。これが、租税体系の消費指向以外の、
AUS に係る理論的優位性の一つの根拠ではないかと考えられる。これに
よれば、（ここで性質上法人税を包摂する）AUS は、企業に係る独立した租
税であると考えられる。そして残る問題は、AUS の適用範囲を適切に画
すること、二段階課税の際のインテグレーション（二重課税調整）の方法
である。

(d) 法人税廃止の可能性

　本章においても、既にⅠ1で簡単に指摘したことではあるが、法人税は
所得税との関係で、法人の株主に係る所得税の源泉徴収税としての性質を
有するという立場があった。これは、いうなれば、法人税につき独自の存
在意義を認めないことにも行き着きうる。こうした立場が主張されること
の根拠として、既にⅠ2で本章でも言及したような、法人に個人と同様の
独自の担税力が観念されえないことと並んで、法人はあくまでも株主の投
資の媒体・手段にすぎないということもありうる。さらに、後にもⅢ2(2)
(a)で述べるように、消費型所得概念の存在も考えられる。法人税廃止の可
能性については既に先行研究もあるが、ここでは差し当たり、法人に係る
株主の投資手段・媒体観につき敷衍すると、近時では Joachim Mitscheke
教授が次のような指摘をする。やや長いが引用してみよう。すなわち「も
し会社のもとでも持分権者のもとでも企業所得に課税がなされるとしたら、
何らの措置もなければそこから同一の所得について二重課税が生ずる。廃
止されたインピュテーション方式および現行の〔Mitschke 論文が公表され
た2004年時点〕二分の一所得免除方式（ドイツ所得税法3条40号）は、そう
した（国内の）二重課税を除去しようとする立法者の試みである。一人持
分権者または持分権者に係るある種の経済的受託者としての監査機関およ
び執行機関が機能するそうした企業について、一概に所得税または法人税
上の担税力が帰属することの根拠は不明である。それらは単なる所得稼得
のための媒体である。このことは時間的間隔をもって配当に充てられるこ
とになる内部留保利益についても妥当する。企業投資は自己目的ではなく、
現時点での無配当は将来の一層高い配当を企図するものである。

　現行の所得税法は、さらに黙示的には法人税法も、それらが一人持分権者または持分権者について課税し、企業自体に課税を行なわない点に着目すれば、個人企業および人的会社についてはそうした立場を受容したのである（ドイツ所得税法15条1項1文ないし4文）。これに対して、物的会社およびその他の法人については、25％の独立的課税（Definitivsteuer）で以て、独自の担税力がまず仮定されるが、平等の観点のもと批判にさらされている二分の一所得免除方式を通じて独立的課税は調整される。

　特に人的会社および法人の課税が異なることの淵源は、とりわけ会社について権利能力および行為能力に係る私法上のメルクマールにある。新しい会社法判例が人的会社に少なくとも限定的権利能力および行為能力を承認した後では、なお残る私法上のメルクマールの違いは所得稼得という経済的に同一または比較可能な事実関係にかように異なる租税上の法的効果を結び付けることを正当化できない。

　例えば、合名会社の持分権者が会社契約において通常明確化されている払出権限に基づき、一方でその未分配の利益持分について経済的処分権を有していない状態であるにもかかわらず、それが事業所得として当該持分権者に租税法上帰属するが、他方、有限会社の一人持分権者は、処分権に係る租税法上の擬制により、未分配利益につき処分権を有しえない。有限会社の一人持分権者については配当利益のみが資本財産所得として（半分）課税されるのである。

　持分権者兼役員の所得のうち持分権者によって締結された労働契約に基づいて支払われるものは、必要経費として控除されることなく、前払報酬（Vorwegvergütung）として事業所得とされる。これに対して、一人有限会社の役員については、有限会社の代表者として自らと締結した労働契約に基づいて支払われるものは、隠れた利益配当という限界の中で利益を減少させる非独立労働所得とされる。誰が自らと真実対面することができるであろうか？　会社形態が異なることによるそうした馬鹿げた租税法上の効果が経営上も商法上も望まれない、そして不合理な有限合資会社のような企業構造に行き着くのである。

　提案される新秩序は、現在の所得課税および法人課税の経済的無意味さ

を、事業、自由労働、または農業を営む企業のように法形態に関わりなく、ただ（純）払出額または配当額（資本投資と通算後のもの）のみが自然人としての所得税納税義務者たる一人持分権者または持分権者の所得として課税されるようにすることを通じて、除去する。未分配利益に係る処分権の問題は、一般的には、持分権者が配当によって初めて未分配利益について経済的にも租税法上も処分権を有すると扱うことを以て解決される。企業自体は独立的所得税にも法人税にも服さない。親会社が子会社から受け取る配当は、親会社が当該受取配当を（最終的に）自然人としての所得税納税義務者たる持分権者に配当するときに配当所得税が課される。

　こうしたルールにおいて明らかにされている経済的観察法は特に新しいものではなく、租税法において長い伝統を有している（参照、例えば、ドイツ租税通則法39条および42条）。これは、所得課税は主として経済的に決定されるそうした担税力のインジケーターに結び付けられることから正当化される」[185]と。この立場は現在ドイツにおける法人税収の落ち込み[186]をもその背景とするものであろう。

　この立場が示唆することは、前叙のように私法理論の変化[187]のほかに、主として法人格の有無を基準とする企業税制を通じて税負担が異なり、さらにはそうした事態をもたらす法人株主間取引等が誘発されるという点で、企業税制改革の一環として法人税の廃止が企図されているということである。加えて、法人税収の低さを併せ考えれば、法人税の存在意義は、Mitschke 教授の観察眼によれば、租税制度を複雑化させるだけのものであるということになろう。また、Mitschke 教授は、「所得課税の簡素性（Einfachheit）および通覧可能性（Durchschaubarkeit）は、その実行可能性について必要かつ有効な前提条件である」[188]とした上で、「第二の、透明性および実行可能性を促進するそうした新秩序の性格は法人税の完全な廃止にある。税務情報に通じた企業経営者にとっても通覧不能かつ計算不能で

185）　本文中の引用については、参照、Mitschke, Erneuerung（Fn.14）, Köln 2004, Rz.27ff.

186）　Mitschke, Erneuerung（Fn.14）, Rz.234.

187）　参照、本章 II 1。その他にも、参照、Böhmer, Julian, Das Trennungsprinzip im Körperschaftsteuerrecht — Grundsatz ohne Zukunft?, StuW 2012, 33ff.

188）　Mitschke, Erneuerung（Fn.14）, Rz.48.

あるそうした人的会社と物的会社との間の課税の違いは除去される[189]」とする。この言明が示唆することは、まさに、直前に述べた法人税の存在による租税制度の複雑性に係る（例えば、企業形態の選択についてコストが生じ、租税法を通じてそれが歪められるという）デメリットであろう。ただし、「所得稼得媒体としての企業につき独自の担税力を否定することは、税収確保のために従前と同じく物的会社およびその他の法人について（純粋な）源泉徴収税としての資本収益税を徴収することまでも排除するものではない。資本収益税は自然人としての所得税納税義務がある持分権者の所得税債務から控除される。親会社へ配当がなされる場合には、当該親会社が受取配当を自然人である所得税納税義務者たる持分権者に（最終的に）配当するときに、配当に係る資本収益税は配当所得税から控除される[190]」としており、源泉徴収課税は行なわれうることになって、このように、法人課税がなくとも源泉徴収という課税方式はなお残りうるのである。とはいえ、これは実質的には法人税に源泉徴収機能をもたせることを以て存置することと同義であるといいうる。これは同時に法人税が持分権者に係る個人所得税との関係で必ずしも独立的でありかつ、必然的存在ではなくなることをも示唆するのではなかろうか。

(2)　ドイツ法人税の今後のあり方

(a)　法人税改革の可能性と方向性

以上に通覧した法人税・企業課税改革案について、その理論的位置付けおよびその示唆するものを考察する。そもそも、ドイツにおける法人税改革案はいくつかの特徴を有している。

一に、二元主義の克服が企図されている。これは、ドイツ企業税法における法人税と所得税との併存により生じている課税方式の違いから、法形態の中立性が侵害されていることによる[191]。学説によると（注196）の拙稿第3章）理論的には法形態の中立性が基本法3条1項に根拠をもつとされて

---

189)　Mitschke, Erneuerung（Fn.14）, Rz.51.

190)　Mitschke, Erneuerung（Fn.14）, Rz.34.

191)　例えば、Spengel, Besteuerung von Einkommen（Fn.154）, G44においても、かような認識はあるが、当該箇所（G44）においても、また本章でも既に触れているように（Ⅱ 1 (1)）、それは正当化されているのである。

いるので、おそらくは学説は具体的な租税制度の構築に際して租税政策の
形成基準、強固な理論的基盤として援用するのであろう。尤もそれが現実
の租税制度の中では純化した形で実施されていないことについては、本章
の随所で指摘しているとおりであって、その原因をできるだけ解明するこ
とが租税政策論の構築の一助になりうるであろうことも既にⅡ 3 (3)で指摘
した。

　二に、法人課税のあり方を論ずる上で、法人税率の設定は重要であろう。
これは、既に述べたところからも分かるように、近時は、特に、企業の国
際的競争力強化等に配慮がなされ、最高所得税率との関係で引下げ傾向が
観取された。この点、株主の視点も交えると、インテグレーションに着目
することが極めて重要であることが分かる。インテグレーションは通常二
重課税による出資に係るディスインセンティブを緩和することにあるが、
企業統治の観点も入れつつ、Schneider 教授により次のような指摘がなさ
れている。すなわち、法人について、その役員が株主の利益をも斟酌しつ
つ経営を行なうことを可能にするためには、租税制度の面からみれば、法
人税率と最高所得税率とを一致させることが必要であるとされている。[192]こ
の言明の示唆するところは私見によれば、やや強引かもしれないが、次の
ようになると考えられる。既に述べたように、法人税率が低い場合には、
それに対応して内部留保利益が増加するのであるが、法人税率引下げによ
るその増加については出資・社債購入による寄与がないので、それに対応
して配当・利子の支払いという形態で株主あるいは会社債権者に還元する
必要はない。逆にいえば、仮に、法人税率と最高所得税率とが一致してい
れば、こうした方法で内部留保利益を増加させることは不可能であるため、
例えば出資を引き受ける必要が生ずる。その場合には、出資者たる株主に
配当を支払う必要が生ずることもあるし、その際、インテグレーションが
行なわれれば、[193]投資家は配当の受取り可能性を期待し、ある程度積極的に
出資を行なうことになる。加えて、そもそも、いわゆるロックイン効果は

---

192)　Schneider（Fn.173）, BFuP 2006, 265.
193)　この場合には、完全統合が望ましいであろう。

生じないため、会社のもとでもますますかようなインセンティブが生じう
る。ところが、インテグレーションが行なわれても、法人税率と最高所得
税率との差異から生ずるロックイン効果の発生可能性がある場合には、株
式投資の誘因創出というインテグレーションに係る所期効果の発揮が前述
の事情に基づき不十分となる可能性がある。このことから、法人税率の決
定要因として、通常いわれるところの（法人形態の企業に係る税負担の引下
げに行き着く）国際的租税競争と並んで、法人の利益と株主の利益との調
整を挙げることは不可能ではないかもしれない。それは、つまり、（法人
による投資活性化のための）法人の内部留保の充実と出資者としての株主の
配当確保（ひいては株式投資の活性化）との間の調整であり、理論的にはそ
の具体的結果として法人税率が決定されるということもできるかもしれ
ない。[194]したがって、逆にいえば、かような調整作業を必要とすると考える
以上、法人税率と最高所得税率とが一致することはないであろう。また、
そうである以上、法人税率と最高所得税率との関係を直視して（通常は前
者のほうが後者に比して低い）、特に AUS についてみたような法人税率の引
下げの正当性という問題は必ず生ずるであろう。

　　三に、法人税制のあり方といわゆる消費型所得概念および同所得税との
関連性を指摘することができる。国際競争力の強化のための法人税率の引
下げ等の経済政策に動機付けられたものであるが、租税法学の理論からこ
の現象を観察すると、一定の投資所得（株式等から得られる投資所得）につ
いて、法人という投資段階での低税率による課税は、所得課税の領域にお
ける消費型所得概念の要素の部分的実現を意味すると理解できるのである。
もちろんそもそも消費型所得概念は、厳密にはある所得につき投資段階で
は非課税として、そのリターンが納税者の手元に流入する段階で初めて所

---

194)　ただし、ドイツの議論をベースとすれば、この調整作業は性質上理論的にはできるだけ
　　最高所得税率との一致に近い法人税率を制定するという方向においてなされるべきことにな
　　ろう。何故なら、両者の乖離について、本文中にも述べたとおりに、その調整作業における
　　一方の極には法人税率引下げの正当化、他方の極には配当確保という租税政策に係る極めて
　　重要な視点が存在するからである。尤も、法人税率が最高所得税率よりも低いのが通常であ
　　る以上、少なくとも多少のロックインの傾向は生ずる。また、両極の間における、"最適な"
　　調整の帰結は性質上一概に明らかでないことはいうまでもない。

得課税がなされるというものである。ここでの租税制度は所得の稼得段階で既に課税済みのものを株式投資に充て、そこで15％の比例税率で課税され、配当がなされる段階でも前述の一定の二重課税調整措置を伴いつつも配当所得課税されるため、先の消費型所得概念に基づく所得課税とは完全には一致するものではない。ただし、租税体系の消費指向化に基づく制度のエッセンスである投資段階非課税への接近が租税体系の内部で局所的にではあれ看取されうることになるのである。

　その上で、二元主義の克服は現実にはなされていないのでやむをえないが、消費型所得概念は既に別稿でも触れたように理論的は支持が集まって[195)]おり、それに接近を続ける法人税に係る租税政策は、所得税の側からみるものではあるが、確かに積極的に評価すべき点があるのかもしれない。しかし租税制度全体の中での法人税率という局所的な部分のみを観察した結果の言明であって、法形態の中立性は実現するとは到底いえず、むしろ税制改革ごとに非中立性が増し、それと同時に租税制度の複雑性も増していくことになっているのである（これについては、若干ではあるが、後述(b)でも触れる）。以上のように考えると、この点を税制改革の現実と受け止めること、さらには税制改革を論ずる際には、先にみたような意味での局所的な視点のみでその評価作業を行なうのではなく、租税制度全体を視野に入れた中での評価も同時に試みるべきことが示されているといえよう。

　さて、本章で検討した範囲で、ドイツの議論の現状に照らしていえば、ドイツ企業税法の進むべき途として、法人格基準による課税方式の割振りを捨て去ることであることになろう。この点は、非常に明確である。ところが、次の(c)に述べるように、明確であるはずの租税政策の実現内容は明らかであるにもかかわらず、それが実定企業税法において実現されることがないことが興味深い問題点として浮上してくるのである。

---

195)　詳細は、手塚貴大「所得税改革と租税政策論—ドイツ租税法学における所得分類再編論を素材として」記念論文集刊行委員会編『租税の複合法的構成　村井正先生喜寿記念論文集』（清文社・2012年）571頁以下、同「公共政策における租税政策および租税立法に係る特質—ドイツ租税法学（所得税）に見る租税政策・立法の理論」広島大学マネジメント研究13号（2012年）99頁以下。

⒝　企業税制の現状とその複雑性

　ここでドイツの企業税制の現状に改めて触れることとしたい。すなわち、Ⅱ 1 ⑴において二元主義に言及したのではあるが、企業税制は二元主義のみを認識しただけでは十分な評価はできない。二元主義をベースとして、複雑性が累次の税制改正を通じて増加しているのである。そこで、別稿でも触れたことはあるのであるが[196]、さらに詳細化することを以て上書き的確認の意味をも込めて、改めて本章でも言及することとしたい。

　まず、周知のように、法人税率と最高所得税率との間には大きな開きがある。これにより、法人税率は15％であるために、その内部留保は税負担について軽減の程度が高い。それに伴う対応措置として、人的企業の内部留保に係る特別の課税方式も配備されたが（ドイツ所得税法34a 条）、その両者間の調整は不十分である。

　また租税法においては、法人とは異なり、人的企業は租税主体足りえず、その出資者との間での法律関係は法人の場合とは大きく違う。この結果、例えば、個人事業者については、両者間での契約締結は不可能であり、例えば、報酬に関する契約、退職年金に係る契約がありえず、企業レベルで租税法上費用としては扱えないために、法人に比して税負担の点で不利な扱いがある。また損失の帰属については出資者に直接帰属することになる。それについて当該損失を出資者の他の所得との損益通算を行なうという態様でタックスシェルターが生ずる可能性があるが、個別規定（ドイツ所得税法15a 条）により封ぜられている。

　既にⅡ 1 ⑴で述べたように、法人間配当については原則的には非課税である（ドイツ法人税法8b 条 1 項）。法人が保有する他の法人の株式譲渡益も同じく非課税となる（同法8b 条 3 項）。法人が個人に配当する段階で部分免除方式か（ドイツ所得税法 3 条40号 1 文）、源泉徴収型調整税による課税がなされる（同法20条等）。ところが両者の課税方式では税負担の歪曲がみられる。すなわち、個人株主についてであるが、詳細な試算例は省略する

---

196)　詳細は、参照、手塚貴大『租税政策の形成と租税立法―ドイツ租税法学に見る租税政策論』（信山社・2013年）72頁以下。

が、低所得者が源泉徴収型調整税を選択することにより、税負担は優遇される可能性がある。[197]

　次に廃業時については以下のようになっている。人的企業については、いわゆる五分五乗方式の適用か（ドイツ所得税法16条）、または55歳以上の廃業希望者に45,000ユーロの特別控除額を認めつつ、平均税率による課税が適用されうる（同法34条3項）。これは一定の法人出資者にも適用されるが、人的企業の持分権者に有利であるとされる。加えて、法人への出資者である個人[198]についてみるに、その株式譲渡益については、原則として資産が1年超の保有期間であれば非課税であるのに対して、それに当てはまらない資産（株式もこれに含まれる）については別の課税がなされる。ここでは、形式上ドイツ所得税法17条により、部分免除方式の適用があることになる。ところが条文の仕組み上前述の源泉徴収型調整税により課税がなされるために（同法20条2項）、実質的にみれば、ドイツ所得税法17条はもはや独自の意味を有さず、Appendix にすぎないという指摘がある。[199]

　さらに、事業税については、人的企業についてのみ、負担軽減措置の適用が予定されている（同法35条）。

　このような課税の違いはドイツの学説においては正当化が困難であると解される傾向がある。そこで、Ⅲ1で簡単に通覧したドイツ企業税制の歴史的展開も併せつつ、以上の企業税制の現状から本章の検討課題との関係で、租税政策の形成に如何なる含意を読み取るべきであろうか。筆者としては、目下のところ、次の三点に求めるべきではないかと考えている。

　一に、税制改正は二元主義を前提としている。そのために、特に、法人税率の引下げが求められている現在の状況の中では、所得税の納税義務者との関係で税負担の均衡はどうしても実現が困難になる。そこで、事業税負担の軽減を行なったり、内部留保利益の負担軽減を行なったりしている。

---

197)　参照、手塚・前掲注196）94頁。
198)　ここでの個人は、法人への出資を通じて、その経済活動を行なっているという仮定である。
199)　Seer, Roman, Diskussion, in:Hey, Johanna（Hrsg.）, Einkommensermittelung, Köln 2011, S.278.

これは、いずれも税負担軽減という点では法人税負担との調整という思考を見出すことができるが、前者については、ゲマインデの税収確保という問題、後者については、負担軽減が必ずしも十分ではないという別の問題も生じている。さらには、これは、法人税率の引下げに伴う所得税率の引下げではなく、新たな租税制度を配備することに伴う、いわゆる税制の複雑性の増加を招来しているといってもよいであろう。換言すれば、簡素との相克である。

　二に、再び二元主義の問題であるが、二元主義がもたらす企業レベルでの非中立性が、株主・持分権者のレベルでの課税にも非中立性をもたらしているのである。これは、特に、株主・持分権者を個人とした場合には、不平等の発生でもあろう。すなわち、法人については、法人課税後の、つまり配当後の株主レベルでの課税と、人的企業の出資者のレベルでの課税との不平等である。これは、企業レベルでの課税方式の不統一からもたらされるものである。尤も、租税政策の分析を行なうに際して、企業レベルと株主・持分権者レベルとを同一の俎上に乗せること自体に議論の余地はあるかもしれない。しかし、既にみたように（Ⅲ 2(1)(a)～(c)）、ドイツにおける議論はそれを行なうのである。この根拠として、やや強引かもしれないが、推測するに、企業活動は法人であれ、人的企業であれ、株主・出資者の投資から始まるため、企業活動を租税法上把握することはその段階からたどることが必要であるという認識ではないか。さらにいえば、企業活動は、出資後、配当、さらには企業の廃業、投資の引揚げというライフサイクルをたどるのであり、この見方はそうした企業観に基づく企業および株主・出資者を租税法上総合的に把握するというものであろう[200]。以上を踏まえて、改めていえば、このような株主・出資者レベルにも視点を拡張することは、企業レベルの二元主義という非中立性が、株主・出資者レベルという形式上別の次元における非中立性を招来していることを明らかにす

---

200)　尤も、この私見にも現段階では留保が必要かもしれない。競争中立性は性質上法人税の所得税との関係における独立性を指向する見方でもあるといいうるため、もし、それを強調するならば、こうした見方と本章でみた競争中立性とが整合性をどの程度確保できるかは明らかではない。

る。これはつまり非中立性の拡大である。そして、前述の企業および出資者の総合的把握という立場からは、かかる事情の明確化のためにも視点の拡大は必要であったと考えうる。

　そして、三に、以上の筆者の考えるところの論理的帰結は二元主義の克服ということになろう。ただし、こうした税制改正の根底にあり、企業税制の非中立性の根本的原因であるそうした二元主義の克服がなされないことの根拠は次の(c)において検討することとしたい。

(c) 法人税改革論とその限界——税制改革の阻害要因

　そして、ドイツ法人税法に係る理論について、特徴的であるのは、法人に係る独自の担税力を承認する可能性があることであった。ドイツ企業税法における制度の展開からみて、私法上の法人格の有無をベースにして課税方式の割振りを行なってきたために、法人にそれが承認される以上、自然人と同様に独自に担税力の主体として法人税が課されるという立論に与する立場は当然にありえよう。それと並んで、この立場の背景にあるものを推測するとすれば、企業課税における法形態の中立性への理論的および実際的要請である。すなわち、既にⅢ１で指摘したように、ドイツ企業税は歴史的にみても、企業課税の領域において、企業形態ごとに課税方式が異なる二元主義が妥当してきた。つまり、ドイツ法人税法の問題点として指摘されるのが、法人課税よりもやや視点を拡張した企業課税のレベルにおいて法人と人的企業との間で適用される課税方式が異なるという点である。この二元主義には、歴史的経緯および実際的要因があると考えられるが、それとともに租税政策の公準である中立性が害されていることは明らかである。そもそも、ドイツ法人税法においては、法人税は所得税より独立し、法人税率については、経済の国際化に対応する形で、とりわけ近時は引下げ政策が採られてきた。これにより、二元主義が維持されつつ、さらに法人税率と最高所得税率との乖離が広がることによって、企業税法の内部において税負担が大幅に異なる可能性をもつこととなった。そして、学説の一部はそれを非中立的な租税制度として論難し、それらに統一的に同一の課税方式を適用することを提案した。それ自体については、企業課税における法形態の中立性の実現を可能とするという点で評価はできる。

　このように、法人税制は企業税法の内部において、企業に対する所得税制とは別個のものとして併存することになっている。そこで、かような二元主義に対応するためには、それに対する強い理論的根拠が示される必要がある。それが、既に本章でも示された、中立性の要請を憲法上のそれと位置付けることであろう（Ⅱ3）。すなわち、中立性の基準は、周知のように、そもそも経済理論の領域で発達をしてきたわけであるが、それを法概念として構成し、租税政策の規範とするための手段の一つが憲法であると考えられる。前述のPezzer教授の言明がその一例である（Ⅱ3(1)）。そしてその言明の背後には水平的平等の実現（基本法3条1項）があるのであり、その主張は極めて強固な理論的基盤を有しているかのように思われる。その結果、競争中立性を以て法人課税の正当化が試みられているのである。すなわち、企業課税の領域において、個人および人的会社のみに、その持分権者にではあるが、所得課税がなされるので、同じく企業活動を行う法人についても課税をすることによって、両者間の中立性を実現するということである。また、法人に独自の担税力を承認するという立場の理論的意義もこの点に見出されるべきであるのかもしれない。すなわち、法人に担税力を承認すれば、そこに課税がされることが理論的に要求される。加えて、仮の担税力という立論もあった。いわゆる転嫁が生じている可能性によって、法人が法人税を実質的に負担していない場合もあろうし、または、配当がなされれば、配当所得税が株主に課される際に、二重課税の調整が行なわれ、結局は株主のもとで生ずる所得税負担は他の所得分類に当てはまるものとある程度同一になる結果、法人税負担は所得税の前取りになり、法人に対する独自の法人税の意義を否定することに繋がる。この立場は、それゆえ、かような立論に理論的に対抗するため、転嫁・配当がなされる前の、仮のものではあるかもしれないが、敢えて独自の担税力を承認する立場とみることができるかもしれない。したがって、この仮の担税力という立場は、法人所得に係るかような性格・特色をも斟酌して、いわゆる法人税における法人の投資媒体観を肯定しつつも、前叙の目的論に配慮するがゆえに法人に独自の担税力を承認するいわば折衷的な立場であると位置付けることができるかもしれない。

　ところが、いずれにせよ、同じく前述のように、競争中立性は実定企業税法においては首尾一貫した形では実現されていない。そして、Ⅲ1で通覧した従来の法人税・企業課税の改革案についても、とりわけ二元主義の克服に繋がるような提案は実現されてはいない。そもそもドイツ租税法学においては、憲法上の原則の首尾一貫性を保った上での租税制度の設計という理論的基盤は提供されている。[201] 例えば、前述のPezzer教授の言明もかような立場を背景の一つとするものであろう。それにもかかわらず、学説による二元主義の克服に向けた知的営為があるが、現実の税制改革はそれに必ずしも応えてはいないのである。そうした要因についてここで先の検討を踏まえた形でもう一度示しておきたい。

　一に、租税政策を論ずる際の現実的問題としての税収確保の必要性がある。この点、Kirchhof教授により提唱された所得税のFlat Tax化（Ⅲ2(1)(a)）に着目すべきである。この提案は具体的には所得税法における事業所得等の稼得者に係る事業等および法人税の納税義務者について、それを租税法人として再構成し、新たな納税義務者の類型を構築している。そして、租税法人には一律に25％の法人税を課し、仮に株主あるいは出資者に配当等が行なわれても、その受領者のもとでは所得税を課さないというものである。これについては、ドイツ企業税法において問題視されているいわゆる二元主義を克服し、法形態の中立性を実現するものとして積極的に評価することも不可能ではないが、しかし、実際上は採用しえないという評価がある。何故なら、ドイツにおいては国家像として社会国家が想定されており、所論の提案する租税法人のように従来所得税の納税義務者であった者をすべてFlat税率の適用対象とすれば税収の喪失により社会国家として求められる公共サービスの提供が実効的に行ないえなくなるからである。[202] 尤も所得税率に着目すると、累進税率とするか、比例税率とするかについて一概には選択することはできない。むしろそれは政治的妥協によって決

201)　例えば、Hey, Johanna, in: Tipke, Klaus／Joachim Lang (Hrsg.), Steuerrecht 21. Aufl., Köln 2013, § 3 Rz.118ff.
202)　Hey, in:Tipke／Lang (Hrsg.), Steuerrecht (Fn.201), § 7 Rz.86.

定されるところが大きいとされる。[203] 換言すれば、一義的に所得税率のあり
ようを法的観点から決定することはできないと考えられているのである。[204]
このドイツ租税法学の指摘によれば、所得税率の構築は政治的影響力のも
と、大きな柔軟性を以て決定されることになろう。

　それに関連して、次に、企業活動を行う所得税の納税義務者に係る税負
担の問題がありうる。すなわち、既にⅡ3(3)で触れたように、法人税率よ
りも低い所得税率の適用を受ける納税義務者については、自身に法人課税
が適用されることは税負担の面で不利となろう。[205] この場合には、やはり政
治的に前述のように企業活動を展開する所得税納税義務者に一律に法人課
税を適用する税制改革は、前述のように学説による強い要請が繰り返され
つつも、実現しがたいものであると考えられる。[206] これは、前述の如く、競
争中立性の言明に係る実践的限界と理解すべきものである。

　ただし、この私見による仮説的言明は、所得税率が法人税率よりも高い
がゆえに、最高所得税率よりも低い税率で従来の所得税の納税義務者に課
税が行なわれることによる税収喪失可能性という Kirchhof 教授の Flat
Tax に係る批判的言明とは必ずしも両立しない面があるにせよ、それはあ
る種の一般的批判であり、筆者の仮定で示したような法人税率よりも低い
所得税率の適用を受ける納税義務者もなお存在したはずである。とするな
らば、そうした属性をもつ納税義務者の租税政策の選択についての政治過
程における立ち位置は所得課税の維持であろう。

　二に、立法者の判断余地が大きいことである。それが、如実に現れてい

---

203)　Birk, Dieter, Das Leistungsfähigkeitsprinzip als Maßstab der Steuernormen : ein Beitrag zu
den Grundfragen des Verhältnisses Steuerrecht und Verfassungsrecht, Köln 1983, S.294.
204)　Tipke, StRO Ⅱ（Fn.52), S.840;Lang, Joachim u.a., Kölner Entwurf eines Einkommen-
steuergesetzes, Köln 2005, Rz.29. その他にも、手塚貴大「所得税率の比例税率化の可能性—ド
イツ所得税法における議論の一端」税法学564号（2010年）99頁以下。
205)　なお、本文中で述べたことにつき、Schreiber, Ulrich／Christoph Spengel, Allgemeine Unter-
nehmenssteuer und Duale Einkommensteuer, BFuP 2006, 275ff., 282には、AUS の採用による分
離原則の拡張によって、本文中の問題が生ずると解される記述がある。むしろ、人的会社の
第三者に対する債務については、その持分権者に帰属させるべきとすらいう（Schreiber ／
Spengel, a.a.O., 283）。これは、AUS の採用に一定の歯止めをかける議論であろう。
206)　しばしば指摘される税制改革に係る政治的困難につき、一般的には、参照、Dziadkowski,
Dieter, Karlsruher Grundfreibetrag-ein Rechenfehler?, BB 2001, 1765.

るのが、先に挙げた連邦憲法裁判所の決定自体において、立法者が、企業税制の構築をするに際して、私法上の法形態を基準にすること自体は、憲法は禁止していない、とすることである[207]。これに基づき、一方で、企業税制の複雑化の根本的要因である二元主義の克服は法的には要請されていないことになり、他方で、中立性の原則の実現は理論上憲法上の要請とされているという一見奇妙な状態があることになる。そして、二元主義をベースとしつつ、中立的な租税制度の構築が追求されているために、本章で実証的にみたような、複雑かつ中途半端な税制改革が行なわれることに繋っているように思われる。換言すれば、法人税制の詳細な点についてまで憲法等で規律づけることは目下の租税法理論ではできない。したがって、憲法上の原則の首尾一貫した実施は、現実には、困難となる可能性がある。このことは前述の法人税率の設定についても当てはまる（Ⅲ 1 (1)、同 2 (2) (a)）。この点に、学説による二元主義克服のための税制改革案に対して、立法がまったく対応しないこと、ひいてはする必要のないことの重要な根拠の一つがあると推論可能である。

　このことについて、ここで改めて敷衍しておこう。というのもこれは一般論として次に述べるような意味で税制改革の基礎理論および租税政策の形成理論について極めて重要な示唆を与えるものだからである[208]。すなわち、ドイツ租税法学において議論される租税原則は単にその基本的属性として法的な意味での規範的言明を擁するものではないそうした税制改革の基準と性質決定されるのではなく、憲法にその根拠が求められることによって、同時に憲法上の原則として改めて読み替えられ議論の展開がなされる。その結果租税制度の設計は憲法上の原則を具体化しつつ行なわれる作業であることになるが、そこでしばしばいわれるのは憲法上の原則としての租税原則は実際には純化した形態では実施されないということである。この背後には租税政策の特質（尤も、確認したわけではないが、これは公共政策一般について認められる共通の特質と推測可能である）があると考えられる。

---

207)　前掲注65）の連邦憲法裁判所の決定。
208)　この点、詳細は既に、手塚・前掲注195）「公共政策における租税政策および租税立法に係る特質」で述べた。

それは税務執行の考慮である。すなわち、例えば、ここで法人税に係る議論を離れ、所得概念論に立ち返るならば、現実の所得税制の構築が包括的所得概念を理論的基盤としているにもかかわらず、ドイツにおいてはいわゆる市場所得がその基底に存在すること、そして消費型所得概念が現在の所得概念論の到達点と見なされているにもかかわらず、それがごく部分的にのみ実現される結果、いわゆるHybrid型所得税が構築されていることである。以上のことは、現実の租税制度の設計は税務執行という租税制度の実行可能性が確保された上でなされざるをえないということを示すのであって、連邦憲法裁判所が立法者の立法活動につき前述の如き広い裁量を認めることの根拠は、租税原則の純粋な実施は租税制度に係る現実的機能性を失わしめるというその属性に対する配慮であるのかもしれない。

　また、以上を前提に法人税制も併せ考えれば、次のことがいえるであろう。すなわち、例えば、二元主義が容易に捨てられない以上、それを前提に租税制度は構築されざるをえないが、①二重課税の排除の際に、法人税率を引き下げ、所得課税の際に、二分の一の所得免除または一部分の免除のいずれかにみられるように、それを一定の方法で調整をすることにすれば、法人税率の引下げは可能となる。ドイツ法人税法の展開についてみたように（Ⅲ1）、二分の一所得免除方式、部分免除方式におけるような大幅な法人税率の引下げは、法人税率の引下げ競争という情勢のもとでは、ありうる租税政策であろうし、とりわけインピュテーション方式におけるいくつかの欠陥と二分の一所得免除方式の導入とが関係しているのである。法人税率の大幅な引下げはその結果であった。そして②法人税率の大幅な引下げを通じて、部分的な投資所得の課税繰延が可能となる。これは所得税制の側からみれば、前述のHybrid型の所得税制の構築となる。このように、二元主義という制度的与件のもとでは、法人税率の引下げを企図すれば、二重課税の排除措置も併せて、現行のドイツ法人税制・所得税制におけるような租税制度が構築されることもあながち不合理ではないとみるべきかもしれない。

　三に、それに関連して、租税制度および財政制度の複層性があると考えられる。企業税法においては、特に、憲法で承認された事業税の存在がそ

の典型例である。ゲマインデにとって事業税は重要な税収源であるため、[209)]
それを廃止することには抵抗がありうる。その結果、企業活動のうち事業
性を有するものについて税負担はやや高めとなる。そして、それに対応す
る租税制度も複雑化する（Ⅲ 2 (2)(b)）。

　以上の三点に限ってみても、（連邦制国家内における各政府に係る）税収
確保の必要性、政治的抵抗、法理論が厳格に税制改革を規律付けることが
ないことが、税制改革を阻む要因として挙げられうる。この点、第二の政
治的抵抗を除いて考えると（これについては、その性質上、租税特別措置に
係る既得権保持の圧力という議論が妥当する場面であろう）、税収確保の必要
性については、租税制度自体に要請される機能からすれば当然であるのと
同時に、税負担の水準を一律に決定付ける法理論がないことに起因してお
り、また、平等原則違反の認定およびその正当化については、租税政策の
形成に際しては社会経済情勢に応じて税負担の水準を操作する必要が認め
られるところ、税収確保の要請について論じたのと同様に、税負担の水準
を法的に一律に決定付け、不変のものとすることはできないと考えられる。
要するに、これらの複数の要因の存在が示唆するところは、租税制度、ひ
いては財政制度も含めて、そうした制度内部に税制改革を阻む要因があり
うるということである。

　加えて、一般論に振れるきらいはあるが、このことに付言するならば、
Ⅲ 1 (1)、(2)において若干触れたところでもあるが、法人の税負担を決定付
ける税目は法人税に限定されるものではなく、複数ある。さらには人的企
業との中立性の確保までも視野に入れると、企業形態ごとに個々の税目の
課税方式までもが異なりうる。かような個々の税目も独自に課税根拠が認
められるのであって、例えば中立性の確保を企図してそうした税目の改廃

---

209)　本章では特に触れることをしないが、企業税法における事業税の問題は従前から指摘さ
　　れてきた。事業税が企業活力を削いでいる、あるいは税制の複雑性を招来しているというも
　　のがある。なお、Schlick 氏の整理によると、実質的に事業税は所得税から控除できるため、
　　事業税の減税が所得税の増税をもたらし、法人税と所得税との負担を調整する際には、事業
　　税をも斟酌しつつ、かような作業が必要とされるという問題点も指摘できる。参照、Schlick
　　(Fn.153), Wirtschaftsdienst 2005, 589. さらには、Hey, Johanna, Perspektiven der Unternehmens-
　　besteuerung : Gewerbesteuer-Gruppenbesteuerung-Verlustverrechnung-Gewinnermittling,
　　StuW 2011, 131ff.

を行なう税制改革を実施する際には、そうした課税根拠と税制改革の目的
とが相克しうるのである。[210]

　四に、以上を前提とすれば、とりわけ、第一点と第三点の内容は、いわ
ば租税政策の形成過程における利害関係者による Rent-seeking が行なわ
れていることを意味しよう。また第二点についても、そうした租税立法者
に対する法的規律の緩さを示すものであり、これは結果として政策形成過
程において Rent-seeking を可能とする制度的素地があることを示してい
るものといえよう。

3　課税方式の識別──制度課税か、出資者課税か

⑴　法形態と課税方式──株主にとっての法人は何かという視点

　法人の課税方式を決定付ける要因として法人が株主にとって如何なる存
在であるかという視点があることは既に述べた（Ⅰ2）。すなわち、①法
人は株主の追求する目的と同じ目的を追求する、換言すれば、端的には、
株主は法人という媒体を通じて利益獲得という目的を追求するのか、②法
人は株主の目的とは異なる独自の目的を追求する存在であるのか、③法人
は株主の利益および独自の利益の両方を追求する存在であるのか、という
複数の視点がありうる。①であれば、法人と株主とのある程度の一体性が
承認され、出資者課税となるか、または、法人課税・所得課税について一
定の調整、すなわちインテグレーションが必要だという結論が導かれやす
いのではなかろうか。②であれば、法人課税の独自性が承認され、③によ
ると前二者の折衷的なものということになろう。しかし例えば株主数が少
ない等の事情から法人の規模が小さいとした場合に、確かに当該法人は株
主の利益を追求する目的を有しているという推論は働くであろう。またそ
の逆もいえるであろう。そうすると法人の目的による課税方式の識別とい
う基準を具体的には法人の規模で置き換えることもできる。しかし右の議
論があらゆるケースに当てはまるという確たる根拠はないし、Vogt 氏の

---

210)　そうした課税根拠が税制改革時に失われていれば、本文中で述べたような改廃に問題は
　ないことはいうまでもない。

調べによるとドイツにおいては株式市場において機関投資家のウェイトが
それなりにあり、また第三者による会社支配を防止する目的での株式持合
の現象がみられるという[211]。やや強引かもしれないが、以上によれば詰まる
ところ法人の目的は右の三者のいずれであるか一概に明らかではない。し
たがって右の目的論のみを以て課税方式を論ずるのは理論的には不十分な
ものであるといえよう。株主の側からみて、法人の目的は必ずしも前述の
①ないし③に収まるのではなく、それ故、課税方式については法人の目的
とは異なる別の基準が提案される可能性が探られるべきであるが、この点、
例えば、Wagner 教授により指摘される企業課税のあり方を論ずる際には
執行コストという視点が現実の制度設計に大きな影響を与えうる[212]。本章で
も随所に示したが、企業課税が法人格の所在を基準として構築される必要
は必ずしもないという立場はとりわけ重要である。この立場を敷衍すれば、
ドイツ法人税法に係る問題は解決する。したがって、例えば、Lang 教授
らによる前述の提案（Ⅲ 2(1)(c)）の評価できる点は、それが、法人格の所
在が企業課税のありようを決定付けるものでは必ずしもないということを
示し、理論的に租税政策の選択肢を広げることに成功していることである。
この立場を敷衍すると、企業課税のありようとして、法人および非法人に
係る二元主義が克服されるのであり、別途の基準を以て企業課税のありよ
うを決定付けることができる。

　本章は一応ドイツの議論を斟酌して法人にも仮の担税力を承認する立場
を参照しているため、確かに法人課税が行なわれることは当然であるかも
しれないが、しかしあくまでも仮の担税力であるがゆえに株主のもとでの
個人所得課税が行なわれる際にその前段階の法人税負担が一定程度調整さ
れる必要が生ずるという帰結にも行き着く。以上に述べた事項を問題提起
としてまとめると、注212) の Wagner 教授の文献を参考に、直後の(2)で

---

211)　Vogt, Neutralität（Fn.69）, S.56f.

212)　Wagner, Franz F., Rechtsformneutralität der Unternehmensbesteuerung:Ein unklares und
zweifelhaftes Ziel, in:Oestreicher, Andreas（Hrsg.）, Reform der Unternehmensbesteuerung:Ver-
schidene Wege diskutieren Beiträge zu Ringveranstaltung an der Unversität Göttingen im
Sommersemester 2006, Göttingen 2007, S.137ff., S.153ff.

検討するように制度（法人・企業）に課税するか、または出資者に課税す
るか、あるいはその中間を採り両段階での税負担について一定程度調整を
するかの選択が必要となる。その際基準となるのは主に先にも言及した課
税の執行コスト等である。

(2)　課税方式の諸類型

(a)　制度課税と出資者課税

　結局企業課税に関してドイツにおいてはその改革論につき企業の規模を
基準として議論するものがあり、実定法上は一見私法に準拠して議論がな
されている。両者のいずれの基準が妥当かという問題については前者のほ
うが比較的優れているといえるかもしれない。何故なら租税制度の構築の
もとで経済的実態を斟酌するという要請を前者はよく汲んでいるからであ
る。しかし企業を観察・検討するにつきドイツ租税法学は大まかには企業
とその出資者という二当事者をその視野に入れている。すなわち企業課税
を考える際には企業および出資者について企業段階で課税関係を終了させ
るか、または企業段階での課税を行なわず出資者段階での課税を考えるか、
あるいは企業および出資者の二段階課税を考えるか、という課税方式を、
企業の経済的実態あるいは法形態を根拠に選択することになる。

　これらの事情を大まかにまとめると企業課税の企業という制度に課税す
るか、出資者という個人に課税するかという選択肢のうちいずれが課税方
式として妥当かという問いに関する分析を行なうこととなろう。

　Wagner 教授によると、確かに、法人と人的企業に対する課税方式を完
全に一致させることができないという点で、中立性は実現できないが、し
かし、その他にも中立性の基準を以て制度設計を論ずる余地があるという。
まず、所論は制度課税および出資者課税（人的課税という訳出も可能か）と
いう枠組みを設定する。具体的には前者は、法人をはじめとする企業（と
いう制度に係る）課税を指し、後者は、個人（という出資者）に係る課税を
指す。この両概念をベースとしつつ、企業課税のありようとしていずれの
課税方式が選択されるかを決定するに際して鍵概念になるのがコストであ
るとするのである。このコスト概念の内実であるが、大きく分けて、納税
義務者のもとで申告に際して生ずるコストを指す申告コスト、納税義務者

の租税法上のコンプライアンスを確保するために生ずる課税庁側のコスト
を指す統制コストおよび納税義務者が節税行動を仕組むことに費やされる
労力の発生に伴い生ずるコストを指す計画コストがあるとされる。ここで、
課税方式の決定の際には、当然租税の徴収を念頭に置きつつ制度設計が行
なわれる必要があるため、[213]企業所得について、企業段階で独立的に課税す
るのが妥当か（つまり、株主の段階では配当所得に係る課税関係は生じない）、
あるいは企業段階では課税を行なわずに、配当等が行なわれた段階での株
主・出資者に係る配当・払出所得課税を行なうか、という選択となる。と
するならば、所論の意図するところは、課税のあり方として、コスト概念
をベースとして、法人格の有無に捉われることなく、課税方式を再構築し
ようとするものである。

　さて、この考え方を敷衍するとすれば、目下のところ次の二つの示唆を
得ることができるように思われる。一に、企業の法人格の有無を基準とし
て課税方式を決定することに伴う不合理を理論的に克服する途を開いてい
ることである。二に、それを積極的に評価するとして、いくつかのコスト
概念を定立しつつ課税方式を決定する際に、如何なる基準で以てコストの
高低を識別するか、換言すれば、如何なる具体的基準で以て制度課税と出
資者課税とを識別するかが問題となる。この点、端的に明快であるのは出
資者数、企業規模等であろう。そうした制度・出資者間課税のありようを
考えると、株主・出資者の数が多くなるとした場合、制度課税を選択すれ
ば申告コストおよび統制コストは低下するし、株主・出資者数が少なく、
企業規模も小さければ、出資者課税の選択も申告コストおよび統制コスト
との関係でありうるところである。ところが、法人から株主のもとへ法人
所得が流出する際には、それが配当という形態を採るか、例えば、株主が
もつ法人に対する債権に対する支払いという形態を採るかで税負担に差異
が生ずるので、納税義務者はできるだけ税負担を減少させるべく、かかる
インセンティブに基づき法人との契約を行なうことになろうが、これは計
画コストの増加を意味する。加えて、株主・出資者数が少なくあるいは企

---

213)　例えば、Schreiber, Urlich, Besteuerung der Unternehmen, Heidelberg 2009, S.199.

業規模も小さいとしても、必ずしも計画コストは下がらないこともありう
る（わが国の同族会社を想起されたい）。この設例の示唆することは、申告
コストおよび統制コストについては企業に係る前述の数量的指標で制度設
計を行なって不合理が生じないとみることはできようが、その反対に計画
コストに係る制度設計については、必ずしも申告コストおよび統制コスト
と同一の基準では測れない場合があるということである。この計画コスト
は、前述のように、その内実として納税義務者の税負担軽減のための行動
から生ずるコストをも指しており、このようなコストは如何なる場面にお
いても性質上生じうるものであれば、かような帰結も当然に導かれるのか
もしれない。

　では租税立法者はこれについて如何なる制度的対応を行なえばよいのか。
前述のように、コスト概念を適用した上での法人税制の構築自体は首肯す
るとしても、Wagner 教授の所論における計画コストは法人税制の構築に
際して決定的な影響を与えるわけではなく、申告コストを中心に法人税制
の構築を考えるべきことを示唆しているといえよう。すなわち、具体的に
は、株主の数、企業規模に応じて、独立的課税を行なうか、株主段階のみ
の課税を行なうか、という選択となるといえよう。尤も計画コストについ
ても無視することはできないのは当然であって、これについては、一般的
には課税要件の整備という対応がなされねばならない。この結論は、ドイ
ツ法人税法においては、法人株主間での債務法上の給付に係る適正性が問
題となることがしばしばある[214]ことに鑑みても、首肯できるであろう。

　ただし、Wagner 教授の立場は、前述のように制度課税を選択する際に
は、制度レベルで課税関係は終了する、とする。したがって、それを前提
とすると、二段階課税は予定されておらず、場合によっては株主・出資者
レベルでの課税がないために税収喪失の可能性がある。それゆえ、現実的
には、企業課税一般に妥当しうる理論的枠組みではないのかもしれず、こ
の点で AUS との接合も困難である。尤も、この Wagner 教授の構想は、
その構造上、現行の源泉徴収型調整税を正当化することには繋がりうる。

---

214)　詳細は、Hey, in: Tipke／Lang（Hrsg.）, Steuerrecht（Fn.201）, §11 Rz.70ff.

コスト概念はさらには二段階課税の可能性をも念頭に置きつつ、企業課税における企業レベルでの統一的課税方式を考案する一助にもなる。すなわち、出資者数が多い場合には、企業レベルで企業税を課し、課税を確実化することもあろう。その結果企業税は源泉徴収的な性格を強くもつことに行き着く。しかし、法人課税における担税力の観点での法人の独自性を強調するような前述のようなドイツの学説の示唆（Ⅱ3(3)）も併せれば、法人についての企業税率は決してまさに源泉徴収税的な10％程度ではなく、最高所得税率と平仄を合わせることもなお理論的破綻とはされないことになる。また、この場合、法人以外の企業という"制度"にも同様の課税方式の適用は同じく理論的かつ技術的に許されることになろう。

(b)　制度課税について——分析と問題提起

　以上のようにコスト概念を当てはめることによって、従来の企業課税につき法形態を基準として課税方式が識別された場合と異なり、企業税法の構築に際して制度的柔軟性が提供されることになる。これを現実の租税政策の形成に当てはめれば、（その実現可能性の有無は差し当たり措くとしても）実際上大きな意義を有することになるし、それだけでなく、ここで議論する税目はもはや"法人"税ではなく差し当たり"企業"税といった名目の税目となるのである。さらには、本章で検討した法人税の正当化という議論は、そもそも法人という個人とは別個独立した企業形態に対する租税を如何にして正当化するかというものであったため、意義を失うこととなろう。したがって、その代わりに前面に出てくるのは、前述のコスト概念の意義を直視すれば、課税が如何なるレベルで行なわれることにより（徴税の確実化という意味での）適正なそれが可能となるかという視点であろう。何故なら、前述の各コストの意義をみると、計画コストは租税回避の防止、申告コストは申告義務の適正な履行確保、統制コストは課税庁の側で生ずる費用の最小化をそれぞれ指向するものだからである。

　ところが制度課税についても差し当たって問題を提起することができよう。そもそも課税方式の識別の基準となるコスト概念であるが、それが本章でも既に触れた（Ⅲ2(2)(a)）法形態の中立性の実現という従来ドイツ租税法学において議論されてきた課題の解決を果たして約束するものである

か否かである。制度課税を考えてみると、各コストが高い場合には、制度課税が選択されるわけであるが、それは端的には株主の多い、その意味で規模の大きい法人等がその典型例として挙げられうる。こうした観点での制度課税について合理性が承認可能であることはもちろんであるが、しかし、問題は"線引きとその後"である。すなわち、もはや課税方式の選択に法形態は問題視されていないが、制度課税の適用される企業とそうでない企業との間をコストの計測により具体的に識別する際の基準として適正なコストの計測を如何にして行なうべきなのか（特に、性質上、これは計画コストの計測につき問題となろう）、さらにはその後制度課税が適用されない企業との間で課税方式に違いが生じた場合には、企業税法における制度・非制度課税の二元主義が生ずることとなる。その場合には、少なくとも税率を同水準にすることが求められるであろう。尤もそれでもなお税負担が異なる可能性が残るのは当然である。また同じ問題は出資者課税の側からも指摘できよう。

(c)　出資者課税について――分析と問題提起

　出資者課税についても、前叙の制度課税を論ずる際にみたような法形態を基準としない租税制度の構築が可能となる点で積極的に評価できるのと同時に、また制度課税と同じく制度課税の適用範囲と出資者課税の適用範囲とを明確に線引きすることが困難であって、新たな非中立性を生み出す可能性がある点には注意を要する。

　また出資者課税のあり方の一類型として株主の保有する株式価値の増加に伴う含み益に課税することが法人課税のありうる代替手段であると考えられないだろうか[215]。すなわち仮に法人に独自の担税力を承認しない場合に、法人のもとに内部留保される利益は単に一時的に法人のもとにある所得であって実質的には株主の所得を構成すると考えることもありうる。確かにこの場合株主は当該内部留保利益について処分不可能である。しかし純資産増加説を突き詰めると、法人の内部留保利益の増加は株価に反映されるため、その株価上昇について課税することが租税政策としてありうる。こ

---

215)　Hey, Einführung（Fn.4）, Rz.17.

の考え方によれば配当の有無に関係なく法人そのものに課税するのと同じ
税収を獲得できる可能性があり、先に論じた法人のもとでの内部留保利益
に課税が不可能であることにより生ずる不合理の発生が回避できる。これ
とは逆の租税政策は株主のもとに配当が流入した段階で初めて課税が可能
であるとする収支計算方式によるものであり、現行のドイツ実定租税法も
これによる。この場合には法人という制度の段階での課税が必要となる。

　しかし結局はこの課税方式もドイツにおいては否定的に受け止められて
いる。右の課税方式の可能性を現実の租税制度として具体化する際の障壁
は実現主義である。実現主義によれば、市場における販売、譲渡といった
行為に伴う経済的な成果の手許への流入がなければ課税所得は生じないが、
それは特に租税立法者に対して"経済的には抑制的な課税を行ない、そし
てできるだけ確実な価額を基礎にして課税をする"ことを命じ、それを以
て担税力に適った課税を実現することをその憲法上の意味内容として有す
るものであるとされる。[216] この言明を敷衍すると株式の含み益は配当という
形態で株主のもとに流入していないのであるから納税のための手許流動性
もなく、含み益の正確な計算も執行上必ずしも容易ではないので不確実な
課税が行なわれかねない。またそうした未実現所得に係る課税の問題は、
やや逸れるが、株式譲渡益課税に係る租税政策のあり方を参照しても明ら
かとなる。Berninghaus 氏によるとドイツにおいては株式の譲渡益は当該
株式につき全額配当が行なわれたことに等しいとする立場があり、それに
よると株式譲渡益は将来得られる配当をも含んだものとなるため、そうし
た将来得られる配当に係る予測値を織り込んだ形態で計測される株式譲渡
益は性質上不確実性を帯びたまま計算されることとなり、結局株式譲渡益
課税は不確実な未実現所得に対する課税と同じであるという。[217] この立場を

---

216)　Hey, Einführung（Fn.4）, Rz.17;Lang, Joachim, Die Bemessungsgrundlage der Einkommensteuer : rechtssystematische Grundlagen steuerlicher Leistungsfähigkeit im deutschen Einkommensteuerrecht, Köln 1981／88, S.344ff.

217)　詳細は、参照、Berninghaus, Holger, Das Gestaltungsermessen des Gesetzgebers bei der steuerlichen Erfassung privater Veräußerungsgewinne, Frankfurt a. M. 2006, S.144ff. これは、文脈上は、株式譲渡益について、どの程度までインフレ調整を行なうべきか、という議論に関する叙述である。

前提に株式譲渡益課税を構築する際には、株式譲渡益を配当に置き換え、今日現実に得られる配当（これが譲渡による利益そのものに当たる）と将来得られるであろう配当に識別し、前者にのみ課税し、後者については一定の減免をする、または批判はあろうが敢えて株式譲渡益課税を行なわないという方法がありうるであろうか。既に示したように（Ⅲ2(2)(b)）、現実には個人株主に係る譲渡益課税は行なわれるのであり、以上の理論上の構想についてはともかく、いずれにせよ、この議論が示すように未実現所得に対する課税の実施はドイツにおいては理論的抵抗[218]にあう。

(d)　コスト概念と法人税──その位置付け・性質決定

　以上にコスト概念を基軸とする法人税制・企業税制の制度構築の可能性を検討したわけであるが、ここで先の検討に照らして法人税に係る位置付け・性格決定について得られる示唆をまとめておきたい。

　既にみたように（(a)）、コスト概念はその大小に応じて、制度に課税するか、出資者に課税するかという課税方式の識別がなされるものであった。その背後には課税方式を適切に識別することにより、コストを最小限に抑えつつ、実効的な課税を行なうという立場を見出すことは許されよう。とするならば、課税適状にある担税力を制度・出資者のどの段階で課税することが最も実効的かつ効率的な課税を可能にするのか、という考慮が課税方式を決定する上で最も重要であるという帰結にも行き着きうる。この帰結は、本章の検討課題である法人税との関係についていえば、法人税の位置付け・性質決定を多義的にしうると考えられる。すなわち、例えば、株主が個人である法人株主間課税について、一段階課税を念頭に置けば、法人税と個人所得税とは二者択一的な関係に立つ。何故なら、その場合には性質上担税力を制度段階または出資者段階のいずれで課税するのが合理的かという視点が特に重要性を獲得するからである。また、この場合には、法人税について次の見方が可能である。一に、法人税の存在が前述の如く

---

218)　実現主義については、例えば、Hey, in:Tipke／Lang（Hrsg.）, Steuerrecht（Fn.201）, §8 Rz.92. また、これに関連するわが国の指摘としては、例えば、参照、岡村・前掲注6）28頁以下、同「法人課税の基本問題と会社法制─資金拘束とインセンティブ」税法学559号（2008年）69頁以下・73頁以下。

担税力を課税によって把握するための便宜的道具であるとみれば、競争中立性によって立ち、法人が個人との関係で独自の担税力の主体であると強調する必要は必ずしもないし、競争中立性は法人税の制度設計と論理的には無関係であることになりうる。二に、しかし、そうした便宜性を前提にするとしても、制度課税が選択された場合、その構造上 Flat Tax に行き着きうることになるが、これはドイツでは受け入れがたいことになる。そこで、逆に、所得税および法人税のいずれも相互に確固として独立した税目であると考えるべきことになる。これは、結局のところ二段階課税に行き着く。以上の二つの立場については検討の余地はあろうが、差し当たり、私見によれば後者の見方が妥当であるように思われる。次に、二段階課税の適用を想定する場合には、前述と同様の条件のもとにおいて、法人税は少なくとも源泉徴収税的な機能を有するにとどまるとも解しうる。そして、その上で、二段階課税であることを直視して、それは現行法と構造上同一ではあるが、前述の競争中立性に照らすと、法人税の独立性は必ずしもその論理的帰結ではない。何故なら、二段階課税である以上、担税力はいずれ出資者のもとにおいて課税されるため、あくまでもこの場合の法人税はコスト概念に照らして決定された便宜的な課税方式ということになるからである。とするならば、ここでは法人税の個人所得税との関係でその存在についての独自性はなくなる。

　以上の試論からは次のことがいえると思われる。既に大方明らかになっていることであるが、（特に、以上にみたような、出資者に係る所得税制との関係での）法人税制の設計に応じて、法人税の性質決定（あるいは課税根拠）は多様となりうるということである。すなわち、法人税が所得税との関係で独立的にもなるし、これにより、前述の競争中立性とも整合性が取れる。または、逆に、源泉徴収税としての意義をもつにとどまることもあるのである。とはいえ、ドイツにおいては法人税率が15％という相当程度に引き下げられた現行法においても競争中立性に基づくものとしての法人税という性質決定はなお捨て去られてはいないのであって、[219]二段階課税の

---

219)　Hey, in: Tipke ／ Lang, Steuerrecht（Fn.201），§ 11 Rz.6. 競争平等という概念もありうる。

もとにおいてもなお法人税の独立性は観念できるのである。これによれば、特に税負担の程度および法人課税の適用範囲について法人税の制度設計も多様となりうるし、またさらには法人税の意義は一層不明確になるとすらいえよう。[220]

　なお、この検討は法人税のみならず、納税義務者の範囲を一層拡張したAUS についてもおよそ当てはまろう。

4　小　　括

　ドイツ法人税法は、企業税法の枠組みの中でみると、二元主義およびそれ基づく企業形態間での税負担の違いというドイツ租税法において特有の問題点を生み出すことになった。そこで租税法学説も税制改革に取り組む立法者も二元主義の克服に立ち向かってきたように思われる。しかし、前述の如く（Ⅲ 1）、租税立法者によるその試みは成功しているとはいいがたい面がみられる。そして、とりわけ直前で検討した Wagner 教授の提案においても、法人格基準を以て課税方式の割り振りが行なわれているわけではないにせよ、その構想する企業税法においては制度課税と非制度課税という別の二元主義が生ずることになっているのである。この課税方式の線引き次第では、従前の二元主義のもとにおけるのと同様の企業形態間での税負担の違いが生ずることになりうる。

　したがって、別稿でも既に触れ、[221]またⅣでも再度触れるように、こうした税制改正の不首尾の原因を突き止めることが租税政策論としては生産的であると考えられる。換言すれば、税制改正を首尾よく実施させることを阻害するそうした構造的要因の解明が重要であると考えられる。それは、

---

220)　ただし、以上のような本文中の議論は、既に述べたように、法人税制についてコスト概念を以て設計するがゆえに、導出可能なものである。すなわち、競争中立性の議論を参照すれば、そこに法人の出資者からの独立性をもった権利義務の主体としての経済活動への着目という要素は見出されうるのであり、それは必ずしもそうした法人の経済活動の実態への着目を要請しないコスト概念とは異質のものであるといえよう。

221)　手塚貴大「政策過程と租税政策の形成―ドイツ租税政策論を素材として」論究ジュリスト 3 号（2012年）235頁以下・238頁。また、財政政策の観点をも交えたものとして、同「租税政策と財政政策―ドイツ租税法学における租税・財政制度論を素材として」税法学569号（2013年）137頁以下。

具体的には、Ⅲ 2(2)(c)においていくつか考えられる実例として示したもの
である。より一般化すれば、次のようにいうことができるであろう。すな
わち、租税制度は租税理論のみを以て構築されるわけではなく、既存の他
の制度（租税制度でもありうるし、連邦憲法裁判所のような租税"外"制度の
ものもありうる）との関係で構築作業は行なわれざるをえないのであって、
他の制度の存在が大きな影響を及ぼしているのである。企業税制の領域で
いえば、例えば、Wiegard 氏は、企業税制改革が、立地点としての魅力と
効率性・中立性との相克の中で行なわれざるをえないとする[222]。ここで、立
地点としての魅力については、法人税率の一方的引下げ、効率性・中立性
とは企業形態間での税負担の同一化が実現した状況を指すと解した上で、
前述（Ⅲ 1、 2(2)(c)）のドイツ企業税法の歴史的展開および現在の状況を
直視すれば、Wiegard 氏の言明は首肯できる考え方である。換言すれば、
そこにはいずれの要請についても同時に実現することの困難さが示されて
いるといえよう。加えて、同様のことは、憲法は当然のこと[223]、Spengel 教
授が指摘する EU 法、税収確保、現行法との整合性[224]という複数の要請を税
制改革において同時に実現することもまた困難であるといえよう。以上に
基づき Spengel 教授は抜本的税制改革の不可能性を説いている[225]。Lang 教
授も法改正一般に認められる硬性から同旨の結論を導いている[226]。その他に
付言すべきことは、所得税の納税義務者である企業者にとって、法人課税
が不利になりうるという点である。ここではそうした収益力の弱い企業が
多いという事実が示唆されており、経済構造あるいは景気が税制改革のあ
りようを縛ることを意味する。このように、前述の如き法的諸要請の相克
のみではなく、経済構造・動向も税制改革の規定要因でありうるのである。
　なお、これに関連して、とりわけ AUS の議論についてドイツで触れら

---

222)　Wiegard, Wolfgang, Es kommt auf die Unternehmensbesteurung an!, Kirchhof／
　　Lambsdorff／Pinkwart（Hrsg.）, Perspektiven（Fn.177）, S.109f.

223)　Lehner, Moris, Die Reform der Kapitaleinkommensbesteuerung im Rahmen des Verfassung-
　　und Europarechts, in:Schön, Wolfgang（Hrsg.）, Einkommen aus Kapital, S.63.

224)　Spengel, Besteuerung von Einkommen（Fn.154）, G43.

225)　Spengel, Besteuerung von Einkommen（Fn.154）, G43.

226)　詳細は、Lang, Joachim, Unternehmensbesteuerung im internationalen Wettbewerb, StuW
　　2011, 156.

れることに引き付けていえば、AUS の設計については、様々な視点が提唱されている。例えば、法人はもちろんのこと、従前の所得税納税義務者のうち事業所得者に限定するか、または農林業所得者等にまで拡張するかといった AUS の適用範囲はどの程度に及ぶか、担税力を応能負担原則で測るか、応益負担原則で測るかという担税力の計測基準の選択の問題[228]、経済性および生産性向上という経済政策の観点[229]、課税標準を利益のみで測るか、または付加価値で測るか、さらにその折衷で測るかという問題[230]等がそれである。以上の議論の意味するところは、私見によれば、やはり、AUS、広くは企業課税の設計に対して影響を与える要素が多様であるということであろう。そうした要素の中には、企業に係る担税力の指標・計測基準の選択という理論的観点からのものもあれば、経済政策の観点からのものまである。

　また、以上の検討を踏まえて、さらに税制改革論に関する一般的示唆を得ることができるように思われるが、それはⅣで触れることとしたい。

Ⅳ　結　　語

　ここでは、ドイツ法人税法を素材として、企業課税における法人税の位置付けを明らかにし、その性質決定を行ない、その上でドイツ法人税が如何なる方向に改革に伴い制度変化をしていく可能性をもつか、を検討した。加えて、その際、法人税改革を素材として、税制改革の公準が何故現実の租税制度において実現されないのか、という点についても念頭に置いた。以下において、まとめに代え、本章の分析結果を約言することとしたい。

---

227)　Schipporeit, Erhard, Grundsätze und Möglichkeiten einer Unternehmungsteuer, München 1979, S.27f. これは、Schipporeit 氏も後に検討するところであるが、例えば、競争中立性という基準のもと、できるだけそれを実現する税制を構築するという作業に行き着くのであろう (S.45)。これには、企業税が課される企業に係る税負担が低いために、"租税法上優遇される貯蓄銀行" とも称されるように、当然平等原則との関係が問題となりうる (S.50ff.)。

228)　Schipporeit, Grundsätze und Möglichkeiten (Fn.227), S.28f., S.47ff.

229)　Schipporeit, Grundsätze und Möglichkeiten (Fn.227), S.30f., S.39ff., S.53ff.

230)　Schipporeit, Grundsätze und Möglichkeiten (Fn.227), S.33f.

　一に、既に知られているように、法人税はその存在根拠は必ずしも自明ではなく、ドイツ租税法学においてもかねてより議論があったが、現在において有力であるのが、競争中立性によるそれである。そして、競争中立性について、例えば、憲法において保証される水平的平等と同義とすることによって、換言すれば、憲法上保障されたものとして性質決定することにより、競争中立性は憲法の要請であるということになりうる。また、法人税の性質として、所得税とは異なる、そして、法人という独立した法主体に係る租税とされる傾向がある。

　二に、こうした競争中立性が参照される理由は、ドイツ企業税法における二元主義と関係があった。すなわち、所得税と法人税とが企業課税の領域において併存しており、とりわけ両税に係る税率の違い、株主・出資者に係る企業所得の帰属等の違いから、構造上税負担に大きな差異が生ずる可能性がある。そこで、両税の負担をできるだけ接近させるための理論的提言がなされてきた。その一つが競争中立性を参照することによる法人課税であって、それに加えて、法人に独自の担税力を承認するという理論構成を通じて、法人と所得課税の対象となる人的会社および個人との間で課税方式の統一化を企図することがなされたと考えられる。それにもかかわらず、かような点での税制改革は学説と乖離したままであった。

　三に、着目すべきは、かような長期にわたる税制改革の不首尾を説明する要因である。税制改革に係る政治性は、とりわけ租税特別措置がその政策効果を発揮しないにもかからず存在し続けることについて、従来より主張されてきたことではあるが、それは必ずしも租税法学の分析に馴染むものではない。しかし、筆者は租税制度およびそれに関連する法理論を参照することによって、税制改革の限界について法学的観点からの分析を試みた。そこで、本章で筆者が導いた推測的な要因としては、大まかには以下の三点であった。連邦憲法裁判所による租税立法に対する違憲審査の緩さ、企業課税としての所得税の納税義務者に対して適用される税率が法人税率よりも低いそうした納税義務者が多く存在したであろうこと、租税体系は連邦のみではなく、とりわけゲマインデにも課税権を認めているために、租税制度および財政制度に複層性があること、である。この中で第二点の

　所得税率と法人税率との違いに関する議論の示唆するものは、法人税の租税政策もやはり政治的影響あるいは関係者による Rent-seeking からは逃れられないということである。すなわち、納税者はできるだけ自身に有利な租税制度を求める傾向があり、それがここでは課税方式の改革を回避する政治力となって現れている。

　なお、これに関連して、次のことが付言可能と思われる。すなわち、現実の税制改革を規定する要因は多数あり、それらの影響下で税制改革は実施されざるをえないのである。これは、租税制度を取り巻く複数の制度（法制度・経済制度等）が税制改革に影響を与えていることを指す。これはいわゆる制度補完性の示す事象といえるであろう。換言すれば、税制改革を成功裡に終わらせるためには、目標と観念する税制改革の内容を描くのみでは不十分であって、むしろ租税制度の内容を規定している関連諸制度にも目を向け、それを以て税制改革の阻害要因を同定する作業も必要であろう。加えて、政策決定者の過去の判断に現在の判断が拘束されるという経路依存性の概念も示唆的である。本章の検討事項に即していえば、連邦憲法裁判所の支持もあり、企業課税における私法準拠主義を選択した租税立法者の判断は筆者の知る限り改まりそうにはなく、過去および現在、さらには近い将来もそれに拘束されそうである。制度補完性および経路依存性については、いずれも税制改革の硬直性を説明することに繋がりうる重要な概念であると解されるが、そうであるがゆえにドイツの実態を直視し、それに即していえば、現実の法人税改革（ひいては税制改革一般）は抜本的に進行することは困難であろう。以上の分析の示唆することは、要するに、税制改革が租税制度に外在する要因によって規定されていることであり、仮にそれが特定できたとしても、租税法学・租税理論によってその除去ができるわけでは必ずしもないことに、税制改革の困難さがあるということである。加えて、それが租税立法者にとっても現実的に容易ではないことはいうまでもない。[231)]

---

231)　本文中で述べたことによれば、税制改革はその都度の改正作業を個別的に分析するだけでは足りず、その作業を時系列的に追う必要が生ずる。筆者は、本章で言及した中立性の原則について、凡そ "法形態、資金調達、利益処分に係る経済的意思決定が租税法によりでき

　四に、ドイツの学説の展開によると法人格基準で以て企業課税における課税方式を割り振ることを放棄することが必要とされる。それは、かような私法準拠主義的な企業税法の構築の背景には、法秩序の統一性があり、それを連邦憲法裁判所も違憲とはしなかった。そこで法秩序の統一性が租税立法において克服されることがなかった。仮に、それを克服する場合に、如何なる課税方式が望ましいかは議論の余地がある。近時主張されているのは、コスト概念を根拠に課税方式を識別することである。これは企業課税の構築の基準を法形態とすることから解放するものであって、大きな意義を有する。しかし、その結果構築される制度課税、非制度（出資者）課税については、少なくとも税率を一致させなければ企業税法は前述の両者間で新たな非中立性が生み出される結果となろう。出資者課税についても構築次第ではかなり複雑な租税制度が構築されてしまう可能性がある。

　五に、以上を要するに、本章ではドイツ企業税法を素材として、特に二元主義の克服という視点から企業課税の再構築の可能性およびその条件を検討したが、法人税が確固として企業税法において存在し、かつ既存の諸制度に税制改革を阻害する要因が存在する以上、とりわけ抜本的改革の実現の可否という点では、それは困難であると結論付けることになろう。なお、性質上、これは税制改革に伴う税制改正作業一般にも多かれ少なかれ妥当する言明であると考える。

るだけ歪められてはならない"と論じたことがあったが（手塚・前掲注196）24頁）、その意味内容の認識だけでは不十分であって、その具体化の過程にも着目すべきである。その具体化の過程については、ドイツの議論に依拠しつつ、同じく凡そ"租税法上の最重要原則である応能負担原則が、過剰禁止、社会国家原則等の他の諸原則と相俟って、憲法上の原則から、サブ原則、制定法上の原則という態様で具体化される"と概観したが（手塚・前掲注196）44頁）、その具体化が進むごとに、租税立法者は具体化の結果の正当性を厳格に吟味すること、さらにはかような具体化を生じさせた原因を明らかにすることが求められると立論することは許されよう。そもそも、ドイツにおいては、中立性の意味内容として考えられるところは、租税法上実現されないという指摘もあるが（例えば、Schneider（Fn.173）, BFuP 2006, 267f.）、この作業を以て租税立法に係る一定の統制を効かすことは不可能ではなかろう。ここにも租税立法を租税原則の具体化として性質決定することの実践的意義を認めることができると考える。

第2章

企業・投資課税における税制改革論と租税法
──ドイツ企業税制改革に係る基礎理論の分析

I　はじめに

1　問題の所在

　わが国では、企業課税の改革が盛んに提唱されている。目下、法人税率の引下げが主たる主張である。その趣旨は、企業の国際競争力促進であろうが、そもそも企業課税の改革は、税率の変更のみに尽きるものでないことは、明らかである。例えば、わが国における法人課税の改革に係る議論を振り返ってみても、そのことは推論されうる。例えば、配当所得に係る法人税負担を当該配当所得からどの程度控除すべきであるかという法人税と所得税との統合、支出税構想、それに関連して配当に充てられる法人利益と内部留保され未配当とされる法人利益とについて法人税率に差異を設けるべきか否か、課税ベースの拡大、連結納税制度、国際課税制度との整合性等、数え上げれば相当な範囲に広がっている。こうした問題については、あるべき姿が現実のものとして存在することはないといってよく、まさに、改革が常時追及されるべき状態にあるといえる。それらはいずれも極めて興味深い学問的検討の対象をなしているといってよい。では、本章においてそうした企業税制に係る論点のうち、いずれが検討されるべきであるかが問題となろう。

　その中でも、ここで議論の中心とすべきは、一に、企業税制の領域における消費型所得税（Konsumorientierte Einkommensteuer）の影響である。筆者は、別稿において、ドイツにおける消費型所得税の内実、そして、その企業課税の場面における反映である企業税（Betriebsteuer）を、現在の経済状況に照らして、一定の政策的インプリケーションをもつものである

と論じた。[1]消費型所得税とは、"個人が一定期間中に稼得した所得のうち、貯蓄に充てられることを予定されている部分、すなわち将来の消費に充てられる部分の所得については、稼得された段階での課税は行われず、残りの消費に充てられる部分のみを累進課税の対象とし、その貯蓄所得は、後に、それが消費に充てられる際に累進所得税が課されるそうした所得税"を意味する。これは、個人の所得課税のもとでのいわば Cash-Flow 型税制の実現と同様のことを指す（これは、ドイツの学説上の貯蓄調整〔Sparbereinigung〕型税制である）。[2]こうした消費型所得税は、それが仮に構築された場合には、企業課税の領域においても変容を来たす。[3]主として、企業課税の領域においては、企業の法形態の中立性が、政策的公準として認識されるべきで、それに向けて立法されることが、消費型所得税を導入することの帰結である。[4]すなわち、個人が、その貯蓄に充てられる部分の所得を、貯蓄・投資する際には、様々な投資・貯蓄形態が想定されうるが、企業投資の領域ではいずれの形態も租税法上平等に扱われる必要があると考えられるのである。[5]これを通じて、平等課税も同時に実現される。それは、中立性原則と平等原則が同時に実現されることを意味する。しかし、Cash-Flow 型税制を企業課税、言い換えると企業への投資の領域に導入することは、純粋には、企業に対する独立課税を行なわない、ということ

1）　参照、手塚貴大「ドイツにおける企業税提案から見た企業税制改革と租税立法—租税法制度設計に係るインプリケーション導出のための一試論」法学政治学論究57号（2003年）157頁以下。さらに、邦語による紹介として、例えば、参照、ヨアヒム・ラング（木村弘之亮=西山由美訳）「ヨーロッパ域内市場およびドイツ統一に向けての企業課税改革」法学研究65巻 8 号（1992年）83頁以下、同（西山由美訳）「企業課税の国際協調」法学部法律学科開設100年記念国際シンポジウム編集委員会編『二十一世紀における法の課題と法学の使命：慶應義塾大学法学部法律学科開設100年記念シンポジウム』（慶應義塾大学出版会・1994年）。

2）　その用法につき、参照、Jacobs, Otto.H, Unternehmensbesteuerung und Rechtsform 3. Aufl., München 2002, S.110ff.;ders., Internationale Unternehmensbesteuerung 5. Aufl., München 2002, S.313ff.

3）　手塚・前掲注 1 ）159頁以下。

4）　その論証は、参照、手塚・前掲注 1 ）163頁。

5）　近時の政策上の動向につき、簡潔には、参照、Krause-Junk, Gerold／Regina Müller, Nachgelagertes Verfahren bei der Besteuerung der Alteseinkünfte -Erwiderung zu dem Beitrag von Birk／Wernsman, DB 1999 S.166-, DB 1999, 2282.

に行き着く。[6]

　さらに、消費型所得税は別の形態も採る。Ⅲ2で触れるが、所得につき
その使途を識別せず、すべて課税し、その後に課税済み所得の運用をする
際に、市場標準利子担当分（marktübliche Verzinsung）に当たる運用益には
課税しない立場もある。またインフレーションによる減価もありうる。そ
れらを課税所得計算から除外することにより、実質的所得に対する課税が
可能となる。例えば、異時点間でインフレーションが生じている場合を想
定すると、名目的な額に課税するならば、正確な課税標準額をベースとし
た課税が行なわれたとはいえないであろう。すなわち、その際、何らかの
態様でインフレ調整を施す必要がある。これは、ACE型税制である（ド
イツの学説上では、利子調整〔Zinsbereinigung〕型税制を意味する。または、
この点利子修正〔Zinskorrigierung〕とも呼称されることがある。[7]以上の動向
は企業課税と無関係ではない。この議論は時間の観点からみた所得課税の
中立性を指向するものであって、後にみるような（Ⅲ、Ⅳ）、企業課税に
おける課税所得計算にも影響を与える。

　加えて、二に、貯蓄・投資の対象の一例である法人をみてみよう。わが
国でも、近時、何故、法人に対して法人税が課されるかが議論の対象とな
っている。翻って、例えば、ドイツにおいて自然人は、基本法により、そ
の性質上当然に権利能力を有し、権利義務の帰属主体であるから、当然に
所得税の納税義務を負うと構成することが可能であろう。しかし、法人に
ついては、この図式は必ずしも妥当しない（ただし、基本法19条3項により、
法人についても、その性質上許容されるものであれば、基本権享受主体として
承認される、と解されている）。[8]したがって、ドイツでは、一部の論者によ

---

6)　Rose, Manfred, Plädor für ein konsumbasierte Steuersystem, in:ders. (Hrsg.),
　　Konsumorientierte Neuordung des Steuersystems, Heidelberg 1991, S.9.

7)　その用法につき、参照、Kiesewetter, Dirk, Zinsbereinigte Einkommen- und Körperschaft-
　　steuer: Die Implementierung im deutschen Steuersystem, Bielefeld 1999. その他にも、参考に
　　なるものとして、参照、Ders., Theoritische Leitbilder einer Reform der Unternehmensbesteue-
　　rung: Eine vergleiche Analyse der Reformmodelle Kroatians, Österreichs und Skandinaviens,
　　StuW 1997, 30ff.; Wurmsdorbler, Norbert, Zinsbereinigung des Einkommens in Österreich,
　　StuW 2003, 176ff.

8)　ちなみに、近時、わが国でも、"法人税の納税義務者を確定するに際して、法人格を有す

り、競争平等という視点に立って（第1章でも触れるが、競争中立性という
言い方も可能である）、法人課税の正当化がなされている。すなわち、個人
と異なるからといって課税しないと、市場という個人と同じレベルで経済
活動を行ない、それを通じて経済的利益を稼得しているのであるから、経
済的事実関係はその限りで同一である、それ故法人税が課されるべきであ
る、と考えられているのである。しかし、既に述べた消費型所得税の構築
の過程において、理論上、法人に対する課税は必然的なものでなくなるこ
とがある。近時、ヨーロッパでは、租税競争という現象がみられる。すな
わち、自国経済の活性化、投資の呼び込みという経済政策に刻印付けられ
た税負担の引下げ競争である。これにより、ドイツを除くいくつかのヨー
ロッパ諸国においては法人税を極めて低く課税するという方向での改革案
が示されている。

　なお、ヨーロッパにおける投資所得課税に関する研究会もドイツにおい
て開催されており、その議論の動向はヨーロッパ租税法の方向性を示すも
ので興味深い。

2　本章における検討の視角

(1)　中立性の基準

　では、ここで、いかなる思考に則った企業課税が構築されるべきである
かが問題となる。

るから法人税を課する、という思考は必ずしも採りえなくなっている"、という指摘がなされ
ている。この議論を整理する優れた論稿として、参照、佐藤英明「新しい組織体と税制」フ
ィナンシャル・レビュー65号（2002年）93頁以下。

9)　Pezzer, Heinz-Jürgen, § 11 Körperschaftsteuer, in:Tipke, Klaus／Joachim Lang（Hrsg.）,
Steuerrecht 17. Aufl., Köln 2002, § 11 Rz.1.

10)　Lang, Joachom, Prinzipien und Systeme der Besteuerung von Einkommen, in:Iris, Ebling
（Hrsg.）, Besteuerung von Einkommen, Köln 2001, S.49ff., S.50ff.; Wissenschaftlicher Beirat der
Bundesminiteriums der Finanzen, Brühler Empfehlungen zur Reform der Unter-
nehmensbesteuerung:Bericht der Kommission zur Reform der Unternehmensbesteuerung,
Bonn 2000.

11)　Horlemann, Heinz-Gerd, The Notion of Income from Capital: Jahreskongress der European
Association of Tax Law Professors 12. bis 14. Juni 2003 in der Universität zu Köln, StuW 2003,
271ff.

　企業課税を刻印付ける法原則は、中立性原則（Neutralität）[12]である。また同時に、中立性とは、経済学的意味における効率性を意味する。すなわち、租税の局面でいえば、「課税によって経済人の意思決定が歪曲されないこと」を意味する[13]。しかし、これは、平等原則と並んで、既に、法原則として承認されている[14]。すなわち、租税法制度の設計、租税立法の場面においても、平等原則はもちろん、中立性原則の実現もが企図されなければならないことを意味する。特に、経済競争が盛んになされている現在では、経済競争下の租税法として、中立性が重んじられる企業課税制度が構築されるべきであろう。そして、それは、国際的側面にも適合する企業課税を意味する[15]。

　競争政策上の租税法体系の構築は、各国とも何らかの形で行なうことは間違いない。ここで、問題になるのは、そうした各国における租税政策に課せられた基準である。すなわち、租税政策を決定する上での拘束である。特に、本章で検討するドイツにおいては、基本法、そして EC 法という制約が認識されねばならない。基本法上は、平等原則（これは、先に指摘さ

12)　企業課税に係る中立性原則については、参照、手塚貴大『租税政策の形成と租税立法―ドイツ租税法学に見る租税政策論』（信山社・2013年）第 3 章。

13)　詳しくは、Kiesewetter（Fn.7), StuW 1997, 24f. また、近時、経済的中立性の実現を企図する税制改革提案として、例えば、参照、Kirchhof, Paul u.a., Karlsruher Entwurf zur Reform des Einkommensteuergesetzes, Heidelberg 2001, S.20ff. さらに、右の改革案の中立性に関して、Tipke, Klaus, Der Karlsruher Entwurf zur Reform der Einkommensteuer:Versuch einer steuerjuristischen Würdigung, StuW 2001, 148ff., 149f.;Bareis, Peter, Zur Kritik "Karlsruher Entwurf zur Reform des EStG", StuW 2002, 135ff. なお、中立性を実現する際に斟酌しなければならない事柄として、Wagner 教授は、租税法体系がその構造内に帯有する効果を挙げている。それは、①課税標準効果、②税率効果、③時間効果であるとされる。①は、特定の者（例、事業者）にのみ特定の税目（例、事業税）を課する、という場合に、納税義務者は事業を営まない傾向を有することとなる状況を指す。②は、特定の者に特別に軽減税率が適用されることによって、経済的意思決定に歪曲が生ずるそうした状況を指す。③は、同一の事実関係に異なる減価償却方式が適用されることにより、現金としての課税標準額に差異が生ずるそうした状況を指す。したがって、中立性の実現に際しては、①ないし③の効果が除去されねばならない、とされる。以上につき、参照、Wagner, Franz W., "Karlsruher Entwurf zur Reform des Einkommensteuergesetzes"-Anmerkungen aus der Perspektive ökonomischer Vernunft, StuW 2001, 354ff., 357f.

14)　Lang, Joachim, in:Tipke／Lang（Hrsg.), Steuerrecht（Fn.9), § 8 Rz.7.

15)　この点につきドイツ企業税制改革に照らして論ずるものとして、参照、Wissenschaftlicher Beirat, Brühler Empfehlungen（Fn.10), S.31ff.

れた中立性とは相克する場合がある)、EC 法上は、各国間の租税法の調和、調整である (目下、調整が主たるものである)。

　ここに述べたような租税法を決定付ける諸要因を含めてあるべき企業税制が構築される必要がある。本章では、経済・財政学または会計学上の理論を参照しつつ、それが実際の法制度に如何にして実現されるか、という視点を重視したい。すなわち、経済学上の知見を参照し、それが法制度設計において有用なものであるか否か、という点を明らかにしつつ、租税法制度の設計が行なわれるべきであるとの認識のもと、中立性を実現する投資税制・企業税制像を把握することは有意義である。ここでの中立性は主として法形態の中立性、時間の観点からの中立性である。

　なお、先にも指摘した如く、ACE 型税制および Cash-Flow 型税制のもとで、いくつかの疑義が付着する。すなわち、所得税を参照しつつ述べるとすれば、一に、Cash-Flow 型税制のもとでは、貯蓄・投資に充てられた所得および利益は、それが消費に充てられるまで課税が繰り延べられるゆえ、両者を如何にして識別するか、課税ベースが狭くなり、消費に充てられなかった部分の課税上の扱いを如何にするか、そして、二に、ACE 型税制のもとでは、インフレーションによる実質価額の減少分に対応する課税を如何にして構築すべきか、という問題がそれである。特に、わが国では、前者については相続税の大幅引上げが一つの解決策のあり方として示されている[16]。そして、後者については、これを企業課税に当てはめるとすると、適正な利子率 (保護利子) の設定による控除が一つの解決策として想定されうる (詳しくは、Ⅲ、Ⅳを参照)。

　以上の諸点を本章の主たる検討課題とし、ドイツにおける議論を参照しつつ、それに分析を加えることとしたい。それを通じて、法人税率の引下げ等によって、企業税負担を引き下げることを企図しているドイツ企業税制改革への理論的評価もなしうるベースが構築されるかもしれない[17]。

---

16)　法律学者のそれとして、参照、水野忠恒「所得税と相続税の交錯―非課税もしくは課税繰り延べとされる所得」ジュリスト1020号 (1993年) 154頁以下。

17)　Wagner, Franz W., Korrektur des Einkünftedualismus durch Tarifdualismus- Zum Konstruktionsprinzip der Dual Income Taxation, StuW 2000, 431ff., 432.

(2)　所得税および法人税（企業課税）との一体的考察の必要性

　本章では題目の示すとおり、個人の投資・貯蓄所得に係る課税と企業課税とを、同時に、つまり一体的なものとして検討する。ここで、本章の検討において、最も重要であると考える上記の"所得税および法人税（企業課税）との一体的考察"についてコメントする。Ⅰ1においても指摘したが、納税者が自己の稼得した所得を貯蓄・投資する際に、その主たる形態は（特に金融機関への）貯蓄、つまり狭義の貯蓄のみであると観念することはもはや相当ではない。もちろん、自己の老後の生活を金銭面で担保する年金も実質的には貯蓄の一形態であることはいうまでもないが、今後は株式をはじめとする投資性を有する有価証券の購入も自己の所得のうち消費に充てない部分の代表的なものになりうる。あるいは自己が共同事業者としてパートナーシップの出資者となるかもしれない。とりわけここに挙げたうちの企業投資たる性質を有する所得使用形態およびそれに付着する課税問題は個人所得課税のあり方はもちろん、さらには企業課税のあり方にも大きな影響を与えうるものである。

　加えて、今後は個人も自己の貯蓄・投資形態について諸々の選択肢の中から、よりリターンの大きいものを選別していくであろう。それゆえ、複数の貯蓄・投資形態の間で課税方式を異にした場合、租税法の影響が貯蓄・投資の意思決定に作用する可能性がある。

　したがって、企業領域および貯蓄・投資媒体に対する課税方式をできるだけ統一化する努力がなされてしかるべきである。それは（経済）政策的要請でもあり、法的要請でもある。それゆえ、かかる企業領域および貯蓄・投資媒体に対する課税方式を個人課税と一体的に考察する必要性が認められるのである。

　したがって、本章では以上の如き問題意識を念頭に置きつつ、論述をする。

Ⅱ　ドイツ企業課税改革案の歴史的展開

　ドイツにおいては、筆者が先に第1章で検討したように、企業課税の改

革が盛んに追及されている。特に、学説上、第二次世界大戦以降、顕著に行なわれてきた。結局、それは、法形態に中立的な企業課税の実現に係る努力であったと刻印付けて差し支えない[18]。

さて、こうした法形態の中立性の要請は、法学の視点からも、経済学の視点からも、定立されている。特に、法形態の中立性は、経営学上の中立性に係る議論が法学の領域に導入されたものである。そして、法形態の中立性は、文字通り"中立的な"課税を要請するという点で、経済学的な色彩をもっていることは明らかである。加えて、それは、法学上の平等課税の要請にも合致する。何故なら、"経済的事実関係を同じくする場合には、客観的な理由が存在しない限り、課税方式を異にすることは許容されない"、という意味内容からも、そのことは推論されうる。

ドイツの企業課税（とりわけ、企業・出資者間の課税）は、法秩序の統一性という観点から二元主義的に構築されている。すなわち、ドイツ企業は人的企業が多数であり、そして、課税方式は私法に準拠していたから、少数である法人企業に対しては法人税が課税され、人的企業に対しても累進所得税率が適用されることとなり、課税は法形態に非中立的であった。加えて、その構造上特に国際的側面からみた場合、競争政策上不利であった。ただし、そうした課税方式の私法への準拠は一定の合理性をもつものであったため、法的要請と経済的要請とが相克しているということがドイツの企業課税の特徴として指摘できると思われる。

以下では、そうした企業課税の改革案を従来の諸提案を振り返る形で検討する。それを通じて、ドイツにおける学説のスタンスが明らかになる[19]。

---

18)　Hey, Johanna, Rechtsformneutralität und Besteuerung von Unternehmensgewinn, in:Iris, Ebling（Hrsg.）, Besteuerung von Einkommen, Köln 2001, S.155ff.

19)　本文中の企業課税改革の諸提案につき、参照、Sieker, Susanne, Möglichkeiten rechtsform-neutraler Besteuerung von Einkommen, in:Seeger, Siegbert F.（Hrsg.）, Perspektiven der Unternehmensbesteuerung, Köln 2002, S.145ff.

1　諸改革案の概要

⑴　企業税[20]

企業税（Betriebsteuer。後に論ぜられる一般的企業税との差異に注意せよ）を以て、ドイツにおいては、まず、事業所得に係る法形態の中立性が追及された。これは、第二次世界大戦後間もなくのことである。事業所得に係る法形態の中立性においては、物的会社（これは、その性質上、当然に所得税法の意味における事業所得を稼得するものとされる）と、人的企業（人的会社、個人）のうち事業所得を稼得する所得税納税義務者との間の租税法上の扱いを平等にするということが企図されている。

しかし、この企業税は、総合課税の原則が実現されえないという難点があろう（所得税法上の事業所得と他の各種所得類型との間の総合課税ができなくなるという意味である）。

⑵　出資者税

次に著名であるのは出資者税（Teilhabersteuer）である。詳しい点については，わが国においても既に紹介があるので[21]、そちらに譲り、ここでは簡単に素描する。出資者税は、法人あるいは人的企業といった私法上の法形態にかかわりなく、統一的な課税方式を適用しようとするものである（この点は、直後の⑶で触れる一般的企業税についても同様である）。具体的には、人的企業のもとにおける課税方式を法人にも適用しようとするものである。すなわち、法人のもとでも、出資割合に応じて、株主に法人の利益が直接帰属することになる。

しかし、このような課税方式には、私法上の法形態をまったく無視しているという批判がある。さらには、あらゆる企業に対して累進課税がなされることにより、企業の競争力の促進という視点からは望ましくない。

20)　本文中の論述につき、参照、Hey, Johannna, Einführung in die Körperschaftsteuer, in:Hermann, Carl／Gerhard Heuer／Arndt Raupach, Einkommen- und Körperschaftsteuer Kommentar (Loseblatt), Köln Stand 1999, Anm.199.

21)　木村弘之亮「出資者税構想の提唱とその契機―西ドイツ法人税制改革の礎石」法学研究53巻12号（1980年）1931頁以下、同「出資者税構想のメカニズム」法学研究54巻9号（1981年）1604頁以下。さらに一般的説明として、金子宏『租税法〔第10版〕』（弘文堂・2005年）259頁以下、水野忠恒「法人税改革―法人税と所得税の統合」岩村正彦他編『岩波講座 現代法8 政府と企業』（岩波書店・1997年）183頁以下・191頁以下。

(3)　一般的企業税

　一般的企業税（Betriebsteuer、または、近時では、allgemeine Unterneh-mensssteuer とも呼称される）は、以前検討しているため[22]、本章では簡単に素描する。

　一般的企業税とは、先に述べた古典的意味における企業税とは異なり、その主観的適用範囲が文字通り一般的になったものである。すなわち、事業所得を稼得する者の間での課税の平等、中立的課税のみでなく実質的に事業を営むと見なされうる者の稼得する所得について統一的な課税方式を適用するというものである。そして法人および事業所得者と並んで、農林業所得者、独立労働所得者、自由業所得者等も含まれることとなる。特に、ドイツ所得税法においては所得税法内で各種所得類型に応じて所得計算方法を異にしている面があり、それが原因となり税負担に差異が生ずることが批判されている。よって一般的企業税の導入、言い換えると課税方式の統一化によりこの問題が解消される。

　そして、この一般的企業税の納税者と想定される者は、いずれも"市場で独立かつ継続して経済的活動を営んでいる"というメルクマールを充足しているものである。

　ただし、次のような批判がある。多くは別の箇所で触れたので簡単に素描[23]することとしたい。それは凡そ、①人的企業をも広範に一般的企業税の課税の対象に含めるとすると、零細企業も含まれることとなってしまい、課税方式と企業形態との間に不均衡が発生すること（法秩序の統一性の崩壊、特定の企業形態の消滅）、②租税法体系が分類税化するおそれがあること（平等原則違反）、③企業に対する一般的な租税法上の優遇措置の導入と実質的に同じようになってしまうこと、そして③と関連して④企業に係る優遇措置が必ずしも企図されたような経済的成果を生み出さない可能性があること、⑤ロックイン効果が発生すること等である。

---

22)　手塚・前掲注1）。
23)　手塚・前掲注1）170頁。

(4)　事業主税

(a)　事業主税の概要

事業主税（Inhabersteuer）は、企業税制改革の政策勧告である Brühler Empfehlungen における Lang 教授の補足意見において提案されている[24]。これも、諸事情から、簡単に素描することとする。

事業主税は、一定の要件を備えた人的色彩の濃い企業（personenbezogene Unternehmen。ここには一人有限会社といった一定の法人も含まれる）に適用される課税方式であり、法人に対して適用される二分の一所得免除方式と並存するものである。人的企業のもとで出資者に対して払い出された支払い（Auszahlung）は、人的企業のもとで事業主税を課された後、支払控除方式（Auszahlungsabzugverfahren）の適用により、出資者のもとで払出利益に課された事業主税を所得税債務から控除するか、または利益を稼得した同一事業年度内に出資者に対してこの利益を払い出す場合には、企業段階での事業主税の課税は行なわれず、直接出資者に払出利益が帰属する。すなわち、支払控除方式は、ドイツにおけるインピュテーション方式とほぼ同一の構造を有する企業・出資者間の二重課税を防止する手段であると解されうる。なお、事業主税の税率は28％として想定されている。これは、地方企業税という現行の事業税を発展的に再構築した税目と併せて、企業に係る税負担が35％程度になるようにという考慮に基づくものである。

では、Lang 教授がこのような支払控除方式を考案された根拠に以下で簡単に触れておく。

さて、問題は、先に挙げた"支払い"の意義である。事業主税のもとでは企業利益は各事業年度の純資産の増加分から支払いを加算し、払込み（Einlagen）を控除したものであると定義されている。そして、支払いとは"（法人、事業主税を課される企業も含めて）企業に係る資産のあらゆる流出形態である"と定義されている。すなわち具体的には、株主への配当（隠

---

24)　本文中の叙述および事業税の概要に係る詳細については、参照、Lang, Joachim, Perspektiven der Unternehmenssteuerreform, in:Wissenschaftlicher Beirat der Bundesministerium der Finanzen, Brühler Empfehlungen Bonn 2000, S.25ff.

れた配当をも含む)、取締役報酬、出資に基づく利益の分配等を指す。かかる支払いに対して法人のもとでは二分の一所得免除方式が適用され、事業主税を課される企業のもとでは支払控除方式が適用され、課税がなされることとなる。

このような課税方式によって、企業に係る資産の流出が合理性を有するものであるか否かを問う必要がなくなるのである。例えば、法人のもとで過大な役員報酬がなされた場合、その役員報酬のうちいずれが合理性を有する報酬部分か、を明確に限界付ける必要はもはやなくなる。加えて、役員報酬は企業段階で損金として税務上処理され、そして配当は利益処分として処理されるが、こうした差異も消滅する。事業主税を課される企業(大概は人的会社であるといってよい)のもとでは、企業と出資者とが明確に識別され(それとともに、両者の間が法人・株主間の関係と同じになる)、支払いについてその形態を問わず統一的な課税方式が適用されるので、先に指摘した従来法人・株主あるいは取締役等との間で発生した問題はもはや生ずることがない。

なお、事業主税が適用されるのは、一定の要件を備えた人的企業のみではない。それと並んで特別に設けられた事業体(Beteiligungsbetrieb)も含まれる。この事業体は特に個人の資産管理・運用について大きなメリットをもたらす。その一つがロックイン効果の排除である。すなわち、事業体を通じた投資活動を行なえば、事業体レベルで投資所得は内部留保され(もちろん、事業主税は課される)、個人に流入するまで課税はなされない。したがって、投資先を変更する際にも(例、株式譲渡と、それに続く別の債券購入等)それに伴う譲渡益に対する個人所得課税はなされない(事業体レベルで投資対象の変更がなされるので、個人のもとへ投資収益が流入するわけではない)[25]。それは、投資形態間の中立性(intersektrale Neutralität)を最もよく実現する制度であるといいうる(このことは、例えば、投資家が株式を購入し収益を得る場合と社債を購入し収益を得る場合とで租税法を根拠にし

----

25)　以上の仕組みにつき、参照、Seidel, Christian, Betriebsteuer und Neutralität, StuW 1989, 350ff., 355f.

て意思決定に歪曲が生じないことを意味している[26]。すなわち、資金調達の中立性[27]の実現がなされている)。それゆえ、投資活動は活発化する契機が提供されるであろう[28]。

　以上のように、事業主税の採用、支払控除方式の採用、企業課税の領域における統一的利益概念の採用を通じて、企業課税および企業・出資者間課税に簡素化がもたらされる。所論によると事業主税率と法人税率は同じなので、法形態の中立性がこれらの点について達成される。加えてDorenkamp 氏の見解によると[29]、事業主税が適用されるのは、事業者のみではなく、非独立労働者、すなわち給与所得者も想定されうるという。これは、先に論じた事業体のほかに、Lang 教授による租税法典草案においても示されていた適格貯蓄勘定（qualifizierte Sparkonto）を銀行に設け[30]、そして当該銀行が課税庁に対して一定期間内の貯蓄勘定を経由する資産の流出・流入を証明することにより可能になるものであるという[31]。これは、ロックイン効果を避けるための最も大きなメリットであることは事業体と同じである。

　ちなみに、Dorenkamp 氏によると、この適格貯蓄勘定というアイデアは、個人の貯蓄・投資活動が生命保険の形態で行なわれるときに、生命保険会社がその掛け金の拠出および保険金の支払いを管理することとパラレルに考えることができる[32]。

---

26)　Dorenkamp, Cristian, Unternehmenssteuerreform und partiell nachgelagerte Besteuerung von Einkommen, StuW 2000, 121ff., 131f.

27)　投資家にとっての資金調達の中立性の意義については、参照、Schneider, Dieter, Investition, Finanzierung und Besteuerung 7. Aufl., Wiesbaden 1992, S.204.

28)　本文中で概観した事業主税は、投資家にとって、ロックイン効果の排除、資金調達の中立性を実現するだけではない。企業レベル（ここでは本文中で論じた事業体も含まれる）において、内部留保利益に対する税負担が相対的に高い場合には、当該企業は収益と費用に係る賦課期間の帰属をずらして、税負担をできるだけ引き下げようという誘因が生ずる。しかし、内部留保利益に対する税負担が低いと、かかる誘因はあまり生じない、というのである。以上につき、参照、Dorenkamp (Fn.26), StuW 2000, 132.

29)　Dorenkamp (Fn.26), StuW 2000, 121ff., 130ff.

30)　Lang, Joachim, Entwurf eines Steuergesetzbuchs, Bonn 1993, Rz.473.

31)　Dorenkamp (Fn.26), StuW 2000, 131.

32)　Dorenkamp (Fn.26), StuW 2000, 131.

(b) 人的企業に対する法人課税の選択権の付与

事業主税と並んで、Brühler Empfelungen において、人的企業にも法人課税を選択することが考案された（Optionlösung）[33]。これにより、ほぼ一般的企業税と同様の租税法上の効果を実現することが可能となる[34]。なお、この選択権を行使する場合には、選択権を行使した当該企業は一定期間は選択した課税方式を変更できない[35]。

法人課税選択権は、あくまで企業の自主的な選択に委ねられているゆえ、個々の企業の事情に応じた課税方式の選択が可能となる。人的企業はその規模が様々であり、法人に近いものもあれば、零細企業もある。とりわけ後者について法人課税を適用することはその属性に鑑みて妥当でない。それゆえ、選択の自主性は右の要請をも実現するものである。

加えて、Dorenkamp 氏は法人課税の選択権を非独立労働者、すなわち給与所得者にも適用すべきであると提言している[36]。会社から支払われる給与を事業所得、そしてそれを稼得するために投入した費用を事業支出として控除することを認めるべきであるという。

しかし、法人課税選択権にも批判（あるいは留意点）はあろう。まず法的安定性を害する可能性があるため、仮にこの制度を実施するとした場合、一度選択権を行使した場合は一定期間継続してその適用を受けるものとするのは妥当である。そして、同じくこの制度を実施する場合には、組織変更税法におけるのと同様に、営業用財産の譲渡を想定した課税がなされてはならず、選択権行使について租税法上中立的であることが必要である[37]。さもなくば、選択権は実効的に行使されえないであろう。

(5) 二分の一所得免除方式

二分の一所得免除方式（Halbeinkünfteverfahren）[38] は、現行のドイツにお

---

33) Wissenschaftlicher Beirat, Brühler Empfehlungen（Fn.10）, S.72ff.

34) Wissenschaftlicher Beirat, Brühler Empfehlungen（Fn.10）, S.73.

35) Wissenschaftlicher Beirat, Brühler Empfehlungen（Fn.10）, S.75.

36) Dorenkamp（Fn.26）, StuW 2000, 131f.

37) Wissenschaftlicher Beirat, Brühler Empfehlungen（Fn.10）, S.75.

38) Wissenschaftlicher Beirat, Brühler Empfehlungen（Fn.10）, S.49ff.

ける法人・株主間課税方式である。その導入に係る詳しい経緯は別の機会で述べるが、意義は凡そ“法人利益については法人段階で配当あるいは内部留保を問わず、統一的に25％の税率を適用し、そしてこの利益が株主に配当された場合にはその利益の半額について個人所得税率が適用されるもの”であるということができる[39]。①国際競争力を促進する法人税率を設けられたこと、②従来のインピュテーション方式のもとにおける複雑な自己資本区分を放棄することができたこと、そして③同じくインピュテーション方式のもとで非居住者に対して税額控除請求権が与えられないというEC法上疑義ある制度が放棄されたこと、が二分の一所得免除方式の最も重要な成果である[40]。

　Dorenkamp 氏の分析によると、二分の一所得免除方式は、所得に係る部分的な繰延課税を実現する[41]。この“部分的”という言葉は、すべての所得について課税の繰延べがなされるわけでなく、また、繰延課税が適用される所得についても、純然たる繰延課税が適用されるわけではない、というこしに基づくのかもしれない。

　したがって、二分の一所得免除方式はCash-Flow 型税制を実現するための一里塚という位置付けが与えられているのである[42]。加えて、現在の二分の一所得免除方式における個人株主課税を直視すると、法人に対してのみではあるが、25％という従来の法人税率と比較して、相当程度税率が引き下げられていることがその根拠であると思われる。

　しかし、なお問題を含むものとされている。いくつか指摘されているが、

---

39)　詳細は、参照、Wissenschaftlicher Beirat, Brühler Empfehlungen（Fn.10），S.51f.

40)　Wissenschaftlicher Beirat, Brühler Empfehlungen（Fn.10），S.49ff.

41)　Dorenkamp（Fn.26），StuW 2000, 128f.

42)　これについては、参照、Lang, Prinzipien und Systeme（Fn.10），S.63. 邦語文献として、手塚・前掲注１）159頁。しかし、Söhn／Müller-Franken は、“将来受け取る年金所得の原資を拠出する時点での全額控除、そして実際に後の時点で受領する際の全額課税”というシステムは、古典的所得税のシステムに合致する、という。何故なら、それは個々の個人に係る担税力を最もよく斟酌しているからである、という。参照、Söhn, Hartmut／Sebastian Müller-Franken, Vorgelargerte und／oder nachgelargerte Besteuereng von Altersbezgen?, StuW 2000, 442ff., 450f.

ここで挙げておくのは、法人税率と最高個人所得税率との間の乖離である。[43]
形式的には、前者は25％、後者が42％（2005年以降）であり、その他の人
的企業に係る事業税の負担軽減等の考慮要素を勘案しても、なお7％程度
の乖離が残るとされている。[44] これにより、法形態の中立性が侵害され、さ
らに、個人株主に関してはロックイン効果により投資阻害効果が生じうる
と予想されている。[45]

　なお、このロックイン効果に付随して、次のようなことがいわれる。[46] す
なわち、法人税率を25％と大幅に引き下げ、それとともに、企業にとって
内部留保利益を用いた企業活動が円滑かつ促進される。それ自体は企業投
資の活性化に資するのであるから好ましいが、しかし、それは同時に資本
市場の嚮導機能を大幅に阻害する。例えば、企業は資本市場から資金を調
達し、それをベースとして企業活動を行なうが、その際投資家は企業の将
来のパフォーマンスを予測して市場に資金を供給する。そうした資金供給
市場のありようは事後の経済動向を方向付け、そして企業経営はかかる市
場のコントロール下に置かれるとともに、資金供給の効率性が実現される。
しかし、企業が内部留保利益からの資金調達にあまりに傾斜すると、こう
した市場による企業統制が阻害される。

2　小　　括

　第二次世界大戦後において提案されてきた企業課税改革の諸提案は、い
ずれも企業に係る法形態の中立性を実現するためのものであった。しかし、
理論的には、一般的企業税が最も優れていることは明らかであるが、実現
可能性という点で、問題が残る。すなわち、一般的企業税に係る批判の点

---

43)　Dorenkamp, Christian, Spreizung zwischen Körperschaftsteuer- und Spitzensatz der Einkommensteuer, in:Pelka, Jürgen（Hrsg.）, Unternehmenssteuerreform, Köln 2001, S.61ff., S.75ff.

44)　手塚貴大「企業課税と法形態の中立性―2000年ドイツ企業税制改革を素材として」法学政治学論究53号（2002年）391頁以下・394頁。

45)　手塚貴大「ドイツ税制改革の概要」企業活力研究所編『最近のドイツ税制改革の動向に関する調査研究報告書』（企業活力研究所・2002年）5頁以下・11頁以下。

46)　以下について、参照、Herzig, Norbert／Christoph Wartin, Betriebswirtschaftliche Anforderungen an die Unternehmenssteuerreform, StuW 2000, 378ff., 385f.

でも指摘したが、法制度の激変が発生することが制度化への難点とされたのであった。加えて、法形態の中立性のほかにも中立性は存在し、とりわけ、資金調達の中立性や利益処分の中立性が重要である。[47]両者も一般的企業税によって実現されるところではないので、こうした二つの中立性については、別途の政策が採用されねばならない。それに、解決の途を与えうるのが、次に検討する Cash-Flow 型税制および ACE 型税制や、Ⅳでみるオーストリアやクロアチアの税制改革である。[48]

　なお、法形態の中立性に例をとって論ずると、所得計算の二元主義も問題である。それは、利益計算法と収支計算法との並存による二元主義であって、所得計算に際しての資産価額の処理に影響を与える。それとともに、税額に差異も生ずる。このように、法形態のみでなく、所得類型に基づく差異も中立性に制約を付するものとして観念されねばならない。

　次のⅢでは、そうした差異も斟酌しつつ、企業・投資課税のありようを論ずる。

Ⅲ　Cash-Flow 型税制と ACE 型税制の理論

　ここでは、Ⅱで概観した法形態の中立性を指向した提案ではなく、専ら時間の観点からみた中立性を実現する企業・投資課税に係る提案を論ずる。時間の観点からみた中立性とは、もちろん、Cash-Flow 型税制と ACE 型税制であることはいうまでもない。企業の視点からみると、保有する資産が時間の経過とともにその価値を変えていく。しかし、その価値の変化は、課税の側面に着目すると、タイミングに応じて税負担を変化させるものである。これは、個人の投資活動についても投資により得られた所得に対す

---

47)　なお、"Brühler Empfelungen" において提案された35％の企業税率と最高48.5％の個人所
　得税率との乖離によって、投資行動に対する歪曲が生ずる可能性があるという。参照、
　Wagner, Franz W.／Thomas B. Bauer／Dominic Wader, Was ist von den "Brühler Empfelungen"
　für die Investitionspolitik, die Finanzierungsstrukturen und die Neugestaltung von
　Gesellschaftsverträgen der Unternehmen zu erwarten ?, BB 1999, 1296ff., 1297.
48)　ヨーロッパ租税法の動向とドイツのそれとの関係につき、参照、Wagner, Franz W., Korrek-
　tur des Einkünftedualismus durch Tarifdualismus-Zum Konstruktionsprinzip der Dual Income
　Taxation, StuW 2000, 431.

る課税のタイミングに応じて税負担が異なりうることは指摘されている。この点、Tipke 教授の議論は次の如きものである。[49]「ドイツにおいては、応能負担原則は租税法の基本原則として、重視されていることは周知である。尤も、担税力を最もよく表す指標は何かについて争いもある。しかし、いずれにせよ、この応能負担原則から、次の言明が導出される。それは、現実の価額に基づいた課税である。例えば、その指標として、実利益（Realgewinn）、実利子（Realzins）が挙げられよう。そうした数値をベースに課税がなされることが求められている。そして、名目上の数値・データと実質の数値・データは、それぞれの納税者のもとで大きなばらつきがみられるのであり、原則として実際の数値に則って課税が行なわれないと、納税者ごとの税負担が平等でなくなってしまうおそれがある」。すなわち、課税の時点に応じて、名目的および実質的金銭価値には相違があるので、できるだけ、税負担が平等になるように、実質価値に則って課税がなされることが求められる。

　しかし、Tipke 教授は続けて次のように言う。「多くの場合、名目上の価額をベースとした法制度がみられる。課税もその例外ではない。いわゆる取得原価主義（Mark to Mark）がそれである。例えば、取引行為に際して、一定の金額に係る債権については、実際に金銭の価値が上下することがあっても（インフレあるいはデフレによる）、それは斟酌されず、当該金額の給付が履行されれば、それに係る債務の履行は充足されたと見なされる。さらに、税務会計を例とすると、通常、会計上の価額をベースとして課税がなされる。会計書類上の金額の記載には、現実の金銭の価値の変化は反映されていない。この状況をベースとすれば、実質的な金銭の価値に基づいた課税は最早期待できない。

　しかし、理論的見地からすると、名目価額に基づいた課税という原則は、技術的原則である。それは、すなわち、実際上の行政実行可能性という見地から定立されているにすぎない。このことは、応能負担原則という最上

---

49)　Tipke, Klaus, Steuerrechtsordnung I 2. Aufl., Köln 2000, S.512ff. なお、関連する邦語文献として、参照、山田二郎代表編集『実務 租税法講義―憲法と租税法』（民事法研究会・2005年）54頁以下〔木村弘之亮〕、中里実「所得概念と時間―課税のタイミングの観点から」金子宏編『所得課税の研究』（有斐閣・1991年）129頁以下。

位の正義に適った、倫理上の原則ではないので、改善される必要がある
（捨てることも可能である）」。

　では、それは如何なる形で追求されるべきであろうか。こうした諸問題
を中心に以下で論述を進めたい。

1　Cash-Flow 型税制の構造

⑴　Cash-Flow 型税制の理論的基礎

⒜　個人所得課税

　ここで、Cash-Flow 型税制の構造を分析する。これは、ACE 型税制と
も大いに関係している。したがって、ここでは、若干叙述の構成上混乱が
生ずるかもしれないが、極力両者を一括して扱うこととする。なお、問題
の出発点は企業課税ではなく、個人所得課税である（なお、参照、Ⅰ2⑵）。

　まず、租税法上、応能負担原則という言葉はあるが、この原則は、納税
義務者の担税力に則った課税を行なう、ということを意味内容としている。
それについては、かつてより議論が展開されてきた。現在では総合課税の
原則、つまり、あらゆる所得類型について、合算した上で同一の税率を適
用して所得を計算するということ、そして、個人の担税力を減殺する事情
を斟酌しそれを所得から控除するということを主なベースとして言及され
ていた。

　しかし、以上の言明については、様々な観点から批判がなされ始めたの
である。

　まず、本来の個人の担税力を最もよく表現するのは、一定期間の個人の
もとで生ずる純資産に係る価額の増加ではなく、あくまでも、生涯という
スパンでみた純資産の増加ではないか、ということである。例えば、
Lang 教授の叙述[50]によると、ある同一額の生涯所得について、一定の賦課
期間ごとに課税をしていく場合と、それを生涯所得について課税をした場
合とを比較すると、前者の税負担が後者のそれと比べて圧倒的に重い、と

50)　Lang, Prinzipien und Systeme (Fn.10), S.66f. また、参照、Krause-Junk, Gerold, Einkommen-steuer, Konsumsteuer und die ausgelassenen Chancen der Einkommenserzielung, Wirtschaftsdienst 1999, 545.

されているのである。この点、一般に、ドイツにおいては、期間課税の原則が挙げられているが、これは、あくまで技術的原則である、という言われ方をする。[51] すなわち、国家は一定の税収を以て初めて国家作用を営めるので、本来は個人の担税力の最適な指標が生涯所得であるとしても、税収獲得の必要性から、定期的に課税をなす必要がある。そして、個人の所得は年齢を重ねるごとに高くなっていくことも、所得税負担を大きなものにする要因となっている。そして、Cash-Flow 型税制が採用されることにより、課税における長期的な平等が実現される、とされている。[52]

したがって、そうした累進課税と期間課税とが相俟って、税負担の歪曲が生ずることとされているのである。では、その場合、如何なる解決策が望ましいのであろうか。その一つの解決策が、Cash-Flow 型税制であるとされたのである。それは、突き詰めると、個人の一定期間の所得のうち、貯蓄・投資に充てられるものを取り敢えず課税から除外し、それらが後の時点において消費に充てられる際に、初めて課税の対象となる、というものである。これは、いわゆる支出税であるが、それは、個人の担税力を表現する指標として消費が最も相応しい、という思考をもそのベースとしていることを付言しておく。[53]

　(b)　企業課税

以上の論述から、Cash-Flow 型税制の所得計算方法は、いわゆる、収支計算法であることが明らかとなる。そして、また、企業課税の領域において、Cash-Flow 型税制が採用される余地があることはいうまでもない。これにより、長期的な中立性が実現される。[54] 著名なものとして Cash-Flow 法人税があることは周知である。その詳細は、先行研究に譲り、[55] ここでは、ドイツでの学説の一端を概観しておく。

---

51)　Lang, in: Tipke／Lang (Hrsg.), Steuerrecht (Fn.9), § 9 Rz.44.

52)　Lang, in: Tipke／Lang (Hrsg.), Steuerrecht (Fn.9), § 4 Rz.119.

53)　手塚・前掲注 1) 162頁以下。また、参照、Kanzler, Hans-Joachim, Die steuerliche Gewinnermittelung zwischen Einheit und Vielheit, FR 1998, 233ff., 247.

54)　Lang, in: Tipke／Lang (Hrsg.), Steuerrecht (Fn.9), § 4 Rz.119.

55)　法律学者のそれとして、例えば、参照、中里実「法人課税の再検討に関する覚書―課税の中立性の観点から」租税法研究19号 (1991年) 1 頁以下。

　Weber-Grellet 氏によると[56]、利益計算法は、いわば主観的な所得計算法であるという。すなわち、引当金の計上額や、減価償却のありよう等は、決して現実にある将来の費用・損失、資産価値の減耗を表現しているのではなく、あくまでも予測的なそれにすぎない、というのである。そして、さらに、収支計算法のメリット[57]として、①所得計算の客観化、②現実の担税力を基準とした所得計算が可能であること、③あらゆる所得類型の平等扱い、④執行の簡素化を挙げている。

　ここでは、便宜、③についてのみコメントしておく[58]。現行のドイツ企業課税の領域においては、所得計算二元主義[59]が妥当しており、それにより、企業という同一の経済的事実関係が問題になっているにもかかわらず、いわゆる基準性原則という商人にとっての負担軽減という便宜的措置により所得計算のベースが構築されることは好ましくない、というのである。現在では、商法会計と税務会計が分離しても、技術的発達によって、事業者にとってそれほど大きな負担にはならない、とされる[60]。

---

56)　以下の論述について、参照、Weber-Grellet, Heinrich, Bestand und Reform des Bilanzsteuer-rechts, DStR 1343ff., 1348f.

57)　その他に、法律学的な観点から収支計算法を推奨するものとして、参照、Elicker, Michael, Darf der Steuerzugriff ein Unternehmen zahlungsunfähig machen?, StuW 2002, 217ff. Elicker 教授によると、私人は自らの資力を投じて経済活動を行ない、利益を稼得する。その際、経済活動に必要な費用は私人の危険のもとに投入され、国家はその危険を負担しない。したがって、国家が課税を通じてかかる経済活動の成果に参加する場合には、現に私人の手元にある成果に参加しないと私人の経済活動を阻害してしまい、中長期的には税収そのものが得られなくなる（222.）。この意味でも、私人の担税力は現に私人の手元にある流動性（Zahlbarkeit）であると解すべきであり、加えて、所得を期間計算すると、不確実な収入まで所得計算に組み込まれることとなり、担税力に適った課税はなしえない、とする（229ff.）。

58)　Weber-Grellet（Fn.56）, DStR 1998, 1349. ①、②および④については、既に本文中の論述より推論可能なように、それらはいずれも、所得計算における主観性の排除と関連している。

59)　所得計算二元主義の発展については、例えば、参照、Tipke, Klaus, Die dualistische Ein-künfteermittlung nach dem Einkommensteuergesetz:Entstehung, Motivation und Bere-chtigung, in:Kruse, Heinrich Wilhelm（Hrsg.）, Festschrift für Heinz Paulick zum 65. Geburtstag 9. Mai 1973, Köln 1973, S.391ff., 393ff.

60)　近時、ドイツにおいても、EC 指令、ヨーロッパ裁判所の判決等により、基準性原則が捨てられる素地が整いつつある。その顛末をまとめた論稿として、Kort, Michael, Der Maßgeblichkeitsgrundsatz des § 5 Abs.1 EStG-Plädoyer für dessen Aufgaben, FR 2001, 53ff. Kort 教授の整理によると、"true and fair view" は、法人の年度決算が、事実状況に適合する形で、法人の資産・財政・収益状況を表現しなければならない、というだけでなく、ドイツ

また、周知であるが、Wagner 氏によると、収支計算法のほうが利益計算法を用いて所得計算するよりも中立的である、という。[61]

(c) まとめ

以上の議論から明らかになるように、とりわけ直前の(a)をみると、個人

においては、正規簿記の原則も同時に斟酌されねばならない、とされており、それは両者の"妥協"である、という (58.)。そして、この"true and fair view"は多義的であり、今後ドイツの税務会計に如何なる影響を及ぼしていくかは一義的ではない。参照、Beisse, Heinrich, "true and fair view" in der Steuerbilanz? -Keine Anrufung des EuGH in steuerbilanzrechtlichen Fragen-, DStZ 1998, 310ff., 311. したがって、"true and fair view"を実施していくためには、個々のケースごとに担税力を最もよく表現するような所得計算（あるいは資産評価）を突き止めていく必要があり、その結果として商法会計から税務会計が乖離することもある、というスタンスが採用されることとなるかもしれない。参照、Kahle, Holger, Europarechtliche Einflüsse auf den Maßgeblichkeitsgrundsatz, StuW 2001, 126ff., 132. また、商法会計と税務会計との分離という現象について次の問題も指摘できる。アメリカ合衆国の GAAP あるいは IAS（国際会計基準）もドイツの税務会計に大きな影響を与えつつある。参照、Euler, Roland, Steuerbilanzielle Konsequenzen der internationalen Rechnungslegung, StuW 1998, 15ff. Euler 教授はこの事情を以下のように指摘する。GAAP および IAS は例えば無形資産について対価を伴うか否かに関係なく資産計上することを許容し、逆に負債については相当程度の債務発生に係る確実性が負債計上の条件となるとしている。これは GAAP と IAS が市場関係者に対する会計がもつ情報提供機能を重視している結果である。しかし、このような構造のもとでは性質上課税所得が多額になる傾向がある (a.a.O. 22f.)。このような GAAP および IAS に基づく以上のような帳簿作成の背景には何があるのか。それを説明するものとして、参照、Biener, Herbert, Die Rechnungslegungsempfehlungen des IASC und deren Auswirkungen auf die Rechnungslegung in Deutschalnd, BFuP 1993, 345ff., 351f. Biener 氏は、アングロ・アメリカ系諸国と大陸系諸国との間の市場構造の違いをベースとしてそれを説明している。すなわち、アングロ・アメリカ系諸国においては、ユニバーサル・バンキングが大陸諸国と比較してあまり発達しておらず、企業はエクイティー・ファイナンスをする必要があった。そのため自社の配当可能利益できるだけ多くみせようとした。この事情を会計方法に組み入れたのである。しかし、これにはある問題が付着する。例えば A 氏がある企業の株式を購入した場合、彼は当該企業の会計上利益が多いことに着目し当該株式を購入したと推察できる。しかし、その利益の多さは負債が当面少なく計上されているためであって、長期的には負債が現実に発生し増加することがありうる。この設例では株主の会計に対する信頼は毀損されることとなる。言い換えると、株式購入後それを短期間で譲渡する株主は負債が発生する前に、つまり株価が低下する前に譲渡益を稼得できるが、その反対に長期間株式を保有する株主は事後の債務の増加による株価低下についてのリスクを負うこととなる。これは会計が当面の利益を多くする傾向を有することの帰結に他ならない。したがって、この点で、長期間株式を保有する株主はあまり会計の内容を信頼できないこととなってしまい、その点の手当てが必要とされる。また、ドイツ商法会計が GAAP および IAS の影響を受け変容する場合には、平等課税の原則の実現という視点を重視して、基準性原則は放棄されるべきだと解することも可能である。

61) 参照、Wagner, Franz W., Neutralität und Gleichmäßigkeit als ökonomische und rechtliche Kriterien steuerlicher Normkiritik, StuW 1992, 2ff., 11.

レベルで Cash-Flow 型税制を採用した場合、企業課税に対して大きな影響を与えることとなる。まず、企業を従来と同じように、個人と並んで独立に課税をする、ということに変容が生ずる。すなわち、企業はあくまでも個人が将来の消費に充てる所得を留保しておくだけのものであり、純粋に考えればそれに対する課税はなされえない、ということとなる。そして、課税をするにしても、投資額から生ずる利子に当たる部分のみを課税する、ということになるかもしれない。また、投資領域から消費領域へと所得が後に移行する際に課税がなされるわけであるが、投資領域たる企業にとどまっている期間は、取り敢えず、投資利益に内部留保利益と同じように課税をしておき、移行の段階でその調整をなし単純に課税が繰り延べられていたのと同じ状況を創出する、ということもありうる。これは、インピュテーション方式そのものであり（ただし、端的に投資は非課税所得からなされている点は少なくとも異なるかもしれない）、したがって、インピュテーション方式は複雑であること等を根拠として廃止されたが、Cash-Flow 型税制には適合するのではないであろうか。尤も、株式の購入等、投資領域から消費領域に所得が移行するに際し、出資する原資に当たる部分が原則として払い戻されない部分についての扱いを如何に構成するか、の問題は残っている。

　いずれにせよ、企業課税をなさない、ということは、ラジカルなものであり、現実には税収必要性の観点から課税することは避けられないであろう。

⑵　ドイツにおける Cash-Flow 型税制の法状況

　では、ここで、実定法をみる。代表的な Cash-Flow 型税制は、個人レベルではあるが年金課税[62]のそれが挙げられるであろう。その他にも、実定法上若干の手がかりがある。ここでは、それらについては、Dorenkamp

---

62)　法律学の観点からの指摘として、参照、Beiser, Reinhold, Die Gleichheit in der Pensions-besteuerung-Anforderungen der Steuergerechtigkeit, sozialstaatlicher Solidarität und einer effektiven Altersvorsorge-, DB 2002, 703ff.;Lang, in:Tipke／Lang（Hrsg.）, Steuerrecht（Fn.9）, § 4 Rz.117, § 8 Rz.77. また、参考までに、Horlemann, Heinz-Gerd, Altersversorgung im Blick-punkt:Einordnung des Gerke-Gutachtens zur Einführung von Pensionsfonds, FR 1999, 20ff., 22.

氏および Birk／Wernsmann 両氏による叙述をベースとして実定法を概観
する。

(a)　年金課税

ドイツにおいては、年金課税の方式について年金類型に応じて差異がみ
られる。まず、公務員年金については、掛け金を公務員年金基金に拠出す
る段階では、非課税であり、年金所得として受け取る段階で初めて課税さ
れる。すなわち、完全な繰延課税が適用される。なお、この受取りは給与
所得（Arbeitslohn）として性質決定されるため、ドイツ所得税法上の非独
立労働所得と分類される（参照、同法19条1項2号）。

次に企業年金については、公務員年金と同様に、使用者と労働者との間
の年金給付契約または（使用者による）企業年金基金への拠出によって、
年金の受給者が受給する時点で初めて課税がなされる（ドイツ所得税法6a
条・4d条）。

しかし、基本年金については若干課税方式が異なっており、Dorenkamp
氏によると、そこに統一的なコンセプトを見出すことができない、とされ
ている。すなわち、基本年金については、掛け金の拠出の段階では所得税
を課されることはないが（ドイツ所得税法3条62号）、課税所得から控除さ
れうるのは、その一部分であり限定的である（同法10条3項）。

(b)　資産の償却

税務会計において、加速度的減価償却が認められている。これは、ある
資産に係る真実の価値の減耗よりも多い額の減価償却を認めるものである。
この制度は、企業の投資に充てられる利益を即時償却することと同じ原理
を有することとなる（償却率を100％とすれば即時償却と同じとなろう）。

(c)　資産譲渡

人的企業のもとで、営業用財産が譲渡されたとしても、その譲渡益で新

63)　Dorenkamp（Fn.26）, StuW 2000, 124f.
64)　Birk, Dieter／Rainer Wernsmann, Die Besteuerung der betrieblichen Altersversorgung-
　　Reformbedarf und Gestaltungsmöglichkeiten des Gesetzgebers, DB 1999, 166ff.
65)　さらには、Fischer, Lutz, Altersbezüge und Altersvorsorge, in:Iris（Hrsg.）, Besteuerung（Fn.
　　10）, S.463ff. も参考になる。

たな営業用財産が購入され、事業の用に供されるのであれば、当該譲渡益については課税繰延が認められる（ドイツ所得税法6b 条）。

(3)　年金課税の理論的問題点——改革の方向性

以上の法状況を直視して、Dorenkamp 氏は次のように推論できるという。すなわち、非独立労働所得の課税については Cash-Flow 税制による課税方式が適しているということである。

(a)　年金税制改革の着眼点[66]

現行の年金課税のもとでは、課税繰延をなすものと課税済み所得から年金のための拠出をなすものと二通りのものがある[67]。さらに、ドイツ租税法上の実現主義にも着目する必要があるという。すなわち、実現主義が妥当している根拠は、いうまでもなく応能負担原則および行政実行可能性および手元流動性の欠如による過剰課税の禁止である。その上で、これは、やや強引ではあるが、年金の拠出金として納税者の手元から離れ将来的に納税者の手元に流入し、消費のベースとなるのであるから、未だに実現した所得とは構成しないことも不可能ではない。最後に、非課税所得から拠出する場合と、課税済み所得から拠出する場合とで後の年金受取額に大きな差異が生ずることとなる。

(b)　補論——所得計算方法の差異に基づく不平等

さらに、ここで、年金課税とは直接の関係はないが、所得計算方法に差異が生ずることによって、如何なる問題が生ずるかを、みておく。

この点、Dorenkamp 氏は理論的に次のような指摘をなしている[68]。仮に、事業者のもとで適用されるような利益計算法に基く課税所得の計算は、いわゆるヒューマン・キャピタル（Humanvermögen[69]）を各個人のもとで計算

---

66)　なお、近時、ドイツの年金制度に係る不平等を適示し、法改正を義務付けた判決として、参照、BVerfG-Urteil vom 6. 3. 2002 -2BvL 17／99, DB 2002, 557ff.

67)　その他には、ドイツ所得税法6b 条において、一定の営業用財産の買い換えについては当該資産の譲渡益の繰延が認められているように、課税繰延の例は所得税法上も認められる。詳細については、例えば、参照、Birk, Dieter, Steuerrecht 7. Aufl., Heidelberg 2004, Rz.1036ff.

68)　Dorenkamp（Fn.26), StuW 2000, 123ff.

69)　human capital について詳細な点は、参照、中里実「human capital と租税法—研究ノート（上）（下）」ジュリスト956号（1990年）104頁以下・同961号（1990年）215頁以下。

する必要を生じさせることとなる。すなわち、帳簿作成を行なっている企業（利益計算法に基づいて所得計算がされる）と労働者（収支計算法で所得計算を行なっているといってよい）との間に、税負担に差異が生ずるおそれがある、という。確かに、現行法上ヒューマン・キャピタルの計算は行なわれていないが、利益計算法に基づく課税所得の計算を非独立労働所得のもとにも適用した場合には、それをゼロと計算することは妥当でないであろう[70]。しかし、ヒューマン・キャピタルの計算は容易ではない[71]。すなわち、そもそも、営業用財産について減価償却をすることは、この資産に帳簿価額が付されており、それをベースにすれば客観性を維持できるが、しかし、労働者の所得計算は利益計算法でも、厳密には収支計算法でもなく、現実には使用者によって支払われる給与所得から一定額の控除をなして計算されるものであるから、所得計算の際、自己の所得稼得活動に投入する資産を原則として斟酌しない。したがって、とりわけ労働者のヒューマン・キャピタルについては、その帳簿価額を付することが容易でない。その意味で、労働者の所得計算も含めて税制改革をなすとすると、それはあまりにラジカルであり、それゆえ、制度の実効可能性に大いに問題が生ずるおそれがある。また、Waganer 氏の言葉を借りると、「ヒューマン・キャピタルの価額は将来の収入に依存している[72]」。それと並んで、次のような属性も指摘できる。すなわち、営業用財産は、一般的に、新技術の開発によって、容易に陳腐化する傾向があるが、ヒューマン・キャピタルについては、新しい技能を修得する訓練を継続することによって、その価額が変化しない[73]、ということである。また、さらに、労働者は、収支計算法によって所得計算がなされるから、利益計算法を通じて所得計算を行なう企業と比較

---

70) Wenger, Ekkehard, Traditionelle versus zinsbereinigte Einkommens-und Gewinn-besteuerung:Vom Sammelsurium zum System, in:Rose, Manfred （Hrsg.）, Standpunkte zur aktuellen Steuerreform:Vorträge des Zweiten Heidelberger Steuerkongresses 1997, Heidelberg 1997, S.115ff., S.120ff.

71) Wagner, Franz W., Die Integration einer Abgeltungssteuer in das Steuersystem-Ökonomische Analyse der Kapitaleinkommensbesteuerung in Duetschland und der EU, DB 1999, 1520ff., 1523.

72) Wagner （Fn.17）, StuW 2000, 434.

73) Wagner （Fn.17）, StuW 2000, 434.

して、必要経費を即時に控除できるので、租税法上優遇されているという
指摘もある[74]。この点は、将来的な税制改革の課題ということになる[75]。

　したがって、いずれにせよ、納税義務者に係る法律上の属性から生ずる
諸々の課税方式の差異は好ましいものではないので、上記のような根拠か
ら年金所得の課税方式を統一化することが理論的に首尾一貫しているとさ
れているのである。

　以上に鑑みると、Cash-Flow 型税制を導入するとしても、取り敢えずは、
部分的なものにとどまらざるをえないであろう（また、Cash-Flow 型税制
を導入するとしても、減価償却制度を残す、という選択肢も主張される[76]）。

2　ACE 型税制の構造

(1)　ACE 型税制の理論的基礎

　さて、ACE 型税制も、実は、Cash-Flow 税制と同様に[77]、課税をなす時
点における金銭の実質的価値に対応した課税を可能にする、ということが
そのポイントである[78]。すなわち、ある期の投資額の金銭価値とその翌期の
それとは市場標準利子率の分だけ名目上差異が生ずるほかに（実質的には
等価）、インフレ分が加算される可能性がある。その際、翌期までに生じ
た市場標準利子相当分およびインフレ分は見せかけの所得であるため、そ
れに所得税を課すことは本来できないはずである。したがって、毎期の所
得を計算する際に、こうしたインフレ等による見せかけの所得を除外する

---

74)　Wagner（Fn.17）, StuW 2000, 434.

75)　課税所得計算の改革のありようについては別の機会に譲る。

76)　Ehrhard-Rauch, Andrea, Die Einnahme-Überschuss-Rechnung als einheitliche
　　Gewinnermittlungsart?, DStZ 2001, 423ff., 425. また、Schneider 教授によると、即座に Cash-
　　Flow 税制を導入するとした場合、例えば、費用を計上し、収益の計上をできるだけ次期以降
　　に遅らせることによって、資金の内部留保分からの調達がなされることとなる、とされる。
　　それにより配当政策に歪曲が生ずるし、また、費用・減価償却費の全額即時控除の実施がい
　　くつかの国でなされたが、良好なパフォーマンスを示さなかった、という。以上につき、参照、
　　Schneider, Dieter, Reform der Unternehmensbesteuerung durch "Eckwerte" oder durch Cash-
　　flow-Besteuerung?, BB 1987, 693ff., 698.

77)　Lang, in:Tipke／Lang（Hrsg.）, Steuerrecht（Fn.9）, § 4 Rz.118.

78)　以下の叙述について、参照、Homburg, Stefan, Allgemeine Steuerlehre 3. Aufl., München
　　2003, S.228ff. また、Winner（Fn.116）, ÖStZ 1999, 7.

ことが必要となってくる。

　なお、ACE 型税制を構築する際に、インフレ分等除外を如何なる形で実現するかが問題となる。企業課税におけるその作業は、直後の(2)に譲るとして、個人レベルでは、簡素化を根拠として、しばしば、利子所得の非課税措置が導入されることとなると、考えられている。[79]

(2)　企業課税における ACE 型税制

　ここで企業課税における ACE 型税制を論ずるとすると、企業が一会計年度内に作成した帳簿に基づく課税所得から、インフレ等によると思われる部分を控除することになる。それにより、経済的利益（ökonomischer Gewinn）に対する課税がなされることになる。しかし、そのインフレ率等を如何なる方法によって計算するかは別に問題となる。なお、詳細は、IV 3(1)、4(2)を参照されたい。

　また、Lang 教授によると、[80]ACE 型税制を採用した場合、自己資本をベースに控除額が計算されることとなるので、自己資本を充実させる誘因を企業に与える、というメリットもある。[81]したがって、引当金あるいは準備金の過大計上がなされることがなくなり、それとともに、課税ベースの拡大が実現される余地もある。[82]

3　小　　括

　ここでは、III で分析した事項のほかに、関連する論点にコメントすることにより小括に代えることとしたい。

　理論的にみると、ACE 型税制は、金銭価値を時間に関係なく一定とすることについて優れている。言い換えると、まさに、とりわけ、資産の譲渡益課税については、有効な政策となることが分かる。ただし、目下のデ

---

79)　Lang, in: Tipke／Lang（Hrsg.）, Steuerrecht（Fn.9）, § 4 Rz.118.
80)　以下の叙述につき参照、Lang, Joachim, Konsumorientierung-eine Herausforderung für die Gesetzgebung?, in:Smekal, Christian／Rupert Sendlhofer／Hannes Winner（Hrsg.）, Einkommen versus Konsum:Ansatzpunkte zur Steuerreformdiskussion, Heidelberg 1999, S.143ff., S.157ff.
81)　Lang, Konsumorientierung（Fn.80）, S.159.
82)　Lang, Konsumorientierung（Fn.80）, S.159.

フレ下にあるわが国について短期的にインプリケーションを持つか否かについては疑問があろう[83]。

　また、一定の要件を充足した際の資産（ドイツでは株式が最もよく議論の対象となる）の譲渡益に係る非課税措置は、理論的にみると望ましいと考えられるかもしれない。その根拠は、まず譲渡益自体が巨額となることがあり、それとともに税額自体も巨額となる可能性があること、そして譲渡益の中には資産の含み益のほかにインフレによる名目的な利益が含まれていることである[84]。

　なお、以上の一般論から離れて、実際に、制度を構築する際の留意点に簡単に言及しておく。

　この点、Ⅲの論述において、ACE 型税制と Cash-Flow 型税制とが、時間の観点からの担税力の適切な把握、といういわば同じ観点から提唱されているという指摘がなされた。その意味で、両者が、二者択一的な租税政策であると考えられるかもしれない。とはいえ、他方で留意点もある。すなわち、確かに様々な与件の置きようによっては、二者択一的な租税政策を観念する余地はある[85]。反対に、そうでないとする立場もある[86]。したがって、理論的には、両者とも優れているであろうが、結局、制度として採用される場合には、実効可能性等が大きなウェイトを占めることとなる[87]。その意味で、ACE 型税制については、例えば、債権および一定の資産の簿価をベースに一定の債務を控除することによって計算される自己資本につ

---

83)　森信茂樹『日本が生まれ変わる税制改革』（中央公論新社・2003年）113頁。

84)　Rose, Manfred, Sinn und Unsinn einer Besteuerung von Gewinnen aus Veräußerung von Anteilen an Unternehmen, BB 2000, 1062ff., 1063;Wenger, Ekkehard, Die Steuerfreiheit von Veräußerungsgewinnen:Systemwidrigkeiten und systematische Notwendigkeiten, StuW 2000, 177.

85)　詳細については、参照、Wagner, Franz W., Die zeitliche Erfassung steuerlicher Leistungsfähigkeit, in:Hax, Herbert／Werner Kern／Hans-Horst Schröder（Hrsg.）, Zeitaspekte in betriebswirtschaftlicher Theorie und Praxis, Stuttgart 1989, S.261ff., S.270f.

86)　Homburg, Allgemeine Steuerlehre（Fn.78）, S.343f.

87)　この点の詳細については、参照、Rose, Manfred, Zur praktischen Ausgestaltung einer konsumorientierten Einkommensbesteuerung, in:Oberhauser, Alois（Hrsg.）, Probleme der Besteuerung I, Berlin 1998, S.99ff., S.103f.;Mclure, Jr., Charles E.／George R. Zodrow, Administrative Vorteile des individuellen Steuervorauszahlungs-Ansatzes gegenüber einer direkten Konsumbesteuerung, in:Rose（Hrsg.）, Konsumorientierte Neuordnung（Fn.6）, S.117ff., S.123ff.

いて観念上生ずる基準利子（Normalzins。Schutzzins とも呼称される）を課税所得計算上控除する、といった作業が要求されることがある（詳細は、Ⅳを参照されたい）。しかし、かかる基準利子の設定は恣意的になるおそれがある、という批判もあり、さらには手続が煩雑になることは避けられないであろう。

　また、Cash-Flow 型税制については、その稼得した利益について、その使用・処分が貯蓄・投資に当たるのか否かが、必ずしも判然としない場合もあることはあろう。

　さらに、本章で論じた時間の観点からの中立性の実現により、経済全体の効率性が上昇するか否か、という観点も議論の対象とされている。これが実現されれば、経済政策としては積極的に採用される根拠となる。この点、Homburg 教授は、ACE 型税制を例とし（利子調整型所得税〔zinsbereinigte Einkommensteuer〕。所論によると、この税制のもとでは利子非課税となる）、賦課期間に関係なく課税が中立的となれば、貯蓄・投資か消費か、という点の意思決定の歪曲はなくなるが、しかし、それに応じて課税ベースが縮小するので、税率の引上げが行なわれ、労働か余暇かに係る意思決定に歪曲が生ずるおそれがある、という。[88] すなわち、Homburg 教授は、効率性に一定の改善がみられるが、しかし、それが同時に別の箇所での非効率性を生むものである、と論ずる。なお、Wenger 教授は、このHomburg 教授の主張に、労働供給に係る意思決定は税負担の総額、すなわち、利子所得への非課税とその分の税率の引上げが税収中立的であるならば、税負担総額に変化はないのであるから、労働者の意思決定は歪曲されることはない、と反論している。[89] この問題は、また他日を期して論ぜられる問題であろう。

　現実の制度構築に際しては、こうした各政策選択肢に係る長所・短所を、その時の経済情勢等も踏まえながら、総合的に勘案して決定することが必

88）　参照、Homburg, Stefan, Soll die klassische Einkommensteuer wiederbelebt werden?, in:Rose（Hrsg.）, Standpunkte（Fn.70）, S.107ff., S.112f.

89）　参照、Wenger, Traditionelle versus zinsbereinigte Einkommens-und Gewinnbesteuerng（Fn. 70）, S.134.

要であると考える。[90]

Ⅳ　ヨーロッパにおける企業・投資課税の改革

　ここでは、ドイツ以外のヨーロッパ諸国で実施された、あるいはされつつある税制改革を紹介し、若干の分析を行なう。ドイツはヨーロッパ諸国の中でも、最も税負担が高い国と位置付けられ、税負担軽減措置の導入の要請をはじめとして、税制改革が理論上も実際上も求められていた。それゆえ、かかる契機ともなった他のヨーロッパ諸国の税制改革をここで概観することが議論の発展には有意義である。以下でヨーロッパにおける税制改革のうちいくつかを取り上げることとする。

1　二元的所得税

　二元的所得税は目下大きな理論的および政策的検討課題である。よって、それを本章でも一応取り上げ、ドイツにおける議論を概観することとしたい。[91]

(1)　北欧における要請

　ヨーロッパにおいて、域内での経済活動の活発化により、各国がその領域内で発生した資本所得への課税が困難になってきていることは既に知られている。加えて、そうした資本所得に、累進所得税を通じた重い課税することは、経済的効率性を害するおそれがあるとも指摘されている。

　さて、居住地国課税原則と、源泉地国課税原則を以て、その両立・実現は措くとして、経済的効率性を持った税制を構築することが国際租税法に

---

90)　しかし、企業課税の領域のみでなく、給与所得等も含めたあらゆる所得類型について妥当する所得計算方式として相当なものは、Cash-Flow 税制と ACE 型税制のうち、いずれであるか、という問題については、前者である、と言える。すなわち、Ⅲ 1 (3)(b)で言及した給与所得についてのヒューマン・キャピタルの計算、そして、同じくⅢ 2 (1)で論じた、個人のもとでの簡素化を根拠とした利子所得に係る非課税がその理由である。以上につき、参照、Dorenkamp（Fn.26）, StuW 2000, 128.

91)　二元的所得税について、参照、Jacobs,Unternehmensbesteuerung und Rechtsform（Fn.2）, S.105ff.

おいては求められている。居住地国課税原則を以ては、稼得された所得が
居住地国において総合課税に服する場合、企図された経済的効率性は実現
される。資本所得であっても、その例外ではない。そして、その際、法人
税率と、最高所得税率は一致すべく調整される必要があり、もはや各国は
自律的に税率を決定することが必ずしもできない。しかし、これは、ヨー
ロッパ・レベルでの税制の調和をもたらす可能性を供することにはなるか
もしれない。

　次に、源泉地国課税原則に則って考えると、国外で発生した利子、配当
等が居住地国において課税されないことになるから、ここで述べたような
資本所得課税の問題は発生しないかもしれない。そして、その限りで、労
働所得に係る所得税率を決定することは居住地国にとって、なお可能であ
る。

　しかし、利子所得をはじめとする資本所得について全く課税を行なわな
いことが無理であるならば、妥協策として、その他の選択肢が求められる
必要がある。それに関しては、資本所得に係る課税方式を他の各種所得類
型とは異なったものとすることがその選択肢となろう。ヨーロッパ各国の
例をみても、法人税率と最高所得税率とを一致させている国はほとんど見
当たらない。加えて、総合所得税を理想的な形で実現している国もない。
多くの所得税制度のもとでは、何らかの形で各種所得類型ごとに異なって
控除が認められていたり、各種所得の一部のみしか捕捉ができないという
ことが常態化している。

　加えて、Viherkenttä 氏によると、北欧における二元的所得税に代表さ
れる税制改革の背景には、Jacobs 教授の論述の如き要請のほかに、物的
会社において準備金の計上に係る規制が多数認められたこと、その他にも、
利益を減少させる形での様々の控除項目が認められていたこと、がある。[92]

　以上のことをまとめると、北欧諸国において、労働所得に相対的に重い
課税をなし、そして、資本所得に低い課税をなす、ということにより、物

---

92)　Viherkenttä, Timo, Die Steuerreform in den nordischen Staaten-ein neuer Ansatz der
　　Einkommensbesteuerung, IStR 1994, 414ff.

的会社についても資本所得と同様の税率を適用されることとなっている。しかし、税収中立性の観点から、課税ベースの拡大が企図されていることも付言しておく。[93]

(2)　日本型二元的所得税

わが国でも、二元的所得税に関する議論は存在する。その代表的見解として森信茂樹教授のそれを概観する。[94]

森信教授の議論を要約すると、以下のようになろう。わが国においては、目下、金融所得について課税方式の複雑性がみられる。例えば、株式譲渡益を例にとると、株式譲渡益および譲渡損の間での損益通算は、株式譲渡損益はその間でのみ損益通算をなしうるという形で、いわば非常に強い限定が付されている。すなわち、他の金融所得との間での損益通算は認められていない。さらに純損失の繰越しおよび繰戻しについても、わが国の現行制度は限定的であるという。この点について、諸外国では、損益通算についての限定はわが国におけるほど限定的であるとはいえない。確かに、租税回避という点に着目すると、かかる損益通算は限定的に構築されてもやむをえないのかもしれないが、しかし、所論によると、次のような理由で、金融所得間での損益通算は原則として広く認められるべきであるという。すなわち、今日の取引社会において、投資家にとって投資に基づくリターンも重要な関心事であるが、それに加えて、損失も巨額にのぼる可能性もあるから、その処理、言い換えると控除可能性も重要な関心事である。投資家にとって、損失の控除可能性はリスクテイクの中立化の問題として、投資の意思決定に際して、決定的影響力をもつ。

したがって、投資から生ずる損失は、全額控除が本来的に好ましく、それが認められない現行法は改正の余地をもつという。

すなわち、以上の森信教授の議論によると、金融所得の課税方式の統一性を実現することが、わが国独自の視点に基づく二元的所得税であるといえよう。[95]ただし、わが国では、総合課税の原則が第一次的な課税原則であ

---

93)　Viherkenttä（Fn.92), IStR 1994, 414.
94)　以下の論述につき、参照、森信・前掲注83) 121頁以下。
95)　日本型二元的所得税の実現を制度的に担保するものとしての、森信氏による金融所得特定

るため、二元的所得税の導入により資産性所得に統一的な課税方式を適用することを実現した後、総合課税化の途を歩むこともありうる。[96]

(3) 二元的所得税の理論的かつ実際上の問題点

(a) 理論的および実際的問題

しかし、二元的所得税にも欠点が存在する。一に、従来正当なものとして学説上、実務上受け入れられてきた総合課税の原則に、二元的所得税は違反する。すなわち、あらゆる各種所得を合計し、それに統一的な税率を乗ずるという姿はもはやなく、所得を大まかに二分割して（資本所得と労働所得）、それぞれに異なる税率を乗ずることとなる。これにより、労働所得の稼得者は労働所得を何とかして資本所得と性質決定しようとするであろうから[97]、この点について課税庁と納税者との間に争いが生ずる可能性がある。特に、それは、個人事業者、人的会社、そして小規模法人についてみられるとされる[98]。二に、第一の点に関連して、労働所得と資本所得との間の範囲を画することは実際には困難である。しかし、ここで述べたような租税裁定取引（Steuerarbitrage）を防ぐためには、何らかの基準定立が必要となる[99]。これには、二つの方法が観念されうる。

一に、労働所得の範囲をまず画し、残りの所得を資本所得とするという方法である[100]。しかし、これには、二つの難点が付着している。ある所得を労働所得と性質決定するためには、賃金の水準、事業者の職業訓練のありよう等の個別ケースにおける具体的な事情に依拠するし、そして、こうした方法では、課税が抑制される。すなわち、その他の条件が同一であると

口座制度の提唱は傾聴に値する。参照、森信・前掲注83）127頁以下。

96)　参照、神田秀樹「金融所得課税の将来─信託課税のあり方との関係も含めて」信託211号（2002年）60頁以下、特に64頁。

97)　Jacobs, Unternehmensbesteuerung und Rechtsform（Fn.2）, S.106.

98)　Jacobs, Unternehmensbesteuerung und Rechtsform（Fn.2）, S.106. しかし、かの地の議論においては、法人から株主が得る利益に係る性質決定如何も問題となっている。しかし、使用人兼株主としての属性を有していない単純な株主について、彼が法人から受領する利益の一部について労働所得あるいは資本所得のどちらに当たるのか、を論ずる意味はないであろう。

99)　Jacobs, Unternehmensbesteuerung und Rechtsform（Fn.2）, S.106.

100)　わが国においては、この方法に触れるものがある。参照、神田・前掲注96）64頁。

の仮定のもとでは、全体としての所得は増加しつつも、一方では、労働所得は累進課税がなされるため、それを回避するために一定量のままであると観念され、他方では、資本所得は低い比例税率が適用されるために、なるべく、資本所得として性質決定がなされることとなり、それにより低い比例課税がなされる資本所得が増大し、税収は落ち込む傾向が生まれるのである。

　二に、資本所得の範囲をまず画するという方法である。それは、人的企業のもとで、その出資者であり、かつ自らの労働を供して企業の利益を稼得することに貢献しているそうした者について問題となる。換言すれば、すなわち、企業からの分配利益の性質決定が問題となっている。それには、企業の中の資本が有用である。この資本に一定の調整率が乗じられ、資本所得の額を明らかにし、その残りが労働所得とされる。こうした方法は北欧諸国でも採用されている。資料上必ずしも明確ではない部分が残るけれども、例えば、Viherkenttä 氏らの整理を参照してみる。[101]スウェーデン、ノルウェー、フィンランドが例であるが、統一的な方法は用いられておらず、実際には、先の三カ国の例において用いられている方法に限られず、様々な方法を考案して用いられることが可能である。内実は以下の如し。

　まず、総合的に概観する。中小企業、とりわけ人的会社と個人事業者のもとでの労働所得と資本所得との範囲を画する方法が問題となっている。ノルウェーおよびフィンランドにおいては、かかる作業は、当初より行なわれていた。しかし、スウェーデンにおいては、上記の企業から出資者兼使用人に対してなされる分配利益は、すべて労働所得とされていた。[102]

---

101)　以下の論述につき、参照、Viherkenttä, Timo, Das nordische Modell-Ein alternativer Ansatz der Besteuerung von Kapitaleinkommen. Jacobs, Otto.H.／Christoph Spengel（Hrsg.）, Aspekte der Unternehmensbesteuerung in Europa, Baden-Baden 1996, S130f.;der.（Fn.92）, IStR 1994, 414ff., 417f.

102)　また、既に本文中で言及したが、ある所得を資本所得として性質決定すれば、比例税率がそれに適用され、累進税率が適用される労働所得よりも、その税負担は低くなる。この点、ドイツを例とすると、人的企業からその出資者が稼得する利益は、場合によっては、その属性に応じてすべて事業所得として性質決定されうる。その際、旧ドイツ所得税法32c 条により、事業所得に係る最高所得税率は47％とされた時期があった。これを通じて事業所得に係る事業税という特別な税負担が調整されるべきとされた。しかし、二元的所得税のもとでは人的

(b)　各国のありよう

スウェーデンについて。[103] 会社持分の取得費用（Anschaffungskosten）と名目国債利子（Norminalverzinsung von Staatsanleihen）に5％を加えたものの積を超えるそうした積極活動する持分権者の分配利益は労働所得である。そして会社持分の譲渡益の7割が労働所得である（一定額まで）。残りが資本所得となる。

ノルウェーについて。[104] 労働所得を計算するに際しては、企業の利益がベースとなる。この企業利益から、まず、建物、機械等の実物資産（Sachanlagevermögen）の価額に一定の調整率（1993年においては、16％）を乗じて計算される額が控除され、人的色彩の濃い企業（personalintensiver Unternehmen）にデメリットを与えないために、出資者の個人的費用が控除される。そうした諸控除を経て残った額が（約300,000マルクまで）労働所得であり、その他が資本所得である。

フィンランドについて。[105] 企業の利益とその分配部分については、当該企業の純資産を基準にして、納税者の受領する分配利益については、その15％相当額が資本所得となり、残りが労働所得となる。ところが、ここで議論している中小企業については、そうした資産が負になることがありうるため（その際資本所得はゼロになる）、一定の措置が用意されている。

その他にも、いくつかの基準が用意されているが省略する。

しかし、実際には、ここでみた如く特定の方法が採用されておらず、資本の価額を如何にして計算するか、そして調整率を如何にして決定するか、という点に関して困難は残るのである。すなわち、決定された価額および調整率が真に適正であるか否か、について検証することは実際には困難で

企業から稼得される利益の一部であっても、資本所得とされれば、累進税率の適用を避けることができる。加えて、そもそも、二元的所得税が導入されている北欧諸国においては、ドイツにおけるが如き事業税は存在しない。以上のことから、北欧諸国における中小企業およびその出資者に係る税負担は、ドイツにおけるそれと比較して、その構造上、低いものとなっている。参照、Viherkenttä（Fn.101）, IStR 1994, 417.

103)　Viherkenttä（Fn.101）, IStR 1994, 418.
104)　Viherkenttä（Fn.101）, IStR 1994, 418.
105)　Viherkenttä（Fn.101）, IStR 1994, 418.

あり、真に適正なインディケーターは確定できないかもしれない。

　最後に、二元的所得税が応能負担原則に適合するか否か、という問題は重要なものとしてなお残る。二元的所得税は、総合所得課税の原則に違反するという見方もある。反対に、北欧諸国の二元的所得税への賛成論者は、次の点を挙げる。まず、資本所得に対して低い課税を行なうことはインフレ調整を行なうことと等しい、資本所得は既に課税された所得から成っている、資本所得は、従来、多くの課税の欠缺を伴いつつ課税されていた、ということである。特に、資本所得に対する低い課税は、結果として右に述べた課税の欠缺を埋めることに繋がるから、それは、結局、平等課税に資することとなるということも、その根拠である。

⑷　二元的所得税に対する評価

　二元的所得税について、総括すると凡そ次のようにいえるのではなかろうか。まず、二元的所得税は、確かに、資本所得を効率的に把握することには資する。加えて、場合によっては、構築如何によって、法形態に中立的な企業課税をなすことに貢献する。しかし、経済的な担力（給付能力）を課税のインディケーターと考えたのであれば、平等課税の原則と相克する。ただし、企業課税と個人所得課税という両者をまったく別のレベルで議論すべきものとして把握するのであれば、投資・雇用の創出に必要で、かつ、企業にとって国際的にみて競争力を与える税率、すなわち低い比例的な税率は、理論的に可能である。加えて、二元的所得税は、既に実施されているという点で、実践的な政策の例として認識される。

2　オランダにおける分類課税方式

　オランダにおいては、2001年以降、いわゆる分類型課税方式が適用される。それは、通称、"ボックス・タックス（Boxen）"と呼称されるもの

---

106)　Jacobs, Unternehmensbesteuerung und Rechtsform（Fn.2), S.110f.

107)　Jacobs, Unternehmensbesteuerung und Rechtsform（Fn.2), S.110f.

108)　その可能性については、参照、手塚・前掲注1）178頁以下。

109)　Kowallik, Andreas, Die niederländische Einkommensreuerreform 2001（"Wet Inkomstenbelasting 2001"）und ihre Auswirkungen auf das "Holland-Fonds-Modell", IStR 2000 300ff.;Horlemann（Fn.11), StuW 2003, 274. 分類税化という位置付けについては Horlemann 氏による右の論稿を参照されたい。

である。それは、凡そ、各種所得類型を三分類し、それに対して異なる課税方式を適用しようとするものである。その概要を以下に紹介する。[110]

(1)　1964年所得税法におけるオランダの所得課税

　オランダにおいては、2001年の改正以前、いわゆる1964年所得税法（改正前の旧法である）のもとでは、事業所得、適格資本参加所得、給与所得（Arbeitseinkünfte）、資産所得、継続的稼得金および年金所得という各種所得類型が存在し、そして、各種所得控除、損失控除があり、それについて総合所得課税がなされていた。なお、損失については、原則として、3年の繰戻し、8年の繰越しが認められた。加えて、事業所得に係る損失については1995年1月1日以降無制限の繰越しが認められていた。

(2)　分類課税方式採用の背景

　しかし、右のような総合所得課税は、大きな問題をもたらした。すなわち、損益通算制度により、例えば、投資所得から発生した損失を他の所得類型と損益通算することを通じて、税負担が減少していた、という事情がある。損益通算制度自体は、総合所得課税の原則からすれば必然的に要請される制度であろうが、しかし、それにより、税負担、つまり税収の減少が大きなものであったという事情があるのだろう。それにより、そうした損益通算をある程度まで限定する必要性が認められたのであった。

(3)　分類課税方式の内容

　分類課税方式の採用により、各種所得類型は三つに再編成された。①労働所得および持家帰属所得[111]（"inkomen uit werk en woning" これが box 1である）、②適格資本参加所得（"inkomen uit aanmerklijk belang" これが box 2である）、③標準財産収益所得（"vermogensrendementsheffing" これが box 3である）がそれである。

　以上の三つの各種所得類型について、それぞれ異なる課税方式が適用される。すなわち、各種所得類型の間の損益通算はできず、発生した損失は、同一の各種所得類型内の将来発生する正の所得とのみ損益通算が可能であ

---

110)　以下の叙述におけるオランダの税制の概要については、参照、前掲注101）の文献。

111)　持家帰属所得の計算方法については、参照、Obluda, Sybille, Das Steuerrecht der Niederlande, IWB Fach 5 Gruppe 2, S.269ff., S.275.

る（これは、純損失の繰越であるが、期間による制約は存在しない）。そして、標準財産収益所得については、損失の発生は観念しえない。そして、労働所得および自己家屋所得については、累進課税がなされる（社会保険拠出金も含めた実質的な百分率は、32.90％、36.853％、42％、52％である）。そして、適格資本参加所得、標準財産収益所得については、比例税率が適用される（30％）。

　さて、標準財産収益所得については、他の所得類型とは異なり、所得計算の方式が例外的な構築をなされている。稼得収入から必要経費を控除するという通常の方式は適用されず、そこでは、所得稼得のために用いられた資本（これを、以下では「投下資本」という）の４％が標準財産収益所得の所得金額となる[112]。そして、投下資本は、労働および持家帰属所得、適格資本参加所得と関係ないあらゆる資産をその計算のベースとする。それは、以下のように計算される（2001年所得税改革法５.１.３条による）。

　投下資本（の価額）とは、保有財産の価額から債務の価額を控除して求められる（2001年所得税改革法５.１.３条１項）。そして保有財産は、土地、直接または間接に土地に係る権利、動産、動産に係る権利、金銭も含めた物に係ることのない権利、取引価額をもつその他の権利が挙げられている（同２項）。そして、債務（の価額）は、取引価額をもつ債務の価額である。

　なお、標準財産収益所得には特別控除が認められていることを付言しておく。

(4)　分類課税方式に係る評価

　以上でみた分類課税方式は、凡そ所得類型ごとに税額を計算して課税することから、総合所得課税とは正反対の課税方式であると位置付けることができる。その際、確かに、損益通算を制限したことによって、租税回避や不当な税収の減少を防ぐ枠組みが形成されたといえる。しかし、ドイツは総合所得課税の原則に高い価値が置かれているため、ドイツでは採りえない制度であるかもしれない。わが国でも、短期的には採用しがたいドラスティックな制度であるといえよう。

---

112)　Horlemann（Fn.11), StuW 2003, 274.

　しかし、制度自体は各種所得類型が三つに減少していること、複雑な損益通算制度がないことに鑑みて、税制の構築として簡素であると評価できると考える。

　なお、以上のような構築から推論できることであるが、分類課税方式は、二元的所得税との間の共通点がある。

3　オーストリアにおける基準利子控除制度の導入

(1)　基準利子控除制度の概要

(a)　基準利子控除制度の意義

　ドイツのみならず、オーストリアにおいても消費型所得税への理論的信奉は強い。[113] 特に、それは、近時の2000年税制改革において現れた。企業課税の領域において、企業のもとで、各事業年度ごとに、自己資本が増加した場合、その増加分に含まれるインフレ等による増加分を事業支出（これは基準利子に当たる）として控除するという制度であると解されうる。[114] これは、いわゆる企業の自己資本に係る ACE 型税制である。[115] そして、この基準利子控除制度は、法人および帳簿作成を行なっている人的企業に適用される（すなわち、いわゆる利益計算法を用いた利益の計算が適用の前提であることを意味する[116]）。

　そもそも、この税制が導入された背景には、自己資本および他人資本を租税法上平等に扱うことを通じた企業活力促進がある。[117] 基準利子を事業支出として税務上処理すれば、その利子分を社債権者に支払う利子とほぼ同

---

113)　そのベースとなっているものとして、参照、Wagner, Franz W., Konsumorientierte Reform oder Einkommens- und Gewinnbesteuerung–Stand und Perspektiven ihrer Realisierung in Österreich, ÖStZ 1998, 402ff.

114)　Doralt, Werner／Hans Georg Ruppe, Grundriß des österreichischen Steuerrechts Band Ⅰ 7. Aufl., Wien 2000, S.182.

115)　Farny, Otto／Franz Gall, Klassische, konsumorientierte oder zinsbereinigte Einkommensteuer?:Wohin geht die Reise?, ÖStZ 1998, 510ff., 513f.

116)　Dorald／Ruppe, Grundriß（Fn.114）, S.182;Winner, Hannes, "Klasische" oder konsumorientierte Einkommensteuer?–Eine Replik, ÖStZ 1999, 7.

117)　Bruckner, Karl E., Zinsabzug für das Eigenkapital und Abschaffung des Gebührengesetzes–Vorschläge der Wirtschaftstreuhänder zur Steuerreform 2000, ÖStZ 1998, 599ff., 602;Kiesewetter （Fn.7）, StuW 1997, 30f.

じになるように調整することを通じて、右の平等扱いは実現される。さらに、基準利子を控除することを通じて、引当金を不相当に計上することや同じく減価償却を不相当に行なうという企業行動を防ぐことができる。[118] 何故なら、擬制的な事業支出控除により引当金の計上に代えることができるからである。

(b)　基準利子控除制度の構造

　ここで基準利子控除制度における基準利子の計算の方法を中心に論述する。[119]

　まず、基準利子の計算にあたっての課税標準は、各事業年度における自己資本の増加分である。そして、自己資本の増加分は、基準利子控除を行う年の租税法上の平均自己資本（der gewichtete durchschnittlich steuerliche Eigenkapitalbestand）[120] から過去の年度における租税法上の平均自己資本を控除して行なう。具体的には、次のようになる。まず、基準利子控除を行う年度（これを仮に10年度とする）のそれを1400とし、09年度のそれを1100、08年度のそれを800、07年度のそれを900、06年度のそれを700、05年度のそれを600、04年度のそれを1200、03年度のそれを800、02年度のそれを1300、01年度のそれを1250とする。そして、控除を行う年度の自己資本から過去７年のうちの最も高い自己資本を控除して計算が行なわれる。右の説例でいえば、10年度の1400から04年度の1200を控除した200が自己資本増加分とされる。

---

118)　Bruckner（Fn.117），ÖStZ 1998, 602.

119)　具体的には、例えば、参照、著者不詳、Was bringt die Steuerreform 2000?, ÖStZ 1999, 157ff., 162ff.; 著者不詳、Eigenkapitalzuwachsverzinsung nach §§11 und 37 Abs.8 EStG sowie §§11 Abs.2 und §22 KStG（zu StRefG 2000），ÖStZ 1999, 654ff.; Dorald／Ruppe, Grundriß（Fn.114），S.183f. 以下の叙述はここで挙げた資料によっている。

120)　租税法上の平均自己資本の計算方法を以下に述べる。例えば、個人事業者Ａが（事業年度と暦年が同一であるとする）、ある事業年度の期首に自己資本を1,000有していたとする。そして、期首において200だけ、払込みがあったとする。ここで、自己資本は1200になる。そして、当該事業年度の７月１日に、200が払い出されたとする。この説例をベースとすると、１月１日から６月30日までの181日間1,200の状態にあった自己資本に181÷365を乗じ（595.07）、次に、７月１日から12月31日まで1,000の状態にあった自己資本に184÷365を乗じ（504.11）、両者を合計したものが租税法上の平均自己資本である。以上につき、参照、著者不詳（Fn.119），ÖStZ 1999, 656. なお、自己資本の計算方法は省略する。

そして、法人のもとで事業支出として控除される基準利子は、株主のもとに配当され、その際、25％の源泉徴収税が課され、それを以て課税関係が終了することとなる。

(2) オーストリアの企業課税の体系における基準利子控除制度の位置付け

さて、ここでオーストリアの企業課税の概要を、株主（あるいは出資者）・会社間の課税方式を中心に概観しておくこととする。

オーストリアでも、ドイツと同様に、法人税および所得税の二元主義が妥当する。そして、法人のもとでは法人・株主間での配当に係る二重課税が問題とされた。その二重課税を除去するために、幾度かの制度改正を経て、まず、1988年改正によって、次のような制度が採用されている。

それは二分の一税率方式（Halbsatzverfahren）である[121]。これは、ドイツ企業税制改革のモデルになったものとして認識されているが[122]、法人のもとでの配当利益について、法人税率が二分の一にされ、そして株主のもとでも二分の一の法人税率が適用された後の配当利益についても、適用される個人所得税率を二分の一にする、というものである。これにより、試算によると、株主は法人のもとで配当される前の利益と同額の所得を稼得した場合と、ほぼ同じ税負担が創出されるという。すなわち、法人の株主と人的企業の出資者（企業のもとで発生した利益は出資者に直接帰属し、個人所得税が課される）との間で、税負担の平等が実現される。これは、法形態の中立性の実現である[123]。

そして、次に、1993年税制改革によって、この課税方式に若干の改正が付け加えられた[124]。法人が株主に配当をなす場合に、法人のもとで、配当に

---

121) 詳細については、例えば、参照、Wiesner, Werner, AbgÄG 1985: Steuerliche Förderung des Risikokapitals, ÖStZ 1986, 10ff.

122) この点に関する詳細については、参照、Wartin, Christoph, Rechtsformneutrale Unternehm ensbeseteuerung:Heilmittel oder Sündenfall?:Anmerkungen zur geplanten Betriebsteuer, DStZ 1999, 238ff., 241f.

123) Wartin 氏は、これにより企業税（Betriebsteuer）を導入することなく、企業課税における法形態の中立性が実現されるという。さらに、同氏は、人的企業の出資者に累進税率が適用されることによって、人的企業の出資者に係る過剰課税が回避されるという。Wartin (Fn.122), DStZ 1999, 242.

124) Doralt／Ruppe, Grundriß（Fn.114）, S.302.

つき25％の資本収益税を課し、それを通じて源泉徴収を行なう[125]。そして、資本収益税の課税でもって、配当に係る課税関係を終了するというものである。これは、独立課税方式（Endbesteuerung）と呼称される[126]。または、納税者の選択によって、二分の一税率方式を適用することもできる。その際、実質的に資本収益税は控除されることになる。

　ここで、設例を示す[127]。まず①独立課税方式について。ある者Aが配当以外の所得を50、配当所得を50稼得すると仮定する。オーストリア所得税法上、50の配当以外の所得について15.2、そして50の配当所得について独立課税方式が適用された結果として12.5の税負担が発生し、合計27.7の所得税が課されると計算できる。この計算とは別に、独立課税方式を適用することなく所得税の計算を行なうとすると、合計100の所得に対して38.6％の所得税率が適用されるとし、まず、配当以外の所得について50に38.6％を乗じ、19.3の税負担が発生する。次に、50の配当所得について二分の一税率方式の適用により、19.3％を乗じ、9.65の所得税が発生する。両者を合計すると、28.95の税負担が発生する。この設例によると、独立課税方式を適用する場合と、二分の一税率方式を適用する場合との間で同一の所得について税負担が異なる場合がありうることが明らかになる。すなわち、納税者は、ここに自らに適用される課税方式を選択する余地があることになる。

　次に②二分の一税率方式の適用について。仮に、Aにとって、配当所得のみが100あると仮定する。仮に、独立課税方式を適用した場合、所得税負担は25である。そして、オーストリア所得税法上38.6％の所得税率が適用されるとする。しかし、そこで、二分の一税率方式を適用すると19.3％の税率が適用されるゆえ、税負担は19.3となる。その差異、25から19.3を控除した5.7は国から株主に還付される。

---

125)　利子についても同様である。参照、Jann, Martin, Die Endbesteuerung von Zinsen in Österreich, in: Gassner, Wolfgang／Michael Lang／Eduard Lechner（Hrsg.), Österreich-Der steuerrechtliche EU-Nachbar, München 1996, S.51ff., S53.

126)　独立課税方式の導入の経緯については、参照、Doralt／Ruppe, Grundriß（Fn.114), S.281.

127)　以下の実例につき、参照、Doralt／Ruppe, Grundriß（Fn.114), S.303.

　さて、基準利子控除制度は、株主への配当課税を行なう際に、25％の源泉徴収課税を行なうことと平仄を保っている。すなわち、法人のもとで損金として扱われる基準利子は、株主のもとではいわばみなし配当として扱われることとなる。

(3)　基準利子控除制度の評価

　基準利子控除制度にみられる ACE 型税制は、消費型所得課税の一類型であると位置付けられている。如何なる点に消費型所得課税の特徴が現れているかといえば、基準利子を控除することを通じて、課税上自己資本の実質的価値に着目することにそれが見出される。すなわち、企業は自身の利益をいつの時点で投資あるいは内部留保しても、自己資本の実質的価額に基づいて課税されるので、その利益処分に係る意思決定は影響を受けないということである。[128]

　ただし、基準利子控除制度に対しては次のような批判があることを認識する必要がある[129]。すなわち、基準利子控除制度を導入する際には、当面、税収の大幅な減少が予想されるといわれている（しかし、一般的には、この批判は当たっていないと解されている。税収の大幅な落ち込みが生じうるのは、Cash-Flow 型税制を採用した際の、通常は減価償却されるところの事業支出を支出期に即座に全額控除するような Cash-Flow 的な利益計算をした際であって、基準利子控除制度のような ACE 型税制のもとではかかる事態は生じないと考えられる）。

4　クロアチアにおける ACE 型税制の導入

　クロアチアでも、オーストリアと同じく、ACE 型税制が導入された。この点、先にも指摘したように、Lang 教授が1993年にドイツ大蔵省の諮問により、民主化および市場経済移行のための改革がなされた旧東欧諸国のための租税制度を創設するための租税法典草案（Entwurf eines Steuergesetzbuchs）においても、クロアチアはその対象となっていたこと

---

128)　Wurmsdorfer, Norbert, Investitionswirkungen der jüngeren Steuerrechtsetzung in Österreich, DStZ 1999, 585ff., 586.

129)　参照、Farny／Gall（Fn.115), ÖStZ 1998, 512ff.

を付言しておく[130)]。なお、Schneider 氏および Stöckler／Wissel 両氏をはじめとする、いくつかのドイツ語による文献を参考としつつ、以下の論述を行なう[131)]。

では、以下にクロアチアの税制改革の概要を論じ、若干の検討を行なう。

(1)　クロアチアにおける税制改革の背景

クロアチアにおいては、1980年代末から、1990年代初頭にかけてのいわゆる東欧民主革命の動きの中で、同時に進行した経済体制の資本主義への移行に伴い、それに適合した税制を構築する必要性があった[132)]。それゆえ、資本の蓄積を実現する税制が目指されたのである。そして、その際、中立性も重要な公準としての役割を演じた。すなわち、とりわけ資金調達の中立性の実現を通じて、企業部門における資源配分の効率化が企図されたのであった。

(2)　クロアチアの企業課税—— ACE 型税制の導入

クロアチアにおいても、オーストリアとほぼ同様の ACE 型税制が導入された。すなわち、資本蓄積の必要性から、自己資本の充実に適合する税制の導入が企図されたといえる。その結果が企業部門における利益税（Gewinnsteuer）の導入である。その概要を以下に紹介する。

利益税は、企業に対して課される税である。納税者は法人、（一定の要件を備えた）個人、共同企業体である。これは、ドイツにおける一般的企業税と同様の制度構築である（参照、Ⅱ 1 (3)）。企業形態の如何を問わず原

---

130)　参照、Lang, Joachim, Entwurf eines Steuergesetzbuchs, Bonn 1993. さらには、Rose, Manfred, Konsumorientierung des Steuersystems-theoretische Konzepte im Lichte empirischer Erfahrungen, in:Krause-Junk, Gerold, Steuersysteme der Zukunft, Berlin 1998, S.254ff.;Wagner, Franz W.／Ekkehard Wenger, Theoritische Konzeption und legislative Transformation eines marktwirtschaftlichen Steuersystems in der Republik Kroatien, in:Sadowski, Dieter／Hans Czap／Hartmut Wachter（Hrsg.）, Regulierung und Unternehmenspolitik:Methoden und Ergebnisse der betriebswirtschaftlichen Rechtsanalyse, 1996, S.399ff., S.400ff.

131)　本文中の論述につき、参照、Schneider, Norbert, Einkommensteuer und Gewinnsteuer in der Republik Kroatien:Überblick über die materiell- und verfahrensrechtlichen Regelungen, IStR 1998, 193ff.; Stöckler, Manfred／Harald Wissel, Die Gewinnbesteuerung in der Republik Kroatien, IWB Fach 5 Gruppe 2（Stand 1995）, S.1ff.

132)　Schneider（Fn.131）, IStR 1998, 193.

則として同一の課税方式を適用するということである。ただし、個人や共同企業体が利益税を課されるためには、帳簿書類を作成することがさらなる要件とされる。加えて、①売上げが2,000,000クーナ超、②所得が300,000クーナ超、③その固定資産が20,000,000クーナ超、あるいは④一年度内の平均使用人数が30名超、のうち一つの要件を満たす個人あるいは共同企業体は必ず利益税を課されることとされている。

　利益税を課される企業は、先に要件として挙げた帳簿書類の作成からも推論されるように、利益計算法によってその所得を計算する。その際、計算された所得から、利益税法に規律された加算減算を施し、最終的な課税標準が計算されるが、これについては省略する。[133]

　次に、企業・株主または出資者間の課税方式であるが、インピュテーション方式は適用されず、例えば、企業から株主に配当がなされる際には、企業のもとで利益税を課された後は、株主のもとで所得税を課されることはない。さらに、ある法人が他の法人に資本参加している際には、当該資本参加に基づいて稼得される配当についても、同じく、配当受取企業のもとでは課税はなされない。それに対応して、配当を稼得するために要した費用の控除は認められない。これは、いわゆる一回課税の原則の実現手段と捉えられている。なお、ここで、一回課税とは、例えば、凡そ"配当に充てられる企業利益が少なくとも一回は独立的課税に服すべきとする原則"と定義される。[134]この点、Hey教授によると、ドイツ実定租税法においては、1977年法人税改革がなされた際のインピュテーション方式の導入を正当化するものとして参照された。したがって、法人・株主間の配当二重課税を排除することをもその一つの意味内容としていると推察され、本章

---

133)　例えば、事業とは関係なく企業外に流出した資産、逆に流入した資産について加算減算が行なわれる。隠れた利益処分、配当の形式を採る役員報酬等、さらには、控除を否認される事業支出は利益に加算される。例えば、ある種の広告宣伝費（全額、寄附金あるいは交際費として処理される）、罰金、旅費、事業用に用いられる自家用車に係る費用の30％等がそれである。以上を要するに、いずれも、適正な所得の計算に必要とされる修正である。詳細については、参照、Schneider（Fn.131), IStR 1998, 199. なお、右のような所得計算方法はドイツ所得税法および法人税法が参照されている。

134)　Hey, Einführung（Fn.20), Rz.34.

の文脈においても言及されたと思われる[135]。

　そして、オーストリアにおける基準利子控除制度と同じく、クロアチアにおいても、それが導入されている。すなわち、自己資本は基準利子の分だけ利子を発生させるため、その分を企業利益から控除するとされている。ここで、基準利子は二つの要素から成るという。すなわち、狭義の基準利子とインフレによる物価高騰分（物価上昇率）である。前者は5％、後者は、その時の経済情勢により決せられる。よって、物価上昇率が3.5％であれば、基準利子は8.5％と仮定される。Schneider 氏によると、基準利子に二つの要素を認めることは、次のような意義を有しているという。すなわち、物価上昇率を斟酌することは、インフレに中立的な課税を実現する[136]。そして、それとともに、資本の元本に対する課税を避けることができるのである。

　なお、税率は35％である。これは、最高所得税率と同じである。この点に着目しても、個人企業と利益税を課される企業との間での法形態の中立性が凡そ実現されているといえる。

(3)　利益税の評価

　利益税は、その重要なポイントが企業利益からの基準利子の控除であるから、その評価については、凡そオーストリアにおける基準利子控除制度に対するものと同じものが妥当するであろう。この点については、新たにここで付言する事柄はない。

　しかし、次のような特徴を指摘することができる。一に、法形態の中立性の実現が挙げられる[137]。すなわち、一部の企業を除いて、原則的な利益税という統一的な課税方式が用意されている。

　二に、この点と関連するが、クロアチアの立法者が、企業課税の領域において、企業規模と課税方式との間に比例関係を認めていることである。一定の企業規模を備えた企業には、利益税を課するとしており（Ⅳ4(2)を

---

135)　なお、一回課税の原則が提唱された経緯、機能、そしてその意味内容の多義性等については、参照、Hey, Einführung（Fn.20）, Rz.34.

136)　インフレによる過剰課税を避ける途は、営業用財産の簿価を適宜調整することである。

137)　Kiesewetter（Fn.7）, StuW 1997, 27.

参照)、法形態をベースとするのではなく、当該企業に係る経済的事実関係をベースとして課税方式の適用が決定されている。

　三に、クロアチアの税制改革においては、ドイツの議論の影響が極めて大きく反映されており、ドイツの論者が主張してきたことの多くが色濃く現れている。

5　小　　括

　以上にみたように、ドイツ以外のヨーロッパ諸国においても、伝統的理論と比べると、理論的にみて相当程度ドラスティックといえる改革が実現されている。もちろん、それは、狭義の企業課税の改革のみではなく、株主あるいは出資者に係る課税をも含んだ投資税法の改革が展開されている。

　いずれの国々においても、投資税法は税制改革においても中心的位置を占めているといいうる。しかし、単純な税負担の引下げによる経済活性化税制の構築というよりも、損益通算を通じた租税回避の防止あるいは居住者による国際的投資活動により生ずる税収減の食い止めや、生涯所得に対する課税を通じた平等原則の実現という視点で税制改革が展開されていることがその大まかな特徴であると考える。しかし、その過程で、同時に中立性の原則も実現されうることはいうまでもない。

　なお、ヨーロッパでは現在、租税競争の展開が顕著であり、税負担の引下げ競争も相当程度行なわれていることは付言しなければならない。[138]

V　結　　語

　本章の検討を通じて、ドイツ・ヨーロッパにおける企業・投資課税の概要、そして、その背景にある考え方が明らかになったものと思われる。

　以上の検討の成果から、筆者の所感を本章の結論に代えることとしたい。

　まず、一に、ドイツにおける議論を通じて明らかになったことは、私法への企業課税方式を厳格に結び付けることは、理論上はともかく、実際上

---

138)　Lang, Prinzipien und Systeme（Fn.10）,S.52.

は捨てることが可能である。しかし、それは、法制度の激変を招来するために、回避される傾向があると推察できる。

　次に、二として、本章でみた諸々の税制のあり方とドイツにおいて展開された企業税制改革との異同が問題となる。例えば、二元的所得税の論述を行なった際に、二元的所得税は決して資本所得に対する優遇措置を講ずるものではなく、租税回避を減少させること、税制の中立性を実現させることをその主目的としていた。その際、とりわけ、税収中立性の視点から、物的会社については法人税率を引き下げるのと同時に、課税ベースが拡大されている。それと並んで租税競争という要素もあり、税率の25％ないし28％という水準は、ヨーロッパの中でも最も低いものである。

　以上のいずれの要素も、最近のドイツ企業税制改革において採用されている。したがって、ドイツの立法者もヨーロッパにおける税制改革を相当意識して、立法にあたったといえるであろう。[139] Ⅱ1(5)で言及した二分の一所得免除方式についても、同じくⅣ3(2)で言及したオーストリアの二分の一税率方式を参照しつつ立案がなされたことからも、それは推論可能ではないであろうか。そうした状況は、ヨーロッパにおける税制の収束をもたらすものであるかもしれない。

　そして、三に、今後、ドイツの法人税制が大きく変化したので、場合によっては、他のヨーロッパ諸国の企業税率が一気に引き下げられるかもしれない。それとともに、法人税率と最高所得税率との乖離が一層広がるかもしれない。こうしたトレンドを以て、結果的に、二元的所得税が採用された場合と同じような税制が普及することもあろう。尤も、かような事情が、理論的に望ましく、かつ実際上も受け入れられるものであるか否か、は別途検討する必要があろう。[140]

　四に、ドイツ以外のヨーロッパの国々においては、ドイツにおいて理論

---

139)　Joachim Lang 教授、Manfred Rose 教授らは、東欧の民主化政策を、税制の整備を通じて、推進する役割を担ったことが知られている。特に、クロアチアの税制における ACE 型税制の構築はその功績である。おそらく、Lang 教授らは、東欧において導入されたこの税制をドイツにおける投資および企業活力の促進に寄与させる意図を有していたのではないか、と推察される。

140)　ドイツにおける二分の一所得免除方式に対する批判としては、Ⅱ1(5)を参照。

的に推奨される消費型課税が特に企業課税・投資課税の領域において実現
される余地がある。その際、確かに、二元的所得税を例として考えてみて
も、従来の租税法ドグマーティクを支配してきた総合所得課税の原則に違
反するおそれがある。しかし、投資所得に対して労働所得と比較して相対
的に低い課税を行なうことは、投資所得に係るインフレによる名目価額の
上昇分に対する課税を避ける効果をも有しているので、実質的には投資所
得と労働所得との間で平等課税を実現する余地をもたらすかもしれない。
したがって、二元的所得税は租税特別措置とは一概にいえない。さらには、
オーストリアの基準利子控除制度およびクロアチアにおける利益税を例と
しても、それが企業の自己資本の異時点間における実質価値に基づいた課
税の実現を指向する点に鑑みると、部分的にではあれ、基準利子控除制度
は資金調達の中立性を実現するものとしても優れているといえよう。

　五に、四と関連して、一つの租税法制度の中には、租税特別措置として
の要素や平等原則等の法原則を実現する要素が混在していることがある。
その際、かかる法制度をどのように評価するかが問題となる。すなわち、
租税特別措置として断ずることもできないし、憲法上の法原則を実現する
優れた制度であるとし、租税特別措置としての負の側面を見逃すこともで
きない。この問題につき、別の機会を得て検討したいと考えるが、少なく
とも制度構築に際して立法者は負の側面を発見した場合にはそれを極力小
さくする制度構築を再度行なっていくべきであることは否定できない。

第3章

連結納税制度の導入

I　はじめに

1　連結納税制度に係る問題の所在

　法人税制は企業活動に影響を与え、そうした企業活動の国際化という特徴からわが国の法人税制は諸外国の税制との整合性も求められ、以て自国の投資環境の整備が企図されている。周知のように商法改正、独占禁止法改正等があり、その過程で会社の合併・分割法制の整備、持株会社の導入等にあるように、グループ企業行動に係る商事法制の新展開がみられた。租税法においてもそうした動きに対応する必要が生じ、その一環として連結納税制度が法人税法において導入された。そもそもわが国の法人税法上の課税単位は原則として個々の法人であるが、連結納税制度は「持株関係を通じて特殊な関係のある複数の法人のグループを一体として捉え、各メンバーの所得を連結してグループ全体の所得を計算し、それを課税標準として法人税を課す制度」[1]と定義することができるように、まとまりのある一体性を有する法人のグループについて課税することをその特徴としており、企業結合の一体性を直視した税制の構築がなされ、これにより実態に即した課税の実現が企図されているのである。これは中立性の実現である。したがって連結納税制度は確かに課税単位を個々の法人とする法人税法の体系の中では異質物ではあるが、それが経済的実態を斟酌した税制であり、なお異説もあるが、一般的にはいわば通常措置としての税制と位置付けられている。本章では、わが国の連結納税制度の検討のあり方としてしばし

---

1)　金子宏『租税法〔第14版〕』（弘文堂・2009年）340頁。

ばみられる制度の国際比較を踏襲しつつ、連結納税制度がわが国において
導入された経緯、現行制度の概要、理論的問題につき比較法的視点をドイ
ツ租税法における機関会社制度（Organschaft）等に求めながら検討を加え
ることとする。ただし、便宜上、次の問題を重点的に扱う。近時、連結納
税制度の機能不全を指摘する次の見解がある。すなわちそれは連結親法人
と連結子法人との間で100％の資本参加関係を要求する現行法により、か
かる要件の充足が困難であり連結納税制度の利用に躊躇がみられるという
のである[2]。そもそもこの100％要件は制度の簡素化を企図して導入された
が[3]、この問題を解決するためには100％要件の廃棄の可能性とその後の具
体的制度設計を検討する必要がある。そのため資本参加関係が50％超とさ
れるドイツの機関会社制度を比較法の素材として選択した。また、確かに
機関会社制度はいわゆる損益振替型とされ、わが国の連結納税制度と体系
を異にするが、その違いの相対性を指摘する見解もある[4]。いわゆる租税属
性の引継ぎに係る規制、連結納税制度に係る国際的拡張の可能性等の議論
にみられるように、わが国の租税政策の技術的側面に示唆を与える素材が
ドイツ租税法にはある。機関会社制度の現状をも含めて分析を加えること
によりわが国の連結納税制度の将来像に係る示唆を得ることができるかも
しれない。またいわゆるグループ法人課税制度についても若干触れること
とし、連結納税制度が法人税制の中で有する今後の位置付けについても言
及したい。

2　連結納税制度制定の経緯

　わが国ではどのような経緯で連結納税制度の導入に至ったのであろうか。
かかる経緯については先行研究もあるが本章でも一応概観しておくことと
する。まず平成 8 年11月の『法人課税小委員会報告』においては連結納税
制度に関する言及がみられる。それによると凡そ連結納税制度の導入につ

---

2)　酒井貴子「連結納税制度における税負担の内部割振りと少数株主の問題—アメリカ法を参考に」税務弘報57巻10号（2009年）89頁。

3)　金子・前掲注 1 ）342頁。

4)　参照、増井良啓『結合企業課税の理論』（東京大学出版会・2002年）256頁。

いて慎重であった。すなわち「法人税は、個々の法人を課税の単位とし、その所得に対して課税することを基本として成り立っており、連結納税制度の導入は、法人税制の根幹にこれまでと異なる考え方を採り入れるものである。その結果、特定の納税者の税負担軽減になり、さらには全体として相当巨額の税収減にもなりかねない。したがって、まず企業経営者の視点だけでなく、国民一般の視点からみて、企業群を一単位として認識するという考え方が定着していることが、導入の是非を検討する上での前提条件となると考える」。その際連結決算の不存在、配当政策・株価形成の単体企業指向、事業部制等経営実態との不整合が具体的根拠とされた。しかし平成11年12月16日の『平成12年度の税制改正に関する答申』においては「最近の企業経営をみると、企業集団の一体的経営の傾向が強まっています。また、法制面でも、独占禁止法において持株会社の設立が原則として解禁されたこと、商法において会社分割法制の導入が検討されていることなどの動きが見られます。こうした中で、企業の経営環境の変化に対応する観点や国際競争力の維持・向上に資する観点、さらには企業の経営形態に対する税制の中立性を図る観点から、わが国においても、連結納税制度の導入を目指し、鋭意検討を進めることが適当と考えます」と連結納税制度の導入に前向きな姿勢に転換した。その後も、例えば、平成12年7月14日の『わが国税制の現状と課題——21世紀に向けた国民の参加と選択』においても同様の記述がみられ（同書176頁以下）、この傾向が続いた。そして連結納税制度の導入の基礎とされた平成13年12月14日の『平成14年度の税制改正に関する答申』において、概ね前述の諸答申と同様に、連結納税制度はわが国企業の国際競争力の維持・強化および経済構造改革に資し、それを以て実態に即した適正な課税ができること、そしてグループ企業の一体性を重視するからには親会社とその100％子会社に適用すること、租税回避に対する十分な対応をすべきこと、が答申された。結局主に法人税法81条以下に導入された。なおわが国における連結納税制度のあり方としていわゆる連結納税型の連結納税制度の導入が企図された。これは先に言及した損益振替型のそれよりも連結の程度が高く、本格的なものと考えられていたからである。

Ⅱ　連結納税制度の基本構造

1　連結納税制度の概要

　如何にわが国の連結納税制度の概要を簡潔に示そう（なお制度改正が予定されているものもあるため（本章の原論文執筆時点（2010年）を基準とする。以下同じ。筆者注）、可能な限り触れることとした）。連結納税制度が適用される連結法人には連結親法人および連結子法人があり、連結親法人が申告・納付を行なう（法人税法81条の27・81条の22第 1 項）。連結法人それぞれが各事業年度の損益に基づき連結所得を計算し（同法81条・81条の 2 ・81条の 3 ）、連結親法人に対して法人税率が適用される（同法81条の12）。これにより連結法人間の損益通算が行なわれる。また連結法人間について次のような特殊な取扱いがある。網羅的に挙げられないが、例えば、連結法人間配当は益金不算入である（同法81条の 4 第 1 項）。グループ内での一定の資産の取引については実質的に未実現であるので益金・損金に算入しない（同法81条の10第 1 項）。寄附金の扱いとして、連結法人間のそれについては支出法人のもとで損金不算入とし、受取法人のもとで益金算入される（同法81条の 6 第 2 項。ただし今後は支出法人のもとでの損金不算入、受取法人のもとでの益金不算入とされる）、連結法人以外の他の法人への寄附金については連結親法人の連結資本金等の額、連結所得金額をベースとして損金算入可能額が計算される。連結欠損金額については 7 年間の繰越しが可能である（同法81条の 9 第 1 項）。連結子法人は連結加入前の欠損金額を原則として連結所得の計算に利用できない（同法81条の 9 第 2 項。ただし今後は一定の欠損金額については連結後も控除可能とされる）。また連結子法人になろうとする会社は連結加入の際には原則としてその資産を時価評価し損益計上しなければならない（同法61条の11第 1 項・61条の12第 1 項。ただし今後は一定の場合には時価評価課税は行なわれない）。また、いわゆる投資修正も行なわれる（法人税法施行令 9 条 1 項 6 号・ 9 条の 2 [5]）。周知のように

---

5)　投資修正の詳細については、増井良啓「連結納税制度をめぐる若干の論点（Ⅲ）—法人税制の変容を中心として：企業再編」税研93号（2000年）125頁以下、同「日本における連結納

投資修正は連結親法人が連結子法人に係る株式を譲渡する際に当該連結子法人のもとにある既に利益積立金額につき、株式譲渡益課税という形で二度課税されることを防ぐものである。この投資修正については連結納税制度の導入以前にその必要性につき議論があった。すなわち先のような二重課税の発生は連結納税制度のもとで観念されるグループの一体性に反するとも考えられるし、逆に子会社株式の譲渡は当該子会社の連結グループからの離脱であるのでこのような一体性はもはや観念されないので二重課税は何ら不合理でないともいいうる[6]。いずれの立場に立つかに応じて採るべき政策選択肢は変わる。わが国は前者のグループの一体性に重きを置いたということである。

2　連結納税制度に係る諸問題──性質決定と租税属性の扱い

　連結納税制度の論点は多々あろうが、紙幅の都合上ここで重要性が高く、かつ基本的な論点として連結納税制度の性格決定と租税属性の処理について触れておく。

(1)　連結納税制度の性格決定──政策税制としての可能性とその展開

　そもそも周知のように連結納税制度は企業形態の中立性を指向して構築された制度である。一つの会社内部で事業部制・カンパニー制を採る企業と親会社が複数の子会社をもつ企業グループとの課税上の中立性が念頭に置かれている[7]。いうまでもなくここでの課税の中立性は企業形態に応じて税負担が同一になることを求めるので、かかる比較がなされる。それゆえ企業形態の中立性は実質的に同一のものを租税法上同一に扱うことを求めるので、これに従えば連結納税制度は企業または企業グループの担税力を適正に斟酌したいわば租税通常措置であり、グループ企業の実態に即した課税が実現されると考えることとなる[8]。この点、先に言及したように、連

税制度の方向性─投資修正は必要か」租税研究624号（2001年）11頁以下。
6）　増井・前掲注5）「連結納税制度をめぐる若干の論点（Ⅲ）」128頁。
7）　なお、増井良啓「法人税の課税単位─持株会社と連結納税制度をめぐる近年の議論を素材として」租税法研究25号（1997年）65-66頁によると、連結納税制度のもとでの中立性概念につき、限定的中立性に着目すべきとする。
8）　古谷一之「日本型連結納税制度の概要」租税研究631号（2002年）12頁。

結納税制度が適用されるグループ企業としてわが国では親子会社間で100
％の資本参加関係が要求されている。しかしこの要件ゆえ連結納税制度が
さほど利用されないという指摘がある[9]。また連結納税制度利用による税収
減をなくすために連結納税制度の利用を敢えて封ずることが企図されてい
たとも考えられる。この指摘は重要であり、その克服を指向する租税政策
の必要性は否定できない。

　ここで着目すべきは学説上の水野忠恒教授[10]や岡村忠生教授[11]による異論で
ある。例えば水野教授の所論によると法的に独立することは経営上の合理
的理由に基づくものであり、単純に一つの会社内部での 1 セクションとし
ての事業部・カンパニーと親会社から法的に独立している子会社との間に
比較可能性は実は欠如しているのである。この見解は結局連結納税制度を
「政策税制」[12]と性質決定することに行き着く。これらの立場のいずれに与
すべきかについて機会を改めて検討したい。しかし後者の立場によると、
例えば連結納税制度の適用範囲を画するに際して親子会社関係に100％の
資本参加割合が必ずしも必要とされないと解される余地をもつ。何故なら
政策税制である以上一体性の範囲を社会経済情勢に適合させる形でその都
度決定していくことがむしろ正しいあり方と解することもできるからであ
る。その点で私見によれば後者の立場は租税政策の発展・展開可能性を一
層開く、すぐれて示唆的な見解であると評価できよう。周知のようにわが
国においては連結納税制度のもとにおける企業グループの一体性につき、
連結親法人が連結子法人に原則として100％資本参加することが要求され
ている。このことは企業グループの一体性に着目すれば合理性がある。し
かし先にＩ 1 で指摘したように、これは連結納税制度の適用を受ける企業
グループがわが国では少数にとどまっていることの原因であるかもしれな

---

9)　尤も、西本靖宏「連結納税制度に対する経済界の評価と反応─連結納税制度についてのア
　　ンケート調査より」ジュリスト1263号（2004年）184頁は、複雑性や損失利用に係る規制等も
　　連結納税制度利用の阻害要因として位置付けている。加えて、例えば、村井正「フランス型
　　の連結納税制度を検証し、我が国への導入を考える」税経通信794号（2001年）18頁のように、
　　少数株主の問題により100％要件を望ましいとするものもある。
10)　水野忠恒『租税法〔第 4 版〕』（有斐閣・2009年）533-535頁。
11)　岡村忠生『法人税法講義〔第 3 版〕』（成文堂・2007年）491-492頁
12)　武田昌輔「連結納税制度雑感」税研99号（2001年）25-26頁。

い。この点ドイツにおいては支配会社と従属会社との間の資本参加割合は改正が続けられ、その都度次第に低下しており、現在では50％超である。50％超という資本参加割合が企業グループの一体性を表現するものとして低すぎるという批判はありえようが、100％にこだわる必要はないこともまた示唆しているということも不可能でない（尤も要件としての資本参加割合が100％未満であるといわゆる少数株主の問題が生ずるが、この点については後にⅢ 3(3)で触れる）。親会社と子会社との間で50％超の資本参加関係を以てドイツの連結納税制度である機関会社制度の一適用要件としているので、ドイツ法人税法をベースに検討することは、わが国の今後の連結納税制度のあり方を考える上で示唆的であろう。

(2)　損失の扱いと租税回避──租税属性の移転とその規制

　連結納税制度の導入に際しては損失の扱いも一つの焦点であった。すなわち欠損を抱える法人と敢えて連結関係を構築し、例えば連結親法人のもとで連結子法人の欠損を利用し連結グループ全体の所得を減らすということが企図されやすい。このような損失を租税属性[13]と呼ぶことができる。個々の法人単位に帰属する租税属性につき制度を巧みに利用することを通じてその法人間移転という現象がみられる。そして、一に、このような取引は連結納税制度の制度趣旨に反するので、一定の規制をかける必要性がある。そうした不合理な租税属性の移転行為を租税回避の一つとするならば、この規制のかけ方には周知のように個別的な規定を配備するか、または租税回避の一般的否認規定を配備するかの二通りが考えられる。わが国においては前者にウェイトを置いていると思われる。なお一般的否認規定が置かれているが（法人税法132条の 3）、筆者の知る限り適用例はなお存在しない（本章原論文執筆時点（2010年）・筆者注）。これは個別的否認規定が効いていることがその理由かもしれないが、連結納税制度のもとでの包括的否認規定の適用の困難さを示しているともいいうる[14]。すなわち連結納税制度のもとでの租税回避行為につき課税庁にとってもなおその適用対象

---

13)　この呼称および議論の組立てについては、増井・前掲注 4 ）265頁以下を参照すべきであろう。

14)　村井・前掲注 9 ）22頁も包括的否認規定に批判的である。

のイメージを確たるものとすることは難しいのかもしれない[15]。したがって
連結納税制度のもとにおける租税属性に係る規制は個別規定によるところ
が大きい。この点の比較法的視座がわが国の租税政策にも有意義であろう。

　二に、それに関連して、将来構想として、連結納税制度を国際的に拡張
することもありうる。その際、国外連結子法人の損失を国内連結親法人の
もとで斟酌することに関する問題が生じうる。これについてはドイツ・ヨ
ーロッパにおいて実例および議論があるのでⅢで議論することとする。

Ⅲ　連結納税制度の国際比較
──ドイツ機関会社制度の示唆するもの

1　機関会社制度の意義

　比較法的視点の検討素材としてドイツにおける機関会社制度を挙げる。
機関会社制度とは「本来は法的・経済的に一体化しているグループ企業と
いえども、私法上の法人格を基準として課税は行なわれるが、しかし、そ
の経済的一体性を直視して、それを基準としてグループ全体を一つの納税
義務者とする課税方式[16]」であり、凡そグループ企業間での損益通算が一定
の要件のもとで認められ、連結申告の機能を果たしている。この制度は、
理論的には、法的形式のみではなく、いわゆる経済的観察法を適用するこ
とによりグループ企業の経済的実質を斟酌した租税制度である[17]。それゆえ、
機関会社制度は決して租税特別措置ではなく[18]、純所得課税主義をベースと
する経済的一体性をもつグループ企業の損益調整措置（Ergebnisausgleich）[19]
であるとされる。

---

15)　金子・前掲注1）359頁も、公平な税負担と法的安定性の二つの価値の対立を軸として種々
　の解釈理論と判例が形成されていくことになろう、とする。

16)　Hey, Johanna, in: Tipke, Klaus／Joachim Lang（Hrsg.）, Steuerrecht 20. Aufl., Köln 2009, §
　18 Rz.9.

17)　Remplik, Alexander, Die grenzüberschreitende Organschaftsbesteuerung in Deutschland:Das
　Verlustabzugsverbot in § 14 Absatz 1 Satz 1 Nr.5 KStG, Berlin 2007, S.184.

18)　Kessler, Wolfgang, Alternativen zur Organschaft, in:Herzig, Norbert（Hrsg.）, Organschaft,
　Stuttgart 2003, S.572.

19)　Montag, Heinrich, in:Tipke／Lang（Hrsg.）, Steuerrecht（Fn.16）, § 18 Rz.400.

　また、連結納税制度は、諸外国における連結納税制度の性格付けとして確たる理論に基づくというより、歴史的事情・要請から制度の発展・展開の様相も様々であるとされる。[20]

2　機関会社制度に基づく連結の基本構造──帰属説

　機関会社制度の適用要件およびその適用がある企業グループの課税所得計算は大まかには以下のようなものである。支配会社（Organträger。法人、人的会社、個人もありうる）と従属会社（Organtochter。法人のみ）とがあり、前者が後者に50％超資本参加すること（財政的編入）、両者の間で利益拠出契約が締結されること（ドイツ法人税法14条1項、ドイツ株式法291条1項）を要件とする。利益拠出契約の期間は5年間である（ドイツ法人税法14条1項3号）。機関会社間については以下の特殊な制度が用意されている。網羅的に挙げられないが要点は以下のようになる。機関会社は各々損益を計算し、従属会社は当該損益を支配会社に拠出し、支配会社のもとで法人税が課される。ただし利益拠出の際に、例えば商法と租税法との間の所得計算方式の差異、従属会社のもとでの一定の準備金の積立てがある場合等に従属会社から支配会社へのいわゆる過少拠出（Minderabführung）が生じうる。支配会社が従属会社株式を譲渡する際に当該準備金につき従属会社のもとで既に課税済み利益の分だけ譲渡株式簿価の引上げが行なわれる（同法14条3項、4項）。反対に、過剰拠出（Mehrabführung）も生じうるがこれについても一定の調整措置が組み込まれている。尤も、ドイツ法人税法上原則として法人間配当は非課税であるので（同法8b条1項）、これは支配会社が人的会社等であるときのみ問題となる。従属会社が機関グループ外の法人に資本参加した場合に稼得する配当については支配会社が法人である場合、前述の法人間配当非課税措置は支配会社のもとで適用される（同法15条）。また支配会社の従属会社への資本参加割合が100％に満たない場合には少数株主保護の必要性が生ずるが、先の利益拠出契約を通じていわゆる配当保証が確保される（同法16条）。次に支配会社は機関関係成

---

20)　水野・前掲注10) 535-537頁、ドイツについては、増井・前掲注4) 108頁以下。

立前の欠損金および留保利益を機関関係に組み込まれている間にも利用で
きるが、従属会社のそれはできない（同法15条）。機関会社間での資産譲
渡等は取引時に実現したものとされ、いわゆる内部利益の除去は行なわれ
ない。機関会社制度適用時のいわゆる時価評価課税もない。また実際には
各機関会社が機関グループ全体の税負担を応分に負担する（税負担個別帰
属額。Steuerumlage）。さらに従属会社はドイツ国内に所在しなければなら
ないので機関会社制度の適用対象は原則として国際的に拡張されていない。
支配会社については管理支配地のみがドイツにあればよい。[21]

　なお先に挙げた平成 8 年11月の『法人課税小委員会報告』において連結
納税制度導入の際の検討事項として複数の親会社が子会社を設立した場合
とのバランスがあった。[22]この点ドイツにおいては複数親会社型機関会社
（Mehrmütterorganschaft）の可能性が従来あった。これは複数の親会社が
民法上の組合（GbR）を媒介して、その組合が従属会社を支配するという
構造をもつ。この制度はいわゆるジョイントベンチャーに係る租税法の制
度的対応であったが、[23][24]税収確保を理由に廃止されている。[25]

3　機関会社制度の適用要件——わが国への示唆

　以上がドイツ機関会社制度の大まかな現状であるが、その特徴である適
用要件について以下で検討を行なう。

(1)　財政的編入

　まず財政的編入についてみる。第 4 章Ⅱ 2 で示すように機関会社制度は
従来判例上発達してきたのであり、適用要件は判例上明らかにされ、立法
化の際にもそれを受け入れ、前述の財政的編入のほか、経済的編入、組織
的編入が要求された。機関会社制度が発展した20世紀前半におけるグルー

21)　これは経済活動の国際化の立法者による斟酌の結果である（BT-Drucks. 14／6882, S.58.）。
22)　参照、同報告12. 企業分割・合併等(3)連結納税(オ)ロ。
23)　Sievert, Elke, Konzernbesteuerung in Deutschland und Europa:Ertragsteuerliche und betriebswirtschaftliche Analyse der europäischen Gruppenbesteuerungssysteme, Düsseldorf 2006, S.108ff.
24)　Witt, Carl-Heinz, Die Konzernbesteuerung:Vorschlag zur entwicklung des Rechts der steuerlichen Organschaft, Köln 2006, S.34.
25)　2003年 5 月16日租税特別措置廃止法。

プ企業の特徴として親会社と子会社との完全支配・指揮命令関係を挙げることができるが、これらの諸要件は租税法上もかかる実態を受け入れたことを示している[26]。しかし現代の組織経営の実態は親子会社間のかかるイメージとはかけ離れている。すなわち、いわゆるカンパニー制や事業部制といった分散型組織の発展・展開がみられ、子会社は親会社による厳格な経営支配下にもはや置かれていない。加えて持株会社税制の問題もある。事業持株会社についてはもちろん、金融持株会社にも機関会社制度は適用される[27]。このことはドイツにおいて認識されており、経済情勢の変化に対応する形で経済的編入および組織的編入の要件は削除された。

　したがって現在は支配会社と従属会社との間の資本参加関係に係る要件として財政的編入のみが残っている。しかも従来100％の関係が求められたが、前述のように目下50％超である。これも経済情勢の変化に応じて引き下げられてきた。かかる租税政策の合理性はわが国の現状に照らしても肯定できるが、しかし後述(3)のように少数株主の問題が発生する。

(2)　**利益拠出契約**

　次に利益拠出契約についてみる。この契約はドイツ株式法304条にその根拠がある。利益拠出契約はドイツ法人税法の体系に照らした場合極めて重要性が高い。すなわちドイツ法人税法では私法準拠主義により課税単位は各法人格を基準に設定されるので、グループ企業を課税単位とすることはできない。しかし利益拠出契約に基づき従属会社の損益が支配会社のもとに拠出され、そこで課税がされることになる。換言すれば、利益拠出契約はドイツ法人税法上私法準拠主義の例外的形態での課税を正当化するための道具とも位置付けられている。

(3)　**機関会社制度に係る適用要件のあり方とわが国への示唆**

　以上のような機関会社制度の適用要件はわが国とは大きく異なる。資本参加割合は50％超であり、わが国の100％参加と比して極めて低い。また

26）　Krebühl, Hans-Herbert, Reform der körperschaftsteuerlichen und gewerbesteuerlichen Organschaft, DB 1995, 743, 744f.

27）　Klarmann, Körperschaftsteuerliche Organschaft-Entstehung, Inhalt und Problematik der bestehenden deutschen Regelung-, Bonn 2006, S.18ff.

利益拠出契約はわが国ではみられない。こうしたドイツの租税政策を如何に評価すべきであろうか。

　一に、わが国の100％要件は前述のような連結納税制度の機能性の点からの批判がある。機関会社制度はこの点を克服している。経営形態の変化から不合理・不必要な要件を逐次廃止することは税制の合理化・簡素化を実現するものと評価できる。またわが国での連結納税制度を政策税制と性質決定する立場からも100％要件の廃棄を支持しうる。以上の点はわが国の租税政策にも有意義な示唆を与えるものである。しかし少数株主保護の問題はどうか。ドイツにおいては配当保証として従属会社の利益のうち支配会社に拠出するもののほか一定額を従属会社のもとに残しておき、それを少数株主への配当に充てることが予定されている。これ自体は一定の制度の複雑性をもたらすであろうが、しかし機関会社制度の機能不全をもたらす大きな要因とまでは必ずしも言い切れない。しかし配当保証は利益拠出契約において具体的に規定されるため、次に検討するように批判の多い利益拠出契約自体を廃止し、かつ100％未満の資本参加割合を設定する場合、少数株主について利益拠出契約に代わる保護手段を構築する必要が出てくる。したがってこの問題は次の利益拠出契約と併せて検討する。

　二に、利益拠出契約の性質であるが、わが国でも連結納税制度導入の際に課税単位の問題には言及され、連結納税制度に係る課税単位という点での異質性は指摘された。しかし利益拠出契約に類するような要件は設定されていない。ドイツにおいては租税制度上の原則例外関係をわが国よりも厳格に解することによって原則破りを正当化する要件を可視的な形で要求しているのかもしれない。かつて機関会社制度が判例上の制度であった時代にはいわゆる分離原則を破る正当化根拠として位置付けられていた。その点に限ってわが国の視点からみれば仮にドイツに前述のようなある種の体系思考があるとしてもそれに倣う合理的理由があると思われない。しかし、もはや機関会社制度が法律上の制度であるので敢えて利益拠出契約を要件として設定する必要性に欠けるという批判もありうる。しかし既にみたように利益拠出契約上従属会社の支配会社への拠出額の上限および下限、そしてそれに関連して従属会社の少数株主への配当保証に基づく拠出額の

制限、さらに支配会社の従属会社への機関会社間での税負担配分のあり方等が規律付けられている。ドイツ株式法304条2項1文によると支配会社は従属会社の少数株主に少なくとも従来の会社業績およびその将来の収益見込みに基づきその個々の株式に対応する金額を補償しなければならない。また会社に対する少数株主としての権利の性質および補償の額が不十分である危険性が高いことに鑑み利益拠出契約に基づき"適正な補償"が少数株主には与えられるとされる。[28]これは連結法人間の資本参加関係を100％未満とすることにより少数株主の存在を前提とすれば必要な規律事項である。この点で利益拠出契約は機関会社制度の具体的運用に際しての重要な詳細部分を決定する。右の事情をみると少数株主の存在や支配会社と従属会社との間で拠出額の決定が行ないうることからして機関会社相互間の連結の程度は相対的に低い。加えて直後の4で検討するように機関会社制度を国際的に拡張する場合利益拠出契約を要件として維持すると利益拠出契約を知らない法制度をもつ国に所在する会社をそもそも機関会社制度の適用範囲に取り込むことができない。このように考えると100％要件の廃止には以上のような付随的問題が生じうるし、それに対処するために利益拠出契約のような"道具"が必要になってくる。この点でドイツの機関会社制度をわが国と異なり簡素でない税制と評価することは不可能でない。

　しかし機関会社制度自体が少数株主の存在により機能不全に陥っているとは必ずしもいえない。そうであるなら実際上も100％要件に固執する必要はないと解する。ドイツにおいては資本参加割合として75％が推奨されることがあるが、[29]例えば、従属会社から支配会社への利益拠出割合を機械的に75％とし、残りの25％を配当保証に充てることも考えられる。[30]また従来ドイツと同様に機関会社制度を有していたオーストリア租税法において機関会社制度の廃止と同時にグループ課税制度（Gruppenbesteuerung）が

28）　Sievert, Konzernbesteuerung（Fn.23）,S.30.

29）　例えば、Hey, in: Tipke／Lang（Hrsg.）, Steuerrecht（Fn.16）,§18 Rz.9. この根拠は、ヨーロッパ諸国の法制および利益拠出契約の締結には株主総会の4分の3以上の多数決が必要であることが主たる根拠である。

30）　Krebs, Hans-Joachim, Die ertragsteuerliche Organschaft:Überlegung vor dem Hintergrund des Berichts der Bundesregierung zur Fortentwicklung des Unternehmenssteuerrechts, BB 2001, 2029ff., 2034f.

導入されており、租税政策として参考になる。これは支配会社の従属会社[31)]
への50％超の資本参加および制度適用申請のみで同制度が適用される。要
件としての利益拠出契約は廃止された。従属会社の損益がすべて支配会社
のもとに帰属する基本構造を有している。しかしすべての損益の帰属は租
税法上の効果であって、商法上の損益は各グループ課税適用会社に残る。
この結果少数株主保護等は実現され、グループ課税適用会社はわが国でい
うところの税負担個別帰属額を負担する。

　以上のドイツ・オーストリア租税法の動向に照らすと、わが国でも100
％要件を捨てることができるかもしれない。その構想としては、利益拠出
契約については会社法467条1項4号の契約を利用し[32)]、適正額の配当保証
等の少数株主保護についてもそこで規定することとしたり、その契約内容
に係る適正性を担保するために、前叙の会社法の契約はドイツ株式法のそ
れと異なり少数株主保護についての配慮は明文で予定されていないので、
明文の規定のなお存在しない忠実義務の発展により対応することが考えら
れる[33)]。

4　機関会社制度の国際的拡張

(1)　機関会社制度の国際的拡張の可能性──契機としての Marks & Spencer 事件

　仮に国際的拡張を企図する際には、利益拠出契約を要件としたままでは、
利益拠出契約を法制として知らない国にある子会社等をドイツの支配会社
は機関会社制度内に従属会社として取り込めないこととなる。したがって
利益拠出契約を機関関係成立要件として廃棄すべきであるとの指摘もドイ
ツにはある[34)]。そもそもわが国でも連結納税制度の適用範囲を国際的に拡張

---

31)　詳細は、参照、Doralt, Werner／Hans Georg Ruppe, Grundriß des österreichischen Steuer-
　　rechts Band Ⅰ, Wien 2007, Rz.936ff.
32)　既に、柴田和史「大株主の忠実義務と連結納税制度」遠藤美光=清水忠之編『企業結合法
　　の現代的課題と展開　田村諄之輔先生古稀記念』（商事法務・2002年）63頁以下に示されてい
　　る。
33)　江頭憲治郎『株式会社法〔第3版〕』（有斐閣・2009年）50頁以下、川濵昇「企業結合と
　　法」岩村正彦他編『岩波講座　現代の法7　企業と法』（岩波書店・1998年）104-105頁。
34)　例えば、参照、Solms, Otto Hermann（Hrsg.）, Liberale Reform der direkten Stuer, Berlin
　　2005, S.145ff.

することは否定的に解されていた。[35] 国外損失を国内に取り込み連結所得計算のベースとすることはわが国の税収喪失に繋がる。しかしアメリカでは実例があり、[36] ドイツにおいてはいわゆる Marks & Spencer 事件（EuGH v. 13. 11, 2005-Rs. C-446/03, EuGHE 2005, I -10837）を契機に議論された。筆者は別稿で断片的ながらこれについて論じたのでそちらに譲るが、[37] 以下で簡単に確認しておく。

(a)　事実の概要

イギリスの Marks & Spencer 社（以下、「M & S社」）はイギリス国内の M & S国際持株会社を通じてオランダ、ベルギー、フランス、ドイツに子会社を設立し、活動していた。1998〜2001年まで各子会社のもとで損失のみが発生し、フランス子会社は2001年に第三者に譲渡された。そして、M & S 社は1998〜2001年までのそれらの損失をイギリスの親会社の利益と通算して税務申告をしたが、それをイギリス課税庁は否認した。M & S 社はそれが EU 法上の移動の自由に違反するとして出訴した。

(b)　判旨

連結納税制度において仮に国外で発生した損失について国内で課税所得計算に際して考慮されないとしても必ずしも EU 法に違反するわけではない。しかし、発生した損失が国外で課税所得計算上利用可能性がない場合には国内で考慮されねばならない。

(2)　国際的拡張の選択肢

機関会社制度を国際的に拡張する以外にも国外子会社の損失を国内法人の課税所得計算上斟酌する可能性はある。一に、外国子会社の発行株式に係る親会社のもとでの部分価額償却控除制度（Teilwertabschreibung）である。[38] すなわち外国子会社株式の減価に応じてそれを国内親会社のもとで損

---

35)　例えば、政府税制調査会『法人課税小委員会報告』12. 企業分割・合併等(3)連結納税(オ)ロ。

36)　増井良啓「連結納税制度の国際的側面―米国法を参考にした問題点の素描」ジュリスト1104号（1997年）129頁。

37)　手塚貴大「ドイツ企業結合税法の法構造と諸問題―機関会社制度、組織再編税制、国際的アスペクト」森本滋編著『企業結合法の総合的研究』（商事法務・ 2009年）392頁以下、特に、400頁以下。

38)　Kaufer, Svenja, Grenzüberschreitende Organschaft kraft Gemeinschaftsrecht; Übernimmt Österreich für Deutschland eine Vorreiterrolle?, Frankfurt a. M. 2006, S.260.

金として扱うのである。尤もこの制度は2000年以降ドイツ法人税法が法人間配当を原則として非課税とする制度に変更している（ドイツ法人税法8条3項）ので損失のみ法人株主のもとで考慮することは非体系的であり、現在では体系上利用不可能である。

　二に、合算方式（Anrechnungsverfahren）がある。[39]外国従属会社のもとで発生した損益をドイツ支配会社のもとに合算した上で課税するやり方である。この方式は損失のみでなく利益にもドイツ課税権が及ぶので損失の二重計上（double dip）の危険はなく、またドイツ課税権の確保もできる。しかしこの方法には難がある。一に、ドイツの租税条約のポリシーは国外所得免除方式であるので現実の導入に際してはこの点に関する条約交渉を新たに行なう必要がありコストがかかる。二に、ドイツが高課税国であることを直視し、ドイツに支配会社を設立し、軽課税国に従属会社を設立することを以てドイツで損失を集中的に計上することも行なわれる可能性もある。これに対する規制も必要となり、国別に控除限度額を設定することが考えられるが、そもそもこの制度は全世界における子会社所得をドイツ法に従い計算することを要する点でコストがかかるという難点がある。

　三に、先に注37）の文献でも触れた取戻課税方式である。[40]取戻課税は国外の従属会社のもとで発生した損失につき当該外国にある従属会社のもとでの利用可能性がなくなった場合にそれを国内支配会社のもとで利用した上で、将来当該国外従属会社のもとで利益が発生した段階で先に利用した損失額と同額の利益を国内支配会社のもとで加算計上し、それについて課税するというものである。この方式は既にヨーロッパレベルでも指令案に採り入れられたこともあり、またその構造上ドイツと外国との課税権の相克を引き起こさないという特質がある。この制度が以上の三つの可能性のうち最も優れていると考えられている。[41]

　わが国においても取戻課税方式が現実的選択肢として考えられる。その根拠は、一に、合算方式では周知のように日本の税負担が比較的高いので

---

39)　Kaufer, Grenzüberschreitende Organschaft（Fn.38）, S.261f

40)　Kaufer, Grenzüberschreitende Organschaft（Fn.38）, S.264f.

41)　例えば、Kaufer, Grenzüberschreitende Organschaft（Fn.38）, S.264f.

損失計上国として選好されるであろうから、租税条約上この点の規制を要すること、また、二に、海外子会社の株式評価損の損金算入も、株式の時価評価についてはなお部分的制度であるし（法人税法33条・61条以下）、そもそも近時の国外配当益金不算入制度（同法23条の2 [42]）の導入からすると、法人税法における異質物となりかねないことである。

Ⅳ 結語──連結納税制度の設計とその将来に向けての視座

1 連結納税制度の多様性とコストという視座

　ここで本章から得られた一定のインプリケーションをまとめておきたい。本章は、ドイツとの比較法の見地も含めて、わが国の連結納税制度について成立に至るまでの主な議論と基本構造を概観し、その中心的論点の一つである連結納税制度の性格論からその適用要件の見直しの可能性を検討し、また租税属性の移転の規制のあり方を国際的側面にも焦点を当てて検討した。特に機関会社制度に係る適用要件等について、わが国の連結納税制度においてはみられない制度もあり、一定の示唆を与えるものではある。しかし今後わが国の連結納税制度を一層機能化していくために"あるべき"連結納税制度とはどのようなものであるか、という問いについて、特に筆者にとって今後の制度形成に係る重要事項を三点指摘したい。一に、学説も指摘するように連結納税制度は様々な歴史的背景をベースに発展してきた制度であるため、発展の過程における制度形成も論理的一貫性に基づいて行なわれてきたわけではないことである。それはわが国の連結納税制度自体もいわゆる連結納税型の連結納税制度を採用し、いわば一体性の一層強い企業結合に対して、租税法上もその一体性を斟酌した形態の税制が採用されたとされているが、企業形態の中立性という点で不十分な点があることは既にみた。このことは、本章では便宜上触れることはしなかったが、ヨーロッパ各国の連結納税制度の多様性が示している。すなわち、連結納税制度の適用を受ける際にコンツェルン会計の作成を特に要求するか否か、

---

42)　詳細は、赤松晃『国際課税の実務と理論──グローバル・エコノミーと租税法〔第2版〕』（税務研究会出版局・2009年）238頁以下。

内部利益を除去するか否か、国際的に適用範囲を拡張するか否か等の論点
にみるように連結の程度は様々である。そもそも連結納税制度自体を設け
ていない国もある。このような違いを説明するものとして制度発展の歴史
的経緯があるものと推察することは許されよう。二に、それに関連して、
連結納税制度が複雑な税制であることに鑑みて、首尾一貫した論理よりも、
制度設計にはコスト面での配慮が色濃く反映されざるをえないであろうこ
とである。例えばドイツにおいても企業結合グループを形成する企業群を
完全に一体のものとして租税法上扱うことを求める単一説（Einheits-
theorie）がありつつも（第4章Ⅲ2）、それは現実には採られていないこと
は本章が示したとおりである。本来グループ企業の一体性に着目するので
あれば単一説が理論的に首尾一貫するはずであるが、ドイツにおいては学
説および判例は単一説には批判的である。例えば、私法上単一説の根拠と
なるものはなく、またコンツェルン会計も存在しないとしたり[43]、個々の会
社のそれとは別にコンツェルン独自の税法会計を要することになりコスト
がかかること、コンツェルン内部取引に基づくあらゆる内部利益の除去が
求められることを根拠に単一説に否定的な立場を採るものがある[44]。これは
制度のコスト面を斟酌した批判である。しかし内部利益の除去には簡素化
効果も承認されうることから、単一説はそうした点で制度設計の際に斟酌
されることになる。また単一説の反対の極にコンツェルン税制を一切承認
しない多様説があるが（第4章Ⅲ2）、これによると連結納税制度等がそも
そも承認されないこととなり、また不合理である。以上にみたように、そ
して本章の日独比較が示したように（Ⅱ1およびⅢ2を参照）、法人税制の
基本的な違いも含めて連結納税制度は単一説と多様説との間でコスト面を
判断の基準としつつ一定程度の連結を行なう税制となる。近時、わが国で
も政府税制調査会が連結前の連結子法人の欠損金を一定範囲で連結後に利
用することを可能にすべきと提言した（Ⅱ1を参照）[45]。これは連結納税制度

---

43)　RFH-Gutachten v.26.7.1932, -ⅠD 2／31-, RStBl. 1933, 136.

44)　Komarek, Heribert, Verlustberücksichtigung im nationalen und internationalen Konzern,
　　　Frankfurt a.M. 1998, S.147f.

45)　政府税制調査会『平成22年度税制改正大綱―納税者主権の確立へ向けて』（平成21年12月
　　　22日）44頁。

導入前には規制すべき租税属性の利用と考えられていたが、この言明の背景としてかかる租税属性の利用のあり方は何らかのコストを発生させるものではなく、規制の必要はない、という判断があると推察することは不可能ではない。また、三に、かような租税属性の利用可能性を承認することは、連結納税制度を政策税制として性質決定することを可能にする。

　さてわが国において連結納税制度の定着度および有効活用を今後一層実現するためには、本章で示したように支配・従属会社の資本参加割合を引き下げることもありうる。しかしそれに伴い利益拠出契約に基づく少数株主保護の問題や両会社間での利益拠出の際に一定の調整作業が必要となる点で制度の複雑性は増すこととなる。制度の簡素化を求めるならば、またオーストリアの税制のようにいわば擬制的な支配会社および従属会社間の損益通算もありうる。結局様々な要素の取捨選択により制度は設計されていく。このように筆者が獲得したインプリケーションの一つであるコスト面を意識した制度設計という視点は連結納税制度に係る今後の改革措置に有効な意義を有する。

2　グループ法人課税制度──連結納税制度との関係

　グループ法人課税制度の導入が予定されている[46]（原論文執筆時点（2010年）・筆者注）。これは端的には一定のグループを構成する複数の法人を租税法上一体のものとして扱う点で連結納税制度と同一であるが、連結納税制度の適用のない法人グループについてもそうした租税法上一体性を承認した扱いをする税制である。したがって、予定されている制度の内実としては、100％の資本参加関係にあるグループ法人間の一定の資産譲渡の際の損益繰延、グループ内寄附金の損金・益金不算入、グループ法人間配当の益金不算入および当該配当に係る負債利子の損金不算入等がある。すなわち、大まかには、グループ法人課税制度の適用を受けるグループ法人で

---

[46]　この制度は連結納税制度のみならず組織再編税制等との関係も含めて詳細な関連事項・論点があるが、本章では連結納税制度との関係についてのみ扱う。近時の参照すべき文献として、税研149号（2010年）の特集「グループ法人課税制度の課題とあり方」の諸論文、税経通信921号（2010年）の特集「グループ法人課税制度と実務」の諸論文がある。

あれば、連結納税制度のもとにおける各連結法人の損益通算以外のものが適用されることとなる。そして、100％の資本参加関係があるグループ法人にはグループ法人課税制度が強制適用される。これは従来法人税法上連結納税制度のみが複数法人の租税法上の一体的扱いをしてきたこととは異なり、連結納税制度の位置付けは、グループ法人課税制度の一分肢ということとなる。

　さてこの制度の導入に際しては、近時の企業グループの実態をみると、経営上の判断から分社化等を通じて100％子会社をもつケースが多くみられ、そうした状況に税制を適合させるという考え方が背景にある。[47] またⅡ1で触れた改正予定（本章原論文執筆時点（2010年）・筆者注）である連結後の欠損金の利用可能性、時価評価課税の廃止により連結納税制度の利用可能性は高まるであろう。尤もグループ法人課税制度の創設は100％子会社化という状況との適合性確保という目的も有しているが、これは連結納税制度の適用範囲として100％の資本参加にはこだわらないという本章の立場と整合しない。この点、勉強会は少数株主の存在により親会社の経営の自由度に違いがあること、制度の簡素化から100％要件を支持している。[48] しかし諸外国の例は必ずしも100％ではないこと、また経営の自由度の違いについては親会社による強度な子会社経営が可能な場合のパーセンテージあるいはその他の要件を設定すればよいこと、[49] 制度の簡素化についても本書が一定の克服可能性を示したこと（Ⅲ3を参照）を直視すれば、本書の視点はなお捨て去られるべきではなく「連結子法人の範囲について、……株式保有割合100％未満の法人も対象とすることについては、様々な論点があることを考えると、中長期的な課題とすべきと考えられる[50]」という言及に注目すべきと考える。

47）　資本に関係する取引等に係る税制についての勉強会（以下、「勉強会」）『論点とりまとめ』（平成21年7月）2頁。
48）　勉強会・前掲注47）4頁。
49）　勉強会・前掲注47）4頁も「株式保有割合100％未満の場合も対象とするかという点に関しては経営の実態などを踏まえてこれをどのように税制に反映できるかということについて……中長期的な検討課題とすべきではないかと考えられる」とする。
50）　勉強会・前掲注47）6頁。

第4章

企業結合に対する租税法の制度的対応
—— ドイツ租税法における機関会社制度と組織再編税制を素材として

I　はじめに

　本章ではドイツにおける企業結合税法に関する最近の法制度の概要とそれに関連する解釈論・租税政策論を、わが国の企業結合税法における特に立法論的寄与を獲得することを企図して、以下の要領で検討する。[1]

　一に、ドイツの企業税法においては人的企業（人的会社・個人企業）には所得課税、法人には法人課税がなされるという二元的構造がある。これはドイツ企業税法がいわゆる私法準拠主義を採用していることによる。すなわち、当該企業が私法上法人格を有するか否かを企業課税方式の適用の基準としている。[2]換言すれば、企業活動という経済活動の実態ではなく、私法上の法形態という基準をベースに企業課税制度が構築されており、経済的実態ではなく、法的形式が基準として採用されているといえる。そして、法人については特に分離原則（Trennungsprinzip）が妥当する。分離原則とは大きく分けて二つ意味があり、一つは「法人所得は即座に株主に帰属するのでなく、法人段階で課税に服し、配当（ドイツ所得税法20条1項1号）の段階で初めて株主に帰属するとするもの[3]」をいう垂直的分離原

1）　本章は、手塚貴大「ドイツ企業結合税法の法構造と諸問題—機関会社制度、組織再編税制、国際的アスペクト」森本滋編著『企業結合法の総合的研究』（商事法務・2009年）392頁以下において紙幅の都合上十分に触れることができなかった論点等も含めて発展的に論述することにより上記拙稿の一部を補うものである。

2）　Jacobs, Otto H., Unternehmensbesteuerung und Rechtsform 3. Aufl., München 2002, S.90; Wagner, Thomas, Konzeption einer Gruppenbesteuerung, Lohmar-Köln 2006, S.1. 権利能力の有無ともいえるかもしれない。

3）　Hey, Johanna／Heinrich Montag, in:Tipke, Klaus／Joachim Lang（Hrsg.）, Steuerrecht 20. Aufl., Köln 2009, §18 Rz.9.

則である。したがって、親法人が子法人に資本参加した場合でも、損失は[4]
もちろん、配当が行なわれない限り子法人の所得は親法人とは租税法上関
係がない。換言すれば、法人とその株主とは租税法上独立して扱われ、そ
れぞれ異なる課税方式が用意されている。私法上法人は株主から独立して
おり、独自の権利能力を有するので法人の財産について株主は原則として
処分権を有さないのである。また、もう一つは「たとえ一人の株主が二つ[5]
の法人に同じ割合で資本参加しているとしても、右の両法人間での損益通
算は許されないとするもの」をいう水平的分離原則である。しかし、経済[6]
的実質に着目した上で、制度上分離原則の例外を認められることがある。
それが機関会社制度（Organschaft）である。機関会社制度とは「本来は法[7]
的・経済的に一体化しているグループ企業といえども、私法上の法人格を
基準として課税は行なわれるが、しかし、その経済的一体性を直視して、
それを基準としてグループ全体を一つの納税義務者とする課税方式」であ[8]
り、凡そグループ企業間での損益通算が一定の要件のもとで認められ、連
結納税制度の機能を果たしている。しかし、如何なる要件のもとに機関会
社制度の適用が認められるか、あるいは認められるべきかについては、特
に、機関会社制度の適用範囲を多国籍企業にも広げるべきか否かを中心に
議論があり、それも含めて長年批判にさらされていたとされる機関会社制[9][10]

---

4) Herzig, Norbert, Verluste im Körperschaftsteuerrecht, in: von Groll, Rüdiger (Hrsg.), Verluste im Steuerrecht, Köln 2005, S.188.

5) Zoll, Stephan, Grenzüberschreitende Verlustberücksichtigung bei gewerblichen Betriebsstätten und Tochterkapitalgesellschaften:Nationale und international Besteuerungsprinzip, Köln 2001, S.196f.

6) Herzig, Verluste im Körperschaftsteuerrecht (Fn.4), S.188.

7) Kessler, Wolfgang, § 1 Rahmenbedingungen der Konzernbesteuerung in Deutschland, in: Kessler, Wolfgang／Michael Kröner／Stefan Köhler (Hrsg.), Konzernsteuerrecht:Organisation-Recht-Steuern, München 2004, Rz.42. 優れた邦語文献として、増井良啓『結合企業課税の理論』（東京大学出版会・2002年）108頁以下がある。

8) Hey／Montag, in: Tipke／Lang (Hrsg.), Steuerrecht (Fn.3), § 18 Rz.400.

9) 例えば、Klarmann, Stepanie, Körperschaftsteuerliche Organschaft-Entstehung, Inhalt und Problematik der bestehenden deutschen Regelung-, Bonn 2006; Krebühl, Hans-Herbert, Zur Reform und Reformnotwendigkeit der deutschen Konzernbesteuerung, DStR 2001, 1730ff.;Herzig,Norbert／Thomas Wagner, Zukunft der Organschaft im EG-Binnenmarkt, DB 2005, 1ff.;Wartin, Christoph／Elke Sievert／Christiane Strohm, Reform der Konzernbesteuerung in Deutschland und Europa, FR 2004, 1ff.

度に係る改革論として本章はその前提となる議論に対して概観と若干の検
討を行なう。

　二に、組織変更税制も重要である。組織変更に際しては、例えば、合併
を参照しても、単なる資産の譲渡ではなく、まとまりのある資産の譲渡が
行なわれ、株式譲渡も行なわれる。それぞれ法人格をもつ各個の複数の企
業が一つの企業になる。その際通常であれば資産あるいは株式の譲渡益課
税が問題となるが、一定の要件を充足する場合には課税の繰延を承認する
必要がある。すなわち税制を根拠に経営・経済上合理性のある組織再編は
阻害されるべきでない。かような観点から立法政策の判断が求められる。
特にドイツにおいても最近議論されているのは、課税繰延に係るいわゆる
適格要件のあり方、組織変更に伴って行なわれうる損失引継による課税所
得の減少を企図した取引とその否認である。もう一つは国際的組織再編を
実行する際の資産の国外譲渡に係る水際課税の問題である。これについて
も課税繰延を認める必要のある場合があり、国内における組織再編と同じ
くその適格要件のあり方が問題となる。

　三に、ドイツ・ヨーロッパにおける企業結合に係る法人税制改革論があ
る。すなわちヨーロッパ内で活動する一定の国際的グループ企業に共通の、
あるいは一定の調整がなされた課税標準を持つ法人税を適用するという戦
略がある。これにより EU 域内での法人税制の相違が一定程度解消され、
それを以て EU 内での競争中立的企業税制の構築を可能にする余地をもつ。
かかる戦略を EU が企図しており、その成果が EU 共通法人税や課税標準
調整型法人税等であり、それらの具体的租税政策を検討する。これに付随
してかかる租税政策については、所得あるいは税収を EU 域内の点在する
グループ企業の所在地国にどのように配分するかが問題となる。具体的に
は、各企業の損益を合計した後、それを一定の公式に従って各企業に配分
する際に利用される公式であるとされる定式配分法（Formula Appotion-
ment）の適用の当否および具体的基準（各国企業の所在地国での売上げ、支
払給与、資本）の選択が問題となる。

---

10)　Komarek, Heribert, Verlustberücksichtigung im nationalen und internationalen Konzern,
　　Frankfurt a.M. 1998, S.50.

　以上に述べたことのうち、特に機関会社制度をここでの検討対象とする。

II　機関会社制度の概要と歴史

1　制度の概要──企業グループに対する租税法の対応

　本節においては機関会社制度の基本構造およびその適用要件を概括的に論述し、それを機関会社制度の歴史的展開をも踏まえつつ認識する作業を行なう。その趣旨は機関会社制度がその都度どのような要請に応えつつ発展してきたかを明らかにした上で、時代ごとの経済事情に応じて制度のあり方を適宜修正する必要性を明らかにすることにある。

(1)　基本構造

　機関会社制度の課税所得計算は簡単にまとめると以下のような構造を有している。そもそも、機関会社制度はドイツ法人税法14条から19条までに規定されている。支配会社と従属会社との間で機関関係は成立する。支配会社とは、従属会社に一定割合以上資本参加し、機関会社制度のもとで従属会社の損益が帰属する会社である。端的にいえば、支配会社のもとに帰属する従属会社の損益と支配会社のそれとが通算され機関グループの課税所得として扱われる。従属会社とはこのような態様で機関グループに取り込まれている会社である。従属会社は所在地および管理支配地ともにドイツ国内になければならず、法形態としては法人のみが認められる。支配会社は法人、個人、人的会社でもよい。支配会社は従属会社に50%超資本参加し、支配会社と従属会社との間で利益拠出契約が締結されねばならない。そうした要件を充足する支配会社と従属会社とが一体となって機関グループを形成する。

　機関グループを形成する企業には特別の課税方式が適用される。通常個々の法人を単位に法人課税は行なわれるが、機関グループには、支配会社、従属会社がそれぞれに課税所得を計算し、それを支配会社のもとに拠出させ、機関グループ全体の合計された所得について支配会社のもとで法人税が課される。従属会社から支配会社への所得の移転を所得が帰属するという。支配会社はもちろん、従属会社も租税法上主体性を維持している。

このことはコンツェルン[11]という経済的一体性をもっているものであっても、個々のコンツェルン会社の勘定をベースとし正負の所得・資産の帰属が決定されることを意味する[12]。なお、従属会社の所得が支配会社に帰属する点で、いわゆる up-stream 型の損益通算が行なわれる。しかし、支配会社のもとで複数の従属会社の損益通算が行なわれるので、side-stream 型の損益通算も実質的には行なわれるともいえる[13]。

　機関会社制度は、時として「法的に独立した企業が完全に独立した納税義務を負うという基本原則から逸脱した規律[14]」といわれるように、所得の帰属に関する特別のルールであるともいえる。この点、ドイツにおける所得の帰属については以下のシェーマが妥当する。「自らまたは代理人を通じて事業についての処分権限を行使し、その危険と計算において当該事業が行なわれるそうした者に帰属する。そしてその資産の中に事業の正負の成果が現れる[15]」。すなわち、所得が帰属するのは所得を生み出す要因あるいは所得そのものについて処分権を有する者にではなく、所得を生み出す要因（労働力、資産等）を市場に供給し、それを以て市場で具体的活動を

---

11)　本文中のコンツェルン（Konzern）については、例えば、Hey, Johanna, Einführung zum Körperschaftsteuergesetz, in:Hermann, Carl／Gerhard Heuer／Arndt Raupach（Hrsg.）, Einkommen- und Körperschaftsteuer Kommentar（Loseblatt）, Köln Stand 1999, Rz.6;Rupp, Reinhard, Die Ertragsbesteuerung nationaler Konzerne:Konzernsteuerbilanz oder Weiterentwicklung der körperschaftsteuerlichen Organschaft?, Frankfurt a.M. 1983, S.25ff. によると、「法的に独立した企業が統一的指揮のもとでまとまっている状態で形成されるもの」とされる。ただ実定法における明確な定義は存在しない。また、本章では割愛するが、その現象形態には様々なものがある。参照、Reis, Monique, Die körperschaftsbesteuerung des Konzerns als wirtschaftliche Einheit:Mögliche Alternative zur Einzelbesteuerung? , Frankfurt a.M. 1996, S.21ff.

12)　Zoll, Grenzüberschreitende Verlustberücksichtigung（Fn.5）, S.200.

13)　Scheunnemann, Marc P., Grenzüberschreitende konsolidierte Konzernbesteuerung, Köln 2005, S.11:Sievert, Elke, Konzernbesteuerung in Deutschland und Europa:Ertragsteuerliche und betriebswirtschaftliche Analyse der europäischen Gruppenbesteuerungssysteme, Düsseldorf 2006, S.242.

14)　Scheuchzer, Marco, Zur Notwendigkeit einer Europäisierung der Organschaft, RIW 1995, 35.

15)　Ruppe, Georg, Möglichkeiten und Grenzen der Übertragung von Einkunftsquellen als Problem der Zurechnung von Einkünften, in:Tipke, Klaus（Hrsg.）, Übertragung von Einkunftsquellen im Steuerrecht:Möglichkeiten und Grezen der Einkommensverlargerung durch Nießbrauch, Beteiligung und Darlehen mit einem rechtsvergleichenden Teil, Köln 1979, S.30.

行った者に帰属するとされるのである。Ruppe 教授は別の箇所で「所得源泉の帰属主体は、市場への参加、財・サービスの製造を行なえる者、つまり市場のチャンスを利用し、財・サービスに変化を付け、極端な場合には、その活動を止め、資本を引き上げ、雇用を止める等して、それを拒否する可能性を有する者である[16]」としている。この所得帰属ルールに照らすと、支配会社には自らの経済活動以外の、従属会社の経済活動から生ずる所得も帰属することとなり、その点にルールからの逸脱が看取されるのである。法人株主間の課税方式に係る特別のルールであるともいえよう[17]。なお、利益についてのみでなく、損失についても同じことが当てはまる[18]。

(2) **目　　的**

　ドイツの企業税法を特徴付けることとして企業税法の私法準拠主義が挙げられる。すなわち、ドイツ法人税法1条によると私法上の法人格の有無に従って、法人課税か個人所得課税かの課税方式の振り分けがなされる（Subjektsteuerprinzip）。その趣旨は法的安定性の確保[19]といったところが指摘される。上記の実定法上の基本原則からすると、「原則として"租税法の体系上"コンツェルンという一体性あるグループに対する課税は排除される[20]」といわれるようにグループ企業はグループとしての一体性をもつことから当然に一つのグループに課税が行なわれるわけではなく、機関会社制度を以て初めてそれが斟酌され、可能になるのであり、機関会社制度は租税法体系上の異質物あるいは例外として性質決定されることとなる[21]。しかし、機関会社制度を目的論的に認識しようと試みると、経済的一体性を[22]

---

16)　Ruppe, Übertragung von Einkunftsquellen（Fn.15）,S.18.

17)　Scheuchzer（Fn.14）, RIW 1995, 37.

18)　所得税法に関する叙述であるが、参照、Ruppe, Hans Georg, Einkommensteuerrechtliche Positionen bei Rechtsnachfolge, in:Schulze-Soterloh, Joachim（Hrsg.）, Rechtsnachfolge im Steuerrecht, Köln 1987, S.90.

19)　Kraus, Christoph, Körperschaftsteuerliche Integration von Personenunternehmen, Frankfurt a. M. 2009, S.120 m.w.N.

20)　Komarek, Verlustberücksichtigung（Fn.10）, S.54.

21)　Herzig, Norbert, Teil A:Einführung, in:Ders.（Hrsg.）, Organschaft, Stuttgart 2003, S.3.

22)　なお、例えば、RFH-Urt v. 30. 1. 1930, －I A 226／29－, RStBl. 1930, 151；BFH-Urt. v. 17. 7. 1952,－V 17／52 S-, BStBl. Ⅲ 1952, 235. といった機関会社制度を発展させたかつてのドイツの判例は、法的に独立した企業について租税法上経済的一体性を実現するものであるとする。

有している企業グループについて自身の担税力を私法上の法形態にかかわ
らず、その一体性に基づき把握することの必要性が正当化根拠であるとさ
れる[23]。この機関会社制度によって企業のグループ化は容易になっていると
いえる。すなわち、本来複数企業が合併することにより複数企業の一体性
をもった活動が可能になるところ、それを要せず、実質的にそれと同じ効
果を実現することを可能にする[24]。したがって、機関会社制度は法的形式の
みではなく、いわゆる経済的観察法を適用することによりグループ企業の
経済的実質を斟酌した租税制度であるということができよう[25]。それゆえ、
機関会社制度は決して租税特別措置ではなく[26]、純所得課税主義をベースと
する経済的一体性をもつグループ企業の損益調整措置（Ergebnisaus-
gleich）であるとも刻印付けられうる。

　以上の議論によると、機関会社制度は各機関会社の法的独立性と一つの
グループ全体としてみた一体性というそうした相反する要素を取り込んで
おり、両要素が並存している。そもそも、理論上は機関会社制度における
コンツェルンは二つの見方がある。要するに、コンツェルン税法である機
関会社制度が適用されるコンツェルンとは一体如何なるものとして把握さ
れるのか、換言すれば、いわゆるコンツェルン観が問題である。この点、
大きく分けて、単一説（Einheitstheorie）と多様説（Vielheitskonzept）と
いう区別ができる[28]。まず単一説とは、端的に、支配会社および従属会社を
一体として観念し、複数企業の集合であるコンツェルンをあたかも一つの

23)　Müller, Michael, Reform der Konzernbesteuerung in Österreich:Eine zusammengefaßte Besteuerung von Unternehmensgruppen, Wien 1991, S.3.

24)　Remplik, Alexander, Die grenzüberschreitende Organschaftsbesteuerung in Deutschland:Das Verlustabzugsverbot in §14 Absatz 1 Satz 1 Nr.5 KStG, Berlin 2007, S.183.

25)　Remplik, Die grenzüberschreitende Organschaftsbesteuerung（Fn.24）, S.184.

26)　Kessler, Wolfgang, Alternativen zur Organschaft, in:Herzig（Hrsg.）, Organschaft（Fn.21）, S.572.;Dörr, Ingmar, §10 Überblick über die Konzernbesteuerung in einzelnen EU-Mitgliedstaaten, in:Schön, Wolfgang（Hrsg.）, Steuerliche Maßgeblichkeit in Deutschland und Europa, Köln 2005, S.731.

27)　Hey／Montag, in:Tipke／Lang（Hrsg.）, Steuerrecht（Fn.3）, §18 Rz.400.

28)　Jacobs, Otto H.／Christoph Spengel, Ertragbesteuerung von Konzern in Duetschland und Frankreich-Eine vergleichende Analyse unter besonderer Berücksichtigung der Behandlung konzerninterner Transaktionen（Teil Ⅰ）, IStR 1994, 100ff.

企業として観念し、機関会社制度の適用においてもかかる観念を具体化し
た制度構築を求める考え方である。[29]　この考え方はかつて Isay によって提
唱されたいわゆる全体企業理論（Gesamtunternehmenstheorie）[30] がベースと
なっている。すなわち競争中立性をできるだけ実現するためには企業形態
に関係なく企業は平等に扱われなければならないとするものである。[31]　この
単一説をベースに税制を構築すると性質上以下のような特徴をもつことと
なる。一に、コンツェルン内部での配当利益に係る二重課税がなくなる。
二に、コンツェルン会社間での損益調整が可能になる。三に、コンツェル
ン内部での財・サービス取引から生ずる損益をなお未実現のものとして扱
うことになる等である。本来コンツェルンはそれを構成する複数の企業が
法的に独立しているとしても、実際的には一個の企業であるがゆえに、そ
れ自体課税単位として扱うことが首尾一貫しているかもしれない。そうし
たコンツェルン企業（Konzernunternehmen）を純粋には承認しない現行法
にコンツェルン税法が存在しないという評価[32]を与えることすらできよう。
逆に、多様説とは、端的に、コンツェルンといえども、その構成物である
個々の企業は法的に独立しており、それらに特別な課税方式を適用するこ
とはしないという考え方である。したがって、結局において機関会社制度
自体を否定してしまう多様説は採られないとしても、[33]　単一説も採られてい
ない（完全統合〔vollkonsolidiertes Konzernsteuersystem〕の不存在）。[34]　単一説
はライヒ財政裁判所も、後には連邦財政裁判所も否定している。例えばラ
イヒ財政裁判所は単一説を私法上単一説の根拠となるものはなく、またコ

---

29)　Komarek, Verlustberücksichtigung（Fn.10）, S.147.

30)　Isay, Rudolf, Das Recht am Unternehmen, Berlin 1910, S.96ff.

31)　なお、この点については、Bühler, Ottmar, Steuerrecht der Gesellschaften und Konzerne,
　　Berlin 1956, S.321f. も参照されたい。

32)　Oestreicher, Andreas, Konzernbesteuerung im Spannungsfeld zwischen wirtschaftlicher
　　Einheit und rechtlicher Vielheit, in:Ders.（Hrsg.）, Konzernbesteuerung:Beiträge zu einer
　　Ringveranstaltung an der Universität Göttingen im Sommesemester 2004, Herne／Berlin 2005,
　　S.2.

33)　Zoll, Grenzüberschreitende Verlustberücksichtigung（Fn.5）, S.244.

34)　Herlinghaus, Andreas, Systematik und Rechtfertigung der ertragsteuerlichen Organschaft,
　　in: Oestreicher（Hrsg.）, Konzernbesteuerung（Fn.32）, S.85.

ンツェルン会計も存在しないことをその理由とした[35]。また学説上も単一説によると個々の会社のそれとは別にコンツェルン独自の税法会計を要することになりコストがかかること、コンツェルン内部取引に基づくあらゆる内部利益の除去が求められることを根拠に単一説に否定的な立場を採るものがある[36]。その他にも本章Ⅲ 2 で後に触れる少数株主の問題もある[37]。もっとも単一説にもメリットはあることは認識されねばならない。例えば、複数企業が企業結合を形成し、それが実質的に見て単一企業のもとでの個別事業部として活動していると見なしうる場合、その結合企業間の取引は実質的に企業内部のそれと見なしうる。そしてかかる取引に独立当事者間価格での取引を要請することは性質上実際的には困難であり、結局においてそれらを徹頭徹尾独立企業として扱うこともまた不合理であろう。それゆえ単一説に基づき企業結合税法を構築すると企業間のそうした取引を逐一把握する必要もなくなり、いわば簡素化効果が期待できる[38]。またそのように扱うことが経済的実態を一層反映した税制ともいいうる。

　いずれにせよ、個々の企業間の関係として、一方の極としての個々の法主体ごとに企業が完全に独立性を有している場合と、他方の極としての個々の企業がグループ化され完全に一体的・統一的な経営がなされている場合があり、現実の企業結合は右の両極の間に存在するのであろうから、租税制度を構築するに際して、どの程度コンツェルンの一体性を尊重するのか（内部利益の認識・非認識、独自のコンツェルン会計の承認等）、については個々のコンツェルンの経済的実態に応じて考えるのが本来は妥当であろう。この点、ドイツ連邦大蔵省の鑑定意見の中にも、凡そコンツェルン経営が統一的指揮下にあることがコンツェルンの経済的一体性の決定的基準であり、それを直視すればコンツェルンと単一企業（Einheitsunternehmen）とを租税法上同様に扱うことの根拠となるとしつつも、一体性

---

35)　RFH-Gutachten v.26. 7. 1932, - Ⅰ D 2／31-, RStBl. 1933, 136.

36)　Komarek, Verlustberücksichtigung（Fn.10）, S.147f.

37)　Herlinghaus, Systematik und Rechtsfertigung（Fn.34）, S.20.

38)　Raupach, Arndt, "Gemeinschaftsweite Unternehmensbesteuerung, die den Anforderungen des Binnenmarktes gerecht wird"-Flucht aus dem Chaos in die Utopie?, in:Schön, Wolfgang（Hrsg.）, Gedächtnisschrift für Brigitte Knobbe-Keuk, Köln 1997, S.723f.

の弱い経営を行なう単一企業もあれば、一体性の強いコンツェルンもあり、コンツェルンが個々の法的に独立した企業から構成されることは、例えば、企業リスクを個々の法的独立性を有する企業に分散するといったように、法的形式にはまさに形式以上の経済的意味も含まれているとする。[39]こうした法的独立性を活かした個々のケースごとにみられる企業組織の構築はコンツェルンの特権であり、それを単一企業と無理に租税法上同一に扱うこととなるコンツェルン税法を設計すべきという誘因はないであろうともいわれる[40]（もっとも、ドイツにおいても機関会社制度の改革の必要性は言及されることがあり、それによると、コンツェルンの経済的一体性という属性に着目して、単一説をベースとした制度設計が求められることがある）。なお、現在の機関会社制度はそうした基準による識別をすることはせずに、一定の要件を充足するものには同一のコンツェルンとしての課税方式の適用が予定されるのであり、結局、単一説と多様説の中間あたりにあるといえよう。要するに、ドイツ法人税法における機関会社制度は、支配会社と従属会社との間で財政的編入（およびかつては経済的編入・組織的編入）を通じて一方ではコンツェルンを一体性あるものとして扱い、他方で個別会社の独立性を肯定する。[41]

2　歴史的展開[42]

　しかし、機関会社制度が発展してくる過程においては、必ずしも現在のような企業活動の実態を直視する制度目的が認識されていたわけではない。[43]機関会社制度の歴史的展開を、以下に簡潔に示そう。そもそも機関会社制

---

39) Wissenschaftlicher Beirat beim Bundesministerium der Finanzen, Gutachten zur Reform der direkten Steuern（Einkommensteuer, Körperschaftsteuer, Vermögensteuer und Erbschaftsteuer）in der Bundesrepublik Deutschland, Bonn 1967, S.53f.

40) Wissenschaftlicher Beirat, Gutachten zur Reform（Fn.39）, S.54.

41) Bauer, Klaus, Die Besteuerung deutscher Konzerne:Wirtschaftliche Einheit und Konzernsteuerrecht, Regensburg 1987, S.79;Rupp, Die Ertragsbesteuerung nationaler Konzerne（Fn.11）, S.244ff.; Scheuchzer（Fn.14）, RIW 1995, 44.

42）これについては、増井・前掲注7）109頁以下に、経済情勢・学説の展開も併せた優れた論述がある。

43) Herzig, Einführung（Fn.21）, S.4ff.

度は19世紀末にドイツ帝国内に存在したグループ企業がグループ全体の所
得を各領邦に恣意的に配分することによって納税義務者が租税回避を企図
したことに対する対抗策として現れたことにその起源をもつ。プロイセン
上級行政裁判所は、事業税に関するものであるが、1902年 5 月31日判決に[44]
おいて、グループ企業に対して機関会社制度が適用される際には、親会社
と子会社等との関係は一つの企業における使用者と被用者（従業員）との
関係として観念されることとなった。いわゆる被用者説（Angestelltentheo-
rie）である。事業税、そして売上税に関する機関会社制度が法人税の機関
会社制度に先行する形で判例上発達した。その判例・学説が法人税の機関
会社制度の生成に一定の影響を与えている。そもそも機関会社制度の成立
には企業の経済的一体性が要求されたのであるが、その基準が売上税上の
企業概念であったとされる。当時の売上税法をベースとすると、完全支配
関係にある親子会社間の資産譲渡には、それが一つの企業内での内部取引
と見なしうるので、売上税を課すことはできないとされた。[45]このように完
全支配関係という概念構築はされていたが、完全支配関係を構築する厳密
な要件は明らかではなく、判例も学説もその構築の必要性を認識していた。
ここで Rosendorf[46] の功績を挙げることができる。所論によると、子会社の
自己責任による意思決定が排除され、子会社と親会社とが一つの大企業内
部の複数の部門のように活動した場合に、経済的一体性があるとされた。
なおこのような売上税に関する議論の展開があったことは、売上税の納税
義務が私法上の法形態を基準としていないことがあり、[47]かような場面にお
いては当時のいわゆる経済的観察法の影響もあったという評価がある。[48]そ
こには私法を敢えて基準とせず、経済的実態をベースにした解釈論を通じ

---

44)　Entscheidung des Preußischen Oberverwaltungsgerichts v. 31. 5. 1902, OVGSt Bd.10, 391.

45)　Haussmann, Fritz, Die Tochtergesellschaft:eine rechtliche Studie zur modernen Konzernbildung und zum Effektenkapitalisums, Berlin 1923, S.118f.

46)　Rosendorff, Richard, Die rechtliche Organisation der Konzerne:erweiterter Abdruck eines in dem Zürcherischen Juristenverein zu Zürich und in der Juristischen Gesellschaft zu Frankfurt a.M., Berlin／Wien 1926, S.109f.

47)　Müller, Reform der Konzernbesteuerung（Fn.23), S.7.

48)　Müller, Reform der Konzernbesteuerung（Fn.23), S.7.

た立法論が展開される素地が整っていた。

それを受けて、その約20年後、帝国財政裁判所はこうした判決理論を法人税にも適用することとなった。[49]また有限会社の活動はそれを支配する株主に帰属するとした1927年11月11日の判決において、Rosendorff の言及[50]した財政的編入、経済的編入、組織的編入（後二者は後に廃止された）という法人税における機関会社制度の適用要件を明らかにした。この判決の背景には1919年租税調整法4条に前述のいわゆる経済的観察法が規定されたことがあるといわれる。[51]しかし、法人税に係る機関会社制度の目的は決して租税回避の防止ではなく、当時は法人税における法人—株主間の配当について負担調整措置が採用されていなかったクラシカルメソッドが採用されていたことにより、グループ企業間で法人間配当による二重課税、多重課税の防止に移行していた。[52]

その後帝国財政裁判所は被用者説に基づいた判決をいくつか出してきたが、帰属説（Zurechnungstheorie）へと発展した。[53]被用者理論は支配会社と従属会社との支配従属関係を説明することに重点があった。しかし従属会社の比較対象を従業員としての自然人に求めることにはやや無理があった。何故なら自然人は自己の意思で自己の所得を得るために活動するが、ここでの法人はそうではないからである。[54]そこで帰属説は支配会社のみならず、従属会社も独自にその計算で自己の営業を営み当該従属会社自体にその成果が帰属し、最終的に支配会社のもとに従属会社のすべての損益が帰属すると構成する考え方である。また、支配会社と従属会社との間の利益拠出契約（Gewinnabführungsvertarg）の締結も判例上要求されるようになっていた。[55]これは法人税法上の機関会社制度が先行する事業税、売上税に係る

---

49) RFH-Urt. v. 31. 3. 1922, ⅠA 10／22, RFHE Bd.9, 167.

50) RFH-Urt. v. 11. 11. 1927, -ⅠA 75／27-, RStBl. 1928, 52.

51) Herlinghaus, Systematik und Rechtsfertigung（Fn.34）, S.87.

52) Grotherr, Siegfried, Kritische Bestandsaufnahme der steuersystematischen und betriebswirtschaftlichen Unzulänglichkeiten des gegenwärtigen Organschftskonzepts, StuW 1995, 126.

53) RFH-Urt. v. 25. 9. 1934／22. 1. 1935, -ⅠA 401／32-, RStBl. 1935, 517.

54) Sievert, Konzernbesteuerung（Fn.13）, S.39.

55) RFH-Urt. v. 18. 2. 1933, -ⅠA 439／32, RStBl. 1933, 647.

　機関会社制度に倣い、帝国財政裁判所が、個々の法的に独立する機関会社のまさにそうした独立性を尊重した結果、従属会社のもとで相互に独立して計算された課税所得を支配会社に帰属させるための道具として要求したことにその起源がある。また、後のⅢ1⑵に言及するように、個々の機関会社に係るそうした法的独立性ゆえに、機関会社相互間の取引から生ずる損益はいわゆる内部利益として、換言すれば、独立当事者間のそれとして認識される。[56]

　ところが連邦財政裁判所の判例は動揺をみせる。[57] それがいわゆる決算説（Bilanzierungstheorie）の登場である。この立場は帰属説に含まれる矛盾を出発点としている。すなわち個々の従属会社の主体性を維持しつつ、その損益が支配会社のもとに帰属することは理論的に二律背反のものを内包しているというのである。[58] この立場の要点は従属会社の独立性の強調であり、[59] 実際に従属会社により利益拠出契約に基づき支配会社に拠出された利益のみが機関所得を構成するとされた。かかる拠出利益は支配会社のもとでの事業収入、従属会社のもとでの事業支出と扱われた。しかし従属会社のもとで控除不能な支出――典型例としては人税（Personensteuern）――は拠出の対象外とされた。[60] すなわち商法上の利益が拠出されることとされたので、例えば資産の耐用年数が商法と租税法とで異なる場合には両者に乖離が生じ、通常租税法上の耐用年数が長いために、従属会社のもとでその独自の利益として従属会社のもとで課税されることとなった。このため支配会社と従属会社との間での二重課税の排除という目的を達成することができないものとして批判され、また商法上の利益計算には選択可能性があるので結果として課税所得計算に恣意が入り込む可能性があると批判された。[61]

56）　Beusch, Karl, Die Besteuerung der Konzerne als wirtschaftliche Einheit in internationaler Sicht -Ein Überblick-, in:Jakobs, Horst Heinrich／Brigitte Knobbe-Keuk／Eduard Picker／Jan Wilhelm（Hrsg.）, Festschrift für Werner Flume, zum 70.Geburtstag, Köln 1978, S.21ff., S.25

57）　BFH-Urt. v. 24. 11. 1953, -Ⅰ109／53-, BStBl. Ⅲ 1954, 21.

58）　v.Wallis, Hugo, Zur Neuregelung der körperschaftsteuerlichen Organschaft, AG 1969, 308f.

59）　Klarmann, Körperschaftsteuerliche Organschaft（Fn.9）, S.12.

60）　BFH-Gutachten v. 27. 11. 1956, -ⅠD1／56 S, BStBl. Ⅲ 1957, 139.

61）　Witt, Carl-Heinz, Die Konzernbesteuerung:Vorschlag zur entwicklung des Rechts der steuerlichen Organschaft, Köln 2006,S.151.

その後判例は再び帰属説へとその立場を変更した。[62] その中で判例は機関会社制度の意義をグループ企業間での二重課税の排除にあるとした。

　以上のように第二次世界大戦後、法人税法上の機関会社制度はなお判例上のそれであり続けた。しかし、判例上の制度であるがゆえの不明確さがあったり、1936年に事業税に係る機関会社制度が立法化されていたこと、さらには機関会社制度の経済的意義が高まってきたこと等から、[63] 連邦財政裁判所も1962年において立法者へ法制定を促すに至った。1969年に法人税法7a条が制定され、1977年法人税法改正に際して現行法の14条以下に引き継がれた。

Ⅲ　機関会社制度の諸問題

1　制度適用要件

　特定の結合企業に機関会社制度の適用がなされる際の要件については以下のようになっている。

(1)　財政的編入

　財政的編入とは支配会社が事業年度開始時に従属会社について直接に議決権の50％超を保有することである。また、例えば、A 有限会社が C 有限会社に49％資本参加し、同じく C 有限会社に1.5％資本参加している B 有限会社に先の A 有限会社が51％資本参加するという形態のいわば間接的な資本参加でも財政的編入の要件は充足される。

(2)　利益拠出契約

　支配会社と従属会社は、利益拠出契約により全利益を唯一の他の事業企業に拠出することを義務付けられ、それを以て従属会社の所得は支配会社に帰属する（ドイツ法人税法14条 1 項、ドイツ株式法291条 1 項）。損失の拠出はドイツ株式法302条 1 項により行われる。

　この利益拠出契約は、ドイツ法人税法の体系上必要であり、重要である。

---

62)　BFH-Urt. v. 4. 3. 1965, – I 249／61 S–, BStBl. Ⅲ 1965, 329.

63)　Herlinghaus, Systematik und Rechtsfertigung（Fn.34）, S.88.

ドイツ法人税法は原則として法主体原則（Subjektivprinzip）を採用しており、それによると、凡そ納税義務者は法主体性の有無に基づき認識される。それゆえ、法主体を異にする複数企業の結合体である機関会社制度は制度体系上例外物であり、法主体間にまたがる損益の通算・課税についてはそれを可能とする特別の制度が必要となる。[64] それが利益拠出契約である。

(3)　制度適用要件の合理性？

ここで機関会社制度適用要件について検討を加えておく。

一に、既に述べたように、ドイツの結合企業には機関会社制度が適用されるが、その適用要件は陳腐化している。すなわち、かつての結合企業の典型例としては、グループ内の親会社が子会社を意思決定あるいは資金調達の側面等でまさに支配しており、それは子会社の"独自の意思決定の喪失（Willenslosigkeit）[65]"とも表現された。このことは、一体の企業結合においては支配会社による統一的な意思決定による経営が指向され、それが企業結合の経営のあり方であったことに基づくと推論できる。しかし、現在における結合企業の経営の実態は決してこうした形態に尽きるものではない。例えば、むしろ、現在では企業結合グループ内では各社の役割分担が重視され、各社は独自の役割を担い、かつ、その際支配会社による意思決定に逐次服さず、独自の経営判断に基づいて業務遂行を行なうこともありうる。そしてかかる経営は独自の専門的知識に基づく合理的な経営を可能にし、経営環境の変化に迅速に対応できるという経営の効率性を生み出す。

二に、したがって、かつてのように、機関会社制度適用要件として、利益拠出契約と並んで、グループ企業内部での財政的編入、組織的編入（organisatorische Eingliederung）、経済的編入（wirtschaftliche Eingliederung）といった三要件を課することは現実の経営実態（例えば、事業部制のような

---

64)　Wartin／Sievert／Strohm（Fn.9）, FR 2004, 10. 異説、Herzig／Wagner（Fn.9）, DB 2005, 6. Herzig／Wagner は他にも分離原則の例外はあるとして、その根拠としてドイツ法人税法 8 条 4 項（いわゆる外形取引。後に 8c 条に移行された）、ドイツ対外取引税法 7 条～14 条（タックスヘイブン対策税制）を挙げる。所論によると、これらの規定は特別な契約がなくとも分離原則の適用が排除されるというのである。

65)　Staringer, Claus, Perspektiven der Konzernbesteuerung, in:Seeger, Siebert F.（Hrsg.）, Perspektiven der Unternehmensbesteuerung, Köln 2002, S.79f.

分散的経営組織または金融持株会社[66]) に即して不適当であるといえよう。確[67]かに機関会社制度は1969年の立法化以降は企業結合の形成に大きな役割を果たしたとされるが、[68]その目的がかつてのように租税回避の防止であるならば経済的編入および組織的編入という要件も一定の意味をもつが、もはや今日ではかかる要請はないことは先にも指摘した。したがって、今日では先にも挙げたように、適用要件としては、先の三要件のうち、財政的編入の要件のみしか残されていない。後二者はあくまでも先にも言及した租税回避の防止といった歴史的経緯から要求されたものであり、[69]確かに、もはやグループ企業は必ずしも厳格な上下・指揮命令関係にないこと、純粋持株会社の設立が可能になったこと等に鑑みて、[70]それを経営実態に即して正当な租税政策のあり方と評価することはできる。[71]しかし、それでは、相互に独立した、個別の企業とグループ企業との境界線が曖昧になるという問題が生ずる。すなわち、複数の企業間における財政的編入の関係があるのみでは、果たして企業の"結合"として特別の税制を適用するに足りるのか、が問われる。今日の支配会社の従属会社に対する50%超の資本参加という基準が妥当か否かである。ヨーロッパ諸国の租税制度では90%あるいは95%、場合によっては100%の資本参加割合を要求することもある。[72)73]

---

66) Raupach, Gemeinschaftsweite Unternehmensbesteuerung (Fn.38), S.710; Scheuchzer (Fn.14), RIW 1995, 43f.

67) Potthast, Thilo, Entwicklung der Körperschaftsteuer von den Vorformen bis zur Unternehmenssteuerreform 2001 : Eine Untersuchung körperschaftsteuerlicher Entwicklungstendenzen in Steuergesetzgebung und Steuergestaltung, Frankfurt a.M. 2007, S.145.

68) Potthast, Entwicklung der Körperschaftsteuer (Fn.67), S.144f.

69) Grotherr, Siegfried, Die unterschiedlichen Konzernbesteuerungssysteme in den Mitgliedstaaten der Europäischen Union-Eine steuersystematische Analyse im Hinblick auf Reformübelegungen beim steuerlichen Organschaftskonzept, StuW 1996, 376.

70) Herzig, Einführung (Fn.21), S.7;Grotherr, Siegfried, Die Reformdiskussion über das steuerliche Organschaftskonzept in der Bundesrepublik Duetschland, in:Gassner, Wolfgang／Michael Lang／Werner Wieser (Hrsg.), Besteuerung von Unternehmensgruppen:Bestandsaufnahme und Vorschläge zur Reform der Organschaft im Körperschaftsteuerrecht, Wien 1998, S.235.

71) また、Grotherr, Reformdiskussion (Fn.70), S. 236によると、本文中に挙げたいわば実体的な議論と並び、組織的編入および経済的編入という要件についてドイツ企業と外国企業との間でのその認識・確認がドイツ課税庁にとって困難であるとの手続的理由があるという。

こうしたヨーロッパ内の事情を斟酌すると、ドイツの租税政策の課題とし
てヨーロッパ内での統一的なコンツェルン税制の構築を考えるとすれば、
他のヨーロッパ諸国の資本参加割合に適合させる必要性も認識されるべき
こととなる。加えて、最低資本参加割合を高めることは一定以上の資本参
加が長期間固定化され、本来好ましい投資対象に対する投資機会が失われ
たり、機関会社制度の適用を受けることのみを目的として経済的に好まし
くない株式取得も行なわれかねないという指摘もある。このように考える
と支配会社の資本参加割合をあまりに高く設定することは不合理であるこ
とになる。逆に、高い割合の資本参加を要求すれば、いわゆる単一説的な
課税が可能となり、またドイツにおける現実の機関会社間の資本参加割合
も実際には高いというので、グループ企業の経済的実態に即した課税を行
なうことができよう。加えて現在では経済的編入および組織的編入の要件
は必要ないが、仮に組織的編入を欠いた状態では、支配会社と従属会社と
の間でコンツェルン内部での統一的経営ができなくなり、ひいては支配会
社と従属会社との間で利益拠出を正当化するほどの経済的実態がなくなる
という批判もある。すなわち、グループ企業はその一体性ゆえに機関会社
制度が特に適用されるのであるが、仮にグループ企業間での経営が分散
的・独立的であった場合、それらの会社にグループとしての一体性を認識
することが可能か、あるいは妥当かは疑問の余地があろう。このように考

72)　同旨、Kessler, § 1 Rahmenbedingungen（Fn.7）, Rz.62. Kessler教授は機関会社制度のあり方として、支配会社の従属会社に対する75％の資本参加、内部利益の非認識、適用範囲の国際的拡大を挙げている。この点につき、その他の文献として、参照、Jacobs, Otto H.／Christoph Spengel, Ertragbesteuerung von Konzernen in Deutschland und Frankreich-Eine Vergleichende Analyse unter besonderer Berücksichtigung der Behandlung konzerninterner Transakutionen Teil Ⅱ, IStR 1994, 150f.
73)　この点、Dörr, Überblick über die Konzernbesteuerung（Fn.26）, S.739f. によると、現実に利益拠出契約の締結は従属会社のもとで株主総会の議決につき、その4分の3以上の多数を要するので（ドイツ株式法293条1項）、このことも75％の資本参加割合を設定する根拠になりうるとする。
74)　Scheuchzer（Fn.14）, RIW 1995, 44.
75)　Sievert, Konzernbesteuerung（Fn.13）, S.241.
76)　Grotherr（Fn.69）, StuW 1996, 376.
77)　Bauer, Besteuerung deutscher Konzerne（Fn.41）, S.76ff.; Rupp, Die Ertragsbesteuerung（Fn.11）, S.240ff.

えると、先にも言及した機関会社適用要件の改正の合理性自体、再検討の
余地はあろう。

　なお、結果論であるが、50%超という比較的緩やかな資本参加割合を補
う意味を以て利益拠出契約の存在を正当化するとしても、かかる契約によ
り支配会社に従属会社の利益のみでなく、損失も帰属することは企業経営
上の責任の所在の配置から問題もあるとされる[78]。すなわち、今日の経営形
態としてグループ企業内でも各会社の分散的・自律的経営が行なわれてい
る中で、従属会社の経営責任意識が薄れていくインセンティブをもちうる
といえる。

　三に、そもそも租税理論上も利益拠出契約については、現在では必ずし
も必要ないといえよう[79]。利益拠出契約は、歴史的にみると、帝国財政裁判
所のもとでは要件として求められず[80]、従来、機関会社制度が法律上規定さ
れておらず、判例法上の制度であった時代に、法的安定性を実現するため
に要件とされていたという経緯がある[81]。今日では一定の資本参加割合が親
子会社間にあったとしても、それだけで機関会社制度が適用されるわけで
なく、利益拠出契約をも適用要件とすることで強制的な適用（Zwangs-
organschaft）が回避されるという意義も承認されている[82]。しかし、各国
においても、それを必ずしも要件としておらず、コンツェルン税制の適用
に特別に契約が求められるのはドイツ、オーストリア、ブラジル、ポルト
ガル等であり、少数派である。Saß 氏は利益拠出契約を厳格に適用すると
ヨーロッパ裁判所が厳格な適用をすることが知られた一般利益（EG 条約
56条）により正当化できないヨーロッパ法違反をもたらす基本的自由に対
する隠れた制約とされヨーロッパ法違反であるとされる可能性もあるとい

---

78)　Staringer, Perspektiven der Konzernbesteuerung（Fn.65), S.89.

79)　Herzig／Wagner（Fn.9), DB 2005, 5.

80)　Schellmann, Gottfried, Übergang von der Einzelbesteuerung zur Besteuerung als
　　Unternehmensgruppe und umgekehrt sowie Veränderngen in der Unternehmensgruppe, in;
　　Gassner／Lang／Wieser（Hrsg.), Besteuerung von Unternehmensgruppen（Fn.70), S.203.

81)　参照、Wagner, Thomas, Denkanstöße zur Modifikation der ertragsteuerlichen Organschaft,
　　StuW 2007, 308の Fn.7.

82)　Wagner, Konzeption（Fn.2), S.7.

[83)]
う。さらに、機関会社制度の適用により従属会社の損益が支配会社に帰属するという法律上の効果が利益拠出契約によることとなれば、機関会社制度の適用範囲を国際的に拡大する際に、利益拠出契約はその構造上外国の会社法による当該国の利益を保護する規定に違反することになる可能性がある[84)]。それゆえに、利益拠出契約は完全に廃止することが妥当なのかもしれない。

　したがって、利益拠出契約を放棄した後は、その他の要件の構築が重要となってくる。一体性をもった企業結合の存在が認識されるための要件として一定以上の資本参加割合、グループ全体での統合的経営といったものでは機関会社制度の適用に至らないことを以て、先にもⅡ1(2)で指摘したように、ドイツにはコンツェルン税法は存在しないといわれることもある[85)]。また先にも触れたが、ドイツにおいて確かにドイツ法人税法の私法準拠主義により法人格をベースに納税義務の所在を決定するという原則もあるが、そもそも法人税の存在根拠の一つとして所得税の納税義務者が法人への投資をした場合、配当がされないことによる課税繰延を防止することも挙げられるのであり、現在のドイツ法人税法では、法人間配当は非課税扱いとされているので（同法8b条）、少なくともこの点で法人税率と個人所得税率との差に着目したロックインは発生しない。それゆえ、この図式は法人―個人間には成り立つが、法人―法人間には必ずしも妥当しない。したがって、グループを形成する法人間ではその法人格を無視することも許される。

　四に、今日の経営の現状に鑑みて、機関会社制度の適用を国内に限定することが果たして妥当か否かについても疑義が生ずる。もし国内に限定することになると企業活動の実態に税制は対応できないことになりかねない。

---

83)　Saß, Gert, Zur Berücksichtigung der Verluste ausländischer Tochtergesellschaften bei der inländischen Muttergesellschaft in der EU, BB 1999, 447ff., 451.

84)　Herzig／Wagner（Fn.9）, DB 2005, 6.

85)　Wassermeyer, Franz, B.Verrechnungspreise, in:Endres, Dieter／Andreas Oestreicher／Wolfram Scheffler／Ulrich Schreiber／Christoph Spengel（Hrsg.）, Die internationale Unternehmensbesteuerung im Wandel:Symposium für Otto H. Jacobs zum 65. Geburtstag, München 2005, S.63.

　五に、現在廃止されているが、複数親会社型機関会社制度（Mehr-mütterorganschaft）の効用は改めて想起されるべきである。近年は資産流動化法制の整備により多数の投資家がビックプロジェクトに投資を行ないやすくなっていることは確かであるが、しかし、複数企業が一体となって投資をする必要があるそうしたプロジェクトには、複数の支配会社が親会社となり子会社である従属会社に投資する一つの投資形態の採用が可能であるべきとされる。また、そもそも現在の機関会社制度は支配会社と従属会社との間における経営上の厳格な指揮監督関係を前提とするわけでは必ずしもないが、適用要件にはなおその名残がある。しかし、経営理論上は複数企業が対等の立場でノウハウの交換、経営リソースの協働投入を通じて一つの事業を展開するケースが現在では多いとされ、その適例としてジョイントベンチャーがある。租税法上それを実現するのが複数親会社型機関会社制度である。通常複数の企業が一つの企業に資本参加する形態を採るため、かかる形態上機関会社制度の適用はできないので、出資企業が民法上の組合を形成し、こうした組合を通じて資本参加することを通じて、そして慣習法上の制度として、複数親会社型機関会社制度が運用されていた。すなわち民法上の組合を単位に資本参加割合が算定され、利益拠出契約の締結も行なわれていた。しかし1999年6月9日判決により複数親会社と子会社との間で親子関係が成立することとされ、民法上の組合は意味を失った（いわゆる"複数従属の理論〔Lehre von der mehrfachen Abhängigkeit〕"）。しかしこの判決をベースとすると複数親会社型機関会社制度は成立しえないので、課税庁は不適用通達で対応し、なお複数親会社型機関会社制度の成立を可能としていた。そして即座にその内容を法改正で立法化した。ところが間もなくさらなる法改正により先の改正で命脈を保ってい

---

86)　Grotherr（Fn.69）, StuW 1996, 376.

87)　Sievert, Konzernbesteuerung（Fn.13）, S.109.

88)　Grotherr, Die Reformdiskussion（Fn.70）, S.260.

89)　参照、Klarmann, Körperschaftsteuerliche Organschaft（Fn.9）, S.22.

90)　BFH-Urt. v. 9. 6. 1999, - I R 43／97-, BStBl Ⅱ 2000, 695.

91)　BMF Schreiben v. 4. 12. 2000, Ⅳ A 2 -S 2770- 3 ／00, BStBl. Ⅰ, 1571.

92)　2001年12月20日企業税制改革継続発展法。

た複数親会社型機関会社制度は廃止された。廃止の理由は税収確保にある
との指摘がある。この制度の復活を求める声は強い。

　六に、機関会社制度は法人税については 5 年間継続して適用されなけれ
ばならない。しかし、柔軟な組織再編を可能にするためには期間はもう少
し短めに設定すべきであるとの見解もある。先のⅢ 1 ⑶にも挙げた市場の
変化に対応するためには機関グループの再編は適時に行なわれるべきとす
れば、このような要請が出てこよう。

2　法的効果とその特徴

　機関会社制度が適用されるグループ企業にとって、同制度の適用により
如何なる法的効果が生ずるのであろうか。課税所得計算に係る技術的側面
は他日の検討に譲るが、それ以外の注目すべき特徴を、若干の重複はある
が、制度的側面から概観しておく。

　一に、機関会社はそれぞれ法主体性を維持するのであり、まず、各機関
会社のもとで課税所得の計算を行ない、従属会社の正負の所得の支配会社
への帰属という形でそれらを支配会社のもとで通算するという二段階の課
税所得計算が行なわれる。こうした構造は、一方で、グループ企業が実質
的に一つの経済的単位を構成しており、いわゆる経済的観察法に基づけば、
グループ企業を一つの納税主体としてみることも実質的に不可能ではない
こと、他方で、個々の機関会社の法主体性は制度適用によっても消滅しな
いこと、という二つの相対立する構造的要素の「妥協の産物」と考えられ
ることとなる。しかし、現在では、既にⅡ 2 で述べたように、機関会社制
度適用要件について組織的編入、経済的編入は必要とされない。このこと
は、客観的にみると、先の立場の対立について、その緩和が図られてきた
という推察を可能とするものである。

93)　2003年 5 月16日租税特別措置廃止法。
94)　Witt, Konzernbesteuerung（Fn.61）, S.34.
95)　Klarmann, Körperschaftsteuerliche Organschaft（Fn.9）, S.63.
96)　Grotherr（Fn.69）, StuW 1996, 376.
97)　Grotherr（Fn.52）, StuW 1995, 129.
98)　Staringer, Perspektiven der Konzernbesteuerung（Fn.65）, S.87.

　二に、グループ企業全体が一つの経済的単位を構成している点を強調すると、機関会社相互間での取引は租税法上認識されるべきではない（いわゆる内部利益の租税法上の扱い）。何故なら、個々の機関会社は一つの企業の各部門を構成するからである。しかし、かかる取引から所得の実現があることは、先のII1(2)でみた多様説の視点が制度上に色濃く反映されているからである。そうであるからこそ、ドイツ法人税法では、一定のグループ間での一定以上の資本参加割合があったとしても当然には制度適用がなく、改めて利益拠出契約が締結されねばならない。

　三に、以上のような法構造を有する機関会社制度であるので、既に述べたようにドイツではしばしば「ドイツには純粋なコンツェルン税法は存在しない」という言われ方がされるのである。

　四に、機関会社制度のもつ企業経営に対する影響に触れる必要がある。先にみたグループ企業間の損益通算という機能について、さらに理論的に言及すべき点がある。ドイツにおいては法人税制に変遷がみられる。従来はいわゆるインピュテーション方式が適用されていた。インピュテーション方式のもとでは株主は配当所得に係る取得費を課税上控除できた。このことは株主が法人であっても同じである。法人—法人間で配当が行なわれた場合であっても、法人—個人間と同じようにインピュテーション方式により負担調整が行なわれた。しかし、いわゆる二分の一所得免除方式は2000年以降導入されたのであるが、ドイツにおいては法人—株主間で行なわれる配当については法人のもとで配当利益に課税され、法人税分をそこから控除した金額の半額について株主のもとで個人所得課税が行なわれる。二分の一所得免除方式のもとではインピュテーション方式のもとにおけるのとは事情は異なり、法人—法人間の配当は非課税となっている。すなわち、二分の一所得免除方式はクラシカルメソッドの一形態であって、多重課税を避けるためにかかる政策が採用された。

　しかし、その結果、法人は受取配当が非課税であるので、体系上の首尾一貫性から、一時期、その取得費をはじめ、配当受取法人のもとで受取配当から損失を控除することもできなくなったが、後に受取配当の95％が非課税とされた（ドイツ法人税法8条3項5号）。換言すれば、残りの5％分

については課税される。これにより、仮に親法人に損失が発生しても、それを子法人の所得と損益通算しようとした場合、配当を受け取ることでなく、機関会社制度の適用による手段によらざるをえなくなった。その点で機関会社制度の意義は飛躍的に大きくなったといえる[99]（もっとも、現在法人税法上の機関会社制度が成立すると、事業税法上の機関会社制度も同時に成立するよう要件が構築されているが、事業税法上の機関会社制度については、ゲマインデの税収確保の観点からさらなる改正が望まれるとする連邦政府の立場もある）。なお目下法人税率も15％に引き下げられ、2009年以降法人―自然人株主間の配当にはいわゆる部分免除方式（Teileinkünfteverfahren）が適用されているが、法人間配当について変化はない。この措置により、グループ企業にとって、機関会社制度の適用を受けようとするインセンティブがなお効くこととなる[100]。さらに付言すると、ドイツにおいてもともとグループ企業は機関会社制度を以て損失の利用を企図している[101]。また、Komarek 氏は、企業グループにとってグループ内での損益通算によって節税にはならないが、「それはかなり大きな正の効果をもつ流動性効果をもつ。必要な再投資を可能とするという点について、こうしたアスペクトはグループ企業にとってまさに不景気時にも大きな意味をもちうる」としている[102][103]。したがって機関会社制度は決してドイツ法人税法における私法準

---

99)　Dörr, §10 Überblick über die Konzernbesteuerung（Fn.26）, S.745; Müller-Gatermann, Gert Überlegung zu einer rechtsform- und organisationsformneutralen Gruppenbesteuerung, in:Oestreicher（Hrsg.）, Konzernbesteuerung（Fn.32）, S.228; Seer, Roman, Die Entwicklung der GmbH-Besteuerung: Analysen und Perspektiven, Köln 2005, S.106; Sievert, Konzernbesteuerung（Fn.13）, S.46.

100)　Hey／Montag, in:Tipke／Lang（Hrsg.）, Steuerrecht（Fn.3）, §11 Rz.42.

101)　Raupach, Arndt, Das körperschaftsteuerliche Anrechnungsverfahren-Bestandsaufnahme und Kritik-in:Wiedemann, Siegfried（Hrsg.）, Besteuerung der GmbH und ihrer Gesellschafter, Köln 1997, S.21ff.,S23. データについては、参照、Komarek, Verlustberücksichtigung（Fn.10）, S.51.

102)　Komarek, Verlustberücksichtigung（Fn.10）, S.207.

103)　なお、例えば、会社Aが会社Bの株式を所有し、当該株式の時価が下がることに対応して、評価損分をAのもとで損金として処理するいわゆる部分価額償却控除制度（Teilwertabschreibung）がある。しかし、かような制度を承認すると、実質的に従属会社のもとでの損失が二重に利用されることとなるため、機関会社制度のもとではその適用は許されない（Kessler, §1 Rahmenbedingungen（Fn.7）, Rz.44）。加えて、ドイツ法人税法8b条3項3文は先に言及したように体系上法人間配当が非課税であることの帰結でもあるとされる。

拠主義の例外ではなく、一定のグループ企業に対して適用される定着した
租税制度であるともいわれるのである。[104]

　五に、以上のような機関会社制度による企業グループにとっての損益通
算がもたらす租税法上のメリットは相当程度大きいものであることは否定
できないが、反対に国庫にとって相当程度の税収減少をもたらす可能性に
ついてどのように考えるべきか、という問題は残る。この問題については
ここで一義的な回答を与えることはできないが、仮に機関会社制度の適用
がなく、個々の法人単位で課税所得計算が行なわれる場合の欠損金は翌事
業年度以降に利用されるのであるから、その分について結局税収は失われ
るという指摘は認識しておく必要があろう。[105]

　六に、少数株主保護の問題がある。仮に利益拠出契約なしに一定の資本
参加割合があれば自動的に支配会社のもとに所得が帰属するという構造で
あると、従属会社に資本参加している少数株主は安定的に配当が受け取れ
ない可能性が生ずる。それゆえドイツでは利益拠出契約上少数株主の配当
に充てる金額を支配会社に帰属する所得から控除することとされている。[106]

---

104)　Potthast, Entwicklung der Körperschaftsteuer（Fn.67）, S.89.

105)　Sievert, Konzernbesteuerung（Fn.13）, S.243.

106)　Grotherr（Fn.52）, StuW 1995, 129.

第5章

税制簡素化と租税法・租税政策
——ドイツ租税法学における税制改革論・課税要件構築論の一端

I はじめに

1 問題の所在

　税制改革の目的は複数ありうる。例えば、ドイツにおける企業税制改革は、経済活性化税制と第一次的には刻印付けることができるが、しかし、税制の簡素化も目的である[1]。それは、具体的には例えば、二分の一所得免除方式に伴うインピュテーション方式のもとにおける複雑な自己資本区分の廃止という措置に現れていると推察されるが、それを以て簡素な税制が構築された、という学説の評価には接しない[2]。しかし、企業税法においては企業の経済的意思決定に租税法が影響を与えるのを排除することが原則的な態度であろうから、その意味で中立的な税制を構築すべきであることはもちろん、それと並んで簡素な税制を構築すべきであるのはいうまでもない。複雑な税制は経済・社会の負担を構成し、国家活動にさえ負の影響を与えうる[3]。

　さて、わが国でも、税制簡素化は、租税法学の体系書においても、既に多くが認識しているところである。例えば、有力説によれば、公平や効率

---

1) BT-Drucks. 14／2683, S.97を参照。

2) 例えば、本文中に挙げた法人・株主間課税方式の変更のほかにも簡素化を指向した法改正がなされたが、簡素化が実現したとは評されていない。例えば、所得税法35条による人的企業に対する事業税負担の軽減措置がある。さらに、諸外国においても、税制簡素化の実現という評価はみられない。参照、Schön, Wolfgang, Vermeidbare und unvermeidbare Hindernisse der Steuervereinfachung, StuW 2002, 23.

3) Schön（Fn.2), StuW 2002, 23ff.; Ault, Hugh J., Steuervereinfachung im internationalen Vergleich, Fischer, Peter（Hrsg.), Steuervereinfachung, Köln 1999, S.107ff., S.108ff.

と並んで簡素化が税制改革の際には斟酌されなければならないとされる。[4]
1980年代のレーガン税制改革の影響が大きいものと思われるが、いずれにせよ、もはや簡素化否定論者は皆無であるといってよい。[5]

　しかし、わが国においても、税制簡素化が実現したという評価は一向に与えられない。すなわち、税制改革は幾度か行なわれてきたが、それにもかかわらず、簡素化は今なおその途上にあると考えられているのである。そもそも、簡素化とは一体何か、という問いも重要であるが、簡素化は如何にして実現されるのであろうか、という問いにも答える必要があろう。簡素化の重要性は、方法論を中心に議論していくべきである。

　ただし、税制簡素化の手段がまったく議論されてないわけではない。[6]むしろ、いくつか意欲的提案がある。例えば、租税法学の領域において、わが国では、水野忠恒教授が、アメリカ法を素材としていくつか紹介を試みている。[7]所論は税制簡素化を「税法が複雑ではなく、できるだけ簡潔かつ平易であるように努めなければならないという要請」と定義しており、税率の簡素化、諸控除の整理による簡素化といった具合に論述を展開され示唆に富む。また、木村弘之亮教授が、ドイツ法を素材とされ、「簡素化目的規範は、技術的・経済的諸理由から、租税法の適用を簡易にし、また、より実行可能に若しくはより手続経済的に構築しようとするものである。簡素化目的規範は、法律があまりに複雑になりすぎ実施できなくなることを避けるべきである」と述べ、簡素化を指向する規範を租税法の基本的規範の一つであることを明らかにした。[8]木村教授の業績から、実定租税法において既に簡素化を指向する規範が多数存在することが理論的に根拠付けられている。その際、木村教授は、類型化、概算額、一定の免税点等をその例として挙げている。[9]

---

4 ）　金子宏『租税法〔第20版〕』（弘文堂・2015年）85頁。
5 ）　参照、増井良啓「『簡素』は税制改革の目標か」國家學會雜誌107巻5・6号（1994年）141頁以下。
6 ）　なお、水野教授による議論および整理はそれに尽きない。詳しくは、後掲注7）の文献を参照。
7 ）　水野忠恒「税制簡素化の方向」ジュリスト715号（1980年）92頁以下。
8 ）　木村弘之亮『租税法総則』（成文堂・1998年）73頁。
9 ）　木村・前掲注8）73頁。

2　本章における検討の視角

⑴　税制における簡素化

　いずれにせよ、簡素化は税制改革の際に斟酌すべき公準と考えられていることは明らかである。しかし、ある税制のもとにおいて簡素化が実現されたか否か、という問いに回答を与えることは困難である。先にも指摘したように、多くの者が税制改革後の租税法をなお「複雑・難解である」と考えているであろうが、それは、すなわち、当該租税法が簡素ではない、ことであろう。その他にも、簡素化という概念が定性的であるために、如何なる租税法制度が実現すれば簡素化が実現されたか、という問いに一義的な回答を与えることができないということもその大きな理由であろうかと考えられうる。

　しかし、立法者が税制の簡素化を断念することは、民主主義体制下における立法者の態度として望ましくないことは明らかであるから、簡素化のための有効な手段を構築する必要がある。本章において、そのための理論を検討し、インプリケーションを導出することを試みる。それを中心に、ドイツ租税法学会において簡素化が議論の対象となったこともあり、ドイツの議論を参考にしつつ[10]、本章では論述を進めることとしたい。それにより比較法的視点から、何らかの示唆を得ることができるかもしれない。

　では、簡素化の実現を企図する前に、簡素化とは如何なることを指すのかを検討し、そして、現行租税法において簡素化が実現されるべき点を指摘することによって、本章の議論の範囲を画すこととしたい。

⒜　簡素化の意義

　ここで簡素化の意義を明らかにしておこう[11]。Klaus Tipke 教授は「簡素化目的規範は、技術的・経済的理由から課税を容易に、そして簡素にするものである。そして、課税を一層実践的にまたは経済的に構築するものである。しかし、簡素化目的規範は、類型化、概算化、一定の控除額、免税点を設けることを通じて、とりわけ法律の複雑性および実行不可能性を回

---

10)　前掲注 3 ）の Fischer 教授の編集によるドイツ租税法学会誌がその成果である。
11)　この点についての、わが国における近時の優れた業績として、参照、首藤重幸「租税における簡素の法理」日税研論集54号（2004年）87頁以下。

避するものである」と述べ、Hey 教授も Tipke 教授の右の言明に倣って
簡素化を定義付けていると思われる[12]。加えて、Weber-Grellet 氏はこの点[13]
「連邦レベルのみをとっても、約2,000の法律が、そして約3,000の法規命令
が存在する。それと比較して、20の税目および128の連邦レベルの租税法
律はどちらかといえば少ないように思われる。税収獲得の面に着目すると、
詰まるところ課税要件は市民にとって理解可能な制定法の規律に帰せられ
る。一般的に述べると、簡素化は、非個別化（類型化）、差別扱いの限定
（法律要件の妥当性）、所得概念の包括性を相対化することおよび厳格な執
行を要求する〔そうした税制の構築である〕。」と述べている[14]。

　なお、財政学者の有力説は、簡素化（＝簡素な税制）を「課税を行なう
際の行政コスト、すなわち税務行政コストが小さく、また納税義務者にと
っての手間、すなわち納税に伴うコスト（納税協力費用）が少なくて済む
税制〔の構築〕」と定義している[15]。加えて同じように宮島洋教授は「ある
税制が納税義務者によってわかりやすく、納税に要するコストおよび徴税
に要するコストが小さいこと」と定義している[16]。

　さて、以上のような税務執行に係るコストに着目すると、次のような議
論の展開もみられる。納税義務者にとっては租税法上の義務を履行するこ
とが求められるが、他方で、税負担回避行動を採る誘因もまた存在する。
課税要件明確主義によれば、納税義務者は法令から自らの税負担を予測可
能であるはずだが、現実にかような要請は充足されないことがある。これ
は、租税制度の複雑性が生じている状況といえよう。その際、納税義務者
は如何なる行動を採るのか、具体的にいえば、納税義務をはじめとする諸
義務を履行すべく、法令の解読に努めるのか、またはそれとは異なる行動
を採るのか。ここでは便宜上 Bizer 氏の議論を素材として検討することと[17]

---

12)　Tipke, Klaus, Steuerrechtsordnung I 2. Aufl., Köln 2000, S.80.

13)　Hey, Johanna, in: Tipke, Klaus／Joachim Lang (Hrsg.), Steuerrecht 21. Aufl., Köln 2013, § 3 Rz.145ff.

14)　Weber-Grellet, Heinrich, Steuern im modernen Verfassungsstaat:Funktionen, Prinzipien und Strukturen des Steuerstaates und Steuerrechts, Köln 2001, S.118f.

15)　貝塚啓明『財政学〔第3版〕』（東京大学出版会・2003年）217頁。

16)　宮島洋『租税論の展開と日本の税制』（日本評論社・1986年）213頁。

したい。

　そうした租税制度の複雑性がもたらすものについて所論は次のように述べる。Bizer 氏の整理によれば、税額計算の複雑性を例とすると、納税義務者は、場合によっては、税負担回避行動を採る可能性があるというのである。[18]この点、納税義務者が税負担回避行動を採るか否かの具体的基準としては、税負担回避行動により得られる利益（税負担回避額）と制裁による損失（刑事制裁）を比較して、前者が後者を上回れば、それを行なうというものがあろう。[19]この立場は経済学でいうところの合理的経済人を仮定していると考えられる。[20]このように合理的経済人（homo economicus）の仮定を前提とすれば、必ずしもそうであるとは限らないが、納税義務者は原則的に自利的に行動する。しかし、利益の極大化のみを納税義務者の行動に係る原則的選択肢と設定しつつ議論を展開することは必ずしも租税政策論において妥当なこととは解されない。換言すれば、人間の行動には不合理な点が付着することになる。例えば、人間が行動する際には、認識の限界のもとでの行動がなされる。これは意思決定を行なう際に完全情報を獲得することの実際上の困難さに見出されうる。[21]これにより意思決定は不完全な情報に基づき行なわれ、それに相応するように効率性は失われる。それに関連して、Endowment 効果は、利益と損失とが絶対数では同一であるにもかかわらず、損失のほうが大きく感ずる心理を指す。[22]この効果について引用される文脈からすれば、これも人間の認識能力の限界を示唆する一例として理解されるべきものである。さらに、人間の行動の基準はそうした画一的なものではなく、例えば、心理的な衝動に規定されることも

---

17)　Bizer, Kilian, Steuervereinfachung und Steuerhinterziehung:Eine experimentelle Analyse zur Begründung von Steuereinfachheit, Berlin 2008. 税負担回避行動と税制簡素化との関係について、詳細な検討は別の機会に譲る。なお、所論の税負担回避行動は直接的には脱税が念頭に置かれているものと思われる。ただし、そのエッセンスは租税回避にも通ずるかもしれない。

18)　詳細は、Bizer, Steuervereinfachung und Steuerhinterziehung（Fn.17），S.61ff.

19)　Bizer, Steuervereinfachung und Steuerhinterziehung（Fn.17），S.24ff.

20)　Bizer, Steuervereinfachung und Steuerhinterziehung（Fn.17），S.38ff.

21)　Bizer, Steuervereinfachung und Steuerhinterziehung（Fn.17），S.44f.

22)　Bizer, Steuervereinfachung und Steuerhinterziehung（Fn.17），S.49.

あろう。納税義務者の行動に影響を与えるのは、前述の自利的な主観のみ
ではなく、社会的な諸規範でもありうる。そうした納税義務者にとっての
行動の基準は納税義務者の環境とでもいうべき、様々な外的要素によって
も形成・発展されていく。この点、以上を踏まえた上で、Bizer 氏によれ
ば、制度の経済学を参照すると、いわゆる旧派においては、制度（法律を
はじめとする社会的規範を含めてよかろう）は、人間の行動を規律する主観
的心理に影響を与え、その内容を変化させることになり、その結果それは
人間の行動習慣（habits）も変化させる。租税法を例とすれば、それと並
んで、法律という制度の名宛人である納税義務者の行動も制度に対して影
響を与えるのであろう。この事象は、租税立法者の営為を通じて生ずるも
のである。本章の文脈でいえば、複雑性を有する租税制度が簡素化を指向
しつつ改正されるのである。敷衍すれば、ここで観念される人間は制度に
影響を受け、その行動習慣・意思決定のありようを変化させるそうした人
間であろう（Bizer 氏の言うところの homo economicus institutionalis）。他方、
新派は制度をゲームのルール（Spielregeln）として観念するのみである。
人間の行動が外的な影響を受けつつ変化することを前提とすれば、人間の
行動は前述の如く利益と損失との比較という意味での損得にのみ支配され
るものではない。それに関連して、Bizer 氏は Framing 効果に触れる。こ
れは、人間の意思決定はいくつかの制約下で行なわれ、まったくのフリー
ハンドで行なわれることはない、ということである。加えて、例えば、そ
こに含まれるものとして、税負担軽減措置が新規立法で導入された場合、
それが自らに必ずしも税負担軽減効果をもたらさないとしても租税法上の
利益をもたらすものと感知する心理もあるとされる。逆にいえば、これも
意思決定に際して自らに係る損得の比較のみを以てそれが行なわれること
はない、人間の行動は時として不合理であるということに行き着こう。

　租税制度の複雑性が上昇することにより、具体的に、納税義務者に対し

23)　Bizer, Steuervereinfachung und Steuerhinterziehung（Fn.17), S.52.
24)　Bizer, Steuervereinfachung und Steuerhinterziehung（Fn.17), S.54ff.
25)　Bizer, Steuervereinfachung und Steuerhinterziehung（Fn.17), S.55ff.
26)　Bizer, Steuervereinfachung und Steuerhinterziehung（Fn.17), S.59.
27)　Bizer, Steuervereinfachung und Steuerhinterziehung（Fn.17), S.57.

て如何なる影響が生じうるのか。特に問題となるのは、租税制度が納税義務者の行動に与える影響である。一つは、租税法の執行に際して、課税庁のもとのみではなく、納税義務者に対して様々なコストが生ずることと並んで、以下のものが議論されている。²⁸⁾考えられうるものの一部ではあるかもしれないが、Bizer 氏の整理によれば、嫉妬（Neid）、羞恥心（Scham）、攻撃的態度・反応（Aggression und Reaktanz）、抑圧的心理がそれである。嫉妬については、複雑な租税制度により節税行動を採ることが可能な納税義務者に対するものである。羞恥心は、税負担回避行動が明らかにされた場合には、それに刑事制裁が科されることによる名声の問題をもたらすという。攻撃的態度・反応は、複雑性の増加によりそれに相応して納税義務者の自由に対する制約が生じ、その程度に応じて税負担回避行動が行なわれうるという。抑圧的心理は、租税法上の義務履行が複雑性の増加により困難になり、その結果心理的負担が生ずるということである（いわゆるfiscal fog）。

　以上の Bizer 氏の整理を通じて明らかになった複雑性の増加によりもたらされる納税義務者に対する影響は、おそらく現実的なものとして想定することは可能である。確かにいずれの影響が生ずるかは明確ではない。嫉妬は納税義務者間の相互牽制効果による、羞恥心は税負担回避行動の発覚による税負担回避行動の抑止をもたらしうる。また逆に嫉妬は自らをも税負担回避行動に行き着かせうる。攻撃的態度・反応、抑圧的心理はいずれも税負担回避行動をもたらしうる。ここでは、必ずしも損得という基準が納税義務者の行動を規定してはいない。

　このように、租税制度の複雑性がもたらしうる影響は様々でありうる。では、これがもたらす租税政策上の示唆は何か。現段階で考えられるものとして、税負担回避行動の抑止を企図する政策選択肢の多様性であろうかと思われる。仮に、合理的経済人の仮定に基づき、税負担回避行動により得られる利益と制裁を科されることによる不利益とを比較し、前者が後者を上回れば納税義務者が税負担回避行動を採ると考えれば、端的には制裁

---

28)　Bizer, Steuervereinfachung und Steuerhinterziehung（Fn.17）, S.83ff.

の大幅な引上げが妥当な政策である。しかし、合理的経済人の仮定が必ず
しも妥当しない場合には、制裁の大幅な引上げも一つの選択肢ではあろう
けれども、その他にも考案可能である。例えば、納税義務者による他の納
税義務者の税負担回避行動の通報制度があろう。さらには、事前照会制度
の充実をはじめとして、納税義務者の租税法上のコンプライアンスコスト
を引き下げる方法も考案されるべきであろう。尤も、合理的経済人の仮定
が、前述の如く、租税法上の簡素化をある程度放棄または犠牲にした上で
の制裁の引上げという組み合わせのみを租税政策のあり方として示唆する
わけではないとも考えられる。そもそも重要であることはできる限り簡素
な税制を構築することである。したがって、また、簡素な税制の構築が必
要であることもまた導かれうる一つの帰結である。この点、Bizer 氏は、
Hysterese 効果にも言及する。これは、Bizer 氏の整理によれば、税制改
正を通じて、租税制度の複雑性が増加した場合には、それにより納税義務
者に係る租税法上の誠実さが失われ、それを認識した租税立法者がかかる
複雑性を除去する税制改正を再度実施しても、一度低下した誠実さは回復
しない、ということである。[29]

　ここで簡素な税制の構築が改めて論証されたことになるわけであるが、
そこで、そうした経済学の知見に基づき、現在の租税法における議論が簡
素化の要請に応えるものであるか否かは一つの論点でありうる。それをド
イツの議論を参考に、その成否はさて措き、本章でも検討することとした
い。

(b)　簡素化の実現されるべき諸事項——従来の議論の整理

　わが国では、簡素化の実現されるべき事項として、多くの者が税率を挙
げるであろう（そして、それに加えて租税特別措置の廃止と課税標準の拡大）。[30]
特に、所得税率のブラケットの数にその批判が集中したことは間違いない。
ブラケットの数が多ければ、それだけ税額の計算に手間がかかることは明

---

29)　Bizer, Steuervereinfachung und Steuerhinterziehung（Fn.17）, S.67f.
30)　例えば、参照、Ault, Hugh J., Steuervereinfachung im internationalen Vergleich, Fischer
　　（Hrsg.）, Steuervereinfachung（Fn.3）, S.107ff., 108ff.;Isensee, Josef, Vom Beruf unserer Zeit für
　　Steuervereinfachung, StuW 1994, 3ff., 5; Klein, Franz, Steuerreform und Steuervereinfachung-
　　vordringliche Aufgabe in den nächsten Legislaturperiode, ZG 1987, 245ff. insbesonere 246.

らかである。それとともに、わが国でもブラケットの縮小が進み、この点の簡素化は相当程度実現したということもできるかもしれない。もちろん、確かに、簡素化の極端に進めると、単一税率が好ましいともいえよう。しかし、わが国を例に取ると、そこに所得再分配という公平の理念に基づく極めて重要な政策的公準が認められ（社会国家原則の実現）[31]、それに基づけば、単一税率はおそらく政策的現実性を有していないであろう。それゆえ、ある程度の累進性を伴う所得税率が採用されねばならない。よって、このように考えると、単純にみると、累進税率の採用によって単一税率と比べて簡素化は後退することとなる。

　その他にも、諸々の控除項目の整理も簡素化のためには必要であろう。あまりに控除項目が多くあると、自らに適用される控除項目がどれであるのかを認識するのが困難であろうし、控除項目を斟酌しつつ計算するのに手間がかかるであろう。しかし、控除項目の中には特別措置によるもののほか、基礎控除をはじめとして、平等原則や生存権に基く法的に要請される控除もある。その点、諸々の控除を一つの控除に纏めるとしても、確かに、簡素化は実現できるが、しかし、こうして控除額を過度に概算化した帰結として、個々人の生活事情に応じた税負担を創出するために認められた控除が適用できない結果、個々人の主観的事情を無視した税負担を創出するおそれが生ずる（いわゆる"租税の簡素化と個別事例の正義との間の緊張関係"[32]）。これは、所得税法の体系を担う諸原則に着目した場合、税制としては望ましくない。よって、いくつかの控除項目を個別に規律する必要があるであろうが、しかし、簡素という視点は後退せざるをえない。

　その反対に、租税特別措置については公平を実現するためにも廃止を積極的に勧めるべきであろう。多くの租税特別措置が規律されている結果、税制がかなり複雑化したことは周知の事実であるから、原則廃止が望ましい。よって、個々の特別措置の効果を検証し、その効果が十分でないと判断されるに至った場合には、その廃止を積極的に行なうという態度が立法

---

31)　金子・前掲注4）84頁。
32)　木村・前掲注8）98頁。

者には求められる。³³⁾

(2)　税制簡素化の実現手法としての立法——立法学の視点

　本章においては、前述(1)において、税制簡素化の意義を述べたが、ここ
では、それと並んで、法令文の構築が簡素化にも大きな影響を与えうるこ
とを明らかにしたい。それは、立法学の中でも、立法技術論に属する事柄
である。³⁴⁾

　そもそも、先に挙げた税制簡素化の定義においては、納税義務者および
課税庁が租税法の執行についてコストを伴うことなく、それが可能である
ことが重要な要素であった。したがって、複雑な租税法律は自らに適用さ
れる控除項目、税率、特別措置等を明らかにするために大きなコストを要
することはいうまでもない。しかし、それだけでなく、法令文そのものも
相当程度に租税法律の複雑性に影響を与えるであろうことは想像に難くな
い。³⁵⁾ すなわち、例えば、不確定概念が用いられた場合、自らが費用として
支出した金額は租税法が想定する「合理的な」額の費用であるのか否か、
は一義的に明らかではないであろう。さらに、自らの稼得した利得が一体
如何なる各種所得類型に当てはまるのかが明らかでないこともある。それ
は、法令文の規律のなされ方によっている部分が大きいであろう。³⁶⁾
Kirchhof 教授は "法律の理解可能性" という柱書のもとで次のように述

---

33)　この点については、別の機会で詳しく論ずる予定である。なお、参照、手塚貴大「政策過
　　程における時限法律の運用・機能—ドイツ経済行政法を素材とした立法学研究」法学政治学
　　論究56号（2003年）281頁以下。

34)　立法技術論について、Lücke, Jörg, Die Allgemeine Gesetzgebungsordnung : Zu den ver-
　　fassungsimmanenten Grundpflichten des Gesetzgebers und der verfassungsrechtlichen
　　Notwendigkeit ihrer gesetzlichen Konkretisierung und Ausgestaltung, ZG 2001, 1ff. を参照。ま
　　た、立法技術論（あるいは法制執務）の重要性については、近時の年金関連法案に係る議決
　　後に明らかとなった過誤の訂正問題を直視すれば否定できない。例えば、参照、浅野善治
　　「立法の過誤—その背後にあるもの」ジュリスト1275号（2004年）2頁以下・5頁。

35)　参照、Schön, Wolfgang, Vermeidbare und unvermeidbare Hinedernisse der Steuerver-
　　einfachung, StuW 2002, 23ff., 25. わが国では、水野忠恒教授も、税制簡素化の多義性を強調さ
　　れつつ、筆者が本文中で指摘した法令文の構築のありようも税制簡素化において議論される
　　べき問題の一つであると整理している。水野教授の整理は本章の視角からは至極正当と評し
　　うる。参照、水野・前掲注7）93頁。さらに、碓井光明「難解条文例　相続税法20条1項
　　法人税法22条1項2項」法学教室145号（1992年）68頁以下。

36)　同旨、山田晟『立法学序説—体系論の試み』（有斐閣・1994年）113頁。

べている。租税法律においては、納税義務者、課税の正当化根拠、税額、徴収方法が規律されていなければならない。納税義務者は恒久的に有効である法律をベースとして長期的な計画を立てねばならない。法治国家、民主主義、基本権および適正な税負担の創出という作業は、法律上において、税負担の根拠が予見可能で、かつ理解可能であることを要求する。加えて、ある納税義務者に納税申告が義務付けられる場合には、彼らにとって租税法が簡素で、かつ理解可能でなければならない旨の指摘もある。そして、以上のような Kirchhof 教授の言明はまさしく課税要件明確主義が妥当する租税法の領域においては特に妥当するものということができよう。

　Lang 教授は、課税の実行可能性（Praktikabilität または Durchführbarkeit）に関連付けて、租税法における法令文およびそれに用いる言葉の問題について次のように述べている。いわく「実行可能性は、まず、法治国家原則から導出される明確性を前提とする。不明確で、理解できない租税法律は租税実務を混乱させ、多くの問題をもたらし、経済的意思決定プロセスを錯乱させ、行政府および裁判所の予見可能性を困難にさせるものである。古典的な（法治国家原則をベースとする）明確性の原則と密接に結び付いているのは、透明性という現代的な要請である。それは、既に租税法律の立法の時点で提起されるのである。すなわち、まず、立法者は自分自身が課税について行なった意思決定を理解することができなければならない。租税法律は、本質的な問題が隠れてしまうような形で、しばしばテクノクラート的な回りくどい表現で以て規律され、それゆえ、立法者も租税法律の内容および効果について正確に認識できないような状況がある。そのよう

---

37)　Kirchhof, Paul, Der Einfluß des Verfassungsrechts auf die Entwicklung des Steuerrechts, Stbg 1995, 68f.

38)　租税法律の明確性の要請を租税法における法治国家原則の観点から論ずるものとして、参照、Seer, Roman, Steuergerechtigkeit durch Steuervereinfachung:Symposion der Duetschen Steuerjuristischen Gesellschaft e.V. vom 18. Februar 1995, Bundesfinanzakademie Brühl, StuW 1995, 184ff., 186f.

39)　同旨、参照、Isensee（Fn.30）, StuW 1994, 7.

40)　Lang, Joachim, Entwurf eines Steuergesetzbuchs, Bonn 1993, Rz.385ff.

41)　Monika, Jachmann, Grundthesen zu einer Verbesserung der Akzeptanz der Besteuerung, insbesondere durch Vereinfachung des Einkommensteuerrechts, StuW 1998, 103ff. も参考になる。

な状況において市民は如何にして自己に課される税負担を読み取ることができるであろうか？」と。そして、租税法において用いられる法令用語は性質上難解にならざるをえないが、逆説的ではあるが、それが明確性の原則を一層よく実現することもあるとされる（もちろん、所論によると、できるだけ日常用語〔bürgernahe Sprache〕に近い言葉を用いるべきであるという[43]）。Lang 教授の言明から、租税法における法令用語および法令文の構築が簡素化にとって特に重要であることが理解できよう。なお、先に挙げた定義からも明らかになるように、実行可能性は租税法の簡素化を通じて実現されるべき目的の一つであるから、Lang 教授の問題提起は租税法の簡素化と立法技術との関係を正確かつ正当に指摘したものと評することができるであろう[44]。

　さらに、この点、阿部泰隆教授も「法を適用される国民の立場なり明るい開かれた社会なりを想定すれば、法は一般人が理解できるように、できるだけ明確であるべきである。公務員にとっても隣の法律はわからないといったことが多く、法が明確である方が運用が容易となるメリットがある」と述べている[45]。そして、その改善点として、法律の分かりにくさ、言葉の定義、附則・読み替え規定など、括弧、数式、用いられる日本語（法令用語）が挙げられている[46]。

　したがって、法令文そのものに付着する難点に着目される阿部教授の問題提起によっても、簡素化と立法学とを関連させつつ論ずる意義は認められると考える。先行業績によりつつ[47]、法令文と税制簡素化との関係をまとめると、凡そ①法令文に難解な言葉を用いる場合、②法令文に不確定概念・一般条項が用いられる場合、③法令文が不必要に長く構築されている場合、の三類型が問題となろう。①については平易な言葉を考案し、用い

---

42)　Lang, Steuergesetzbuchs（Fn.40）, Rz.386f.

43)　Lang, Steuergesetzbuchs（Fn.40）, Rz.388.

44)　Lang 教授は、租税法律はできるだけ、簡素に構築され、徴税が低コストで行なわれるべきであるという。参照、Lang, Steuergesetzbuchs（Fn.40）, Rz.389.

45)　阿部泰隆『行政の法システム（下）〔新版〕』（有斐閣・1997年）753頁以下。

46)　阿部・前掲注45）を参照。

47)　立法技術論に関する近時の優れた業績として、松尾浩也＝塩野宏編『立法の平易化—わかりやすい法律のために』（信山社・1997年）を挙げることができる。

ることで解決されるが（言葉の選択の問題）、②および③は立法技術論に特有の問題であって、本章で理論的に検討すべきであると考える。[48]

　なお、加えて、租税法全般について妥当することであるが、法改正の頻度はかなり高く、それとともに、納税義務者が法状況を適時に認識することが著しく困難になっている。[49]しかも、租税法は私人の経済取引に与える影響が大きいため、先に指摘した立法実務の弊害を除去する手段も求められる。

　一般論として、行政法領域においては法律の過多現象が指摘されている。[50]すなわち、法律（および本来は法規命令、行政規則、通達等の法の解釈・適用にあたって斟酌すべき要素の総体）の数が多すぎて解釈・適用に困難が生ずることが指摘されている。[51]I 2(1)で指摘した租税特別措置の増加はその典型例といえるであろう。これは、法律の認識に困難を招来するものであるといえる。加えて、それは、法整理の要請（Rechtsbereinigung）に、そして一つの法領域における単一法典の編纂の要請に行き着く。[52]

　なお、既に簡素化の意義をI 2(1)(a)で述べたが、税率をフラット化することや、課税要件の中に類型化あるいは概算化を規律することも広義では法令文の簡素化に資する。[53]何故なら、法律の見通しが改善され、納税義務者自身にとって租税法律に基づく税額の計算が比較的容易になるからである。あまりに詳細な規律は自らに適用される法律中の規律を認識することを困難にするはずである。

　では、本章の構成を以下に示す。Ⅱにおいて、行政法、特に租税法の領

---

48)　なお、法素材の過多も指摘されている。それとともに、ドイツの大学法学部における法学の学習者がカリキュラムを十分に消化し切れていないという問題も指摘されていることを付言しておく。右の点につき、参照、Lang, Joachim, Verantwortung der Rechtswissenschaft für Steuerrecht, StuW 1989, 202. さらに、参照、塩野宏「行政法と条文」法学教室145号（1992年）11頁。

49)　この点の改善は法改正の頻度を引き下げる手法によることとなる。参照、Lang, Steuergesetzbuchs（Fn.40）, Rz.34ff.

50)　E. シュミット－アスマン（海老原明夫訳）「ドイツ行政法の最近の発展（上）」自治研究72巻9号（1996年）3頁以下、特に、6頁。

51)　Isensee（Fn.30）, StuW 1994, 3.

52)　例えば、特別法整理もその一つであろう。参照、山田・前掲注36）153頁以下。

53)　同旨、Weber-Grellet, Steuern im modernen Verfassungsstaat（Fn.14）, S.119.

域における立法のベースとなる体系についてドイツの学説を参照しつつ論じることを通じて、立法学の原則を整理する。そして、Ⅲにおいて、法令文の簡素化を実現する立法技術に言及し、そしてⅣにおいて租税法の簡素化を実現する可能性のある単一租税法典に係る法理論を検討する。Ⅴにおいて本章の議論を総括する。

Ⅱ　立法と体系

　ここでは、理論上立法にあたって斟酌すべき事項を論ずる。まず、租税法固有の議論からは相当離れるが、ドイツにおける立法学の誕生の一因である法律の過多現象を論じ（1）、次に、立法の際に維持・実現すべき法律の体系のありよう（2）、そして法律の過多により発生している法律の体系損壊を避けるための体系の維持に係る方法論にも触れる。

1　法律の過多と立法学

⑴　立法上の原則──法律の過多に対応するもの

　ドイツにおいても、わが国においても、法律の過多現象が指摘され、警鐘が鳴らされている。その原因は次の諸点にある。例えば、租税法学の領域において述べられるところを踏まえるとするならば、一に、法改正の頻度の上昇[54]、二に、近年、特に、社会の中で存在している法律の規律対象たる事実の複雑性、多様性、そして立法者の手によって立法された法律が、その必要性につき検証を加えることなく、依然効力を有していること、三に、類似した規律対象を規定している法律の整理が行なわれないこと等がそれである。「法律の過多」に基因する法律の認識可能性の低下が指摘されている[55]。そのために、法律の条文の見通しが悪くなり、法律を用いよう

---

54)　やや古いが、参照、Raupach, Arndt, in：Raupach, Arndt／Klaus Tipke／Adalbert Ülner (Hrsg.), Niedergang oder Neuordnung des deutschen Einkommnesteuerrechts?, Köln 1985, S.20ff., S.128ff.　一般的には、参照、Noll, Peter, Gesetzgebungslehre, Hamburg 1973, S.164 ff.;Hill, Hermann, Einführung in die Gesetzgebung, Heidelberg 1981, S.9, S.37, S.44ff.

55)　参照、Walter, Robert, Die Lehre von der Gesetzestechnik, ÖJZ 1963, S.85f.; Noll, Gesetzgebungslehre (Fn.54), S.164ff. この規定対象たる事実の複雑性という概念の内容につき、参照、

とする者が、法律の内容を正確に把握することができなくなってしまう。その結果、国民は自己に適用される法律の要件および効果を認識できないため、自己の行為の法律効果についての予測可能性を損なう。そして法律を適用する者にとっては、その適用作業が著しく困難になることになる[56]。これが、法律の認識可能性の減少現象の結果である。

　ここで、一例として、Walter 教授による立法技術の基本原則ともいえる、認識可能性を追求するための、立法に際して斟酌すべき原則を挙げる。それは、①体系秩序原則、②経済性原則、③法令文の相当性（Adäquanz）、理解可能性（Verständlichkeit）、明確性（Präzision）の原則、④公表原則と呼ばれている[57]。所論をまとめると、①は、個々の法律および個々の法律が体系性を有することを意味する。②は、法律が冗長にならないように、できるだけ一般性を有する規定を設けること、逆に例外的な規定を少なくすること、さらに敷衍すると、法律要件および法律効果を規定した法規、一般条項、目的規定等の諸々の規定を用いて、不必要に長く、認識しにくい条文を立法することを避けなければならないことを意味する。③は、法令文が相当で、明確で、理解可能であること、④は、法律を何らかの手段で名宛人に周知せしめるべきこと、を意味している。こうした諸原則を実現することにより、認識可能な法律を立法することが可能となろう。

　なお、以上の如き諸原則はその意味内容からして法治国家原則から導出することが可能である。仮に、法治国家原則をベースとするとしても、論者によって定立される立法上の原則は、講学上のそれであるため、名称および意味内容とも異なっている。また前述の Walter 教授のそれも講学上のものであろう。

　まず、ここでは、後述2において、法律の認識可能性の内実を具体的に

松尾＝塩野編・前掲注47）126頁以下〔水野忠恒〕、金子・前掲注4）33頁。参照、阿部泰隆『こんな法律はいらない―「国民不在」「行政肥大」を生む34の非常識』（東洋経済新報社・2000年）148頁以下。

56)　参照、阿部泰隆『政策法学と自治体条例―やわらか頭で条例を作ろう』（信山社・1999年）8頁以下。

57)　参照、Walter（Fn.55），ÖJZ 1963,86ff. 行政規則にも同様のことは当てはまる。参照、大橋洋一『行政規則の法理と実態』（有斐閣・1989年）144頁。

概観し、立法活動におけるその意義を確認し、そして強調したい。その次に、以上の諸原則の具体的な点を明らかにする。

(2)　「法律の認識可能性」の立法における意義

立法は一定の目的に動機付けられている。法律は、その目的を合目的に実現することを期待されている。広い意味では、立法技術は、「法律の追求する目的を達成する手段」である[58]。そのために法律は、実効性を有することが期待されている。しかし、立法者は、表面上の目的の達成を期待せずに、法律を公布することがある。立法者は、国民の期待する法律を公布する意思を有していないとき、国民の声に外形上応えるため、立法者の期待する法律に、国民の期待する法律の本来的目的と異なる目的をもたせて、その法律を公布するという例が想起されるべきであろう[59]。さらに、立法技術が、本当の目的および法律の中で規定されている目的を、政治的理由等から、曖昧にするために利用されることもある、とされる[60]。立法者が、本当の目的と法律で規定された目的を曖昧にするという方法によってのみ、立法者が意図する立法に反作用をもたらすそうした政治的困難を回避できると考える場合には、そうした行動が採られることは珍しくない[61]。所論によれば、こうした場合において、立法者は、自己の意図を、体系上隠れた位置においてまたは但書の形で表明する。このことは、法治国家の観点からは、常に問題である。すなわち、基本権の制約は名宛人にとって明らかでなければならないから、基本権が、隠れた位置に規定された規定によってまたは但書のようなみえにくい方法によって制約される、という事態を防止するために、基本法の立法者は、同法19条1項2文において、次のようなルールを定立した。すなわち「制定法は、基本権の制約を行なう際には、明確に分かるように規定されていなければならない」がそれである。したがって、直後にみるように、法治国原則を採用する憲法は、法律の目的および基本的思考をカムフラージュする法律を認めないと考えるべきで

---

58)　Noll, Gesetzgebungslehre（Fn.54），S.169.
59)　Noll, Gesetzgebungslehre（Fn.54），S.169.
60)　Noll, Gesetzgebungslehre（Fn.54），S.169.
61)　Noll, Gesetzgebungslehre（Fn.54），S.169f.

あろう。連邦憲法裁判所は「立法者の確たる視点を覆い隠している法律は、法治国家原則に違反する」と判示する。さらに、連邦憲法裁判所はまた、次の論述により、立法技術に対する最低限の要請を明らかにしている。すなわち「法律中に規定された禁止規定は、当事者が、法律状態を知ることができ、それに従って、行動を決定することができる程度に、要件および内容をともに明確に定められていなければならない。法律の制定に際しては、ある程度の不明確性を避けることはできない。しかし、立法者は、少なくとも、その基本的思考、その目的を完全に明らかにしなければならない。このことは、比較的単純で、容易に見通すことのできる生活事実が問題になっているがゆえに、法律要件が明確に構築されうる場合に、特に、妥当する」。以上の連邦憲法裁判所の判示は、立法技術にとって、示唆するところが多い。一は、立法者は、基本的思考、目的を完全に明らかにしなければならないこと。二は、行動を法律に従って決定するそうした当該規範に関係する当事者の理解が判断の基礎とされること。三は、規律素材の難易度が斟酌され、そして立法者によって、規律対象たる生活事実関係の性質と比較して、必要以上に規定が複雑にならないことが、要請される。

　したがって、法律の実効性は、本質的に、立法技術に依存しているといいうる。例えば、すなわち、所論によれば、法規の体系上の位置は大きな意味を有する。構成要件が、刑法典に規定されているかまたは本法に関連する法律である付随法（Nebengesetz）の中に規定されているかは、体系上の位置の宣言的効果に鑑み、決して無視することができないだろうとされる。

　さらに、不明確な、見通しの利かない、複雑な法律は、その法律の幅広い解釈、さらには恣意的な解釈を通して、法律を運用する者の権力を拡大し、そしてその運用に精通している者の存在を必要不可欠なものにする。すなわち、所論によれば、それゆえ、そうした法律の規定内容から当然に

---

62)　BVerfG-Beschl.v 7. April 1964 - 1 BvL 12／63- BVerfGE 17, 306ff.

63)　BVerfG-Beschl.v 7. April 1964 - 1 BvL 12／63- BVerfGE 17, 318, 314.

64)　Noll, Gesetzgebungslehre（Fn.54）, S.170.

65)　Noll, Gesetzgebungslehre（Fn.54）, S.171.

導かれる結果と、それを適用した結果現出するものとの間の明白な一致が実現することに向けられるのとは正反対の傾向が、常に存在することになる。

　Walter 教授も1962年の Graz 大学就任講演において、この法律の過多に基づき、法令文を認識できず、理解できないことを原因とする法律の実効性の低下現象を指摘し、「〔規範の〕認識可能性は万人のために定立されねばならず、認識可能性は法律を執行する際の法秩序に依存している」と述べた[66]。Noll 教授は、その認識可能性を、名宛人を義務付ける規範、請求権を付与する規範等のあらゆる規範について要求し、そして、Walter 教授の見解に同調し、「規範は、まず、実効性を有するために、次に、服従されるために認識が容易でなければならない」と述べている[67]。容易な認識可能性によって解釈に不要な困難が伴うことなく、スムーズに行なわれるためのベースが構築されるのである[68]。なお、加えて、法律の認識可能性は二つの側面を有している。一は、名宛人に対する理解可能性をその内容とする名宛人にとっての正義（Adressatengerechtigkeit）、二は、行政による執行可能性および司法による判断可能性を内容とする適用上の容易さ（Anwendungsgeeignetheit）である[69]。このような法律の名宛人の双方に認識可能性の要請は妥当することになる。

(3)　法律における「体系秩序原則」と「経済性原則」

　以上で、立法活動の中での法律の認識可能性の重要性は明らかになった。ここでは、立法技術を理論的に考察していくため、ドイツにおける議論を中心にして論述を展開したい[70]。前述した Walter 教授の指摘と類似して、

---

66)　Walter（Fn.55）, ÖJZ 1963, S.85.

67)　Noll, Gesetzgebungslehre（Fn.54）, S.171.

68)　こうした解釈の容易さという視点を、解釈にかかる手間と面倒という観点に絡めつつ論じたものとして、参照、増井・前掲注5）。

69)　この区別を採用するものとして、例えば、Hill, Einführung（Fn.54）, S.98ff.

70)　前掲注54）の Noll, Gesetzgebungslehre は優れた業績である。この点につき、参照、Mayer-Maly, Theo, Rechtswissenschaft, Wien 1985, S.47がある。Noll 教授の立法学の議論に関して論評した邦語文献として、参照、高見勝利「あるべき立法者像と立法のあり方—立法学研究への一視角」公法研究47号（1985年）95頁以下、大村敦志『法源・解釈・民法学—フランス民法総論研究』（有斐閣・1995年）327頁以下。大村教授の指摘によると、1960年代の終

明確で、体系的で、理解可能である法律を立法するために、立法活動の際に考慮すべきものとして Hill 教授は次に掲げる四点の要素を摘示する。①体系化、②規定の方法、③法令文の表現、④公表、である[71]。①は、立法における体系の構築を目指すことである。Engisch 教授や Canaris 教授は法律学における体系を重んじて解釈論を展開する方法論を唱えている[72]。この法律体系論が立法技術論に応用されるのである。これは Walter 教授の体系秩序原則に相当しようか。②は、様々な条文を、法規定相互の矛盾をなくするように、整合的に編成して、立法を行なうことである。ここで「様々な条文」とは、法律要件および法律効果を規定する法規、目的規定、定義規定、制裁規定等を指すと思われる。つまり、その際、様々な条文を整合的に組み合わせつつ立法を行なうことが要請される。それを以て、条文数が不必要に多くなる、ということはなく法律の見通しは改善する。これは Walter 教授の経済性原則に相当しよう。③は、法令文に用いる言葉を、法律が理解可能となるように選択することである[73]。④は、官報を用いた法律の公布のみでなく、法律を名宛人に対して認識させる手段として、テレビ、新聞等の他のメディアを通じて法律の公布を周知徹底させる手段を探求することを意味している[74]。Hill 教授のこうした留意点の提示は、名

わりがスイス立法学の萌芽期で、そしてスイスにおいて同時期に設置された国家行政組織法改正のための専門家委員会が設置され、その委員会は連邦立法局の創設を提案していたそうであり、法案作成能力を有する法律家を育成することをその目的の一つとしていたともされている。そこで Noll 教授による Gesetzgebungslehre が立法学の構想をトータルな形で示し、それが、その後ドイツに輸入され後の議論に多くの影響を与えたとされている。その他に、ドイツ語圏における立法学の発展状況を時系列的に示すものとして、参照、Kaufmann, Arthur,Rechtsphilosophie, München 1997, S.16；Raiser, Thomas,Das lebende Recht 3.Aufl, Baden-Baden 1999, S.300ff. そして、Noll 論文を引用してはいないが、参照、大橋洋一『行政法学の構造的変革』（有斐閣・1996年）3頁。

　わが国における立法学の史的展開を試みるものとして、参照、前田陽一「民法学からみた『政策と法』」岩村正彦他編『岩波講座 現代の法 4　政策と法』（岩波書店・1998年）33頁以下。

71)　Hill, Einführung（Fn.54），S.96.

72)　Engisch, Karl, Einführung in das juristische Denken, Stuttgart 1997; Canaris, Claus-Wilhelm, Systemdenken und Systembegriff in der Jurisprudenz, Berlin 1969. 参照、クラウス−ウィルヘルム・カナリス（木村弘之亮代表訳）『法律学における体系思考と体系概念―価値判断法学とトピク法学の懸け橋』（慶應義塾大学出版会・1996年）。

73)　なお、Noll, Gesetzgebungslehre（Fn.54），S.244ff.

74)　なお、Noll, Gesetzgebungslehre（Fn.54），S.196ff.

宛人に対して、如何にして法律の内容を認識、理解させるかという問題に
解答を与えるための達成すべき要請である。ここでは、便宜上上記の①と
②に限って考察することとする。③と④については、また改めて考察した
い。

　後述2で議論される体系性の実現について、考察の中心になるのは、そ
うした体系の立法における役割である。内的体系および外的体系が法律中
で貫徹されていなければならないことが摘示される。そしてさらに検討さ
れる経済性原則を実現するための規定の方法については、Walter 教授の
用いているそうした「経済性」という言葉でも理解できるように、法律要
件および法律効果が規定された法規、一般条項、さらに定義規定、目的規
定等を規定する際に、冗長な条文を用いることにより、規定が複雑化し、
法律の条文が認識できない状態を創出してはならないことおよびそのあり
方を適示する。規定の方法について考察の中心となるのは、法律の解釈、
適用の際に、法律要件および法律効果が規定された条文を補助する役割を
担っている規定である。[75] これらを用いることによって、条文の解釈、適用
がスムーズに行なわれることになるため、ここでその機能を明らかにして
おく意義が特にある。例えば、一般条項・不確定法概念である。一般条項
は、一般的な内容を有する定式によって、極力多数の法律要件を捉えるた
めに、しばしば、立法者によって利用される規定である。[76] これによって、
法律文言は、詳細なメルクマール（法律要件要素）による負担から解放さ
れ、同時に、適用領域の意図せざる狭小化が防止される。すべての法領域
において多数の一般条項がみられる。「価値を充填する必要のある法概
念」は一般条項の一つである。また、参照規定、経過規定に触れる。加え
て、法律の目的を規定した目的規定である。さらに、立法者の意図を明ら

---

75)　さらに、定義規定は、広義の法律要件に用いられている個別の概念を定義することによっ
　　て、その法律中で複数の箇所で用いられる当該概念の内容を共に明らかにすることができる
　　ので、それにより当該概念は明確になる。このことは、法文の経済性に資する。複数の条文
　　で法律効果を同じくするときに、「……○条の例による」という形で規定される参照規定と呼
　　ばれる条文を用いれば、同一の条文を繰返し規定する必要がないために、理解のしやすさを
　　損なうことはない。
76)　参照、Kreifelds, Carl, Rechtswörterbuch, München 1994, S.498 ; Engisch, Einführung（Fn.
　　72), S.157.

かにする役割を果たす政策理念提示立法である。

2　立法における体系

　ここでは、体系的な立法を行なうにあたって斟酌すべき事柄を論述したい。その際、ドイツにおいて論ぜられる法律における体系の意義を論じ、それに続けて講学上の立法学の原則を論ずる。そして、体系を維持するための立法学の原則が何であるかを明らかにし、立法学の原則を実効化するための諸々の規定を挙げて論ずるベースとしたい。

　Noll 教授が「体系の基本的機能は、合理化による思考の蓄積と思考の実現の容易化である」と述べるように、体系は、名宛人が法律を認識することに資する。立法の対象となるべき社会問題を単に、後追い的に規定するのみで、体系的な立法は行なわれていなかったという問題点がある。

　しかし、それでは、既存の法秩序の破壊と、将来に向かっての無秩序な法体系を生み出してしまう。それを体系的な立法によって、改善していこうとするのが Noll 教授の試みである。本来であれば、体系の効用が実際の立法に如何にして反映されていくかを特定の法律の立法のプロセスに着目した考察を行なうべきであるが、その点についての詳細は他日を期したい。

　法律は、通常は、多くの事実関係および人々を規定するということを目的としている。規律対象の範囲と規定の一般性は、それゆえ、既存の規律素材を秩序付けること、そして一定の基準に従って体系付けることを必要とする。様々なカテゴリーを、一定のメルクマールに従って体系化することは、法的安定性を達成する不可欠の要件であり、恣意的解釈を防止しようとすれば、特にそれが妥当する。構築された法を解釈する際には、法律の原則・目的に従って行なわれなければならない。解釈・適用が行なわれる際には、原則・目的は、法律の規定から、解釈を行なう者が導き出す。

---

77)　Noll, Gesetzgebungslehre（Fn.54）, S.205.
78)　Canaris, Systemdenken（Fn.72）, S.40ff. カナリス（木村代表訳）・前掲注72）32頁以下。
79)　Hill, Einführung（Fn.54）, S.112.
80)　Karl Larenz／Claus-Wilhelm Canaris, Methodenlehre der Rechtswissenschaft, Berlin 1995.

法規定の意味は、まず、その体系から明らかになるから、体系化は、法に服する者および法適用者の法に対するアプローチ点に影響を与える。[81]仮に、法から導き出す原則が、首尾一貫せず、矛盾していると、その矛盾は条文に現れ、解釈を行なう者は混乱する。そのことは、結果として、解釈者が法律を認識できない状況をもたらす。これを防ぐために、法における原則・目的は首尾一貫、体系付けられていなければならない。[82]その体系が、次に論ずる内的体系および外的体系である。

(1)　内的体系

(a)　一般的な見解

　ドイツ法学は、内的体系と外的体系を識別する。内的体系とは、法秩序の中での論理的無矛盾性と目的論的整合性を意味する。[83]首尾一貫性も要求される。そして首尾一貫性を捨てるときには、客観的に説得力をもった理由を必要とする。[84]例えば、Hill 教授は次の設例を挙げる。第八期ドイツ連邦議会を構成した国会議員の多くは、ナチスと関連して行なわれた殺人には時効を適用すべきではないという考えを有していた。従来は、ジェノサイド（ドイツ刑法典220a 条）のみが時効を適用されないとされていた（旧ドイツ刑法典78条 2 項）。その一方で終身自由刑を課される殺人（ドイツ刑法典221条）については、時効期間は30年であった（旧ドイツ刑法典78条 3 項 1 号）。旧ドイツ刑法典は、時効が適用されない殺人を規定していたのであるから、ナチスに関連して行なわれた殺人を78条 3 項 1 号から取り出して、同条 2 項に規定することは体系損壊ではない。ナチスと関連して行なわれた殺人は、多くの点からみても、ドイツ刑法典220a 条のジェノサイドに類似しているから、首尾一貫性を捨てる理由が認められる。しかし、時効が適用される旧ドイツ刑法典78条 3 項 1 号による通常の殺人と、同条 2 項により時効が適用されないナチスと関連した殺人を区別することは、限界付けの難しさに鑑みて、法治国家原則に違反するから、1979年 7 月16

---

81)　Noll, Gesetzgebungslehre（Fn.54），S.204.
82)　Canaris, Systemdenken（Fn.72），S.45ff. カナリス（木村代表訳）・前掲注72）35頁以下。
83)　Hill, Einführung（Fn.54），S.98.
84)　Hill, Einführung（Fn.54），S.102.

日の刑法改正法により、殺人には時効が適用されないと規定されたという経緯がその例である。[85)](原則は、憲法に適った形で、法秩序の段階構造に則り、憲法→制定法→法規命令→行政規則という形で、下位の規範に浸透していかねばならない。価値論的、論理的、目的論的一貫性が求められる。しかし、原則の首尾一貫した貫徹が行なわれないこともある。Noll 教授は、「価値論的矛盾は、一方で、人間の一般的平等を宣言し、他方で、同時に人種差別を許容しているとき、論理的矛盾は、ある行為が規範Aによっては許され、規範Bによって禁止されている場合に生ずる。目的論的矛盾は、刑罰の執行に際して、社会からの隔離を行ないつつ、同時に社会復帰を意図するというように、ある規範の目的を他の規範によって侵害する場合」に発生するとしている。[86)](さらに Engisch 教授は立法技術上の矛盾として、同一の言葉を別々の意味で用いること、原則の矛盾として、刑法における責任主義と行為の結果主義の間の矛盾を例として挙げている。[87)](これらは、Canaris 教授による体系損壊という表現で以て指摘されている。そうした法律が妥当すると、法生活は不安定になる。直前の例でいえば、人間の一般的平等が、憲法上の原則であるとしたら、人種差別立法は許されない。同一の行為に対する矛盾した法的取扱いは、名宛人の法律の理解を困難にする。社会復帰を意図した刑の執行は、刑罰の加重以上に、矯正制度の充実を要する。こうした原則の首尾一貫した実施、諸原則間の調整が必要となる。

(b)　租税法における内的体系

　ここでは、先に論じた内的体系が租税法において如何なる形で導入されうるか、を確認するために、以下では Tipke 教授の論稿によりつつ、この議論を概観する。[88)]

　内的体系は法素材の内容的あるいは実質的秩序に関わっている。そして

---

85)　以上、Hill, Einführung（Fn.54）, S.102f.

86)　Noll, Gesetzgebungslehre（Fn.54）, S.207f.

87)　Engisch, Einführung（Fn.72）, S.206ff.

88)　参照、Tipke, Klaus, Steuerrechtsordnung Ⅰ, Köln 1993, S.105ff., S111ff. なお、ここで Tipke 教授の Steuerrechtsordnung の第 1 版を引用したのは、最新版に本文中に引用した記述がないためである。

内的体系は基本原則、サブ原則に基づいて秩序付けられ、そして構築されるものの総体である。

　首尾一貫して適用され、適正な原則に基づいて、全体の規律が首尾一貫した統一体を形成するように法素材が秩序付けられるときに、人は内的体系の構築を認めることができる。

　一つの、または複数の法律のベースとなっている原則またはルールは、全体としての法素材を秩序付け、関連させる骨格である。なお、ルールと原則との相違が問題となるが、ここでは触れないでおく。

　そして、ベースとなる基本原則から複数のサブ原則が導出される。例えば、①形式的法治国家原則、②所得税法を例として、そうした基本原則およびその具体化されたものとしてのサブ原則のありようを概観することとする。①については、法治国家原則→法的安定性→法律適合性、明確性、遡及効の禁止といった具合である。②については、応能負担原則→個人課税の原則、市場所得原則、実額課税の原則、各種所得類型の平等扱いの原則、個人事業者と共同事業者との平等扱いの原則、客観的・主観的純所得課税の原則等といった具合である。

(2)　外的体系

(a)　一般的な見解

　外的体系とは、次のような法律の構成を意味する[89]。すなわち、1896年 8 月18日ドイツ民法典は、第 1 編 総則、第 2 編 債権法、第 3 編 物権法、第 4 編 家族法、第 5 編 相続法と構成され、1975年 1 月 2 日の刑法典は、総則において、第 1 章 刑事法、第 2 章 実行行為、第 3 章 実行行為の効果、第 4 章 告訴、刑の減免、刑の加重、第 5 章 時効、各論という構成を採用しているとされる。わが国でも、刑法総論と刑法各論は、憲法においても、人権に関する規定と統治に関する規定は分けて規定されている。客観的に意味関連を有するものは、ひとまとめに関連させて規定し、そして異なるものは、別々の章において規定しなければならない。それにより、法律の理解のしやすさが増加する。何が、どこに規定されているのかが分からな

---

89)　Larenz／Canaris, Methodenlehre（Fn.80), S.263ff.

ければ、法律は理解できない。その重要性を、Noll教授は次のように論じている。

「……刑法における構成要件は、刑法典で規定されるか、または付随法律で規定されるかは、体系上の位置に係る宣言的効果のために、決して無視することはできない[90]」、「法規の体系上の位置は、その事実上の実効性を高め、侵害することもある。……付随法に規定されている条文は、主要な法典の中に存在する条文よりも、重要でないという推測を生じさせる。社会的に高い地位を有する者の経済犯罪の構成要件は、刑法典でなく、株式法や、為替取引法のような、刑法の付随法で規定されていることにより、刑法典で規定されている犯罪よりも重要性が少ないという印象をもたせる危険性がある[91]」。

外的体系にとっても、内的体系と同様に、首尾一貫性は要求される。先に挙げた例では、ナチスと関連して行なわれた殺人をジェノサイドと見なすという立法者の価値判断により、ナチスと関連した殺人を時効が適用されないジェノサイドが規定されている位置に移動させた。

実際の外的体系の構築の方法は、次のようなものがある[92]。Noll教授も次の①〜④の基準に従って外的体系を構築すべきことを強調する。法は社会における事象を規定するのであるから、法律の規定はそれに対応したものでなければならない[93]。①法益に従った区別。刑法各論における、国防に反する行為（5章）、公の秩序に反する行為（7章）、個人の事情、婚姻と家族に反する行為（12章）、性的自己決定に反する行為（13章）、生命に反する行為（16章）のように。②法制度に従った区別。民法における第4編の家族法における、第1章 婚姻、第2章 親族、第3章 後見のように。③1960年行政裁判所法における時系列的な配置。第9章 第一審における手続、第12章 控訴、第13章 上告のように。④人の類型に従った区別。1977年1月3日公布の公務員基本法における、第1章 非常勤公務員、第2章

90) Noll, Gesetzgebungslehre（Fn.54）, S.171.
91) Noll, Gesetzgebungslehre（Fn.54）, S.205.
92) Noll, Gesetzgebungslehre（Fn.54）, S.211ff.
93) 以下、Noll, Gesetzgebungslehre（Fn.54）, S.211.

警察執行官、第3章 教授または大学における助手としての公務員、第4章 名誉公務員のように。こうした構築を行なう際に、総則規定の有効性が指摘されねばならない[94]。総則規定は、当該法律中における共通の事項を内包する。目的規定や定義規定がその例である。これらは、同一の事項を繰返し規定することを防ぐ。それにより、法律の認識しやすさを増加させる。

　外的体系を構築することは、必然的に、類型を構築すること（Typenbildung）を必要とする[95]。多くの事実から、共通のメルクマールを析出し、一般的な表現で立法しなければならない。少ない類型を用いることは、法律の認識可能性を増加させるが、憲法は、法律中であまりに抽象的な表現を用いることを認めない。これは、前述の Hill 教授の分類の③法令文の表現に関連するが、その当否は、具体的にはケースごとに決するほかない。原則としては、平均的なケースが法律中に規定されるべきである。例外的なケースは、それが識別できるように規定されるべきである。Hill 教授は前述の類型化に係る議論の該当箇所中で、ドイツ民法典109条が、その例であるとする。同条1項1文は「契約の一方当事者の撤回権は、契約の追認まで行使しうる」と規定し、同条2項前段は「反対当事者が未成年者であることを知っていたときは、一方当事者は撤回権を行使しえない」と規定している。

　外的体系は内的体系に従属する[96]。例えば、所論によると刑法の総則規定においては、ある行為に対する刑罰を規定する以前に、如何なる行為が特定の効果を有するか、どうしたらその行為は行なわれたものと判断されるかが規定されていなければならない。これにより、立法者が意図する目的、刑法の例では保護法益が明らかになり、かかる法益を保護するという法律の原則・目的が明らかになる。

(b)　租税法における外的体系

　ここでは、内的体系と同じく、Tipke 教授の言明に大幅によりつつ[97]、租

---

94)　以下、Noll, Gesetzgebungslehre（Fn.54），S.222.

95)　Hill, Einführung（Fn.54），S.104.

96)　以下、Hill, Einführung（Fn.54），S.98f.

97)　参照、Tipke, StRO Ⅰ（Fn.88），S.106ff.

税法における外的体系の意味内容を明らかにしておく。

　法の外的体系または形式上の体系は、できるだけ見通しの利くものであることを要請されるそうした素材の技術的編成および秩序付けに関わっているものである。法の認識を得るためには、外的体系は内的体系に対応している必要がある。以上の言明を簡単な具体例を用いて、次のように表現することができる。帳簿作成に際して、"Grundbuch"、"Sachbuch" の区別が知られている。また、別の例を用いても外的体系（と内的体系）を説明することができる。書店において書物はアルファベット順に陳列されている一方で、図書館において書物は内容あるいは分野ごとに配架されている。

　具体的な条文を挙げると、ドイツ所得税法10e条は、租税特別措置の外的体系を構成する。そして同法34f条は税負担軽減措置の外的体系を構成する。内的体系としては、いずれも社会目的規範として把握され、それは解釈の際に斟酌される事柄である。

　なお、ドイツにおいては、単一祖税法典が存在しない。ただし、租税通則法はその例外として挙げられうるであろう。租税通則法を以て、個別の租税法律の負担軽減、反復の防止が実現されている。すなわち、租税通則法は、いわゆる "総論的部分" の規律をなし、ほとんどあらゆる税目の共通規定を規律しているのである。しかし、租税通則法の規定を詳細にみてみると、技術的事項を規律したものが多く、基本原則を規律したものは少ない（例外として、同法85条）。したがって、租税通則法には、行政法総論に対して期待される役割を担うことはできないであろう。ただし、総論と各論とが未分離の状態にあることもあろう。総論は各論と比べて一般的、抽象的であって、それを以て各論の規律と比べて高い価値を有していると解釈される向きもあろうが、それは誤解である。総論は技術的な性格を有することもあり、総論は各論を通じて構築されることもあろう。そのような技術的性格を有する総論的法律として評価法を挙げることもできよう。

　最後に、租税法律の数と範囲はできるだけ少なく、そして内容が体系化されるとき、法素材は価値の同質性、無矛盾性が維持され、見通しの計算可能性が改善する。法律が多数あることによって、加えて、法律相互間で

調整がなされないことによって、認識・理解・適用ができない法律が創出される。それを避けるには総論と各論とを単一の法典で規律することが必要である（この問題については、Ⅳを参照されたい）。

3　小　　括

　以上で租税法を例として、法における体系を論じた後、その体系を維持するための立法上の原則についてドイツの学説を参照しつつ論ずることを試みた。

　ここで、立法の場面において内的体系および外的体系を首尾一貫して実現するということの意義を検討・指摘しておく必要がある。

　まず、内的体系について。租税法領域において、そして所得税については、体系を支える原則の代表的なものとして応能負担原則を挙げることができる。そして、目下のところ所得税の類型として①包括的所得税、②消費型所得税、③二元的所得税の三類型が観念されている。そのうち前二者については、個人の担税力を把握して平等な課税を実現するという契機を内包している。しかし、なお、③については、応能負担原則に照らして制度として採りえないものかもしれない。しかし、それは別途詳細な検討を要するであろうから、これ以上触れず、①および②を素材として論ずることとする。

　①については、各課税年度に個人のもとで増加した担税力をすべて把握して課税するという理念をその背景として有している。そして②は個人のもとで生ずる生涯所得について平等な課税を行うという理念をその背景として有している。したがって、先に指摘したように、いずれも平等課税の実現という理念を背景としている点では共通であるが、しかし、アスペクトを異にしているため、実際の制度としては相当程度異なるものである。

　したがって、以上の点から、内的体系の首尾一貫した実現として、応能負担原則を首尾一貫して実現しても、現実の制度として複数のものが想定されることとなり、あるべき制度として唯一の制度が観念されるわけではない。それゆえ、内的体系の首尾一貫した実現というテーゼに積極的意義を見出しえない、とする批判的見解もあろう。[98] これに付言するならば、平

等課税の原則を首尾一貫して実現することは租税特別措置を排除する作用を営みうる、という点でなおその意義を認めうると考える。租税特別措置は、その呼称からも推論されうるように、本来あるべき適正な税負担とは異なる税負担を生み出すものであり、それとともに法の複雑性を招来した大きな要因である。このことは、包括的所得税でも消費型所得税でも妥当することはいうまでもない。また、平等原則から包括的所得概念および消費型所得概念という異なる基礎概念が導出されるとしても、それを以て首尾一貫性のテーゼが租税政策上無意味であると解するのではなく、むしろ、後者を通じて前者に対して租税原則の意味内容が発展的に上書きされたとみるべきかもしれない。所得概念の変遷はかように位置付けるべきであって、租税原則は隣接諸科学の知見も汲みながら、その内容を充実させるべき性質をもつものであろう。ただし、なお問題として残るのは、一に、平等原則を具体化していく際に、それが何らかの正当化根拠を以て、純化した形態では租税制度上具体化されていかないことである。この具体化の過程で租税理論の観点から許容されざる具体化の形態が採用されうる。二に、平等原則を首尾一貫して実施することを強調するのみでは、租税特別措置の増殖は止まらないことである。すなわち、端的には、かような論理の実践性の欠如である。正当化根拠の設定、租税特別措置の抑止というこの二点に共通することは、首尾一貫性のテーゼに係る政策上の実践性の獲得は租税立法者の営為によっていることであり、それは現実的には困難が伴いうることである。したがって、首尾一貫性の実施を担保する制度的基盤の考案が別途必要であろう。

　次に、外的体系について。II 2(3)で定義付けたように、外的体系の首尾一貫した実現は法律の見通しを改善する。そして、それと並んで、「一つの法律の中において、同一の文言を同一の意味内容に用いつつ立法作用が営まれる」という推論も性質上許容されよう。それを以て、名宛人による

---

98)　この点、例えば、参照、中里実「国家活動と市場秩序」碓井光明他編『金子宏先生古稀祝賀　公法学の法と政策　上巻』（有斐閣・2000年）97頁以下、同「『阿部行政法学』に関する一つの試論」自治研究71巻6号（1995年）125頁以下、特に、129頁以下。

解釈を相当程度容易化する効果が期待され、法的安定性も実現される。すなわち、租税法は納税義務者の経済活動に与える影響が大きいため、外的体系の首尾一貫した実現は解釈の容易化を直視して計画の安定性を納税義務者に供するものである。したがって、外的体系の首尾一貫した実現についてはその点に積極的意義を見出すことができよう。もちろん、内的体系の重要性も失われない。

　ドイツにおける議論は以上に述べたとおりであるが、それが税制簡素化と如何なる関係に立つか、が問題である。私見によると、本章における議論に鑑み、経済性原則が税制簡素化を論ずるに際して重要であると考える。経済性原則はまさに法令文の合理的な構築を通じて法律の名宛人の認識・理解を可能ならしめ、あるいは改善することを企図するそうした原則であることは既にみたとおりである（Ⅱ1(2)、(3)）。

　すなわち、既にⅡ2(2)で論じたように、外的体系の実現に際しては、例えば、類型化措置を法律に規律して法令を複雑化しないことが要請されるから、外的体系の実現と税制簡素化は関連性を有するといえよう。加えて、例えば、関連する事項を同一の場所に規律することも法律の見通しを改善し、解釈を容易化するので、そのような意味でも外的体系の実現は税制簡素化と関連性を有している。

　したがって、Ⅲでは具体例を用いつつ特に経済性原則に着目した立法のあり方を検討することとしたい。

　また、合理的経済人の仮定に基づけば、確かに、制裁は税負担回避行動の抑止につき大きな意味をもつ。ここで、政策論的に、租税法において税負担回避行動に刑事罰が科されることの根拠が問題となる。それを Bizer 氏は租税債務の特殊性に求める。所論によれば、納税義務者には様々な義務を課し、それを通じて租税債務の確保を企図しているにもかかわらず、それに加えて敢えて刑事制裁も付加することの意味は、曰く「私的取引のもとでは、契約のベースは双務性（do ut des）であり、それは当事者にとって明確である。国家との関係では、しかしながら、租税の対価を求める請求権はない。契約関係はかなり複雑であり、したがって違反もさほど厳格ではない。その他にも租税は匿名的な国家に納付されるのであり、そう

した国家は同定可能な個人として契約を締結するのではなく、法律を通じて租税の納付を命ずるのである。それとともに税負担回避行動は具体的個人ではなく、匿名的な国家を侵害するのである[99]」とする。以上の引用文にもやや難解な箇所があるが、要するに、文脈上は、租税についての対価請求の不可能性、税負担回避行動を通じた租税法上の義務違反の明確性、さらには国家に対して与える損害が考慮されていると考えられるかもしれない。これ自体は正当であると解しうる。

　尤も、こうした制裁を通じてのみ税負担回避行動に対する十分な抑止効果が機能するという立場には、近時の議論を通じてみると、必ずしも与しえないというのが Bizer 氏の立論であろう。私見も交えて整理すると、すなわち、税制の複雑性を通じた税負担回避行動を抑止するためには、制裁の引上げのみではなく、合理的意思決定の仮定を前提としない納税義務者の行動が、各納税義務者の置かれた状況に依存し、かつ行動の動機付けが環境の影響で変化しうるのであるから、そうした納税義務者に係る租税法上の行動への動機付けに着目した租税政策もありうるのかもしれない。尤も、かような租税政策を詳細に考案にすることは現段階では差し控える。加えて、Bizer 氏の整理を前提とすれば、複雑な税制が構築されても、動機付け如何によっては税負担回避行動を抑止できるため、その分、租税立法者は簡素化を指向する税制改正に消極的になる可能性もあるかもしれない。また、やや強引な議論かもしれないが、合理的経済人の動機付けが前述のような税負担回避行動に係る損得である場合には、税制簡素化を通じてそれを直接的に抑止できるという性質のものとは観念しづらくもなりうる。ただし、本章での議論から分かるように、納税義務者の行動につき不合理性があることにより納税義務者の動機付けに基づき現実となる納税義務者の行動は必ずしも予測することができなくなるとも考えられる。したがって、損得により税負担回避行動が動機付けられるとしても、簡素な税制を構築する作業は継続されねばならず、その営為を租税政策から放擲すべきではない。換言すれば、複雑な税制のもとでは、制裁の強化のみを以

---

99)　Bizer, Steuervereinfachung und Steuerhinterziehung（Fn.17), S.64.

て税務コンプライアンスを確保することが困難であることになる。また、税負担回避行動を抑止する簡素な税制の具体像は未だに明確ではない。結局、この点で、ドイツ租税法学の議論は簡素を指向しつつ、どれだけ平等な課税を実現する税制を設計するかという、平等および簡素を対立軸に置いた、両者を適切に調整する租税制度の考案という議論に行き着くことになる。

Ⅲ　税制簡素化を実現する手段

　ここでは、行政法および租税法において多用される条文をいくつか選別し、論ずることとする。したがって、①課税要件規定の再編、②参照規定、③概算化規定、④経過規定を中心に論ずる。

　いずれも原則として法令文の簡素化に資するものであるが、ただし、経過規定については若干その属性を異にしている。これは、"既存の法的地位の尊重の必要と社会情勢の変化・法改正の必要性の間の調整"を企図したものである。[100] しかし、かかる配慮も立法活動のうちでは最も重要な要素ということができるから、それはコメントする意義はある。

1　課税要件規定の再編

⑴　一般条項・不確定法概念——租税法における意義について

　そもそも、立法に際して問題となるのは、法の解釈につき疑義が生ずることである。例えば、法律を規律するのに用いられている概念が明確でないために、一義的にその意味内容を明らかにすることができないそうした概念である。この点につき、わが国では、一般条項あるいは不確定法概念という呼称のもとに論ぜられることがある。すなわち、法律の条文は普通、要件と効果から成っており、要件は通常「財物の窃取」「意思の合致」など、具体的で記述的な用語を用いるが、時に公の秩序・善良の風俗、正当

---

100)　参考になるものとして、参照、阿部泰隆「遡及立法・駆け込み対策（一）（二）」自治研究68巻 7 号（1992年） 3 頁以下、同 8 号（1992年）16頁以下。

事由など“包括的で価値的な用語”を用いることがある。[101] これは、立法者が予見して列挙することが困難で多様な事態に対処し、具体的に妥当な法の適用を可能にするという長所があるが、法適用者の権限を過大にして、法的安定性を害する危険もある。[102] なお、不確定概念については、特に行政法上のそれについて、行政行為の要件が法令で定められている場合でも、例えば「善良の風俗若しくは清浄な風俗環境を害するおそれがあると認めるとき」といったような抽象的で一見多義的な概念を用いることがあり、そうした概念が不確定概念とされている。[103] ここでも、具体的な行政上の個別案件処理に際して法を適用する行政庁に当該文言の意味内容を明らかにすることについて大きな裁量が認められることに問題があり、[104] 一般条項におけるそれと問題状況は同じである。

　次に、租税法において、一般条項あるいは不確定法概念が如何なる態様で議論されるかを概観する。わが国の租税法においても、一般条項および不確定法概念は用いられている。次では、一般条項について（それが一般条項として厳密に分類できるか否かは定かではないが、それは取り敢えず措くとして）、所得分類の簡素化の結果として再配備される所得分類を素材として検討することとしたい。

(2)　所得類型の簡素化── Lang 教授の所説を中心に

　さて、一般条項は、その定義上「価値を充塡する必要のある概念」を含んでいるから、その概念の意味内容を解釈し、当該一般条項を解釈するためには、理論構成および法ドグマの蓄積が必要となる。したがって、そのためには、判例および学説の蓄積が一般条項の配備には不可欠である。判

---

101)　「一般条項」金子宏他編『法律学小辞典〔第4版〕』（有斐閣・2004年）26頁。

102)　「一般条項」金子他編・前掲注101）26頁。

103)　「不確定概念」金子他編・前掲注101）1025頁以下。

104)　なお、行政法領域において、行政法律の立法に際して立法の段階で一義的な価値判断を行なわず、当該行政法律を執行する行政庁が法律要件の意味内容を明らかにすることを通じて適切な法的問題の解決を企図する、ということに不確定法概念の立法的意味が認められる。行政法領域においては目的指向的な立法が多く認められ、そうした目的を達成するためにはその手段等を執行にあたる行政庁の判断によらしめることが合理的な場合もあるであろう。かかる態度で以てなされるいわば目的指向的かつ戦略的な立法は今後一層重要性をもつはずである。以上につき、参照、阿部昌樹「行政裁量の立法技術論的検討（一）（二・完）」法学論叢121巻2号（1987年）60頁以下、同122巻2号（1987年）64頁以下。

例・学説が確立されるまでは、その一般条項の意味内容は一義的ではあり
えず、したがって法解釈および法適用上、法的安定性は得られない。こう
した一般条項援用論を租税法の領域に当てはめるということについては、
慎重でなければならない。何故なら、租税法律主義のもとでは、租税法の
核心部分たる租税債務法の領域において、賦課処分のような行政行為は介
在しなくとも、租税法律要件の充足によって租税債務は抽象的に発生し、
法律関係の有無消長に影響が生ずるからである。自分の経済的利益が、仮
に課税庁への納税申告を要する場合、納税義務者は一定の各種所得に該当
しないと判断したために、申告を行なわないという事態が発生したら、当
該納税義務者には租税法が適用されてしまう。これでは、そうした簡素化
を目指した条項は、当初の目的を何ら達成しない。これにより法的安定性
は侵害される。こうした事態を見極めながら、立法作業を進める必要があ
る。なお、所得分類の再編については、既に若干検討したことがあるが、
ここでは立法技術論的論点に限定して検討することとしたい。

　例えば、租税法における所得類型論に関しては、そうした無意味に法文
を冗長にしてしまうともいえる類型化を放棄し、簡略な条文を用いること
によって広く個人の給付能力の増加を把握するということが理想である。
外延の広い概念を用いることによる法文の簡素化がそれである。そうした
研究は、以前よりJoachim Lang教授、Manfred Rose教授らによってなさ
れたところである。Lang教授は、当時の規定をベースに所得税法上に規

105)　Lang, Joachim, Reformentwurf zu Grundvorschriften des Einkommensteuergesetzes, Köln
　　　1985, S.31;Hedemann, Justus Wilhelm, Die Flucht in die Generalklauseln: eine Gefahr für Recht
　　　und Staat, Tübingen 1931, S.53ff.
106)　こうしたことは刑法の領域における罪刑法定主義にも妥当しよう。v. Hippel, Eike,
　　　Rechtspolitik, Berlin 1990, S.32. さらに、租税法律主義が、法治行政の原則よりも、罪刑法定
　　　主義と親和的であることにつき、参照、南博方『紛争の行政解決手法』(有斐閣・1993年) 45
　　　頁以下。類似の見解を指摘するものとして、参照、Tipke, StRO I (Fn.88), S.144f.
107)　参照、木村・前掲注8) 202頁以下。
108)　手塚貴大「所得税改革と租税政策論—ドイツ租税法学における所得分類再編論を素材と
　　　して」『租税の複合法的構成　村井正先生喜寿記念論文集』(清文社・2012年) 571頁以下。
109)　Lang, Grundvorschriften (Fn.105), S.29ff.;Rose, Manfred, Steuervereinfachung aus
　　　steuersystematischer Sicht, in:ders. (Hrsg.), Steuern einfacher machen! : Vorträge des Dritten
　　　Heidelberger Steuerkongresses 1998, Heidelberg 1999, S.41ff.

定されている七つの所得類型を三つに統合することが可能であると提案する。具体的には、事業所得、独立労働所得、農林業所得、非独立労働所得、資本所得、賃貸借所得、その他の所得という類型を廃止し、「所得とは、利益稼得の意思を伴う稼得活動からの所得をいう」という一般条項を用いて（上記「　」内の"利益稼得の意思を伴う稼得活動"は、さらなる具体化を必要とする価値の充塡を要する多義的概念であるため、一般条項に該当する）、独立利益獲得活動による所得、非独立の利益獲得活動による所得、私的財産からの所得という類型を限定列挙する規定を採用している。[110] その主たる理由は、現行の各種所得も、市場での経済活動に参加することによる所得、客観的給付能力の増加であること、[111] 態様およびそれに伴う所得計算の二元性によって各種所得を区別するのは客観的給付能力の増加に対する平等な課税ではないことである。さらに、こうした簡素化を行なう理由についてLang教授は次のようにも述べている。

「……ここで提案された簡略化した所得カタログは、〔会計帳簿作成の必要のない所得計算を許容する根拠となる〕源泉説のもつメリットを削ぐことはない。むしろ、七つから三つへ減少させられた所得カタログは……税務コンサルタント、課税庁および司法のキャパシティーの喪失をもたらすそうした多くの限界付けに関わる法律要件を除去する。所得類型の減少は、所得税法を大幅に簡素化する」。[112]

このように、法文を必要以上に冗長にするのを防ぐことにより、解釈、適用を行なう者の負担軽減が意図されている。もちろん、ここで前述の構想された簡素化が実現するための要件についても検討する必要はあろう。[113] 例えば、一般論として限界付けの問題はなお残るであろうし、加えて行政

---

110)　Lang, Grundvorschriften（Fn.105），S.29ff.

111)　Lang, Grundvorschriften（Fn.105），S.ff.

112)　Lang, Grundvorschriften（Fn.105），S.37. Rose教授も、所得類型が多く存在すると、不公平な課税に行き着き、複雑化するから、タックス・プランニングの観点からすると、簡素化が要請されることを説く。参照、Rose, Steuervereinfachung（Fn.109），S.50ff.

113)　詳細は、手塚・前掲注108）。近時の所得分類再編論では、その他にも、所得分類が職業別に構築されているときには、職業特有の租税特別措置が付着する可能性もあるので、それを克服すること、さらには、所得概念論の到達点である消費型所得概念をベースにHybrid型所得税の構築が指向されている場合もある。

立法による詳細な規律もなされる必要がある。その点、個々の構想によっ
ては簡素化の効用は割り引いて考える必要もあるかもしれない。

2　参照規定

　参照規定[114]とは凡そ「ある条文が、他の条文の法律要件あるいは効果を参
照し、当該他の条文が参照する条文を補うもの」を意味する[115]。参照規定は、
租税法のみならず、他の多くの法領域においてみられるものである。ドイ
ツ租税法においては、例えば、法人税法は所得税法の利益計算規定を参照
し、いわゆる利益計算規定は正規簿記の原則を参照している。多くの場合、
参照規定は“……の例による”という体裁で規律される。これは、法令文
の簡素化に大いに資するはずである。すなわち、同一の事項を繰り返し規
律することによって、法令文は次第に不必要に蓄積されていることとなる。
したがって、参照規定は経済性原則を実現するものである[116]。

　しかし、参照される規定の意味内容も明確である必要はあるので、参照
規定を使用することは経済性原則の実現に資するが、明確性の原則の観点
からは別途の手当てが必要である[117]。

　なお、学説上（実務も同様かもしれない）参照規定についてはいくつかの
類型が識別されている。まず、同一の法律中に規律される他の条文を参照
する内部的参照規定（Binnenverweisung）、そして、他の法律の規定を参照
する外部的参照規定（Außenverweisung）、が識別されている[118]。この点、特
に、外部的参照規定については、内部的参照規定と同じく、経済性原則に
資することのほか、法秩序の中での諸規定の調和を保たせることに資する[119]。
何故なら、類似する事実関係について法適用の結果生ずる法効果が同じに

---

114)　参照、Kindermann, Harald, Ministerielle Richtlinien der Gesetzestechnik:Vergleichende Unter-
　　suchung der Regelungen in der Bundesrepublik Deutschland, in Österreich und der Schweiz,
　　Berlin u.a. 1979, S.71ff.
115)　Schneider, Hans, Gesetzgebung 3. Aufl., Heidelberg 2000, Rz.378.
116)　Schneider, Gesetzgebung（Fn.115）, Rz.384.
117)　Kindermann, Ministerielle Richtlinien（Fn.114）, S.72f.
118)　Kindermann, Ministerielle Richtlinien（Fn.114）, S.73.
119)　Kindermann, Ministerielle Richtlinien（Fn.114）, S.73.

なるからである。また、それと関連して、法秩序の統一性も実現すること
となろう。しかし、とりわけ法律問題が指摘されているのは、外部的参照
規定そのものでもある。それには①静態的参照規定（statische Verwei-
sung）と②動態的参照規定（dynamische Verweisung）の二類型が識別さ
れる。[120]

　まず、静態的参照規定とは凡そ「現に妥当し、当該参照規定中に規律さ
れている規定を参照するそうした参照規定[121]」という定義付けがなされる。
これについては、内部的参照規定、外部的参照規定ともに、先にもⅡ1⑵、
⑶で若干言及した明確性の原則等と経済性原則との調整をしつつ、立法が
営まれるべきであるといえる。次に、動態的参照規定とは凡そ「その都度
妥当している規定を参照するそうした参照規定[122]」という定義付けがなされ
る。

　では、まず、静態的外部的参照規定について検討することとする。近時
では、法律以外にも様々な社会規範あるいは自然科学上の公準が法に採り
入れられることがある（私的規律）。何故なら、法もかような領域に規律
の網を被せることとなれば、当然、そうした私的規律も法解釈の際には参
照されざるをえないからである。例えば、租税法においては、天然資源に
課される税目の構築について、税目の名称を付するために、天然資源に係
る規準が参照され[123]、正規簿記の原則によって会計学の知見が参照されるこ
とも同じことである[124]。しかし、そうした私的規律は、参照規定のもとでは
参照される規定も名宛人にとって明確でなければならない、という要請が
定立されているにもかかわらず、公布手続を経ていないので、法治国家原
則に鑑みて、参照することは許されないのではないか、という問題が提起
されている[125]。

　この点、Karpen 氏は、参照されることを通じて、私的規律も、法規範

---

120)　Kindermann, Ministerielle Richtlinien（Fn.114），S.73.

121)　Kindermann, Ministerielle Richtlinien（Fn.114），S.73.

122)　Kindermann, Ministerielle Richtlinien（Fn.114），S.73.

123)　Schneider, Gesetzgebung（Fn.115），Rz.401.

124)　Schneider, Gesetzgebung（Fn.115），Rz.404.

125)　Kindermann, Ministerielle Richtlinien（Fn.114），S.74.

に変わる、という。ただし、先に指摘した公布手続との関係を直視して、かかる非法的な公準は名宛人にとって、"十分に文書化されていて、入手しやすく（hinreichend dokumentiert und zugänglich）"なければならない、という要件が付されている[127]。しかし、その反対に、Staats 氏は、私的規律の参照は、公布手続を経ていない法治国家原則違反であり、それゆえ、許されない、とする[128]。

　次に、動態的外部的参照規定について検討する。ここでは、Karpen 氏は、連邦法が行政立法を参照することを例として、それが権力分立原則違反（明示の授権がない場合）[129]、民主主義違反（立法者による立法独占に対する違反）[130]、さらには、ある州法が他の州法を参照することを例として、それが連邦国家としての秩序に違反すること、を指摘している。

　以上が、極めて断片的ではあったが、参照規定についての議論の概要であった。この点、租税法を例として、あくまでも試論的に考察すると次のようになると考える。租税法と関係しているのは、連邦法が行政立法を参照することであろう。すなわち、本章冒頭（Ⅰ2）でも指摘したが、租税法の領域における法の適用は、法律よりも下位の法令に多くを依存している。逆に、経済取引が複雑化したため、下位の法令を利用して、法律上の課税要件に適用される諸事例を明らかにしておかなければ、課税庁、裁判所のみでなく、納税義務者にも法的安定性は維持されえない。したがって、必然的に施行例、施行規則、諸通達が多くなる。もちろん、実務上、それらについては授権があるのであろうが、もし、ない場合には、その実務上

---

126)　Karpen, Urlich, Zur Verweisung auf Regeln privatrechtlicher Verbände（Zu Staats ZRP 1978 59）, ZRP 1978, 151.

127)　Karpen（Fn.126）, ZRP 1978, 151.

128)　Staats, Jochan-Friedrich, Zur Problematik bundesrechtlicher Verweisungen auf Regeln privatrechtlicher Verbände, ZRP 1978, 59ff., 60. なお、本文のように法実務において私的規律を参照し、それを拘束力をもつ規範として承認するという運用はしばしばみられる。その実務について、社会事象の複雑化に鑑みて各社会領域における独自の規範定立が必要とされているが、しかし、法治国家原則の観点から問題が提起されることになろう。

129)　Karpen, Urlich, Die Verweisungstechnik im System horizontaler und vertikaler Gewaltenteilung, in:Rödig, Jürgen（Hrsg.）, Studien zu einer Theorie der Gesetzgebung, Berlin u.a. 1976, S.233.

130)　Karpen, Die Verweisungstechnik（Fn.129）, S.237f.

の有用性を十分に斟酌しても、理論的には許容されないものであることはいうまでもない。したがって、授権およびその範囲・程度を明確にしておく必要があろう。

3　概算化規定

　概算化規定は租税法においてはしばしば用いられる。とりわけ租税法においては概算化規定は最も重要な規定の類型であるといっても過言ではない。概算化規定は、例えば、金額に代表される一定の数量を以て何らかの規律を行なう際に、例えば、法律の名宛人のうち（一定の数量を以て把握される）ある属性を備える者に対して一定の給付金額を交付する、といった場合に用いられるであろう（抽象的な表現で言い換えると、「認識・経験を通じたイメージ〔Gesamtbild〕に基づいて規律がなされる」といいうるであろう）。[131]概算化規定を以て法律要件が不相当に詳細になることが避けられるので、それは、法律の見通し、その認識可能性を改善するであろう。

　なお、概算化規定は連邦憲法裁判所の裁判例においても承認されている。[132]その例として、①国外に居住する家族に扶養給付を送金する際に、その送金額は実額ではなく、概算額が収入金額から控除されうる。[133]②政党に対する寄附をする者から所得を稼得していない者を排除し、当該者については寄附金控除を認めない。[134]③生存最低限の費用を個々の納税義務者ごとに計算せず、概算化していること。[135]しかし、その際、衡平規定を規律することが必要である（なお、判決文によると、寄附をしない者にとって、その政治的参加権が侵害されないような措置が規律されている必要がある、とされる）。④職業教育費用と職業促進費用との差異。[136]後者は現実に納税義務者によって営まれている職業に関連しており、控除可能であるが、前者は将来就くか

131）　Kirchhof, Paul, Steuergesetzgebung auf dem Prüfstand des Bundesverfasungsgericht, Stbg 1993, 510.
132）　以下の判例の典拠として、Kirchhof（Fn.131），Stbg 1993, 511.
133）　BVerfG-Besch. v. 31. 3. 1988, - 1 BvR 520／83-, BVerfGE 78, 214, 227f.
134）　BVerfG-Urt. v. 9. 4. 1992, - 2 BvE 2／89-, BVerfGE 85, 264, 317.
135）　Kirchhof（Fn.131），Stbg 1993, 511.
136）　Kirchhof（Fn.131），Stbg 1993, 512.

もしれない職業に関連する支出であって、控除できないとされている。これらの費用の識別は技術的理由から後者を概算化することによって行なわれている。また、Kirchhof 教授によると、累進税率も概算化の一類型であるという。[137]すなわち、所得の額が相対的に高くなるほど、それだけ一層担税力が増加することとなるが、その際かかる所得が如何なる態様で稼得されたかは問われることはない。

　このような概算化は、行政実行可能性を大いに斟酌した立法であるといえるであろう。[138]Isensee 教授の言葉を借りると、それは類型化（Typisie-rung）と呼ぶこともできる。租税法の如き大量手続法（Maßenverfahrens-recht）のもとでは、その効用は大きいであろう。[140]

　しかし、概算化はそこに理論的問題点を含むものである。特に平等原則とのトレードオフの関係にあることは見逃されえない。先にもⅡ2(1)で指摘したが、応能負担原則を首尾一貫して実行しなければ租税立法は体系損壊の状況に置かれる。したがって、この問題については以下で言及する。[141]

　租税法は立法者の命令（Diktum des Gesetzgebers）により構成されているといわれる。すなわち、租税を通じて国家は国家活動に必要な原資を私人の経済活動の成果から調達するが、それは同時に私人の経済活動に対する制約をも意味する。したがって、立法者の制定する法律を通じて租税債務を根拠付けることによって、①憲法上の価値（租税正義、体系を支える諸原則）を実現すること、②法律に実定性をもたせて、それを通じて明確性、計算可能性、遵守可能性（Befolgbarkeit）を実現すること、の二点が両方とも可能となるのである。

　さらに、租税債務を根拠付ける法律が平等であって初めて法適用も平等であることの前提が実現することとなる。すなわち、法律という一般的な形で租税債務を規律することによって、租税債務の平等も実現される。

---

137)　Kirchhof（Fn.131), Stbg 1993, 511.

138)　Kirchhof（Fn.131), Stbg 1993, 510.

139)　例えば、参照、Isensee, Josef, Die typisierende Verwaltung:Gesetzesvollzug im Massenver-fahren am Beispiel der typisierenden Betrachtungsweise des Steuerrechts, Berlin 1973, S.16.

140)　Kirchhof（Fn.131), Stbg 1993, 510.

141)　以下、Isensee（Fn.30), StuW 1994, 7.

Isensee 教授は、この点を"合法性によって初めて平等が実現する[142]"と評している。

　以上のように、租税法は個々の納税義務者の担税力を個別に斟酌した形で税負担を創設することが憲法上要請されるが、行政実行可能性の点で問題が生ずる。すなわち、個々の納税義務者が自己の生活事情のうち主観的側面を有する事情の存在を課税庁に対して証明することは実際には困難である。加えて、課税庁も個人の私的生活領域に課税目的のみを援用してそうした主観的側面を有する事情の真偽を調査することは今日の基本権ドグマーティクに照らして行なうことはできない[143]。したがって、課税庁は事実上（法的にもそうである）個々の納税義務者に関する租税法上重要な事項を十分に調査することはできない。このように現実に生じている行政の資源（Kapazität）の有限性を直視して、課税を実効的かつ適時に行なうために、課税庁が納税義務者のあらゆる事情を調査・認識しないで課税を行なうことも適法であるとする運用が行なわれている。

　以上を要するに行政作用の現実を直視すると、法律によって概算化課税を行なうことはもはや避けられない[144]。そこに、類型化がしばしば用いられる事情がみられるのである。右の事情について、Isensee 教授は、「抽象的かつ一般的な規律に代えて類型化した規律を制定することを通じて、法律は法執行の個別的正義のジレンマを法執行が有効に機能しない場において緩和する。法執行が簡素に行なわれるために、本来は異なる法律効果が生ずるように要件事実が異なっているにもかかわらず、立法者はそれに同一の法律効果を結び付ける[145]」と述べる。さらに Isensee 教授は、実際に費

---

142)　Isensee（Fn.30）, StuW 1994, 7.

143)　例えば、参照、Streck, Michael, Erfahrungen mit der Rechtsanwendungspraxis der Finanz-ämter（einschlielich Außenprüfungsstellen）bei der Abgrenzung der Betriebsausgaben／Werbungskosten von den Privatausgaben, in:Schön, Hartmut（Hrsg.）, Die Abgrenzung der Betriebs- oder Berufssphäre von der Privatsphäre im Einkommensteuerrecht, Köln 1980, S.273ff., S.274ff.

144)　ドイツにおける簡素化を指向する税制改革のもとでは、例えば、必要経費・事業支出の概算化、現物給与価額の評価方法等の概算化が企図されていた。参照、Seer（Fn.38）, StuW 1995, 186.

145)　Isensee（Fn.30）, StuW 1994, 9.

用がいくら生じたか否かを考慮することなく付与されるあらゆる使用人に
ついての一課税年度につき最低2,000マルクの必要経費控除、事業者がな
す寄附について一定額を超えるものについては損金算入を一律に認めない
こと等を挙げている。[146)]

　このような立法によって、確かに法律は簡素になり、加えて法執行も容
易になる。すなわち、納税義務者は納税申告をする際に、例えば実際に要
した費用の実額を証明することを要しないし、課税庁も納税義務者の私的
生活に介入して租税法上重要な事実を明らかにする必要もない。しかし、
仮にこのような概算化課税を厳格に行なった場合には、個々の納税義務者
の特殊事情は斟酌されえない。したがって、まさにここに憲法問題が生ず
る。例えば、先にも指摘したが平等原則は個々の納税義務者の実際に稼得
した所得およびそのために要する費用を斟酌して課税がなされることを要
請するので、概算化は平等原則に違反するおそれがあるといえよう。こう
した相克を回避するための便法として衡平規定（Billigkeitskorrektiv）が挙
げられる。[147)] この点について Isensee 教授は次のように整理している。[148)] 例え
ば、租税債務を創出する規範があり、上記の規範があらゆる納税義務者の
中で少数の者に対してのみ過重な税負担を課するとする。その際、それは、
かような少数の納税義務者でない、残余の多数の納税義務者にとって租税
特別措置となる。したがって、当該少数の納税義務者にとっては、平等原
則に違反する租税法律が規律されていることとなる。その際、客観的状況
に応じてそうした税負担の差異が正当化できないときには、課税庁によっ
て税負担の免除（Steuerdispens）がなされることが衡平（Billigkeit）である。
それを衡平に基づく納税義務の免除という。

146)　Isensee（Fn.30), StuW 1994, 9.

147)　Isensee（Fn.30), StuW 1994, 10.

148)　Isensee, Josef, Das Billigkeitskorrektiv des Steuergesetzes:Rechtsfertigung und Reichweite
　　　des Steuererlasses im Rechtssystem des Grundgesetzes, Jakobs, Horst Heinrich（Hrsg.),
　　　Festschrift für Werner Flume zum 70.Geburtstag, Köln 1978, S.129ff., S.134ff.;Kirchhof, Paul,
　　　Gesetz und Billigkeit im Abgabenrecht, Achterberg, Norbert,（Hrsg.), Recht und Staat im
　　　sozialen Wandel:Festschrift für Hans Ulrich Scrupin zum 80.Geburtstag, Berlin 1983, 775ff.,
　　　S.780ff. または、参照、岩崎政明「納税義務の軽減免除」日税研論集32号（1995年）83頁以下。

　ここで、法律により納税義務者の所得計算上の費用が概算的に規律され
ているとしよう。以上のような納税義務の免除制度を参考にすると、類型
化措置によって概算的に計算される費用に基づいて税負担の計算がなされた
ときには、それは真の税負担が計算されたときとはいえない。すなわち、
概算的費用と真実の費用との間に相当程度の乖離があると認められるとき
には、平等な課税を実現しなければならない。そのためには、かかる事態
においては納税義務者および課税庁がこのような案件の処理を行なうべき
法制度が用意されて然るべきである。具体的には、納税義務者が課税庁に
対して、一定の手続に則って、真実の費用に基いて税額計算を行なうこと
を請求する途が開かれていなければならない。

　したがって、衡平規定は概算化規定を具体的な事例に適用する際に生ず
る不合理を回避する途を供するものであると評しうる。[149]

4　経過規定

(1)　法律と時間——法律の時間的効力

　多くの者は、経済取引を行なうに際して、法律を意識する。すなわち、
自らが行なおうと企図している取引が法律により禁止されていないか、当
該取引に許可は必要であるのか等がそれである。そうした名宛人の意識す
る法律あるいは規律の代表例は租税法である。すなわち、人は自らの行な
う取引に課される税負担を斟酌して行動せざるをえないほど、税負担は重
く、経済取引の様々な局面に租税法は結び付いている。その反対に、租税
特別措置の存在を納税義務者が認識すれば、彼はその適用を受けることが
できるように取引を構成するかもしれない。したがって、逆にいうと、取
引のベースをなす法律が変化すると、つまり法律が改正されると、名宛人
は取引を躊躇することもあろう。特に、名宛人にとって不利になる法改正
が頻繁に行なわれることは実際上好ましいことではなく、法律問題をも生
じさせる。それが、名宛人の信頼保護と法改正との相克という問題であり、
それを解決するのがここで論ぜられる経過規定である。

149)　Isensee（Fn.30), StuW 1994, 10.

さて、経過規定は法状況の変化に伴い、当該法律の名宛人に係る既存の権利を保護することに資する。①租税法においては、法改正の頻度が高いので、納税義務者の権利利益を保護するには経過規定が有効である。加えて②大規模な税制改革がなされる際には、当該税制改革の前後で、法状況に大きな変化があることはしばしばであろう。その際、少なくとも、納税義務者の信頼保護の機能を経過規定は有する。その他にも（広い意味では信頼保護に含まれることかもしれないが）税制改革時における納税義務者に係る社会経済生活上の地位の変化によって、不利益をもたらさないという効果をも経過規定はもちうる。

したがって、以下では、立法実務において利用される遡及効を伴う法律[151]をも視野に入れつつ、断片的な分析ではあるが、納税義務者にとっての不利益をもたらす法律改正と当該新法制定の際に生ずる可能性のある納税義務者の権利侵害を防止する経過規定の立法のありようを検討する。ただし、ここでは経過規定の具体的内容については触れずに、その配備がありうる場面の提示を行なうこととしたい。

なお、グラーツにおいて開催された第28回ドイツ租税法学会総会において、租税法における信頼保護が共通テーマとして議論された[152]。それを参考にしながら、前述の問題を検討することとしたい[153]。

改めていえば、経過規定を論ずることは、法律の時間的効力に係る納税義務者への不利益の発生を防止することに他ならない。以下では法律のもつ時間的効力に係る属性と、そこから生ずる納税義務者にとっての信頼保護原則との関係に言及したい。

---

150) 近時、ドイツでは、公法領域における信頼保護原則に関する教授資格論文が公にされている。そのもとで、経過規定の重要性および構築のありようが議論されている。それらは、重要かつ重厚なものであるゆえ、本章においてすべて言及することはできない。したがって、本格的検討は別の機会に譲る。ここでは、Birk教授、Mellinghof教授、Hey教授による各報告の要旨に基づき論述がなされる。

151) 遡及効について、参照、Röhl, Klaus F., Allgemeine Rechtslehre:Ein Lehrbuch, Köln u.a. 2001, S.567f.

152) Pezzer, Heinz-Jürgen（Hsrg.）, Vertrauensschutz im Steuerrecht, Köln 2004.

153) 概要は、Keß, Thomas／Torsten Ottermann, Vertrauensschutz im Steuerrecht:Bericht von der 28. Jahrestagung der Deutschen Steuerjuristischen Gesellschaft in Graz, StuW 2004, 87ff. において知ることができる。

　一般的な文脈において、法律はその有効期間の恒久性を特徴としている。しかし、現実には、有効期間に区切りのあることが多い。加えて、法律は立法者によって改正されることがあるため、それは、有効期間の恒久性という属性と相克する。尤も、立法者は法律を改廃する権限を有するため、法律の改正が好ましくない、あるいは違憲であると一般的に断ずることは到底できない。

⑵　法律の存続と信頼保護

　まさに、ここで提起された問題、すなわち、経過規定を設けるか否かの問題は、具体的に、以下の如き議論を通じて回答を与えることができると思われる。Birk 教授によると、納税義務者は国家制度の存続に対して信頼することに係る利益を有しており、そうした存続する制度をベースとして、彼は公共の福祉および自己の自由に資する行為を行なうことができる、という。[154] したがって、所論によると、納税義務者の信頼に影響を及ぼす法律の改廃には、一定の限界があり、それは法治国家原則および基本権から導出される。[155]

　なお、租税法の領域においては、納税義務者の信頼保護のありように関連して、次のような言明が一般的に妥当している。すなわち、納税義務者は①処分行為の安定性（Dispositionssicherheit）および②計画の安定性（Planungssicherheit）を有していなければならないという。[156] 納税義務は納税義務者のなした経済的取引行為の成果に付着しており、納税義務を発生させる法律が頻繁に改廃されると、彼は自ら行なう処分行為たる取引行為の実施を、租税法律の頻繁な改廃に鑑みて、躊躇するかもしれない、したがって、租税法律の改廃は抑制的でなければならない、とするのが処分行為の安定性からの要請である。そして、納税義務者は、自ら行なう経済取引行為を、租税法をも斟酌した形で行なうのが通常であり、その意思決定

154)　Birk, Dieter, Kontinuitätsgewähr und Vertrauensschutz, in:Pezzer（Hrsg.）, Vertrauens-schutz（Fn.152）, S.10f., S.17.

155)　Birk, Kontinuitätsgewähr（Fn.154）, S.13.

156)　しかし、両者の異同は識別しがたく、かかる識別の実益も本章執筆段階では明らかではないが、一応、ドイツの議論の現状として付言しておく。なお、両者の概念につき、Hey, Johanna, Steuerplanungssicherheit als Rechtsproblem, Köln 2002を参照。

のベースとなるのが租税法律であることはいうまでもない、そして、意思決定、言い換えると計画のベースとなるものはできるだけ変更を加えられることなく存続することが望ましく、したがって、同じく租税法律の改廃は抑制的でなければならない、というのが計画の安定性からの要請である。

(3) 法律の改廃と信頼保護

(a) 改廃に慎重さが要求される場合

Mellinghoff 教授によると、租税法律に係る信頼保護については、法治国家原則と並んで、一般的平等原則も重要である、という[157]。所論によると、一般的平等原則は、時間というアスペクトのもとで、法律の名宛人が平等扱いの対象となることを要求する。ここで、平等原則を援用したとき、名宛人の信頼保護を実現する際に、如何なる効果をもつかが問題となる。Ⅲ4(2)で既に述べた如く、（法治国家原則から導出される）法的安定性や名宛人の基本権（租税法の領域においては経済的基本権であろう）を援用すると、当該名宛人を判断の基礎として処分行為の安定性の侵害の有無が問題となる。ここで Mellinghoff 教授は、オーストリア法の議論を引用しつつ、租税法上の規定が特定のグループに何度も当てはまり、法改正（による不利益）が特別の犠牲を意味する場合、立法者が認めた権利の撤回または変更が客観的に根拠付けできない場合、規範の服従者が法状況への正当な信頼につき、重大な侵害により幻滅させられ、例えば、特別の状況が遡及効を必要としないにもかかわらず、遡及効が認められる場合に、平等原則違反である旨指摘する。

続けて、Mellinghoff 教授は、租税特別措置等の社会目的規範について、とりわけ高い信頼保護が供されるのか否か、という論点にも言及している[158]。この問いは、すなわち、社会目的規範については、立法者がある社会目的を達成するために、名宛人に対してメリットまたはデメリットを供して特定の作為または不作為を誘導しようという強力な企図が認められるから、名宛人は立法者がもつ強力な意思に対して信頼を置くため、かかる社会目

---

157) 以下、Mellinghoff, Rudolf, Vertrauen in das Steuergesetz, in : Pezzer（Hrsg.）, Vertrauensschutz（Fn.152）, S.29.

158) 以下、Mellinghoff, Vertrauen in das Steuergesetz（Fn.157）, S.32.

的規範の改廃は通常の法律（租税法においては財政目的規範が典型である）の改廃よりも抑制的でなければならないのではないか、という問題提起から生ずる（財政目的規範、社会目的規範、簡素化目的規範といった規範の識別もその問いの前提であろう）。

　この問いにつき、確かに、社会目的規範でなくとも、すなわち財政目的規範や簡素化目的規範であっても、税収獲得あるいは法執行の円滑化（＝簡素化）といった目的も立法者によって強力に追求される目的には変わりがないのであるから、社会目的規範についてのみ、特別に改廃について慎重さが要求されると考えることには無理がある、と結論付けることもできよう。しかし、他方で、租税特別措置の如き社会目的規範という、相対的に少数の名宛人に適用される“特別な”規範には、例えば、財政目的規範といった、いわゆる租税通常措置とは異なる意味が、名宛人にとっては、供されることも否定できないとも考えられる。したがって、Mellinghoff教授は、社会目的規範について、納税義務者にとって、明白な規範目的が認識されている場合には、かかる社会目的規範の改廃は納税義務者の信頼を毀損する可能性がある、という。[159]

　なお、これらの論点と関係して、明文でその有効期限が付された法律も、その存続に対する納税義務者の高い信頼を保障すると考えられ、改廃は原則として許されないと言いうる。また、法律の改廃による名宛人に対する不利益が大きい場合にも、改廃は少なくとも謙抑的であるべきである。

(b)　違憲等の法律の改廃

　さらに問題となるのが、違憲の法律の改廃についてである。すなわち、違憲の法律は本来あってはならないはずのものであるから、改廃も容易であると推察される。しかし、違憲の状態は名宛人に一義的には認識しがたいであろう。したがって、違憲の法状況に信頼を置いて行動する納税義務者に係る信頼保護が問題となる。言い換えると、「ある法律が違憲であるときに、それを信頼のベースとすることができるか、または違憲の法律を、違憲であることを根拠として改廃することができるか否か」が問われて

---

159)　Mellinghoff, Vertrauen in das Steuergesetz（Fn.157), S.47f.

¹⁶⁰⁾
いる。

　この問いに対する回答を与えているのが Hey 教授である。所論による
と、先に指摘した如く、違憲の法律を改廃することは理論上は望ましいこ
となのであるから、その改廃は制約されるべきではなく、むしろ促進され
るべきとも考えられるが、ある法律が違憲か否かは一義的には明らかでは
ないのである。したがって、とりわけある租税特別措置が、一般的平等原
則に照らして違憲であるとして、納税義務者にはその違憲が明らかでない、
といった場合は相当程度認められるはずである。その際、納税義務者は租
税特別措置の享受可能性に信頼を置くのが通常であろうから、違憲である
法律の改廃の可否が問題とされざるをえない。

　Hey 教授によると、ある法律の違憲が法的に確定されるのは、連邦憲法
裁判所によって確認されたとき（①−Ⅰ）、加えて、ある法律が EU 法違
反であるときには、欧州裁判所がそれを確認したとき（①−Ⅱ）、である。
そして、その違憲確認は納税義務者に周知される必要がある（②）。した
がって、かくの如き要件である①−Ⅰまたは①−Ⅱ、および②が充足され
た場合には、違憲の法律の改廃は許容されてよいであろう。次に、必ずし
もその意味するところが明確ではないが、信頼保護に優越する公共の利益
が認められる場合に違憲である法律の改廃が許容される、という。さて、
こうした立論を如何に評価すべきであるか。前者の違憲が裁判所によって
確認されたケースについては、改廃は許容されると解すべきであるが、後
者の、（ここでは、そうした明確な確定を伴わない場合を指すのであろうか。も
しそうであるならば）公共の利益を援用しつつ改廃を行なうという立場に
対してはなお不明確性の残る解法であるとの見方もありうるかもしれない。
したがって、この場合については、経過規定を配備することによって改廃
を許容すべき場合もありうるのかもしれない。

　次に、法状況が違憲であったことを根拠に、改廃を通じて新たに創出さ

---

160)　Hey, Johanna, Vertrauen in das fehlerhafte Steuergesetz in:Pezzer（Hrsg.）, Vertrauens-
　　schutz（Fn.152）, S.91ff.

161)　Hey, Vertrauen（Fn.160）, S.103ff.

162)　Hey, Vertrauen（Fn.160）, S.109.

れた合憲の法状況に遡及効をもたせうるか否か、が問題となる。もし、遡及効をもたせた改廃がなされる場合には、経過規定が必要となるとする立場もあるかもしれない。Hey 教授によると[163]、遡及効を伴う改廃を行なうためには利益衡量がなされる必要があろうが、実定法に根拠を求めると、ドイツ連邦憲法裁判所法79条2項1文（"一定の場合を除き、連邦憲法裁判所により無効と判断された規範に基づいてなされた判決であっても、その効力が失われない"と規定されている）およびドイツ租税通則法176条1項1文1号によることができるとされる。これらの規定によると、法律の改廃の際には、それが、名宛人たる納税義務者の不利益にならないようにされねばならないことが推論される、という[164]。そもそも納税義務者は法律の違憲性の有無について責任を有していないのであるから[165]、この言明は、法律が違憲である場合はもちろんのこと、それに加えて、違憲という瑕疵に至らない法律の瑕疵についても妥当すると解してよいであろう。尤も、この立場の射程は検討を要する。

(4)　経過規定の立法のありよう

では、以上の議論をまとめておく。先に展開された議論から、各個の経過規定に係る具体像はともかく、少なくとも理論上は経過規定を配備することを通じて、納税義務者の信頼を保護すべきケースは相当程度認識されると思われる。そして、性質上、経過規定は改廃によりもたらされる不利益が経済的権利に関わる場合には、必要であり、かつ相当程度有効であると思われる。そのことは、社会目的規範の改廃について特に当てはまろう[166]。

なお、ここで若干触れておく必要のある問題が提起されている。法律に遡及効をもたせる際に、経過規定を配備する必要があることは以上の叙述によって明らかになったと思われるが、その際、遡及効の種類およびそれに付随する租税法上の論点について言及がなされなかったので、ここで参

---

163)　Hey, Vertrauen（Fn.160), S.111.

164)　Hey, Vertrauen（Fn.160), S.110f.

165)　Hey, Vertrauen（Fn.160), S.101.

166)　参照、Birk, Dieter, Steuerrecht und Verfassungsrecht: Eine Analyse ausgewählter Entscheidungen des Bundesverfassungsgerichts und des Bundesfinanzhofs zu verfassungsrechtlicher Grenzen der Besteuerung, Verw. 2002, 91ff., 109.

考までに触れておくこととする。遡及効には、①真正遡及効、②不真正遡及効の二種類が識別されている。[167] ①は、既に完結した事実関係に対して、その後に成立した法律が適用されること、②は、未だに完結していない事実関係について、右の事実関係が進行中に成立した法律を適用すること、である。①は原則として禁止されるが、②については、一般的に許容されると考えられている。しかし、右の識別は、租税法の学説上は批判されている。租税法上は、例えば、所得税や法人税、事業税等の期間税については、賦課期間が終了するまでは②については当然に許容されると解することは誤りである、という。[168] Mellinghoff 教授は、この点、租税債務は課税要件の充足によって成立するのであるから、賦課期間の終了時点を判断の基礎として遡及効を論ずることはできないはずである、とする。[169]

　この点、最近の学説および若干の裁判例において、遡及効の可否を真正遡及効と不真正遡及効との二分肢的基準をベースとして判断することを疑問視するものも現れている。[170] Kirchhof 教授は、法治国家原則のみでなく、当該案件に関連性を有する基本権をも通じて（しかし、自由権をベースとして、具体的には納税義務者の処分行為を判断の基礎とするという発想は決して新しいものではない）、[171] 遡及効ある法律に対する納税義務者の信頼を保護すべき、と提唱している。したがって、先にも引用した教授の見解の如く、期間税については、賦課期間の終了時点で不真正遡及効をもつ法律の合憲・違憲を判断するのではなく、結局において納税義務者の処分行為のなされた時点を判断の基礎とすべきであると説いている。

　その際、このフレームワークによると、突き詰めれば、納税義務者の信頼保護と立法者の法改正の自由との間で利益衡量が行なわれることとなる。したがって、裁判官には具体的な事案のもとでケース・バイ・ケースの判断が求められる。この点、裁判官に過重な負担がかかる、その判断に恣意

---

167)　例えば、参照、Birk, Dieter, Steuerrecht 7. Aufl., Heidelberg 2004, Rz.146ff.

168)　Keß／Ottermann（Fn.153), StuW 2004, 89.

169)　Mellinghoff, Vertrauen in das Steuergesetz（Fn.157), S.45f.

170)　参照、Kulosa, Egmont, Symposion zur verfassungsrechtlichen Zulässigkeit rückwirkender Steuergesetze -Tagungsbericht-, StuW 2002, 89f.

171)　Kulosa（Fn.170), StuW 2002, 90.

性が入る、との批判がありえよう。しかし、そもそも、個々の納税義務者
の税負担はそれぞれの納税義務者ごとに個別事情を斟酌して計算されるの
が本来のありようである。したがって、遡及効を伴う法律の制定に係る可
否の判断を個別事情に応じてすることは、適正な税負担に行き着く一つの
途とさえいえるかもしれない。さらに、ここで、Thiel 教授の如く、民主
主義を根拠に立法者による法改正の自由を強調する見解もありうるが[172]、し
かし、個々の事案ごとの利益状況に照らして判断がなされるべきであり、
先験的に特定の利益を強調すべきでないことはいうまでもない。

　さらに、若干の裁判例を挙げる。設例①。事実関係は次の如し。長年、
ドイツにおいては、造船について特別減価償却制度の適用があった。それ
により造船業は税制上優遇されていた。1996年4月25日に連邦政府は「造
船業に適用される特別減価償却制度は、1996年4月30日に廃止される」と
した。連邦議会は1996年11月7日にこの改正案を決議し、そして同年12月
27日に1997年の年度税法（Jahressteuergesetz 1997）において、造船業に適
用される特別減価償却制度は、1996年4月25日以前に締結された造船契約
に基づく造船について適用される、と規律した。ここである合資会社は
1996年4月30日に契約を締結したので、この特別減価償却制度の適用を受
けられないこととなり、1997年の年度税法の違憲を理由に憲法異議を提起
した。

　連邦憲法裁判所は、法改正に係る公共の福祉を援用し、1997年の年度税
法を合憲とした。しかし、Birk 教授によると重要であるのは、連邦憲法
裁判所は傍論ではあるが、現実の事案において問題となる遡及効が真正遡
及効または不真正遡及効のいずれに該当するか、に応じて遡及効の合憲・
違憲を論ずるのではなく、本件では、とりわけ租税特別措置の改廃が問題
となっているのであるから、（「ある制度が存在しなかったら、ある行為をな
さなかったであろう」という意味での）納税義務者が租税特別措置の存続に
対して有する信頼を判断の基礎にすべきである、と述べたことである[173]。

　次に、設例②。事実関係は次の如し。Aは1990年4月29日に土地を取得

---

172)　Kulosa（Fn.170), StuW 2002, 90.
173)　Birk（Fn.166), Verw. 2002, 110.

した。彼は、後に、1997年10月の時点で不動産業者に対してなした当該土地の販売委託契約に基づいて、1999年 4 月22日に当該土地を譲渡した。なお、1999年 1 月 1 日より、ドイツ所得税法の改正により、個人が土地を譲渡する場合に、取得後の 2 年を基準に譲渡所得税の課税の可否が決定される、という規律について、この 2 年という基準年数が10年に延長された。そして、それは1999年 1 月 1 日より適用されることになった。その結果、A は旧法のもとでは、土地の取得と譲渡との間に約 9 年存在し、譲渡所得税は課されないこととなるが、新法（10年）が1999年 1 月 1 日以降になされる取引に一律に適用されることになったため、A の取引もその譲渡益につき所得課税がなされることとなってしまった。A は課税庁に対して賦課処分の執行停止を求めた。かかる事実関係のもとで、連邦財政裁判所は A の請求を認容した。連邦財政裁判所によると、本件での新法は、遡及効を以て税負担を課する租税法律が原則的に禁止される、ということに違反し、遡及効を有する租税法律については、納税義務者の信頼保護と法律改正に係る一般的利益とが比較衡量されるべきであるという。Birk 教授によると、その際に重要なのは、納税義務者が一定時点における法状況を信頼した上でなした投資活動である、という[174]。

　さて、結局、先の Mellinghoff 教授および Kirchhof 教授らの見解は正当であるが、立法実務上実施することは困難であると考える。すなわち、租税法律を改廃するに際しては、それに関係する納税義務者の数は相当な量に達するため、個々の納税義務者について課税要件の充足の有無を逐一確認することはできないであろう。したがって、Mellinghof 教授の見解を正当としつつも、立法実務上は不真正遡及効をもつ立法は許容されると解するか、または不真正遡及効であっても認めない、と解するか、の判断が必要であろう。この点、解決を一義的になすのは困難であるが、納税義務者の信頼保護を重視する立場からは、不真正遡及効のある立法を原則として否定し、例外的にそれを許容する場合を個別ケースごとに判断していく、という結論が実務上も理論上も最も妥当であると考える。

---

174)　Birk（Fn.166）, Verw. 2002, 112.

5　小　　括

　以上に挙げた諸規定は、租税法、そして広くは行政法領域においてはしばしば用いられる規定である。それらは行政作用を規律し、かつその適用を第一次的に掌る行政庁の便宜に即応しているのであろうが、行政法領域における立法は行政庁に係る要請のみを充足するだけでは不十分である。行政法や租税法の領域では、その範囲の広狭を問わず私人の権利義務に大きな影響を及ぼすものである。したがって、その名宛人からの要請も充足する必要があることはいうまでもない。

　なお、以下で、若干の残された問題に触れることとする。これらは特に行政法領域にもみられる。

(1)　目的規定

　目的規定とは、法律の目的を配備した規定である。これは、立法における体系を維持するために大きな役割を果たす。わが国でも、この問題を扱った塩野宏教授による論稿が出現した。[175]塩野教授は、当該箇所において、目的規定からは、啓発機能、説明機能、解釈機能が導き出されると論じている。[176]これについて、ドイツにおいても、目的規定の役割・意義を論じた文献が存在する。[177]そこでは、例えば、行政庁の裁量に対する羈束および国家機関の管轄を明確に分けることという機能と並べて、次のように述べられている。「……各々の法律の適用は、当該規範に設定された役割を知るためであっても、導かれた結果を正当化するためであっても、規定の目的への考慮を必要とするのである[178]」と。その他にも、制定法における目的規定が多数紹介されている。しかし、Höger 氏は、同時に、目的規定がナチス期において国家目的の煽動のために利用されたとも付け加えているのである。[179]とはいえ、その他にも、目的規定の意義を、積極的な意味で強調す

---

175)　参照、塩野宏「制定法における目的規定に関する一考察」『法治主義の諸相』（有斐閣・2001年）44頁以下。その他にも、参照、塩野・前掲注48）15頁。

176)　詳しくは、参照、塩野・前掲注175）55頁以下。

177)　Höger, Harro, Die Bedeutung von Zweckbestimmungen in der Gesetzgebung der Bundesrepublik Deutschland, Berlin 1976.

178)　参照、Höger, Zweckbestimmungen（Fn.177）, S.96ff.

179)　参照、Höger, Zweckbestimmungen（Fn.177）, S.56ff.

る文献は存在するのである。これは、イギリスにおいて Renton 委員会が、イギリスの法令文の冗長さを解消するために召集され、そして1975年にその提言をまとめて官報のようなもので公にしたのである。この報告書は大変有名でイギリス立法技術論の教科書でも引用されている。[180]「理解のための手段（AIDS TO UNDERSTANDING）」という項目のもとで次のように論じられている。

「11.6　目的の明言は特別の事例を詳細に規定した複雑な法令の規定と一般的原則の名のもとで枠組みがなされた立法の両方を説明し、明らかにしうることを、数多くの見解が我々に示している。……11.8　我々は目的の表明は議会の段階でも、その後でも立法趣旨の理解や疑義と曖昧さの解消のために便利であるという結論に達した。しかしながら、法案の法的効果の境界を定めそしてイルミネイトすることを意図した目的の表明と、単なる宣言である目的の表明の間に、区別がされる。後者の種類の目的の表明は、我々の有する観点からはまったく賛成できない。実際上前文における目的の表明は起草の宣言的類型よりは弱いと我々は考えている。目的を一般的に表明することが妥当であるのは、それが法案の条文の中に存在するときであると考える。議会の段階では、目的規定が他の規定とほぼ同様に修正されうるので利点がある。……我々は次のことを推奨する。　a　目的の表明は立法の範囲と効果を画し、あるいはその他明確にする最も簡便な手法であるとき、使用されるべきである。

b　目的の表明は前文でなく、法案の中の条文に含まれるように使われるべきである」。[181]

上記のように、イギリスにおいても、目的規定に「立法趣旨の理解と疑義および曖昧さの解消」という役割を与え、そこから解釈論上の示唆を目的規定から得ようという考えがみられる。目的規定が存在すれば、法律における目的を認識することが容易になるから、目的論的な解釈を行なうことが容易になる。それは"仕組み解釈"と呼称され、すなわち、「単なる

---

180)　例えば、V.C.R.A.C. Crabbe, Legislative Drafting, London 1993, p.54.

181)　Cmnd.6035, pp.62-63.

利益衡量ではなく、……関係規定、……条文の改正の経緯という立法事情、規定の体裁、附款規定の存在等、さまざまな情報を素材として、当該条文で示された……制度の作り方、つまり法的仕組みを明らかにする」ということである。そして、その際、仕組み解釈に大きな手がかりを与えるのが目的規定であるということとなる。通常、制定法には前文（Präambel）は付されないゆえ、条文中、実質的には第１条に規定するということを要請している。第１条に規定するならば、法律の目的を認識することに大いに資するといえよう。また、目的規定は法律の実効性の審査を容易にする効果を有する。すなわち、法律の実効性とは当該法律の目的の達成度合いを指すので、事後的に法律の改廃を行なう際には、法律の目的の認識が重要となるのである。

⑵　政策理念提示規定

　さらに、ドイツの法令の類型として、Noll教授が挙げているのは、政策理念提示規定（Symbolische Gesetzgebung）である。直訳するとシンボル

---

182)　塩野・前掲注48）15頁。
183)　塩野・前掲注48）16頁。
184)　ただし、Tipke教授は、前文の役割を、ある文脈において、次のように論じている。いわく「残念ながら、ドイツ租税法律は、他のヨーロッパ法、スペイン法と異なり、綱領的な前文を通常は規律していない。したがって、立法者が新たに公布する諸規定を既存の法律あるいは既存の法秩序に矛盾することなく、既存の規範を構想する諸原則に違反することなく、設けようという意図を有しているか否か、明らかではないのである」と。この言明から、法適用者は、法律に規律されている前文を通じて立法者の意思を探ることができる、という解釈上の機能を前文は有しているということが、若干強引ではあるが、許されよう。参照、Tipke, StRO Ⅰ（Fn.12), S.71f. これは、目的規定と前文との間の機能的同一性を指摘するものである。
185)　Noll, Peter, Symbolische Gesetzgebung, ZSchwR 1981, 347ff.;Kindermann, Harald, Symbolische Gesetzgebung, in:Gesetzgebugstheorie und Rechtspolitik Jahrbuch für Rechtssoziologie und Rechtstheorie, Berlin 1988, S.222ff.;van der Burg, Wibren, Legislation on Humanembryos:From Status Theorie to Value Theorien, ARSP 1995, 73ff. 最後に挙げた文献は、英語文献である。若干文脈は異なっているが、示唆に富む。つまり、妊娠中絶に関する当否の論争を素材として、制定法の位置付けを論じている。そこでは、制定法は何らかの価値を体現するものであると説かれていて、本章と軌を一にする部分がある。Noll教授によると、本文でも引用されるが、かかる類型の法律に対しては、例えば、宣言効果や道徳的アピール効果が期待されている。さらなる理解のために付言すれば、政策理念提示法律に対置されるのは、道具的法律（instrumentale Gesetze）である。道具的法律は、ある目的をもって具体的に問題を解決していくための法律で、通常、法律は後者の如き役割を担うのかもしれない。と

（あるいは象徴）立法となるが、しかし彼の論述からすると、ここで訳出することでも必ずしも誤りとはいえないように思われる。

　さて、立法者の意図を明らかにする役割を果たすのが政策理念提示規定である。これに関しては、直前に挙げた目的規定と同様の機能を有する。その機能を具体的に明らかにすることを企図して、以下にNoll教授の言明を引用することとする。

　「……専ら、この関連性において指摘しなければならないことは、法秩序、そして法規範の体系上の位置ですら、シンボル的効果をもちうるということである。そうしたことは、人が考えるように、同時に規範の実効性に影響を与えることなのである」。「すべての制定法は妥当性の観点からみてみると同レベルである。こうした妥当性に関するランク付けは、法規定の実効性に転化することもありうるシンボル的効果を有する」。「シンボルとしてのイメージは、条文の認識ならびに、純粋に技術的な意味で、その発言力（Aussage）のもつ真の程度と関係を有する。そのイメージは、法規定への服従の程度へ影響を与えることになる[186]……」。

　この言明から凡そ以下の事柄を推論することが許されよう。すなわち、いわゆる名宛人が政策理念提示規定そのものに服従するという形での実効性ではなく、政策理念提示規定を以て、法律上の政策に係る理念を提示し、名宛人を啓発し、実効性が要求される他の規範に対する名宛人の受容性を高めるという効果が政策理念提示規定に見込まれうる。それは、結果として、名宛人の法律に対する服従を高めることに繋がっている。まさに、政策理念提示規定は、シンボルとして、特定の政策（および、そのベースとなる法律）を名宛人に対して周知・理解・受容せしめるのである。

　なお、こうしたNoll教授の言明により、政策理念提示規定には、一種

───────────

ころが、宣言効果や道徳的アピール効果をもつ法律は、本文でも述べるように、道具的法律と同じ意味での効力には依存しない。それは、規範と社会的理想の公的確認を象徴化し、そしてそうした確認を通じての社会的コントロールを意味することになる。
　こうした政策理念提示規定と関係して、いわゆる税制改革予告立法の意義を論じたものとして、参照、小川是「税制改革予告立法とその意義—財政再建と税制改革作業をめぐる四半世紀を顧みて」碓井他編・前掲注98）1頁以下。
186)　Noll（Fn.185), ZSchwR 1981, 349.

の政策広報機能があるといえるであろう。

さらに、関連して、Noll 教授は新しい処罰規定を設けることの予防効果に関して、次のような指摘を行なっている。

「例えば、ある特定の犯罪の刑罰が、経済犯罪又は権力者による犯罪という特別に悪質な犯罪として扱われたとしても、そうした犯罪はまったくなくなるということはないであろう。何故なら、刑罰の威嚇のもつ見せしめ効果は、既に存在する刑罰と同じである限り、一般予防というものはまったくの幻想的な仮定であるということになってしまうからである。しかし、だからといって、そうした立法行為がまったく無意味であるということはいえないのである。それによって、国家がいかなる価値を特定の法的利益に対して認め、そして如何なる価値秩序をもつかを表明するときに、それが、宣言的に、そしてシンボルとして示されることになるのである……」。「我々は、極度に実効性を有さない法律については、それがシンボルとしての効果を意図していると想定することができる。そして、そうした法律を立法する際には、立法者は、かかる法律に実効性をもたせようとするのではなく、理念のみを告知し、そうした理想が充足されないこと、または充足することを一度も試みる意思をもっていないことから議論を出発させる。そうした法律は、確かに、当初から実効性を有さず、シンボル効果をもち、プログラムとして道徳的規範を規定していて、将来への道を示している。しかし、専らのところ、それ自体の実効性を以て、かかる理想を達成しようとするわけではない[187]」。

後段の引用文はやや難解であるが、政策理念提示規定（法律）に引き付ければ、それはそれ自体で特定の公共政策を実現するという意味での実効性を有さず、他の法律で規律される公共政策の理念を示し、それを以て当該政策の実効性を高めるということを指そうか。

政策理念提示規定は、立法者の理念を法律上で宣言して、その内容に重みをもたせるという効果を有することになろう[188]。そもそも政策理念提示規

---

187)　Noll（Fn.185）, ZSchwR 1981, 349

188)　参照、阿部・前掲注56）48頁。参考までに、最後に付け加えるとすると、こうした象徴立法に類似した機能を担う類型としては、基本法を挙げることができよう。例えば、環境基

定に限ったことではないかもしれないが、ある事象を法律要件の中で、立法者が規定するということは、ある意味で、立法者が価値判断を行なっていること、一定の目的および目標に向けられた立法者による法政策上の意思が存在することも意味しているのである。右の事情は次の言明を通じて明らかになる。つまり、ある法律要件に正の法律効果を結び付けることにより、そうした事象を正として、逆に、ある法律要件に負の法律効果を結び付けると、その事象を負として判断したということが示され、何に多く価値を置くかという立法者の判断をそこから認識することができる[189]。Rüthers 教授はそれに続けて、「規範の目的および規範の機能を分析することは、立法者が当該規範によって把握した事実関係を如何にして構築しようとしているかを示しているのである。……そのようにして認識された法律上の評価基準は、法律上のすべての規範を解釈および適用するとき、意義ある核心点となる。そうした評価基準はそれぞれの規範上の法律要件で具体化された立法者のもつ正義のイメージなのである」と述べている[190]。

　以上を要するに、改めて政策理念提示規定に立ち返ると、それは、解釈の指針を与え、その際の混乱の発生を防ぎ、ひいては法律を認識することを容易にする役割を果たしうるのである。

IV　租税法における法典の整理——単一租税法典編纂の法理論

　I 1で指摘した問題意識として、法律の認識可能性や理解可能性を改善

本法、消費者保護基本法等がこれに当たろう。これについては、参照、西谷剛「政策の立法判断（二・完）」自治研究71巻12号（1995年）12頁以下、小早川光郎「行政政策過程と“基本法”」松田保彦編集代表『成田頼明先生横浜国立大学退官記念　国際化時代の行政と法』（良書普及会・1993年）59頁以下、菊井康郎「基本法の法制上の位置づけ」法律時報45巻7号（1973年）15頁以下。ちなみに西谷教授の論述をみても、基本法に「政策の全貌の提示」という機能を認めている。小早川教授も「政策理念の提示」を挙げている。また、基本法についての批判的検討として、成嶋隆「憲法解釈と立法裁量・立法政策」公法研究66号（2004年）118頁以下、124頁以下。さらに、ドイツの基本法に関しては、参照、遠藤博也『計画行政法』（学陽書房・1976年）69頁以下。

189)　Rüthers, Bernd, Rechtstheorie, München 1999, § 4 Rn.131.
190)　Rüthers, Rechtstheorie（Fn.189）, § 4 Rn.131.

する立法を行なうための技術を論ずるとした。それは、個々の条文の規律
のありようのみに尽きるものではなく、加えて、個々の法律に如何なる規
律事項を盛り込むべきであるのか、といった問題がある。すなわち、ある
事項を規律する際に、複数の法律で規律するのか、または単一の法律で規
律するのか、という問題である。この問題は、如何なる事項を法律で規律
するのか、逆に如何なる事項を法規命令や行政規則において規律するのか、
という問題にも連なっている。さらに、いわゆる法典編纂の問題に連なる
（法典編纂は、ドイツにおいて、それを積極的に推奨する Thibaut と、ある一定
時点においてなされる法典編纂はその名宛人を規律する法を立法しなければな
らないが、かかる法はその性質上変転するものであるから存在しえない、と
Savigny が主張したことは有名である。所論によると、こうした法は国家制度の
一表現であり、“国民の精神”によって法の発展を期するために、法典編纂をせ
ずに、その発展を待たねばならない、という[191]）。

　法典編纂は、一般的には、大まかには“既存の法源となるもの──個別
の制定法、先例、慣習法等──について、できるだけそのすべてを包含す
るそうした新しい法律を立法すること”と定義付けられ、単に、従来の学
説・判例あるいは慣習法・条理を実定法とした、あるいは既存の実定法を
整理するという趣旨で法令集に登載するというものとは異なる[192]。それに関
連して、法典編纂には①既存の法を、明確かつ理解可能な形に構成し、既
存の疑義および矛盾を除去することをその目的とする整理型法典編纂
（konservative Kodifikation）[193]、②旧法をまったく新しい新法によって代える
ことを目的とする革新型法典編纂（revolutionäre Kodifikation）[194]という二種
類が識別されていることを付言しておく[195]。

---

191)　Röhl , Allgemeines Rechtslehre（Fn.151）, S.550.
192)　以上につき、参照、Röhl , Allgemeines Rechtslehre（Fn.151）, S.549.
193)　例として、プロイセン一般ラント法、オーストリア民法典、ドイツ民法典、ライヒ刑法
　　典が挙げられている。参照、Röhl, Allgemeines Rechtslehre（Fn.151）, S.550.
194)　例として、ソビエト連邦建国以降に立法されたかの国における諸法典、ナポレオン法典
　　（法律の前にあらゆる市民が平等であるという新しい理念に基づいて立法されたことがその根
　　拠である、とされている）が挙げられている。参照、Röhl, Allgemeines Rechtslehre（Fn.151）,
　　S.550.
195)　Röhl , Allgemeines Rechtslehre（Fn.151）, S.550.

　さて、法典編纂は歴史的にも古典的な問題であるといってよく、議論の蓄積は相当なものと推察する。本章はそれらをすべて咀嚼した上で議論を展開することはできず、議論を行政法・租税法に限定するため、ドイツにおけるJoachim Lang 教授により1993年に提案された租税法典草案（Entwurf eines Steuergesetzbuchs）を検討の対象とする。すなわち、後にもⅣ1で詳しく論ずるが、利益団体の存在、政治的妥協、改正頻度の高さ等の要因から生じた"租税法のカオスと称するに相応しい展開から課税の法構造を守る"という企図の許で提案された単一租税法典のモデルであるため、本章の問題意識に合致するものである。

　以下ではLang 教授の整理を大まかに概観した後、若干の検討をなし、行政法・租税法領域における法典編纂の法理論の構築の基礎としたい。

1　租税法典草案の理論――Lang 教授の所説の概要

　以下で、Lang 教授の所説を紹介し、それを客観的に把握する素地が提供される。[197]

⑴　法典編纂の効用――社会変化への対応と憲法上の原則の実定化

　ドイツでは、従来租税法領域においては、単一の法典は基本的には存在しなかった。なお、フランスやアメリカとは事情は異なる。両国においては単一の租税法典が存在する。ただし、ドイツにおいてもまったくそれが存在しなかったわけではなく、例えば、租税通則法はそれである。

　さて、ドイツにおいては、単一の租税法典を立法することに批判があると思われる。それは、租税法の改正の頻度が高いことである。それとともに、租税法の専門家といえども法状況を正確に認識することが難しいというのが現状である。すなわち、所論によると、こうした法改正の頻度を直視して、法典編纂の理論上の効果は減殺される、ということであろう。

　しかし、租税法の法典編纂は次の二つの事項により積極的に解されるべ

---

196)　Lang, Steuergesetzbuchs（Fn.40），Rz.34.
197)　参照、Lang, Steuergesetzbuchs（Fn.40），Rz.30ff. ⑴および⑵における叙述は本注における引用文献の該当箇所の要約である。

きであるという。まず、①租税法を取り巻く日和見的政治環境によって、租税特別措置が濫造された結果、租税法の複雑性が増していること、②租税法は他の法領域ほど長い歴史を有していないから不安定であり、その結果課税の基本原則（Besteuerungsregeln）がおざなりになされる傾向があること、である。言い換えると、租税法においては、計画の安定性（Planungs-sicherheit）、税負担が長期間にわたって安定していること（Kontinuität der Steuerbelastung）、が求められるのである。これは、租税法が複雑であること、そして法改正が頻繁にあることによって実現されていない、という。このことは Tipke 教授によっても、再三強調されてきたことである。

　さて、租税法における法典編纂は次の効用を有していると考えられる。それは、①形式的機能、②実質的機能である。

　形式的機能とは、課税を法学的意味において透明にすることである。具体的には、すなわち、法令の文言の統一性や税負担が計算しやすくなること、である。

　次に、実質的機能とは、租税法における法改正を極力少なくすることである。すなわち、租税法における社会的変化に敏感に反応して法改正の誘因を強く与える規律事項を租税法典に規律せずに、そうでない部分を規律することである。これによって、法改正が頻繁に行なわれることの弊害が除去されることとなる。

　しかし、ここで問題となるのは、租税法において法改正の頻度が高い規律事項とそうでない規律事項とを如何にして識別するか、という問いである。その回答は、租税法が社会に散在する利益集団〔狭義のロビー活動を行なうロビイストのみでなく、一層広く社会に散在する諸利益を担う者と解してよいと思われる〕の主張を反映する法領域であるゆえ、租税法律も諸利益の要求を反映して法改正が必然的に多くなる、ということである。したがって、こうした事項を租税法典において規律することは避けられねばならず、その反対に、租税法律（法典）を基本原則に則って立法することが必要となる。基本原則とは、応能負担原則等の体系を支える原則である。かかる体系を支える原則をベースとして、それを首尾一貫させて立法作用は営まれねばならない。なお、経済の国際化によって、税制の調和、調整

が主張されることがあるが、租税法の国際的整合性を確保するという作業
も国内租税法制度の統一化・安定化に資するものであるゆえ、租税法典の
立法を促進する根拠となる。

　また、次のことも指摘できる。租税法典には憲法上の原則あるいは憲法
に実際に規律されている租税に関する規定を規律しなければならない、と。
基本法は租税立法高権、租税収入高権、租税行政高権を規律してはいるが、
しかし、例えば、租税平等主義、課税の法律適合性の原則等の法治国家原
則あるいは応能負担原則、累進課税の原則等の租税法上の原則のような特
殊租税法的な規律は存在しないのである。

　本来、租税法典草案3条において規律されている事項が基本法において
も規律されるのがよい。しかし、基本原則を憲法上規律しても納税義務者
の租税法上の権利保護には何らの効果も有さない。具体例として、基本法
106条において、様々な税目、租税収入高権が規律されている。それとと
もに、如何なる税が徴収されるか、そして税収の分配が憲法上規律されて
おり、そこに挙げられている税目以外の税の創設、賦課・徴収が認められ
るのか否か、について解釈論上の争いがある。これは、近時ECレベルで
採用が勧められているエネルギー税、石炭ダイオキシン税の導入がドイツ
国内において可能か否か、という問題として論じられているのである。

　最も重要なことは、如何なる方法で、そして如何なる範囲において租税
システムを憲法上確固たるものとして規律するか、である。具体的には、
その見解を敷衍させるのであれば、個々の税目について本質的な事項、と
りわけ最高税率を憲法上規律することが望ましい。これによると、こうし
た本質的事項は憲法改正に必要な特別多数の議決（出席者数あるいは総数
の三分の二以上）によってのみ改正が可能であり、それとともに頻繁な法
改正が防止される。

　しかし、あまりに詳細に租税システムのありようを憲法上規律してしま
うと、租税法律の改正に係る憲法上の許容性がしばしば問題となる。中庸
な解として、先に指摘したように法改正に手続的な枠を構築することを通
じて法的安定性は当面維持できる。

　なお、したがって、先に論じた"憲法上明文で規律されていない税目を

新たに創出することができるか否か"、の解釈論は、日和見政治による租税法の頻繁な改正を防止し、納税義務者の計画の安定性を維持するという意味での納税義務者の租税法上の権利保護には関係ない。それとともに、現行の基本法における租税法に関連する規律はそのありようとして望ましくはないこととなる。

(2)　法律事項と行政立法事項

次に、個別法律において規律されていた事項が単一の法典の中で規律されることとなっても立法学の検討は終わらない。法律に関して行政立法を通じて詳細な事項を規律する必要がある。行政立法を通じて、租税法典の運用も柔軟性を得ることができるのである。

行政立法の存在は民主主義にとって有害ではなく、むしろ有用である。立法者は立法府本来の役割を担うべきである。この本来の役割とは、法に規範的規律構造（normative Regelungsstruktur）を与える法的価値判断をできるだけ明確にすること、そしてその他の裁判所ならびに行政府に対して法を首尾一貫して適用し、発展させるように仕向けることである。

そして、行政立法、特に法規命令は三種類に分類されうる。それは、①執行的法規命令、②調整的法規命令、③法改正的法規命令である。以下、順次概観することとする。①執行的法規命令について。これは、議会によって実定化された規範を法技術的に執行するという目的に資する。その際規範の定立者は新しい価値判断を何ら行なわず、単に法の実行可能性の点でその経験から得られるものに照らして議会の意思決定を詳細に具体化するのである。その際、ある規範についての経験的側面は議会における意思決定がなされる際には、あまり明らかになっていない。何故なら、経験的側面である社会における事実は恒常的に変化しているからである。したがって、執行的法規命令は、法律をその経験的側面に照らして実効化することに資する。なお、執行的法規命令を制定する際に立法者による授権を必要とするが、一に、課税の平等、二に、不衡平の排除、三に、税務行政手続の簡素化が判断の基礎とされる。そして、執行的法規命令の具体例として、評価命令（財産の価額を計算するもの）、旅費命令（会社の従業員の出張費を計算するもの）、帳簿作成命令（租税法上の帳簿作成の指針となるもの）

が挙げられる。

　そして、②調整的法規命令について。これは、議会による制定法を、租税法ではない所与のまたは恒常的に変化するそうした事実関係に適合させることを目的とする。この例は、生活必要費命令（最低生活費の金額を定めるもの）および扶養命令（配偶者あるいは子女の扶養に必要とされる金額を定めるもの）である。法規命令によって政府は最低生活に必要な費用および扶養関係法の改正を斟酌することができる。政府は、特に、金銭価値の変化を斟酌して、金額を決定することができ、適時に、かつ適正な課税が行なわれうることとなる。

　最後に、③法改正的法規命令について。これは、執行府による自律的法制定権能を意味する。しかし、課税の形式的・実質的な核心部分は議会の排他的管轄にあるべきだという要請とこれは相克する。したがって、例えば、フランス憲法においては、明文で課税標準、税率および賦課手続が執行府の自律的法制定権能から除外されている。しかし、法規命令、殊に法改正的法規命令は法秩序の柔軟化に不可欠である。そして、法規命令の制定について立法府による授権が必要であることはいうまでもない。この点、行政立法有害論を標榜して、例えば立法による授権を1年という形で時限的に構築すると、法のアクチュアルな実現を阻害する。したがって、授権の当否について民主主義に照らして検討する際に重要であるのは授権の内容、目的、範囲である。右の検討に耐えうる法改正的法規命令は肯定されるべきである。

2　租税法典草案の検討

　では、以上に概観された Lang 教授による法典編纂の法理論を、特に理論的に興味深い点について、検討することとしたい。それは、①租税特別措置の廃止と簡素化との関係、②法典編纂と法律の過多現象の解決、③法律規律事項と法規命令規律事項との識別、である。

　わが国において、国税通則法の制定について凡そ「わが国の租税法が多数の単行法からなり、規定が不備・不統一なうえ、租税法律関係をめぐり種々の疑義が生じているため、租税法の体系的整備と国税に関する法律関

係の明確化を目的として制定された」と指摘され（国税通則法 1 条も参照）、
その効用が示された。この点、ドイツの1977年租税通則法の制定について
も同じことは妥当する。[199]

　まず、①について。Lang 教授の所論の如く、租税特別措置を減少させ、
法の適用を、課税庁にとっても納税義務者にとっても容易にするという思
考は正当である。Lang 教授は、法改正の頻度を低下させることを企図し
ている。具体的には、租税特別措置を含まない、租税通常措置のみを租税
法典草案に規律することによって、法適用の容易化を実現しようと想定し
ている。租税特別措置の排除を通じて法律の認識・理解可能性は大幅に改
善されるであろう。しかし、実際的側面からはなお留意点がある。すなわ
ち、租税特別措置の立法を防止するためには立法者が法改正について謙抑
的でなければならないが、法改正の謙抑性を担保するのは立法者自身であ
る。わが国では、多くの租税特別措置は租税特別措置法に規律されている
のであるが、単一租税法典を立法しても、租税特別措置法典が別に存在す
れば簡素化はまったく実現されないであろう。したがって、租税特別措置
の立法を抑制する手段は別途考案される必要がある。例えば、一つのあり
方として、法律上規律された政策の実効性・効率性を定期的に審査するこ
とを担保する時限法律が有効であるといえよう。

　次に、②について。この言明を首肯するとして、しかし、目下法規命令、
税務通達の数も相当なものにのぼっている。仮に、法律レベルで内的体系、
外的体系を首尾一貫して構築することができたとしても、従来まで法律に
規律されていた事項が下位の法令で規律されるような場合、租税特別措置
の廃止を度外視すると、法整理の前後において規律量にあまり違いがない
こととなる。加えて、法規命令の規律量の増大に伴う複雑性の増加によっ
て、法体系全体としての見通し、認識可能性、理解可能性は何ら改善され

---

198)　金子・前掲注 4 ）103頁。
199)　邦語文献として、例えば、参照、清永敬次「1977年租税基本法（AO）について」広岡隆
　　他編『杉村敏正先生還暦記念　現代行政と法の支配』（有斐閣・1978年）339頁、改正草案起
　　草委員会（木村弘之亮訳）「ドイツ租税通則法の改正に関する報告書」租税法研究 1 号（1973
　　年）55頁以下。

ないかもしれない。加えて、アメリカ合衆国においては内国歳入法典とい
う単一租税法典が制定されている一方で、レギュレーションの数が相当な
程度に達していると指摘されている。以上を要するに、このような外国の
例をも斟酌すると、法典編纂の効用は一定程度割引いて考える必要がある。

　最後に、③について。Lang 教授は、法律レベルでは、基本的価値判断
のみを行ない、残余の規律事項は下位の法令で行なうべきことを提案して
いる。この点ドイツにおいて（わが国でもそうであるが）本質性理論がある。
この理論は、本質的な事項は法律で規律されるべきである、という言明を
その意味内容としている。Lang 教授の議論において、この点の理解は必
ずしも明確ではないが、差し当たりそれと矛盾しないものとする。

　租税法における本質的事項とは少なくとも課税要件であろう。したがっ
て、Lang 教授が提案されるように、例えば税率を、一定の限定を伴いつ
つも、課税庁の意思決定によって変更すること、すなわち税率を法規命令
によって規律することは、本質性理論に違反しないかが問題となる。この
点、確かに、税率の決定は納税義務者の税負担に最も大きな影響を与える
ものであり、納税義務者の自由に加える制約の度合いが強い。しかし、そ
れを逆にみると、税率の水準が経済情勢に照らして妥当でないと、適正な
税負担が創出されず、応能負担原則に反することとなろう。税率や課税物
件の価額についてそのことは特に妥当する。仮に、このような状況におい
て立法者が税率の変更あるいは課税物件に新たに追加をなすといった何ら
の対応をなさないとしても、法律による行政の原理に、租税法律主義に照
らして合憲であると考えるのは不合理である。したがって、Lang 教授の
所論においても、租税法典草案に規律された最高税率を超えないという一
定の範囲内で課税庁が経済情勢に照らして税率を決定しうるという選択肢
は正当であるのかもしれない。それは、適正な税負担の創出と租税法律主
義を調和させる発想であると評することができよう。加えて、法律で定め
られた最高税率の範囲内という限定のほかに、立法者が一定の期間適切な
法改正措置を採らなかったといった要件を付加することも理論上は可能で
あり、望ましいと考える。

　なお、この点、わが国において清永敬次教授が、法律規律事項と行政立

法規律事項との識別の基準として“合理性”を挙げておられる。いわく
「ある法律の規定において租税に関する重要な事項を命令に委任する場合
に、当該委任規定が租税法律主義に違反すると考うべきかどうかの問題は、
結局そのような委任をなすだけの合理的な必要性が存するかどうかによっ
て、判断せざるをえないと思われる。例えば、関税の場合に租税に関する
一定の事項が命令に委任されていることについては、外国との種々の取引
状況等に応じて急速に関税の適用税率等を変更する必要が存し、そのよう
なことを可能ならしめるために委任がなされているのであり、委任の合理
的必要性が承認される場合であろう」と。誤りを恐れず言えば清永教授は、[200]
おそらく、伝統的意味での法律の留保学説を念頭に置きつつ、Lang 教授
が企図するような法秩序の柔軟性を実現しようとしていると筆者は推察可
能と考える。また、このような清永教授の立場は法律事項と行政規則事項
との識別について自由主義的、民主主義的観点からの識別のみでなく、機
能的なそれを持ち込むことを企図されているのではないか。したがって、
清永教授の見解は正当であると考える。

3　小　　括

　以上において、極めて断片的ではあるが、ドイツ租税法における法典編
纂の一側面を概観し、若干の検討をなした。したがって、ここでは、それ
に追加する形で残された問題についても若干の検討をなし、まとめに代え
ることとしたい。その問題とは法典編纂について（私見によると）認めら
れる複数の類型である。

　わが国においても行政法領域における法典編纂を論ずるものがある。例
えば、田中二郎博士は、既に戦前において、ドイツの一邦における行政法
典編纂作業をわが国に紹介しておられる。その具体的な内容については田[201]
中二郎博士の注201）に挙げられた二論稿を参照されたいが、その中に、

200)　清永敬次『税法〔新装版〕』（ミネルヴァ書房・2013年）30頁。
201)　田中二郎「行政法に於ける法典的立法の傾向—ヴュルテンベルグ行政法典草案を中心と
　　して」、同「行政法通則に関する一資料—ヴュルテンベルグ行政法典草案を中心とする行政法
　　通則の研究　其の一」『公法と私法』（有斐閣・1955年）305頁以下・329頁以下。

既に論じた租税法典草案との相違が認められるのである。

　田中博士の所論によると、行政法は警察法、都市法、教育法、租税法というように様々に分かたれており、それぞれの分野について特定の目的を以て規律されているので、そこに相互に何らかの調整もなされず、法の欠缺がみられることが多いという。[202]加えて、行政法ドグマーティクは私法領域のそれと比較して、未発達であるとされる。[203]その根拠として、学説の対立、未解明のものが多く認められうることが挙げられている。[204]したがって、各行政法領域に統一的に適用しうる一般法を制定すべきとされているのである。

　そして、田中博士の紹介されるヴュルテンベルグ行政法典草案を概観すると、極めて簡単にまとめるが、そこには行政法の法源、行政行為一般に関する事項、公法関係一般および当該関係における私人の権利・義務一般、公物法等が含まれているのである。したがって、ヴュルテンベルグ行政法典草案は学説において議論されてきたいわゆる行政法総論を立法化するものであるともいいうる。確かに、今まで学説および判例の中においてのみ認識されうる素材であったものが実定法上明文化されれば、それとともに法律関係の明確化は図られるところである。行政法総論（言い換えると、行政法通則あるいは行政法総則）の立法化の効用は、田中博士も認識している。[205]しかし、仮に通則法（総則）が存在しても、個々の行政法律（先に挙げた、警察法、都市法、教育法、租税法等）に何らの法整理的な法改正が施されない場合には、通則法（総則）の制定は従来の学説を確認的に明文化する程度にその意義はとどまらざるをえない。[206]この点で田中博士の指摘される効用は割り引いて考えなければならない。

　しかし、それとは異なり、1、2で概観および検討した租税法典草案の立案作業は、極めて単純な言い方をすると、従来規律されていた事項を一

---

202)　田中・前掲注201)「行政法に於ける法典的立法の傾向」308頁。
203)　田中・前掲注201)「行政法に於ける法典的立法の傾向」308頁。
204)　田中・前掲注201)「行政法に於ける法典的立法の傾向」308頁。
205)　田中二郎『行政法総論』（有斐閣・1957年）116頁以下。さらには、参照、小早川光郎「行政法典のあり方」法学教室145号（1992年）17頁。
206)　同旨、塩野・前掲注48) 11頁。

つの法典の中にまとめて規律するという作業であった。したがって、そこには租税特別措置の廃止を以て体系を支える原則を首尾一貫させて実現する、という作業が必要とされ、そしてその実現を以て初めて租税法典草案立案について積極的意義が認められるのである。ただし、それと並んで、租税法典草案の立案の際には、外的体系の首尾一貫した実現によって認識可能性も改善することはいうまでもない。

　以上を要するに、田中博士の紹介による行政法典草案にみられるような"目に見えないものを、実定法で定めて可視的にする"場合（これについては、内的体系および外的体系の首尾一貫した実現という作用は認められない可能性がある）と、租税法典草案におけるように、"従来の規律事項を整理・再編する"場合と、少なくとも二類型が法典編纂に認められることとなる。加えて、その効用は、租税法典草案にみられる法典編纂のほうが大きいといえよう。

Ｖ　結　　語

　さて、本章は様々な事項に言及してきたため、多少なりとも雑多な印象を与えることになったかもしれない。そして、本章では立法学を行政法領域、特に租税法を中心に議論したが、とりわけ Bizer 氏の整理・分析による簡素化の必要性の論証をはじめ、簡素化を実現するための立法は控除項目の整理等のみでなく、法令文やその配置の体裁、さらには関連する法を単一法典化することの効用も指摘できたと考える。

　しかし、特に、法令文の分かりやすさは多分に主観的であるため、如何なる規律体裁が最も優れた立法であるかは一義的に明らかでなく、したがって簡素化という税制改革における中心的公準は最適化公準であると解すべきであろうか。そして、それとともに、税制簡素化立法は漸進的かつ恒常的に追求されうる。立法者もそのような態度で立法作用を展開すべきである。

　次に、租税政策の内容面との関係に係る簡素化についての議論をまとめ、本章の検討から得られうる若干の示唆・展望を示そう。差し当たって、税

制改革において簡素化という作業がもつ意義である。

　まず、Bizer 氏は簡素な税制は"公共財"であるという[207]。この意味は、差し当たり、所論が強調する税制簡素化の重要性を比喩的に表現するものと理解はできる。市場当事者の動態・営為では納税義務者が獲得できない、租税立法者が第一次的に実現する役割を負うそうした性質をもつ租税制度の属性である、ということであろうか。公共財と呼称することの当否はともかく、認識の内容自体は首肯できると考えられる。また、やや強引かもしれないが、同時に市場における取引当事者の交渉・契約によって獲得されるものでないということは、公共財という呼称・位置付けについて、簡素な税制の構築は租税法上局所的利益を企図した制度の排除を意味するともいいえよう。何故なら、納税義務者との交渉・契約がない以上、制度設計過程に納税義務者の個別利益が入る余地はないからである。このように考えれば、簡素な税制の形態に係る第一の特徴は租税特別措置がないそうしたものであるといいうる。

　ここで簡素な税制の大まかなありようは明らかになったといいうるが、以上の議論によれば、税制簡素化を実現するアクターのうちに納税義務者を入れることはできず、それが可能であるのは租税立法者であることになる。そして、そうした租税立法者およびそれに関連する制度の動態に着目することが租税政策における簡素化を議論する一助になりうる。そこで、こうした議論については、次のような評価が可能であると思われる。

　ここで現実面に着目すると、税制簡素化を強く動機付ける制度は、Bizer 氏によれば、一に、連邦憲法裁判所を挙げることができる[208]。これは、違憲判断を通じて租税立法者に対して当該箇所の税制改正を可能とするものである。二に、租税立法者自身である[209]。前者については、独立的・中立的立場から裁判所が違憲判断をすることであり、後者の租税立法者とは租税政策に係る立場が異なるので、一つの考え方として首肯できよう。しかし、この帰結の実践性の獲得は未だに期しえない。

---

207)　Bizer, Steuervereinfachung und Steuerhinterziehung（Fn.17）, S.154.

208)　Bizer, Steuervereinfachung und Steuerhinterziehung（Fn.17）, S.144.

209)　Bizer, Steuervereinfachung und Steuerhinterziehung（Fn.17）, S.145f.

　以上の現実面によれば税制簡素化を実際に担う制度の動態に着目することに意義は見出しえないようにも思われる。尤も、こうした税制改革における当事者の動態は、税制改革をできるだけ理論的に考察する際に手がかりを与えてくれる。すなわち、租税原則の強調のみでは実践性ある税制改革論の構築はなされえず、それ故現実の税制改革を可能とする要因を探る必要がある。その作業を通じて、税制改革を実効化する制度構築が可能となるかもしれない

　さらに、税制簡素化が重要な税制改革の目標であることは周知であるが、それが十分に達成されたと考えられる税制改革は存在しないとすらいいうるかもしれない。換言すれば、これは税制改革に係る評価として、簡素化が不十分であるということになる。しかし、現実の制度設計は租税立法者のまったくのフリーハンドのもとに置かれているわけではない。すなわち、既存の制度を出発点とし、それに漸次改正を加えていくという形態にならざるをえない。これはいわゆる経路依存的な制度設計の態様であるといえよう。さらに具体化しつつ述べるならば、税制簡素化が不十分である理由として、次のことが指摘可能であると考えられる。一に、一般論としては、政治的理由がありうる。ここで政治的理由が意味することは、仮に現実を想定した場合に、税制改正が政治的に困難な箇所があるので、現実の税制改正においては、従前の制度が存続することがあろう。さらには、それを学問上議論する際にも考慮されるということである。換言すれば、実現可能性の低い税制改正案を理論的にも提言はしない、ということである。二に、特定の租税原則の実現を追及することにより、簡素化の実現が不十分となるということもあろう。これは租税原則（典型例としては、平等原則）と簡素との調整作業が不首尾に終わることである。また租税原則以外にも簡素と相並べつつ調整すべき考慮事項はあろう。経済成長がその一典型かもしれない。特に、後者の意味するところは重要であると考えられる。

　この点に関しては、前叙の問題意識である租税政策における簡素化の意義に繋がる問題であるといいえよう。一に、既に知られているように、平等原則等との関係が問題となりうる。簡素化を強く指向する税制改革を企図する場合であっても、簡素性が平等原則に劣後する位置を有するにすぎ

ないのであれば、簡素化を指向する制度設計は相応して後退する。両者の
優先劣後については、必ずしも明確ではないが、ドイツ租税法学の議論に
照らせば、原則として平等が優先されつつも、両者はトレードオフの関係
にはあると理解するのが差し当たり妥当といえよう。ただし、租税政策の
形成において、簡素の位置付けを引き上げることは、一般論としては、税
制簡素化を指向する税制の設計が一層行ないやすい方向に、一定程度租税
立法者を規律付けることができよう。尤も、現実的にかようなベクトルが
どの程度発現するかは不明である。

　その他にも、税収獲得という考慮要素も挙げられる[210]。ただし、これは[211]、
租税原則とはいいえない。もし、これを租税原則としたら国庫主義的な税
制改正が正当化されかねない。しかし、税収獲得自体も追及されるべき税
制改正の目的であり、これを果たさない税制改正はありえない。したがっ
て、簡素を追及するあまりに、税収喪失が相当程度に生ずる租税政策は採
りえないと考えるべきであろう。

　さらに、簡素化を指向する具体的な制度に係る評価を行なう際のあり方
を理論的に検討すべきであろう。換言すれば、租税制度につき簡素化が実
現されるということは如何なる状態を指すか、という問題に行き着こう。

　この点、Bizer 氏によれば、例えば、所得税改革を考察する際に、次の
ような場合には簡素化について不徹底である、というのである。具体的に
は、夫婦分割、寄附金の扱い等が手付かずで残存しているという指摘が
ある[212]。

---

210) 税制改正に際しては、中立も問題となることはいうまでもない。Bizer 氏によれば、代替
　　効果を有さず、所得効果のみ有する税制がよい。すなわち、代替効果とは税制を根拠に納税
　　義務者の行動に影響が生ずることであり（例、特定の財の価格上昇を通じてのもの）、具体的
　　には税負担の高低を通じて経済活動に係る意思決定が影響を受けることを指す。これによれ
　　ば、本来選択されるべき経済活動が棄てられ、別のそれが選択されかねず、これが非中立的
　　であることはいうまでもない。しかし、所得効果であれば、所得が増減することにより、納
　　税義務者の意思決定が影響を受けることになるけれども、これは可処分所得の変化によるも
　　のであり、経済的与件のもとでの経済的意思決定の最適化は可能である。以上、Bizer, Steuer-
　　vereinfachung und Steuerhinterziehung（Fn.17）, S.129.
211) Bizer, Steuervereinfachung und Steuerhinterziehung（Fn.17）, S.129f.
212) Bizer, Steuervereinfachung und Steuerhinterziehung（Fn.17）, S.134, S.138.

　確かに、夫婦分割は複雑かもしれないが、累進税率の適用のもと、課税単位の一つの形態と評価しうるのではないかとも考えられるのである。周知のように、夫婦分割がなく、夫婦合算課税制度が適用されれば、共稼ぎ夫婦の税負担につき歪曲が生じ、これは婚姻に係る代替効果を生ぜしめうる。これを一歩進めれば、累進税率を棄て、比例税率を採用すれば、かような歪曲はなくなる。そこで、歪曲を防止するために夫婦分割の廃止は比例税率と組み合わせる必要が出てくるのであり、換言すれば、個別の複雑な税制を排除するためには別の箇所の修正も必要となってくる。しかし、累進税率を比例税率化することは所得税制においては大きな改正を意味する。租税法上所得税率のありようを決定付ける理論は、筆者の知る限り、存在しないと思われるが[213]、累進税率の維持は所得再分配または担税力に適った課税を実現する典型的な税制でもあるため、それを改正することに困難も伴うのではないか。税制改正による簡素化については、局所的な視点で個別の制度に関する評価を行なうことは必ずしも合理的ではないと考えられる。この点、Lang 教授は税率の改正について次のようにいう。いわく、「……所得税率は社会政策のみによって決定されえて、法的には決定されえない。……〔税率の決定は〕国家の財政需要、直接税と間接税との収入関係、そして、特に国家がどの程度所得再分配を行なおうとするかに依存する[214]」と。これによれば、税率の決定には税収獲得の要請、所得再分配の程度等も考慮されるのであり、それを一概には決定できないとするのである。確かに、所得税率を比例税率化すれば、累進税率と比較して簡素ではあるが、所得税制に課された前述の税収獲得、所得再分配といった機能を犠牲にすることが果たして制度設計論として妥当なものかは議論の余地があるところであろう。

　また寄附金控除については次のような議論が立てられている。Lang 教授は政党に対する寄附金控除につき、次のように述べる。政党に対する寄附金に係る規定を、自身の構想する所得税改革案においては、所得税法上

---

213)　手塚貴大「所得税率の比例税率化の可能性―ドイツ所得税法における議論の一端」税法学564号（2010年）99頁以下。

214)　Lang u. a., Kölner Entwurf eines Einkommensteuergesetzes, Köln 2005, Rz.29.

は配備しないとするのであるが、いわく「……そうした寄附金控除を所得
税法上配備しないことは、租税特別措置なしの所得税法という基本コンセ
プトと合致する。政党の資金調達は、それに係る透明性を根拠として、租
税法上の規律も含めて一つの法律において規律されるべきである」[215]と。こ
れは、かかる寄附金控除が租税特別措置であると性質決定し、その上で所
得税法本体から削除することを述べる。しかし、それに係る租税法上の規
定を含めて別の法律を制定することも述べる。仮に、寄附金控除全体が法
律上の制度として廃止される場合には、応能負担原則の首尾一貫した実施
による内的体系の構築といえるかもしれない。ところが、具体的形態は不
明であるけれども、例えば、縮小した形態で寄附金控除が別の法律に残る
とするならば、所得税法からのそうした寄附金控除の排除は立法技術論的
意味を有するにとどまる。以上を前提とすれば、これは、租税立法者の制
度設計の際の価値判断の一つとして、内的体系の構築の際にかような寄附
金控除を配備するという原則からの乖離を示すものといえよう。

　さらには、所得税における人的資本（Humankapital）の扱いが論点とな
ろう。所得税法においては人的資本形成のための支出の控除は限定的であ
る。その根拠として、差し当たって、個人の場合は消費と必要経費との識
別が困難でありうることが挙げられようか。それはともかく、人的資本形
成支出を控除することは税負担の上では納税義務者にとって、その軽減と
なる。Mitschke 教授も[216]、所得税制の中での人的資本形成支出の控除拡充
を示す。いずれにせよ、これが、資本蓄積と経済成長に寄与しうるもので
あるとは考えられる。ところが、Bizer 氏は、こうした人的資本形成支出
の控除につき、その拡充が新たな限界付けの問題をもたらすとする[217]。確か
に、そうした指摘はありうる。これは、簡素化の作業の非完結性を示すも
のであり、とりわけ平等原則の実現を指向する税制改正を通じて新たに構
築された租税制度について、各個の制度に係る簡素化の要請が立てられる

---

215)　Lang u. a., Kölner Entwurf（Fn.214）, Rz.454.

216)　Mitschke, Joachim, Erneuerung des deutschen Einkommensteuerrechts : Gesetzentwurf und Begründung, Köln 2004, Rz.22, 243.

217)　Bizer, Steuervereinfachung und Steuerhinterziehung（Fn.17）, S.135.

ことになる。これも税制簡素化が常時追及される根拠あるいは実証例の一つといえよう。

　私見も交えた上で前述の諸事情を通覧すると、簡素化の意義、その必要性については大概の一致があっても、簡素化された税制についての具体像は一致がない。これは、個別の税制改正に租税立法者の価値判断が入ることを示すものであろうか。とするならば、これを前述の租税法における内的体系の構築作業の顕現あるいは具体像と理解しうるのと同時に、税制簡素化の帰結としての具体的な租税制度は明確ではなく、簡素化を指向する作業の到達点のありようは一義的ではない、という特徴を指摘することができよう。換言すれば、簡素性は税制の制度設計の際に考慮すべき一要素であって、それに制度設計作業の際にどの程度の重みを与えるかは、その都度租税立法者が判断していく性質のものである。本章では税制簡素化の理論的意義およびそれに係る諸相について検討を試みたが、税制簡素化は以上の理論的検討によれば、性質上その構築・実現は実際上も困難でありえよう。

第6章

租税政策と財政政策
　　——ドイツ租税法学における租税・財政制度論を素材として

I　はじめに

　本章は、財政政策の規定要因を主として予算過程における政治性（これ
は、予算編成過程において、財政政策に影響を与えることができる政治家、官
僚等の Rent-seeking のための活動を通じて、財政政策が影響を受け、あるいは
歪められることを指す）に求め、政治性により生ずる財政規律の弛緩を防
止し、回復するための理論的基盤について、極めて限定された範囲ではあ
るが、ドイツ租税法学（およびそれが依拠する基礎理論）に素材を求めつつ、
そうした理論的基盤を獲得することを企図するものである。

1　租税政策と財政政策との分離——目的非拘束の原則

　租税政策と財政政策とは周知のように分断されたものである。すなわち、
国家が公共財を提供するために財政支出を行なうわけであるが、そうした
財政支出の原資になる租税の徴収（課税）は、特定の財政支出項目とは切
り離された形で、いわば一般的に財政支出の財源を調達する目的で行なわ
れる。これがいわゆる目的非拘束の原則である。[1] この目的非拘束の原則は
財政政策の特徴を示していると思われる。国家のもつ財政機能はその性質
上専門性・技術性があり、それゆえに専門家がその知見に基づいて大所高
所の観点から財政権力を行使することが強く求められるといえよう。これ

---

1)　井堀利宏『要説 日本の財政・税制〔4訂版〕』（税務経理協会・2011年）。ドイツにおいて
は、Seer, Roman, in: Tipke, Klaus／Joachim Lang (Hrsg.), Steuerrecht 21. Aufl, Köln 2013, § 2
Rz.16; Zimmermann, Horst／Klaus-Dirk Henke, Finanzwissenschaft 9. Aufl., München 2005,
S.98.

は財政の属性としての裁量的判断の現れである。

　しかし、目的非拘束の原則の示唆するものはそれに尽きるわけではない。例えば、同原則によれば、租税の納付と公共財の享受との間には牽連性が存在しないわけであるが、そのことはいわゆる応益負担原則の排除を意味する。応益負担原則はいうまでもなく税負担の配分に係る基準の一つであって、前叙の租税の納付と公共財の享受との間に対価関係を設定するものである。周知のように、この応益負担原則は現在の租税制度のもとにおいて、それについての支配的原則とは考えられておらず、むしろ応能負担原則に基づいて租税制度は構築されている。すなわち、それによれば、租税の納付は各納税義務者の担税力に沿う形で行なわれるが、これは、平等原則の実現を意味するのであり、同時に結局、財政政策のベースに目的非拘束の原則を置かなければ実現困難であると考えられる。

　なお、これに関連して、財政がもつ機能の特殊性にも言及しなければならない。国家が財政機能をもつことの根拠として、私人が市場では調達できない財を、国家が市場に代わって提供することの必要性が挙げられる。これはいわゆる公共財に係る非競合性および非排除性から導かれるものに他ならない。すなわち、公共財は私的財と異なる属性をもつので、国家による提供が必要になる。とするならば、租税の納付と公共財の享受との間に市場的な要素を持ち込む目的拘束は、論理的には財政の中に異質物を持ち込むことになりかねない。むしろ目的非拘束の原則を通じて社会経済の情勢を直視しつつ必要とされる公共財をその都度明らかにして財政政策の構築がなされなければならないといえよう。それが財政活動の特色として承認されているのであり[2]、資源配分機能、経済安定化機能、そして所得再分配機能という機能を一般的に期待されている財政という国家作用に求め[3]られるといわねばならない。したがって、目的非拘束の原則の合理性が右のような事情によってもまた論証されうると考えられよう。

2）　本章で検討するドイツにおける指摘として、Pommerehne, Werner W., Präferenzen für öffentliche Güter : Ansätze zu ihrer Erfassung, Tübingen 1987, S.1ff.

3）　この点に言及する財政学の体系書として、例えば、参照、持田信樹『財政学』（東京大学出版会・2009年）7頁以下等。

2　財政政策の実態としての予算過程の歪みとその対処法

(1)　目的非拘束の原則がもたらすもの

　目的非拘束の原則は、前述のように、確かに、財政政策に合理性をもたらしうるものであり、担税力の弱い者にできるだけ多くの公共財を提供するという形で同時に税負担の平等な配分と接合できるという点でも首肯できる。しかし、財政政策の実態を直視すると、必ずしもかような帰結に絶対的に与することはできないとも考えられる。すなわち、1での議論に照らせば、国家は、担税力に配慮しつつ租税の徴収を行ない、それに基づき予算過程においては、財政政策の構築について、その都度優先順位の高い公共財の提供を行なっていくという経過をたどるように思われるが、予算過程の実態は、かような範型に忠実というわけではない。

　そもそも、国民の政治的意思は選挙という手段を以て国政に反映されるのであり、確かに、一般論としてそれは財政支出のあり方についても当然に妥当する。しかし、周知のように、国民の意思の政治過程への反映という大枠の中で、その手段は実質的には選挙のみではない。後にもⅡ1(1)でみるが、むしろその実効的手段の一つは選挙ではなく、インフォーマルな形で政治過程へ強力な圧力活動を展開できる一定の集団の活動であるということは許されよう。すなわち、典型例として、一定の組織化された集団が政治家への選挙における投票を対価として、自らの政治的要求を突き付けるのである。その際、当該集団による投票は、相当な得票数を確実に見込めるために、非組織的集団から獲得が予想される得票数と比して、政治家にとっては魅力的なものとなる。

　とするならば、財政政策は、確かに財源という絶対的な限界としての与件のもとで採られるものであるとしても、しかし、その意思決定は多分に歪曲的なものになりうるといわなければならない。ここで、財政政策にみられる前述の歪曲とは凡そ以下のことを指す。すなわち、通常、納税義務者の公共財に対する選好と実際に提供される公共財が一致すれば、公共財の提供は効率的な状態となるが[4]、目的非拘束の原則が支配する財政上の意

---

4)　Reding, Kurt／Walter Müller, Einführung in die Allgemeine Steuerlehre, München 1999, S.34f.

思決定がなされる場面では、そうした意思決定に伴う裁量性ゆえに、意思
決定に影響を与えようと予算過程における利害関係者のプレッシャー活動
が展開されるので、効率性は実現できるものではない。つまり、財政上の
意思決定に係る裁量性にプレッシャー活動の展開を可能とする制度的基盤
がある。また、そうした効率性は公共財の提供について市場経済のメカニ
ズムをアナロジーするものであることは明らかであるが、同じく前述の公
共財の属性を直視すれば、少なくとも実現可能性という点で、必ずしも妥
当なアナロジーとはいえない。何故なら市場で供給される私的財の内容、
価格および量は市場を通じて決定されるが、提供される公共財に係る内容、
価格、量は財政政策に伴う財政当局の裁量に基づいて決定されるからであ
る。したがって、私人が租税を納付することの意味は、私人が私的財を市
場で購入するために対価を支払うこととはまったく異なる[5]。これを敷衍す
れば、租税を納付することは、提供される公共財について、必ずしも納税
義務者が選好する公共財が提供されることまでは担保されず、ひいては財
政政策の内容に統制を及ぼすことには一般的には繋がらないことになる
（尤も本章ではこの帰結に反する可能性を探る）。また、財政政策に裁量があ
るとして、その裁量そのものの存在、そしてそれが財政当局の専門知にそ
の源泉を有するとすれば、財政民主主義という選挙により選出された代表
者から構成される国会の議決に基づいて財政統制を行なうという現在の制
度は実効性を欠くとも評しうる。換言すれば、選挙および議会における議
決という政治的意思表明のチャネルは、実質的にみれば、政治的意思の形
成には今一つ実効性を欠くということである[6]。こうした一般的に妥当して
いる現状を直視すれば、政治過程への政治的意思の的確な反映を実現する
新たなチャネルが構築されねばならないという帰結を導く見解に着目し、
それを参照しつつ検討することに意義が認められよう[7]。この議論の前提と
して、予算過程には納税義務者（およびその組織化された集団）、政治家、

5）　ドイツにおける指摘として、参照、Franke, Siegfried F., Steuerpolitik in der Demokratie:Das Bespiel der Bundesrepublik Deutschland, Berlin 1993, S.46f.
6）　特に、選挙に際しての選挙民の政治的意思表明に係る不完全性（これは、選挙が実効的な政治的意思表明手段ではもはやないという意味である）については、本章でも後に触れる。
7）　後掲注12）に挙げられている文献を参照。

官僚等の利害関係者が関与し、彼らが自己の利益を貫徹すべく行動するそうしたプロセスとしてみなす立場がある。[8] これらのもたらすものは、予算過程の歪み、さらには財政膨張であって、膨張した財政が必ずしも納税義務者の経済厚生を高めないということが指摘された。[9][10] こうした現状に基づく問題点を理論的立場から整理する見解がドイツにおいてもみられるようになった。[11]

(2)　**租税政策および財政政策における応益性——チャネル構築の鍵概念として**

　では、チャネル構築に方向性を与える指針は何か。近時のドイツ租税法学の成果によると、それは手続的応益性（Prozeduale Äquivalenz）である。[12][13]

8）　Bürmmerhoff, Dieter, Finanzwissenschaft 9. Aufl. München 2007, S.122ff., S.124. は、政治的意思決定プロセス（ここに予算過程を含めても許されよう）を、政府、議会、政党、官僚、利益団体等が自己の利益を追求する制度として活動する場と解する。

9）　Buchanan, James M., Procedual and Quantiative Constitutional Constraints on Fiscal Authority, in:Moore, W. S.／R. G. Penner（Ed.）, The Constitution and the Budget, Washington D. C. 1980, p.83.

10）　例えば、Tanzi, Vito／Ludger Schuknecht, Reconsidering the Fiscal Role of Government : The International Perspective, Public Choice Vol.87 no.2, pp.164.

11）　例えば、Knappe, Einkommensumverteilung in der Demokratie:Der Beitrag der ökonomischen Theorie der Demokratie zur Analyse der Verteilungspolitik, 1980, S.85ff.; Seidl, Christian, Krise oder Reform des Steuerstaates?, StuW 1987, 185ff., 189f.

12）　本文中の応益性に着目するドイツの業績として、Folkers, Cay, Begrenzung von Steuern und Staatsausgaben in den USA: Eine Untersuchung über Formen, Ursachen und Wirkungen vorgeschlagener und realisierter fiskalischer Restriktionen, Baden-Baden 1983;Hansjürgens, Bernd, Äquivalenzprinzip und Staatsfinanzierung, Berlin 2001;Esser, Clemens, Pluralistisch-demokratische Steuerpolitik in der globalisierten Welt:Die Rolle der Unternehmens- und Einkommensbesteuerung, München 2008 等が挙げられよう。

13）　なお、この応益性への着目は、わが国の財政問題の現状に照らしても時宜を得たものと考えられる。様々な箇所で指摘されるが、わが国の年金財政をみると、受益と負担との不一致の問題が非常に深刻であることが分かる。例えば、井堀利宏『「小さな政府」の落とし穴—痛みなき財政再建路線は危険だ』（日本経済新聞出版社・2007年）131頁によると次のようにいわれる。年金財政においていわゆる賦課方式の採用を継続し、少子高齢化型の人口構成に変化がない場合には、若年層の負担増が避けられない。したがって、積立て方式への移行と私的年金の充実のための政策が必要となる。さもなくば、消費税のヨーロッパ並みの引上げも政治的な合意を得ることはできない。北欧諸国を例とすると、高水準の消費税と高福祉との結び付きは、色々と批判はありつつも、受益と負担との一致が凡そあるために、その政治的合意が可能であったことによるという。
　このように、租税および財政における受益と負担との一致は公共政策に前進をもたらす重要な課題である。そこで本文で指摘したような検討を行なうことに意義を認めることは可能であろう。

本来公共財の提供に係る場面においては、納税義務者の納付する租税と公共財による受益とが一致することが望ましいのであるが、これは応益負担原則、直後に述べる実体的応益性の実現を意味するのではない。すなわち、予算過程でのプレッシャー活動の展開を通じて生ずる歪みにより、そうした活動の可能な者の集団が自身らに有利な財政支出を可能とさせ、財政支出の財源は他の納税義務者の負担する租税に転嫁されているという意味での受益と負担との不一致が生じている。これを防止することは、すなわち、以上の意味での受益と負担とを一致させることにほかならない。これに関連して、先の応益負担原則という言葉があるが、これは税負担の配分基準としては、前述の如く、担税力に基づく課税を不可能にするという点に鑑みて、捨てられるべきものとなろう[14]（前掲注12）の Esser 氏の見解によれば〔S.157ff.〕、これは実体的応益性〔materielle Äquivalenz〕と呼ばれよう）。つまり、結論を先取りするようであるが、ドイツにおける研究成果も前述の税負担の配分基準という意味での応益負担原則を租税制度および財政制度において純化して実施すべきであるとする立場には与しておらず、予算過程における歪みを防止するという意味で用いられているのである。そこで理論的に検討が必要であるのは、予算過程におけるプレッシャー活動の防止であるが、具体的にいえば、予算過程において Rent-seeking 活動を行なう者に対して選挙民あるいは納税義務者の意向に沿うような予算編成活動を行なわしめるために、そうしたインセンティブを彼らに如何にして与えるか、である。選挙民・納税義務者を本人（Prinzipal）、政治家等を代理人（Agent）と捉えるならば（いわゆる"本人・代理人関係"）、代理人に対して本人の意向を斟酌しつつ行動をさせることを確保するための制度的装置は何か、が探られねばならない。

　このことは、次のような事情によっても論証が企図されている。すなわち、前掲注10）の Tanzi／Schuknecht 両氏の議論と関係するが、国家の役

---

14)　ドイツにおいても、従来から、応益負担原則の妥当範囲の例として、料金あるいは公債が挙げられ（Seer, in : Tipke／Lang, Steuerrecht（Fn.1）, §2 Rz.20）、租税については、応能負担原則が妥当するとされてきた（Hey, Johanna, in: Tipke／Lang, Steuerrecht（Fn.1）, §3 Rz. 48）。

割の増大という現象がみられるにもかかわらず、それにより国民の経済厚
生は必ずしも高まっていない[15]というのである。国家の役割の拡大は少なく
とも一般的には提供される公共財の量的拡大をその意味内容として内包す
ると思われるが、それが国民の経済厚生を高めていないということは国民
の公共財に対する選好と実際に提供される公共財との間に不整合があると
いうことであろう。その原因は、具体的には、少数者によるプレッシャー
活動、多数者が議会において自己の立場を貫徹することとされているが[16]、
これは前述の予算過程における歪みに求められていること[17]と同義である。

　さて、ドイツ租税法学においては、そうした問題に対処する手段として、
租税は希少性シグナルとして位置付けられている[18]。所論によれば、これは
租税が税負担の歪曲なく納税義務者により担われていることにより実現さ
れる。すなわち、後にもⅢ 2 で触れるが、税負担が政治的影響力の帰結と
して特定の納税義務者が負担すべきところ、それとは異なる者に転嫁され
ることが回避されねばならない。これは結局納税義務者の公共サービスに
係る選好（同時に政治的意見表明とも考えられる）が租税を通じて表明され
ることに繋がるため、租税制度もチャネルとしての機能を果たしうるかも
しれない。ところが、租税は、その性質上必ずしも、かようなチャネルと
しての機能をもたないと考えることもできよう。何故なら、一般的には、
租税は、法律上の課税要件を充足すれば、それに基づき如何なる者でも課
税に服するからである。したがって、そうした課税要件の充足の回避とい
う形は採ることができても、課税要件の充足があったにもかかわらず、納
税をしないということはできない。通常、私人の日常的な行動からは所得
税、消費税、相続税等の課税に服することは避けられないので、前述のよ
うに租税を政治的意思表面のチャネルと観念することには違和感を禁じえ
ない。加えて、ある国の提供する公共財の質量について不満をもつ納税義

---

15)　Zimmermann, Horst, Änderungen in der Struktur der Staatsfinanzierung:Einführung in die
　　Thematik, in:Ders.（Hrsg.）, Die Zukunft der Staatsfinanzierung, Stuttgart 1988, S.29ff.,
16)　Schmidt, Kurt, Entwicklungstendenzen der öffentlichen Ausgaben im demokratischen
　　Gruppenstaat, FA NF Bd.25（1986）, 214ff., 237f.
17)　Hansjürgens, Äquivalenzprinzip（Fn.12）, S.23.
18)　特に、前掲注12）の Esser 氏による論稿はそうした立場に立つ。

務者が、国外に移転することによって納税を拒否し、それを以てある種の政治的意思表明とすることはできなくもないが、国外退出が可能であるのは一部の納税義務者のみであって、そうした可能性があっても必ずしも一般的に租税が政治的意思表明のチャネルであることまでは言い切れないのは当然であろう。

　しかし、租税制度の構築如何では、前述1でみたような、いわゆる実体的応益性の意味での応益負担原則の短所を克服しつつ、租税を通じた財政への拘束力の発揮、換言すれば、租税政策を通じて財政政策の歪みを防止する途が模索されている。[19] それが応益性を手続的に理解するというものである。学説の整理によると、応益性を実体的に理解すれば、つまり、税負担と受益する公共財とが量的に一致すると理解すれば、前述の応益負担原則を意味することになる（結果に着目するルール〔Ergebnisbezogene Regeln〕としての応益性）ので、それに与しつつ租税政策の形成を行なうことはできない。しかし、それを手続的に理解すれば、租税制度を通じて政治的意思の反映が可能となり、それを以て選挙制度[20]または現実の政治過程における前述の歪みを解消する一助となる可能性が指摘されているのである（プロセスに着目するルール〔Prozeßbezogene Regeln〕としての応益性）。[21]かかる議論を踏まえて、本章では、財政政策の現状を認識し、それに関連する基礎概念に触れつつ、問題点を明確にした上で、応益性概念を手続的に理解する際に、具体的に如何なる租税制度および財政制度が構築されねばならないのか、という点について、ドイツ租税法学（あるいは視点を広げて財政法学）を素材として検討することとしたい。

---

19)　前掲注18)。
20)　後述II1でみる。また後掲注24)のDownsによる論文が重要である。
21)　本文中のドイツにおける議論の理論的根拠として、例えば、Buchanan, supra note 8, at 83;Wagner, Richard E., Tax norms, fiscal reality, and the democratic state,:User charges and earmarked taxes in principle and practice, in: Wagner, Richard E. (ed.), Charging for Government: User charges and earmarked taxes in principle and practice, London 1991, pp.1.; Wagner, Richard E., The Calculus of consent : A Wicksellian retrospective, Public Choice 56, pp.153.

Ⅱ　財政政策を取り巻くもの——財政支出の規定要因と問題

　財政政策の裁量性については、既にⅠでも言及したが、ここではそうし
た裁量性に伴い、具体的に如何なる問題が生ずるのか、それに対して対処
するために如何なる理論的基盤があるのかを概観・検討することとしたい。

1　財政統制のあり方—予算過程におけるその実態

(1)　予算過程について——意思決定過程への視点の拡張の必要性

　予算過程における財政統制の基本原則として財政民主主義がある。財政
民主主義は、一般的には、財政のあり方に民意が及ぶべきことを要請する
法原則であるが、毎年度の予算に国会の議決が及ぶことを以て、財政民主
主義が充足されると考えるとすれば、それは極めて形式的な見方にすぎる
との誹りを免れないと考えられる。Ⅰ2で言及したドイツの議論は、財政
上の意思決定過程に歪みを見出すことから議論を出発させているのであっ
て、国家の議決を伴う財政活動に何らの問題も存在しないことを意味する
ことは導き出しえない。要するに、財政支出に国会の議決を要すると考え
るだけでは、議決に至る過程がまったくのブラックボックスの中にあるこ
とになってしまう。すなわち、財政上の意思決定が国会の議決を経ること
によって、確かに一見民主的統制が利くことになり、形式的には法定の手
続が経られるのではあるが、その内容上の合理性まで十分に担保されると
考えるべきではないだろう。この点ドイツの議論を以てさらに説明すれば、
公共政策の形成が行なわれる立法過程についても同じことは妥当するが、
財政政策の内容は議会の議決に至るまでに確定されるため、その内容の合
理性は議決前の財政当局の営為により担保されるのであって[22]、議決のみに
着目することは財政政策に係る合理性担保の手段を構築するという作業が
そもそも検討の俎上から捨象される。ドイツにおいても予算過程上の議会
の会派内での調整作業および連邦議会の財政委員会の活動を重要なものと

---

22)　Zimmermann／Henke, Finanzwissenschaft（Fn.1), S.69.

して挙げる立場もあり、議決の有無のみに着目することは議論を狭小化す
るものであろう。そこで本章はそうした過程の現状を明らかにし、現状に
何らかの問題があれば、それに対して問題解決の有効な枠組みを析出する
作業を行なうものである。これは予算編成過程の実態を明らかにした上で、
その不合理な箇所・要素を除外しつつ予算編成過程を合理化する制度的可
能性が理論的に考案されるべき必要性を示唆するものである。

　前述のように、議決に着目する財政民主主義は財政政策の内容的合理性
を担保するものでは必ずしもない。何故なら、財政上の意思決定は例えば
特にプレッシャーグループの影響を通じて歪められているからである。端
的にいえば、そうした歪みは、財政政策の形成について、特定の者（ある
いはその集団）の選好のみがそこで汲まれることを示す。したがって、Ⅰ
2のドイツの議論からすれば、そうした歪みが排除され、多くの選挙民あ
るいは納税義務者の選好が汲まれた財政政策こそが民主的なものであると
はいえまいか。すなわち、以上のような意味で、視点を財政上の議決以前
の財政政策の形成過程にまで射程を及ぼす理論的および実際的必要性が観
念されるのである。それゆえ、かような認識なくしては財政政策を正確に
分析することは無理であると考える。したがって、本章はかような歪みを
与件として十分に汲む立場に与した上で、財政政策および租税政策を議論
することとしたい。

(2)　予算過程における財政政策の歪み

(a)　選挙の機能不全と予算過程の意義——分析視角としての公共選択論の示唆

　本章でも既に触れたが、予算過程には歪みがある。その結果応益性を手
続的に理解する立場が主張されたが、その背景には Anthony Downs 氏に
代表される、ある公共選択論の知見がある。すなわち、選挙制度について
は、民主主義政治における重要な国民の政治的意思を表明する手段である
けれども、そうした国民の選好を（政治的意思決定として）実施するに際
しては、選挙制度の機能性は不確実なものであって、とりわけ、選挙民は
政治に係る情報を十分に有していない場合があるというのである。加えて、

23)　Zimmermann／Henke, Finanzwissenschaft（Fn.1）, S.69.
24)　Downs, Anthony, An Economic Theory of Democracy, New York 1957, p.236, p.257. これに倣

政治家は裁量的判断に基づいて行動するという事情も付加されえよう。さらに、かねてよりの指摘であるが、議決方式としての単純多数では、議会における多数派が入れ替わることによりもたらされるそうした民主主義的意思決定に係る不確実性があり、公共財の提供に係る属性としての国家の独占的供給主体性の問題が出現するという。[25]

　前述の情報の不足は選挙民が適切な判断を行なうことを困難にし、加えて選挙による多数派の入れ替えと議決方式との組み合わせはその都度の少数派保護を困難にするといいうる。これらはいずれも本章の検討課題である財政政策についてその規律を欠如せしめる。したがって、こうした状況を認識し、その規律付ける試みを実施する必要がある。そのために、応益性を手続的に理解する立場に立ち返り、それを敷衍させよう。すなわち、予算過程における規律は、予め決定された特定内容（例、財政支出額、公債発行限度額等）をもつ財政政策を構築するというものではなく、歪みを防止し、変化する性質をもつ納税義務者の選好にその都度できるだけ合致する財政政策の構築を可能とするそうした予算過程のルールであることになる。[26] おそらくはこれを以て財政政策に係る裁量性という属性を承認し、かつ維持しつつ、財政規律の確保が可能となると考えられるのであろう。

(b)　財政政策と予算過程──構造的特徴と市場経済との違い

　予算過程における財政政策の歪みは前述のように予算過程におけるRent-seeking を指向するプレッシャー活動によりもたらされるといえる。歪みの排除が必要なのであるが、応益負担原則が純化した形態で実施されることを前提として議論することはできない。その根拠として公共財の特質が挙げられる。すなわち、公共財は財政当局の裁量的判断に基づいて提

　うものとして、例えば、Herder-Dorneich, Philipp／Manfred Groser, Ökonomische Theorie des politischen Wettbewerbs, Göttingen 1977, S.154ff.

25)　Roppel, Ulrich, Ökonomische Theorie der Bürokratie:Beitrge zu einer Theorie des Angebotsverhaltens staatlicher Bürokratien in Demokratien, Freiburg im Breisgau 1979, S.71f.

26)　Folkers, Begrenzung von Steuern und Staatsausgaben（Fn.12), S.31f. は、これを肯定的に評価する。また、同時に、本文中の結果に着目するルールは、プロセスに着目するルールに比して、二次的手段として利用可能であるとされる。これは目的税の活用可能性に接続可能なものである。

供されるものであり、市場における需要者と供給者との間の価格調整（そこに交渉的要素は含まれよう）に基づいて提供されるものではないとされてきた。[27] かような価格調整の結果については、それを需要者の側からみた場合、自身の当該財に対する効用が予算制約のもとで最大化されている状態であれば、市場の効率性は実現されることとなるのであるが、これは自身が支払う価格相当の金銭と供給者から提供される私的財の量とが釣り合っていることを意味しよう。これはいわば受益と負担とが一致している状態である。厚生経済学は、市場における複数行為者の行為の帰結として、かような価格調整の結果に着目し、パレート最適の実現を測ることをその視角の特徴としているのである。[28]

　しかし、公共財に立ち返り、前述の特徴に鑑みると、そうした厚生経済学の分析視角を当てはめることはできない。すなわち、公共財について市場均衡を観念することは、同時に、実体的応益性の意味での応益負担原則の純化した実施を意味する。それは、税負担の配分基準として適用は不可能であることにつきコンセンサスは得られているので、捨てられねばならないし、それゆえかようなパレート最適の基準で以て公共財市場を分析することは無意味であることになる。したがって、公共財の提供について認められる財政当局の裁量的判断が行なわれる過程に着目する必要がある。すなわち、前述 I 2(2)で言及したように、その過程におけるそうした歪みの実態を明らかにし、歪みの原因を探り、除去するための手段が考案されねばならないと考えるのが分析視角としては適切であろう。

　(c)　**予算過程の歪みをもたらす要因──諸々の仮説とそれらの最大公約数**

　それでは一般的に現実の財政が如何なる歪みを示しているか、を明らかにする必要があろう。具体的な歪みを明らかにすることによって改善作業の途が示されうる。また問題は財政支出が具体的に決定される過程において歪みが存在することであろうから、そうした過程を予算過程と呼称するとすれば、予算過程において如何なる事情が財政に歪みをもたらすのかを

---

27)　例えば、Roppel, Ökonomische Theorie（Fn.25）, S.71.
28)　Pies, Ingo, Public choice versus constitutional economics : A methodological interpretation of the Buchanan research program, Constitutional Political Economy vol.7, 27ff.

明らかにすることが重要である。

　ここでそうした問題提起に対して応えうる分析枠組みを理論に照らして見出す必要があるが、一般的には次のようなフレームワークが提唱されている。ドイツにおいて政策過程を論ずる際に言及されることのあるものを、例えば、Brümmerhoff教授の整理[29]に従い分類しようとするならば、大まかには、それぞれ、いわゆる中位投票の理論に始まり、予算過程を含めた政策過程に影響を及ぼすアクターとして、（政治家は前述の中位投票の理論で議論可能なアクターであろう）利益団体、官僚に言及がされる。筆者のみる限り、多くの教科書等も概ねこうした分類に依拠して議論が展開されている。そして、これらに共通するのは、代表民主制という政治システムにおいて行なわれる意思決定は立法府の政治家のみによってなされるのではなく、政治家と並んで、政府あるいは官僚も含めてそれに関与する複数のアクターの行動により形成されるという現状認識であろう。加えて、いわゆる公共選択論の見地からみれば、特に中位投票の理論については、選挙民により提示され、彼らが望む公共政策（その中には、財政政策をはじめとするその他の諸政策が含まれる）に対して、政治家が再選を企図して、それに適合するような公共政策を実施するという関係が仮定されている[30]。これは、公共政策の実施主体たる国家とその受け手たる選挙民との間で選挙における投票行動を媒介とした利害関係が形成されていることを示しており、そこに、例えば、Downs教授の議論に基づくいわゆる"票の最大化[31]（Stimmenmaximierung）"のための活動という現象が見出される。また、いずれも政策過程において如何なるアクターが、如何なる動機に基づいて政

29)　Bürmmerhoff, Dieter, Finanzwissenschaft 9. Aufl. München 2007, S122ff.

30)　Zimmermann／Henke, Finanzwissenschaft（Fn.1）, S.70.

31)　Downs, Anthony, An Economic Theory of Political Action in a Democracy, The Journal of Political Economy Vol.65 Issue2（Apr. 1957）, at 137. は、「……民主主義における政党は、ただ票を獲得するための手段として政策を利用する。それらは予定された政策プログラムを実現したり、または特定の利益団体を利するために政権を獲得しようと試みない。むしろ、それらはプログラムを策定し、そして政権を担うために、利益団体を利用するのである。したがって、その社会的機能は——それは政策を構想したり、相応の措置を以て政策を実行することにある——それらの私的なモチベーションの付随的産物として充足される。そうしたモチベーションは、所得、権力および権力行使に係るプレステージを獲得することである」とする。

治過程における自らの立ち位置を決定するかを経験的に示すものであるが、予算過程にも当然に当てはめることは許されよう。それでは、以下で個別にこのフレームワークに従って予算過程の歪みが発生する要因を明らかにしていく。

まず、一に、中位投票の理論である[32]。周知のように、この枠組みにおいては、左右両極に二つの政党があり、ここでは左派政党が緊縮財政、右派政党が積極財政を主張しているとして、国民の支持する政策がその中間にあるという状況が仮定される。いずれの政党も選挙での勝利を企図すれば、自らの主張を抑えつつ、それに代えて中間派の取り込みが可能な政策を主張するというものである。

さて、この理論によれば、いうなれば、政治家は選挙民の関心を惹く（財政も含めた）公共政策を提示し、票を獲得することになるために、その帰結として予想されるのは、選挙民の公共財に対する選好と実際に提供される公共財とが一致する契機が創出されるとも予測可能である。しかし、文脈からすれば、"一部の"選挙民の組織票の獲得のための公共政策の実施と理解すると、財政政策の歪みの原因には、なおなりうるものであろう。さらに、この点、例えば、Zimmermann／Henke 両教授は、選挙に際して戦略的に政策内容を変更する行動を、前述の票の最大化と結び付け、"選挙の贈り物"理論（Theorie der Wahlgeschenke）として説明する[33]。所論は、さらに続けて、選挙前には失業対策のための財政支出を実施し、選挙後はインフレ防止のために財政支出を緊縮化するということも行なわれるという[34]。これは、直接的には財政政策の首尾一貫性の欠如を示すものであろうが、結局は、選挙目的の財政政策であって、選挙民の選好との適合性創出という視点の欠如は明白であって、以上の設例も、中位投票の理論から、財政政策の歪みを説明することが可能であることを明らかにすると言えよう。

---

32)　例えば、Blankart, Charles B., Öffentliche Finanzen in der Demokratie : Eine Einführung in die Finanzwissenschaft 8. Aufl., München 2011, S.125ff.
33)　Zimmermann／Henke, Finanzwissenschaft（Fn.1）, S.73.
34)　Zimmermann／Henke, Finanzwissenschaft（Fn.1）, S.73f.

二に、利益団体である。利益団体による財政政策の歪みの存在も一般的には首肯しうるであろう。加えて、Ⅲ 2 で触れるが、一定の政策目的実現に利害関係を有する者が組織化を行ない、政策過程において圧力活動を展開するわけであり[35]、財政政策に尽きることなく、租税政策をはじめ公共政策一般についてみられるものである。この点、しばしば参照の対象となる Becker の議論は、予算過程、税制立案過程を利益団体の競争の場と捉えており、ロビー活動の限界コストと限界収益とが一致する点で政治的均衡が実現すると解している[36]。また、Zimmermann ／ Henke 両教授は、基本法 9 条 3 項 1 文が、労働・経済条件の改善を目的とする利益団体の結成を保障していることに触れつつ、それが予算過程においても影響を及ぼすものとして認識している[37]。この点、利益団体による財政政策の歪みを実証する分析結果もある[38]。

三に、官僚である。官僚については、その行動範型によれば、政治（立法府あるいは政治家）の決定を機械的に執行するという特徴が措定されうるが、現実には必ずしもそうではない。すなわち、官僚は、立法過程あるいは予算過程において、政治家にとって必要不可欠な存在であり、各個の行政領域について有する専門知識をベースに、そうした政策過程において極めて重要な、政治家を凌駕するほどの重要性を示しているのである[39]。ここで重要であるのが、前述の専門知識であり[40]、本人である政治家に対する情報の優位である[41]。こうした情報の優位に基づき政策過程において政治家に優位するのである。

官僚は、そうした政治家に対する情報の優位を活かして、自己の利益を追求・拡張する行動をみせる。ここで自己の利益の追求とは、私企業におけるように経済的利益の追求ではなく、自己の所属する官庁の権限拡大、

35)　Blankart, Öffentliche Finanzen（Fn.32）, S.166ff.

36)　Becker, Gary, Quarterly Journal of Economics Bd.98（1983）, pp.371.

37)　Zimmermann ／ Henke, Finanzwissenschaft（Fn.1）, S.85.

38)　Schmidt（Fn.16）, FA NF Bd.25（1986）, 233.

39)　Blankart, Öffentliche Finanzen（Fn.32）, S.133f.

40)　Zimmermann ／ Henke, Finanzwissenschaft（Fn.1）, S.79.

41)　Zimmermann ／ Henke, Finanzwissenschaft（Fn.1）, S.79.

獲得予算の増額、昇進の確保、退職後の優雅な生活の保障等が具体例とし
て挙げられる。とりわけ獲得予算の増額は、本章の検討課題とも大いに関
連するのであるが、予算の一層の獲得を通じて自己の所属官庁の規模拡大
を第一次的な目的としているので、それは本人である政治家（ひいては国
民）の選好を汲んだ上で、それと公共財との適合性を実現するために行な
われるものではない。

　なお、Zimmermann／Henke 両教授は、各個のアクターについて独立的
に分析の対象とすべきではなく、いずれにも相互作用があるとみるべきと
するが、首肯しうるものがあろう。さらに、所論は、メディアを通じて国
民間に財政問題に関する議論の素地が形成されるとして、メディアの役割
の重要性を指摘するが、それと同時に、メディアに対する利益団体の影響
によりその効用は見込めなくなるともする。

　(d)　**財政政策についての統制──規律または競争？**

　以上にみたように、いずれのフレームワークからも明らかにされる予算
過程における歪みを最大公約数的に表現すれば、政策過程においては、
様々なアクターが自身の利益を最大化することを企図して活動しており、
それらの行動の実態を把握することが重要であるということであろう。と
するならば、そうした複数のアクター間でみられる利益のベクトルの違い
を矯正する作業が必要になる。

　こうしたベクトルの違いのもたらすものは、受益と負担との不一致に他
ならない（いわゆる forced carrying）。もちろん、本章冒頭のⅠ1でも言及
したように、財政と租税とは分離されており、それは、納税義務者間にお
ける税負担の配分のあり方について、能力説に基づいた税負担の配分を実

---

42)　Zimmermann／Henke, Finanzwissenschaft（Fn.1）, S.79.
43)　Zimmermann／Henke, Finanzwissenschaft（Fn.1）, S.86.
44)　Zimmermann／Henke, Finanzwissenschaft（Fn.1）, S.86.
45)　いうなれば、予算過程において有権者はその組織化の程度に応じて影響力に大きな違いが
　　あり、有権者の代表者である政治家が必ずしも有権者の意向に直接的に拘束されるわけでは
　　なく、むしろ一定の組織化された集団の意向に基づいて予算過程にコミットする傾向がある
　　としているのである。
46)　Esser, Pluralistisch-demokratische Steuerpolitik（Fn.12）, S.64ff.

現する上では、不可欠のものであって、また能力説は応能負担原則に基づ
く課税という一般的に承認された課税のあり方として実現されている。と
するならば、財政政策と租税政策との接続のあり方として、応益説による
受益と負担の一致を創出することは理論的にも実際的にも難しいといわざ
るをえない。その上で、ここで、次の二つの途が開かれるべきであろう。
一に、本章冒頭で示したように、租税に納税義務者（＝有権者）に係る公
共財の選好表明機能を与えることである。そうした選好表明機能は政治統
制機能をも同時にもつであろう。二に、予算過程に一定の枠組みを当ては
めて、予算過程における諸アクターの活動を規律付けることである。

　しかし、ドイツにおいても参照されることのある別のシナリオとして次
のような議論は傾聴すべきかもしれない。それは予算過程を競争と見る議
論である。予算過程においては、差し当たり政治家、担当大臣、官僚とい
った直接的関連アクターを想定することができるが（もちろん、これに尽
きないことはいうまでもない）、予算過程は大まかに各省庁内部および各省
庁間（財務省と他省庁）での調整と二通りに分けることが可能であり、特
に各省庁間の調整においては当初財務省と他の省庁との間で見解・立場に
開きがあるとしても、結局は調整の決着がつく[47]。決着に行き着く過程とし
て、一に、両者ともに税収および他省庁の予算という与件のもとで最大限
の妥協をすることもありえようが、二に、首相の権力、換言すればそのリ
ーダーシップが発揮されることもありえよう（Bargaining in the shadow of
the Prime Minister[48]）。以上の想定された過程は、いずれも交渉的調整を通じ
て予算過程が成就することを示している。この立場を敷衍すれば、Breton
教授によると、予算過程が交渉的調整という名の（財務省と各省庁間およ
び各省庁間の）競争を通じて決着点に行き着きうるという理解に到達する
のであり、ここに市場経済そのものではないけれども、各省庁は税収等の
予算の上限を意識しつつ、自省の予算を最大化すべく、そして財務省は相
手方の要求（＝需要）を踏まえつつ編成可能な予算を組む（＝供給）とい

---

47)　Breton, Albert, Competitive Government: An economic theory of politics and public finance,
　　Cambridge 1996, pp.101.
48)　Breton, supra note 47, pp.102-104.

う作業が行なわれると理解することになるのかもしれない[49]。これによれば、予算過程には特別に規律を設けずに、予算獲得競争に委ねるべきという理解にすら到達しうる。また、これらの叙述からも理解可能であるが、現実的にみても、Breton 教授の想定するところは予算編成過程の実態に一応適合しているといえよう。

　ところが、こうした理解には、本章が検討対象とする手続的応益性によれば、修正すべき箇所がある。この点、Hansjürgens 氏は、一に、予算過程の実態のうち、先にみた財政政策の属性たる裁量性に着目しつつ、応益性の射程範囲として、本人・代理人関係の本人たる選挙民・納税義務者、さらには代理人たる政治家、大臣にまでは及ぶが（すなわち、彼らは選挙民の選挙を通じて選ばれているので、本人・代理人関係を措定することが容易である）、財政当局の官僚は専門知を駆使して裁量で予算編成作業を行なうがゆえに、選挙民・納税義務者の選好を第一次的基準として予算編成作業を行なわないので、そこまで及ばないという[50]。これに関連して、政治家と官僚との間では、情報の非対称性があり、政治家が官僚に対して実効的な統制を加えるべく情報の獲得に力を傾注するとは必ずしも限らず[51]、さらには政治家と官僚との間では利害対立の可能性すらありうる[52]。この真偽は定かではないが、予算過程の実態を直視すれば、少なくとも一部はなお首肯可能と筆者は考える[53]。二に、ここで公共財の供給に係る前述の確立した基準である納税義務者の選好と公共財との一致という意味での効率性の概念に立ち返ると、競争的予算過程を経た後での予算についてもそれを当てはめて財政政策の評価は行なわれることとなるが、予算過程が競争的であることは、性質上、財政政策の裁量性を前提としていることとなるので、やはり両者の乖離の契機は含まれているという[54]。要するに、Breton 教授

49）　Breton, supra note 47, pp.218. それも踏まえて、Breton は、選挙民の選好が（閣僚、議員への）プレッシャー活動を通じて予算過程に組み込まれることを肯定しつつ議論を進める。

50）　Hansjürgens, Äquivalenzprinzip（Fn.12）, S.100ff., S.162f.

51）　Blankart, Öffentliche Finanzen（Fn.32）, S.550.

52）　Blankart, Öffentliche Finanzen（Fn.32）, S.551f.

53）　尤も、Blankart, Öffentliche Finanzen（Fn.32）, S.533ff. によれば、行政内部での監督、会計検査院の検査等を通じて行政統制自体はなお可能であるとされる。

54）　Hansjürgens, Äquivalenzprinzip（Fn.12）, S.164. 所論は、次のように言う。選挙およびプレ

の主張は予算過程の歪みによる納税義務者の選好と公共財との間の乖離の
是正という本書の問題意識には何ら応えるものではない、という評価が可
能なのである。三に、以上に関連するが、そもそも市場取引に係る基本原
理を予算編成等のそれと異なる基本原理により支配される公共政策にアナ
ロジーすることに対する批判はある。[55] すなわち、政策過程において前述の
Bargaining 活動に関与するアクターの交渉力は対等ではなく、また関与
することすらできない者も存在する。前掲注12) の Esser 氏の立場もこれ
に通ずるものがあるだろう。とするならば、前述の立場は市場と予算編成
過程との違いを無視するものであり、手続的応益性をベースとしたほうが、
両者の乖離を可能な限り制度的に防止することも不可能ではないのであっ
て、財政政策に係るできる限りの効率性の確保は容易でありうるのではな
いか。以上にみた Hansjürgens 氏の立場のドイツにおける受容（換言すれ
ば、Breton 教授のような立場に対するドイツの学説の態度）については割愛
するが、財政規律の必要性自体はドイツにおいても指摘があるのであって、
結果として Breton 教授の立場に与することは理論的にも実際的にも困難
であると捉えられているように思われる。換言すれば、租税政策と財政政
策とを分離したままであることを前提にしては、（租税制度が応能負担原則
を相応に実現していたとしても）税収総額を各省庁間で交渉に基づき、選挙
民の選好と一致した公共財の提供を行なうということには必ずしもならな
い（また、そもそも租税制度自体にも歪みがある可能性もある）。

　そこで、次に行なうべきは、予算過程において政治家、圧力団体、官僚
の権力が大きな影響力をもつという現状認識のもと、前述の歪みがどのよ
うな結果をもたらすかを明らかにする作業である。その際の鍵概念として
2 の財政錯覚を挙げることができる。

ッシャーグループの影響が予算過程において非対称的であって、偶然に依存したり、そして
それゆえある利益が他のそれよりも一層汲まれはしないか？、政治家が自己のレントを上げ
ようとしていないか？、または同じく政治家があまり組織化されていないグループのレント
を組織化されたグループのそれにはしないか？、選挙が長期間実施されず、政治的競争が
不完全にのみ機能しないか？、と。こうした問いは、単に予算過程、広くは政策過程を利害
関係者の競争によって均衡に行き着くという立場に疑義を呈することになるであろう。

55)　Brümmerhoff, Finanzwissenschaft（Fn.29), S.149.

2　財政錯覚の現象

(1)　財政錯覚の意義

　財政錯覚は、財政規律を論ずる際の鍵概念である。その意義としては、凡そ納税義務者が国家から提供される公共財に係る自らの負担を明確に意識していない、あるいは公共財の提供を当然視することによって、それに伴い負うべき負担について自覚しないことによって生ずる財政規律の緩和状態を指すということができる[56]。この財政錯覚は、以上のように、現実の政治過程においては、政治家、官僚、利益団体の行動が大きな影響力をもつこととも密接に関係する。すなわち、そうした諸アクターの動態によって、受益と負担との不一致が生ずれば、政治過程において受益を獲得しつつ、負担を他に転嫁することが可能な集団に属する者およびその恩恵享受者は自らの負担を受益と比して軽いものと感ずることになるので、財政支出の拡大を指向することになるのである。このことからは受益と負担との一致をできるだけ実現することが望ましいといえよう。すなわち、一方で、市場取引のもとにおいて受容者が購入する財・サービスと供給者に支払う対価は一対一の関係にあるが、他方で、財政政策の結果国民に提供される公共サービスは財政当局の裁量的判断をベースとするために、その性質上公共サービスと納税義務者の負担との間に一対一の関係は観念されえない。そこで、少なくとも提供される公共財とそれに対する納税義務者の選好とをできるだけ一致させる途が探られるべきことになる。その具体的態様については一つの可能性として租税制度自体にそうした選好表明機能・政治統制機能をもたせるという議論を検討する第7章でも改めて触れる予定であるが、本章では、それ以外に財政錯覚を回避する手段として、国民ができるだけ政策過程においてその選好を表明することを可能とする制度・ルールをいくつか挙げて検討する。

(2)　財政錯覚の解消——予算過程の制度設計

(a)　財政政策への監視

　財政錯覚は既に若干触れたように財政規律の緩和をもたらす。そのメカ

---

56)　Hansjürgens, Äquivalenzprinzip（Fn.12）, S.102ff.

ニズムとして、Hansjürgens 氏の設例を前提とすれば[57]、次のように、受益と負担との不一致があった。すなわち、例えば、1,000の構成員を擁する納税義務者集団があり、構成員全員が租税を納付しているとする。その際、そのうち20の構成員に対してのみ供給される公共財が全員の租税で賄われるとした場合、他の納税義務者の負担で自ら享受する公共財が調達されることとなり、これは受益と負担との不一致に係る具体例である。加えて20の構成員はその属性から財政政策への監視のインセンティブをもたないことになる。

この設例の示唆することは、とりわけ仮にそうした20の構成員が政策過程において政治的決定に強い影響力をもちうる集団に属すると考えれば、彼らの強い影響力と財政監視の弱化が相俟って、財政統制の実効性は不十分な水準にとどまることになるということである。

(b) リスクと将来予測

財政錯覚に係る文脈において、以下に述べるように[58]、財政に係るリスクは非常に重要な鍵概念として観念される。すなわち、ある財政支出を実施する際に、仮にそれが将来世代の負担を伴う財政支出（政府投資）は、当該投資が確実に収益を生むか否という点について一定の不確実性を伴うこととなり、その結果、将来世代にもその財政支出の恩恵が及ぶことが確実に見込まれる場合は問題ないが、そうでない場合には単に前述の将来世代への負担の転嫁が生ずるだけであるため、その分現在世代の負担が減る点で財政錯覚が生じ、財政規律が緩むこととなってしまう。これが財政におけるリスク問題である。これを回避すべく、将来収益を生ずると現段階での事前の予測が実施されるとしても、そうした予測が誤ることもありえないわけではなく、それとともに将来世代への一定の負担転嫁が生じうることに繋がるのである。これは、財政政策に係る世代間での負担の転嫁（forced carrying）の発生を意味するのである。

そこで以上の諸問題を避けるために、いくつかの処方箋が提起されうる。

---

57) Hansjürgens, Äquivalenzprinzip（Fn.12）, S.112.
58) Hansjürgens, Äquivalenzprinzip（Fn.12）, S.113.

すなわち、Ⅲで具体的に検討することも含めて、予算編成時に当該年度および世代間に係る負担の転嫁が生じないようにするために、できるだけ納税義務者の公共財に対する選好に適合するような公共財を提供するよう、財政当局が心がけることである。一般的に財政監視を強化することも重要であるが、それは受益と負担とができるだけ一致することによってよくなされるうることである。これは、政策過程において納税義務者による公共財に対する選好表明がなされ、それが政策当局に伝達される可能性を制度が創出するそうしたいわゆる手続的応益性（prozeduale Äquivalenz）の実現を意味する（詳細は後述Ⅲ2で示す）。さらに前述のリスクの事前評価が厳格になされるべきであろうが、この詳細について筆者が論ずる能力はない。

3　小　　括

　以上の考察によれば、財政錯覚の回避を企図するためには、それに対応する財政ルールの確立は当然のこと、財政監視のインセンティブを高める制度、具体的には、組織設計が必要となるであろう。本人・代理人関係を基準とすれば、代理人が本人の意向に反する行動を採らないようにする必要がある。こうした本人・代理人関係を選挙民と国会議員・官僚との間に当てはめることが可能であるのは、少なくとも、後者が前者に比して政策過程において広い活動可能性をもち、加えて当該公共政策領域に係る深い専門知を有していることを根拠として挙げることができよう。それにより、代理人たる後者は必ずしも本人の意向（選挙民の民意）に沿わない活動を行なう可能性をもつこととなる。私見によれば、今日の財源調達手段の一定程度の自由（租税か、公債か）、如何なる公共財にどの程度の財政支出をするのか等の財政当局の裁量的判断に基づき、財政錯覚も政治家、官僚のもつ政策形成手段に係る裁量的使用・行使によって引き起こされる現象であると考えられる。

　以上のことから、次に検討すべき課題は、予算過程における財政政策を一定程度規律付ける手段である。具体的には、政治家あるいは官僚等（代理人）が選挙民あるいは納税義務者（本人）がもつ公共財に対する選好を汲んで予算過程で活動するための制度設計に係る選択肢の提示および検討

である。

Ⅲ　財政規律の確保——財政政策と関連諸制度

　現実の政策過程において、財政政策は財政当局による裁量的判断により
形成されるために、そこに統制は及びがたく、さらには政策過程における
プレッシャー活動により歪みが拡大し、恒久化の様相が呈される。性質上
困難かもしれないが、かような難点を除去するために財政当局の裁量を狭
めることが求められる。ここでは、その可能性として呈示されているもの
をいくつか挙げ、それについて検討を行なう。

1　目的税

⑴　目的税の意義・機能——予算過程における政治家の動態も視野に入れて

　目的税とは"税収を一般的支出に充てるのではなく、特定の支出に充て
るそうした租税"を意味する。これは本章冒頭に述べた目的非拘束の原則
に照らせば例外的性格を有する租税[59]であるといえよう。

　本章は前述のように予算過程において政治家をはじめとするプレッシャ
ーグループ等の意思決定関与者による跋扈で支配されて、その結果納税義
務者の公共財に係る選好と実際に提供される公共財とが一致しないことが
その構造的問題であるとの前提に立って議論を展開した。これが仮に財政
政策に係る属性、つまり裁量性によるものとみるならば、その問題に対す
る端的な回答としては、そうした裁量を縮減させるような財政制度の設計
がなされればよいことがある。ここではかような裁量性を財政当局の財政
活動に見出すならば、目的税を法律上立法することは議会による財政統制
の一形態とすら理解可能かもしれない。総じていえば、例えば、公共政策
のうちとりわけ政治的プレッシャーが強く、その財源が決定される予算過
程が歪められているもの（その結果財源が不十分にしか確保されない、ま
たはそれがまったく確保されないもの）について有効かもしれない。すなわち、

---

59)　Seer, in: Tipke／Lang, Steuerrecht（Fn.1）, § 2 Rz.20.

目的税によれば予め支出が固定化されているので、政治的圧力によりその都度支出先あるいは支出額が影響を受けることはないと考えられる。この点、例えば Hansjürgens 氏は、目的税の配備によるプレッシャー活動の無効化に言及するが[60]、これは、そこに裁量的に支出可能な財源の余地が存在しないことによるのであって、いうなれば、目的税による財源の支出について、その恩恵を受ける者の恩恵は定量的であり、それ以外の者にとって、恩恵はゼロである。

　さて、目的税に係る前述のメリットにも一定の留保が必要である。具体的には、目的税のもとでも Rent-seeking が生ずる可能性が指摘されている。すなわち、例えば、目的税に基づく財政支出の増額は、同時に目的税の増税を意味するが、これは目的税により得られた財源の支出の恩恵を被らないそうした他の納税義務者の負担のもとに行なわれる。そのため、反対に、目的税の増税を目指すという形態での Rent-seeking は活発に行なわれうるというのである[61]。これは配備された目的税の改廃を想定せずに、当該目的税の機能を固定的に観察することからは導出されない視点であって重要であると考えられるし、また、私見によると、ここに租税特別措置の既得権化の傾向に係る議論[62]をアナロジーすれば、目的税の恩恵を受ける者のプレッシャー活動により目的税の既得権化およびその拡大が目指される可能性は否定できない。また既得権化の議論を逆方向からみれば、目的税廃止およびそれに伴う当該財源の新たな配分をめぐる取り合いというプレッシャー活動すら想定可能かもしれない。すなわち、私見によれば、注意すべきは、この議論は目的税という制度の改廃を度外視した場合に成立するものであるということであって、その改廃可能性を斟酌すると、この議論はその前提を喪失する。それゆえ、この議論は現実性をもちうると考えられる。

⑵　目的税と財政監視の実効性──本人・代理人関係論の示唆

　ここで目的税の機能性を論ずる上で、鍵概念として挙げられる一つに、

60)　Hansjürgens, Äquivalenzprinzip（Fn.12）, S.156.
61)　Hansjürgens, Äquivalenzprinzip（Fn.12）, S.156.
62)　Hey, in:Tipke／Lang,Steuerrecht（Fn.1）,§19 Rz.85f.

本人・代理人関係がある。すなわち、これは、本来特に代理人たる政治家が本人たる国民の代表として行動すべきではあるが、現実には例えば代理人が自己の利益（例、選挙での再選）を図る目的で行動するという状況を論ずる上で便利である。

以下の設例をみてみよう[63]。AおよびBという財政支出項目がある。その際、それぞれの支出のために財源を確保するべく、SAおよびSBという租税を徴収するとする。以上を前提とすると、AとSA、BとSBが対応しているので、SAは必ずAのために利用され、SBは必ずBのために支出される。ここでSAおよびSBについて政治家が予算配分に影響力を行使する余地がないので、（当該目的税の納税義務者が同時に受益者である場合には）受益と負担とが一致することが可能となる。したがって、財政錯覚を利用して、組織化された集団を利するという事態は生じない。換言すれば、このように、予め支出が限定されずに、徴収されたSA＋SBの合計額を如何なる支出に充てるかという考慮をもとに、如何にして予算配分するかを財政当局が判断することを要するケースとは異なることになる。この点で、目的税の優位性を観念することはできよう。

しかし、目的税も万能ではない。一に、しばしば触れられるが、目的税は支出先が固定化されることにより、財政支出が硬直化し、経済社会の状況に照らして優先順位が一層高い対象に支出することができなくなるというように、機動的な財政活動を行なうことができなくなる。すなわち、周知のように、目的税は財政の硬直性を招来するおそれがあることは認識されていて、不必要な財政支出が継続されるおそれがあるのである。財政政策の裁量性に伴うデメリットを回避するために、かような裁量を排除する半面、目的税による財政支出が既得権化し、それを以て硬直化が招来されるということである。二に、財政の硬直化が却って前述の手続的応益性に基づく財政制度の構築を導かないこともありうる。Hansjürgens氏の設例を挙げてみよう。仮に、Brennan／Buchanan両教授に従い、税収と財政支出との関係を $G = \alpha R$ （$0 \leq \alpha \leq 1$、G＝公共財の量、R＝税収、α＝係数）

---

63) Hansjürgens, Äquivalenzprinzip (Fn.12), S.120ff.

と仮定するならば、その際、通常、G＝Rにはならないが、目的税の配
備を決定した上で、目的税の納税義務者と目的財源の受益者とが一致すれ
ば、政治家が税収を一定の裁量に基づいて支出先を決定することができな
くなるが（G＝R、α＝1）、単に一般的に集めた税収を特定の使途に支出す
ることだけが決定されている目的税であるならば、手続的応益性は十分に
実現されないことになる。すなわち、この場合、政治家は使途目的の決定
を行なう際に、裁量を行使し、その結果使途により特に恩恵を受けない納
税義務者に税負担を担わすことになりうるのである（αが限りなくゼロに
近付く）。これは目的税の構築のあり方として、税収をもとに提供される
公共サービスに係るその納税義務者と受益者とを一致させるべきことを示
唆するものであろう。この設例によれば、目的税を以ても本人・代理人関
係の問題は完全には解消しないのである。

　尤も、以上の議論に照らせば、Rent-seeking あるいは予算過程における
エージェンシー問題が生ずる原因の一つとされた情報の偏在に対する対処
可能性が獲得可能である。すなわち、目的税については、獲得される税収
とその使途・量が明確にされているので、財政政策に透明性があることに
なり、選挙民・納税義務者は税収とその使途・量について明確に認識可能
であって、目的税に対する存廃あるいは改正を含めた賛否に関する判断を
しやすく、ひいては財政統制の実効性が増加するというのである。確かに、
これも一つの可能性として首肯しうるものであるが、しかし、その財政統
制の実効性に係る決定要因の一つは、前述Ⅲ1(1)で示された目的税にもな
お承認されうる Rent-seeking の可能性の有無であろう。

2　租税政策における応益性──公共財と納税義務者の選好との一致を探る

(1)　租税政策を通じた財政政策の合理化──鍵概念としての手続的応益性

　本章冒頭で述べたように、財政政策と租税政策との分断は、財政活動が
もつ "専門知を以て財政当局により行なわれる一定の価値付けに基づく公

---

64)　Brennan, Geoffrey／James M. Buchanan, The Power to Tax : Analytical foundations of a fiscal constitution, Cambridge 1980, p.136.

65)　Hansjürgens, Äquivalenzprinzip（Fn.12）, S.168.

共財の国民相互間への配分"という制度的属性に重要な要因があるけれど
も、そこに Rent-seeking という好ましからざる派生的帰結がもたらされ
るものであった。これは前述の財政当局がもつ財政政策の裁量によること
になる。かような現象に理論的防波堤を設ける試みが、ドイツ租税法学に
おいては展開されている。既に別稿で紹介およびごく限定的な検討を行な
ったことはあるが、改めてここでも触れることとしたい。

　それは、端的に述べると手続的応益性に基づく租税制度の構築である。
すなわち、従来、応益性とは納税義務者が納付する租税と財政支出を通じ
て彼が享受する公共財との一対一の対応関係を指していたが（これは"実
体的応益性"と呼ばれる）、それは本章でみたように財政の基本的属性から
すると実現は無理であるために、むしろ納税義務者の政治的選好（具体的
にはこれは提供される公共財に対する選好と理解することが可能である）が財
政上の意思決定にできるだけ反映されるような租税制度を実現する際の基
軸になる概念である。そして、かような概念が導出される実際上の基盤は、
政策過程におけるプレッシャー活動によって財政上の意思決定が歪められ、
結果として、極めて単純化していえば、政策過程におけるプレッシャー活
動の可能な者が自身に有利な財政上の意思決定を導出し、自らの税負担以
上の公共財を享受するにもかかわらず、そうした活動が可能でない者は本
来享受すべき公共財が先のプレッシャー活動による特定の者に対する集中
的な財源投入の結果として財源不足に基づき税負担に見合った公共財を享
受することができなくなるという現象である。一つの見方として、それを
防ぐために租税制度の利用が考えられており、プレッシャー活動の展開可
能性、換言すれば、政策過程へのアクセス可能性の違いに基づく歪みを是
正することが意識されているといいうる。

　そこで、そうした"受益と負担との不一致"を避けるために、財政政策
の合理化を手段とするのではなく、目的税と同様に、租税政策の側に着目
し、その合理的構築を以てかような現象の回避が企図されるのである。

---

66)　手塚貴大「政策過程と租税政策の形成―ドイツ租税政策論を素材として」論究ジュリスト
　　3 号（2012 年）235 頁以下。

(2)　租税制度の構築──手続的応益性に基づく可能性

　既に、目的税についてはⅢ1で述べたので、その他の、ドイツにおいて言及されるものの一部をここで議論する。

(a)　所得課税──累進所得税および比例所得税のもつ意味？

　ここで、具体的に手続的応益性を実現する租税制度を構想する必要があろう。その内容としては、端的には租税原則をできるだけ純化しつつ構築されるそうした租税制度が指向されるべきというのである。例えば、所得税を参照例としつつ述べるとすると、好例として、課税標準に漏れがなく、（おそらくは必ずしも排除されないであろう）累進税率を伴うことにより垂直的公平を実現する所得税制がそれであると措定することはありうる[67]。つまりこれについては、所論に基づき、高所得者は中低所得者に比して、プレッシャー活動を展開しやすいという仮定的前提を置くことができよう。ただし、この見方は政治的組織化可能性の有無を所得水準に基づいてのみ判断しているという点で議論の射程に一定の限定をもつべきものと考える。例えば、ドイツ所得税法13a条は農林業所得者に係る所得税負担に配慮した特別な課税方式の適用を許す規定であるが、これは農林業所得者によるプレッシャー活動を通じて配備された規定として知られる。このように競争力が弱い等の理由で収益力の弱い産業従事者（これは中低所得者に分類可能である）がプレッシャー活動を展開することもありうるのであり、（租税原則に適う租税制度を構築するという点では異論はないものの）所得水準のみに着目して租税政策を論ずることは必ずしもできないかもしれない。

　また、前述の如く、おそらくは Esser 氏は累進所得税を配備する租税政策に与するのであるとも解釈しうるのであるが、Folkers 氏は比例的所得税に与する[68]。いずれも垂直的平等を意識している点に共通項を見出すことができよう。また、Folkers 氏は、「政治的多数派がその意思決定に係る主たる負担を他者に押し付けることができず、その所得について比例的な税負担を負わなければならず、他者が超比例的なコストを担わなければな

---

67)　その論証は、手塚・前掲注66) 237頁。これは私見に基づき所論を敷衍したものである。

68)　Folkers, Begrenzung von Steuern und Staatsausgaben（Fn.12), S.33.

らない……そうした支出プログラムは実行されえない[69]」としており、それ以上の議論の展開は明示されてはいないが、Folkers 氏は累進性の程度の決定に際して恣意性が入り込む可能性を見出しているのかもしれない[70]。もちろん、ドイツ租税法学の現状に照らしても、所得税率の決定に際しては一義的な基準は目下ない[71]が、比例税率のほうがなお恣意性は少ないという理解は首肯できなくはない。さらに課税ベースの構築および税率構造の決定に際しても、Rent-seeking の可能性は残ろう。

(b)　時限法律

例えば、財政支出のもとになる公共政策につき、それを規定する媒体である法律の有効期間を予め限定しておくことが考えられうる[72]（Zeitgesetz, Sunset Legislation）。ここで、いうまでもなく、当該有効期間の経過後において、改めて公共政策が必要であると判断できるのであれば、議会は有効期間延長の議決を行なうのである。その際行政が公共政策に係る諸事情（目的の正当性、目的達成の度合い等）を論証し、正当化することにもなりうる。

これにより、不要な財政支出あるいは同じく不要な行政組織の存続を防止することが可能となる。また、公共政策、財政支出を状況に適合させる形で変化させることが可能となる[73]。加えて、選挙民が国会の議決状況に基

---

69)　Folkers, Begrenzung von Steuern und Staatsausgaben（Fn.12）, S.41.
70)　自らが全額負担する場合よりも、多くの公共財の提供が、他の、当該公共財に対する選好をもたないそうした納税義務者の負担のもとでなされることになることは、Buchanan, James M./Gordon Tullock, The Calculus of Consent:logical foundations of constitutional democracy, Michigan 1962, p.139. において指摘されている。さらに、Folkers 氏自身も、累進税率はその性質上課税標準に租税特別措置が組み込まれやすく、結果として、受益と負担との不一致が再び生み出される結果となりうるとする（Folkers, a.a.O., S.42.）。
71)　手塚貴大「所得税率の比例税率化の可能性―ドイツ所得税法における議論の一端」税法学564号（2010年）99頁以下。
72)　最近のものでは、例えば、Hey, in: Tipke/Lang, Steuerrecht（Fn.1）, §19 Rz.84. その他にも、予算編成の単年度主義に係る意義と時限法律との関係について、参照、Tappe, Henning, Das Haushaltsgesetz als Zeitgesetz : Zur Bedeutung der zeitlichen Bindungen für das Haushalts- und Staatsschuldenrecht, Berlin 2008.
73)　なお、この背景にあるものの一つとして、Niskanen の分析（Niskanen, W. A., Bureaucracy and Represantative Government, Chicago - New York 1971, pp.24-25. さらには、同じく Niskanen による、Bureaucrats and Pliticians, The Journal of law and Economics 18（1975）, pp.629) を挙

づいて、その政策的当否を判断し、自身の選挙に際しての投票行動にそうした判断を反映させることが可能となりうる。これは情報の非対称性の改善といえよう。

(c)　公的部門における権限の配分と財源の配備

　国家（および地方公共団体）は併せて様々な権限を行使しているが、例えば、租税・財政領域に限定してみると、周知のように、資源配分、富の再分配、景気調整・安定化という政策機能を有しており、こうした複数の政策機能は異なる国家機関に委ねるのがよいという[74]。すなわち、これを通じて、例えば、連邦が州の権限事項に支出する、あるいは州がゲマインデの権限事項に支出することがなくなり、ゲマインデは自身の権限事項については自身の税収を以て充てることになる。これは、自らの財政支出の財源を自ら調達することに繋がる点、その結果ゲマインデから住民が得る公共サービスと自身の納付する租税との間に一定程度の対価関係が生じ、ゲマインデが住民を惹き付けようと試みることから公共サービス提供に係るゲマインデ間の競争が生ずる点を以て、財政支出の効率化が生ずるとされるのである。

　これには Buchanan／Flower 両教授[75]が与するし、Oates 教授[76]のいわゆる財政連邦主義（fiscal federalism）あるいは Olson 教授の財政上の応益性[77]（fiscal equivalence）に遡る立場であるが、次に問題となるのは、連邦制国

げることは可能であって、所論によれば、国家（行政）を通じた公共財の独占的供給が時にはその過剰な供給をもたらしかねないというのである。それについては、例えば、Moe, Terry, Positive Theory of public bureaucracy, Mueller, Dennis C.（Ed.）, Perspective on public choice: A handbook, Cambridge 1997, pp.458-459.

74)　Folkers, Begrenzung von Steuern und Staatsausgaben（Fn.12）, S.35.

75)　Buchanan, James M.／Marilyn R. Flower, The Public Finance 6th. ed., p.146-147.

76)　例えば、Oates, Wallace E., Fiscal Federalism, Washington D. C., 1972, p.19. 所論によれば、社会におけるもともとの地理的区画に係る利益代表に対して、特定の機能に関して意思決定責任を割り当てるという見地から最適な公的部門の構造を決定することが重要であるとする。ここから連邦制のもとでの中央政府と地方政府との間で財政機能を適切に分けるという論点が析出される。

77)　Olson, Mancur Jr., The Principle of Fiscal Equivalence:The Division of Responsibilities among Different Levels of Government, American Economic Review Bd.59 1969, p.483. 所論は、公共財の供給主体が提供する公共財について、その限界収益と限界費用とが一致するそうした範囲で公共財の供給主体たる当地団体の設定が行なわれるべきであるとする。

家内に権限配分を行なう基準であって、補完性原則（Subsidiaritätsprinzip）
が挙げられうる。すなわち、例えば、Zimmermann 教授によれば、でき
るだけ下位の統治団体に優先的に権限を配分し、それが権限行使に不適当
である場合には、上位の統治団体に配分していく[78]ということである。すな
わち、下位の統治団体のほうが、収入と支出とを同時に決定することを行
ないやすく[79]、それを以て財政支出の効率化がもたらされやすい[80]というので
あろう。また、後述3(1)(a)でもみるように、租税が住民自身にとって身近
な公共サービスの原資となるので、提供される公共サービスについて情報
をもちつつ、そうした提供の当否に係る判断を投票行動に反映させやすく
なるといえよう。これも情報の非対称性の改善に繋がろう。

3　財政上の意思決定──いくつかのルールの提示

(1)　議決方式

(a)　全会一致

　全会一致は、ある意思決定を行なうに際して、意思決定権者の統一的見
解を形成し、彼ら全員の合意のもとに決定される方式を指すと定義するの
は許されよう。これを財政政策に当てはめれば、予算過程において編成さ
れた予算案を議決する際に、意思決定権者全員が当該案の賛成することで
あろう。この点かつて Wicksell 教授は税収と財政支出とを同時に全会一
致を以て決定することを説いた[81]。これが純粋に実現できるのは、公共財に
係る受益と負担との乖離は避けられることを意味するのはいうまでもない。
これは納税義務者が自己の選好と異なる公共財の供給に租税の納付を強制

---

78)　Zimmermann, Horst, Kommunale Einnahmequelle aus finanzwissenschaftlicher Sicht,
　　in:Ipsen, Jörn（Hrsg.）, Kommunale Aufgabenerfüllung im Zeichen der Finanzkrise:5. Bad
　　Iburger Gespräche : Symposium des Instituts für Kommunalrecht der Universität Osnabrück am
　　10. November 1994, S.67ff., S.69.

79)　Folkers, Begrenzung von Steuern und Staatsausgaben（Fn.12）, S.35. は、租税政策と財政政
　　策との統合が一般的には困難であるために、こうした主張がなされるとしている。

80)　Zimmermann, Kommunale Einnahmequelle（Fn.78）, S.69.

81)　Wicksell, Knut, Finanzwissenschaftliche Untersuchungen nebst Darstellung und Kritik des
　　Steuerwesens Schwedens, Jena 1896, S.115. これについては、Wagner, Richard E., Choice, Ex-
　　change, and Public Finance, The American Economic Review Vol.87 No.2, p.163.

されないことと同じである。[82)]

　もちろん、全会一致については議論すべき点が多い。まず、確かに、全会一致が実現できれば、意思決定内容たる財政政策およびそれに基づいてなされる財政支出と納税義務者の選好との間に乖離は形式上観念できないために、公共財の提供に係る効率性を喪失するという意味でのコストは生じないようにもみえる。加えて、Brennan／Buchanan 両教授によっても[83)]言及されるのであるが、個人は究極的には利己的行動に邁進するという一般的仮定を前提とし、これにより多数者あるいはプレッシャーグループによる少数派等に対する負担の転嫁をはじめとする搾取的活動が行なわれる可能性が指摘されるのである。かような状況に対する制度的担保の端的な例として全会一致が挙げられることもある。これは財政上の意思決定権者により生み出される恣意的行動に係るリスク抑制に資することになろう。すなわち、しばしば言及されるように、こうした意思決定のあり方を財政規律に係るルールとして憲法上規定し、その枠内で財政上の意思決定が行なわれるようにするのである。これにより、改正が比較的容易である制定法上のルールをベースとして財政上の意思決定が行なわれることによる、ルール改正の容易さから招来されうる財政規律の弛緩が回避されうるのである。

　しかし、全会一致に際しては意思決定権者（国会議員が差し当たり考えられよう）が統一的な見解を形成することは現実には困難であろう。すなわち、Buchanann／Tullock 両教授が言うように、意思決定が成就した際に選好が充足されない程度という意味でのコスト、全会一致を得るために意思決定権者間の交渉を要するという意味でのコストといったコスト概念の定立の必要性が指摘されており、その結果かような意見形成には多大なコストを要するし、そもそもコストのみ要することになり、一致の実現はしないままに終わることもありうる。その際、Buchanann／Tullock 両教授によれば、全会一致のもとでは選好に係るコストは低いが、同じく交渉に

---

82)　Folkers, Begrenzung von Steuern und Staatsausgaben（Fn.12）, S.38.
83)　Brennan／Buchanan, supra note 64, pp.9-10.
84)　Buchanan／Tullock, supra note 70, pp.97.

係るコストは高いとされる。同じく多数決では前者も、後者も中程度であるとされる。[85] この議論の意味するものは意思決定のあり方の分析視角の一つとして、こうした二つのコストの最小化が目指されるべきである、ということである。その他にも全会一致のもとでは、それに行き着くために、偽りの選好表明がなされる、多数派への迎合が生じうる、意思決定権者間での交渉力は同一ではない、といった批判がなされよう。

　その上で、次のような問題点の指摘が可能である。一に、それは、現実的な想定に照らした一般論であるが、すなわち、ある公共政策の実現を指向する際に、当該公共政策の内容が合理的であるべきことについては当然であるが、利害関係者による合意を獲得し、その結果現実の公共政策として採用されることの可能性も問われねばならないということである。この示唆するものは、採択可能性のない公共政策は不合理である、ということであろう。これを財政政策に係る全会一致に当てはめれば、成立不能な意思決定は採るべきではないということになる。これについて、本章での議論では、全会一致を議決方式に選択することは、全会一致の成立可能性が低いことから、新たな財政支出が具体化しないことに伴い選挙民・納税義務者の選好が充足されない、あるいは改善されないという意味で"コスト（選好の不充足の程度）が高くなる"[86] と言い換えが可能である。二に、それに関連して、これもまた一般論にすぎないかもしれないが、全会一致の実現可能性に疑義が呈せられている中で、仮に、全会一致が成立する場合がありうるとしても、それは会議体の構成員が議決内容について真に支持をしたのではなく、むしろ妥協の結果やむをえず、またはいわゆるLog-rolling（票の貸し借り）の一環として議決内容に賛成を表明したという場合もありえよう。これによれば、議決内容と選好との一致は確保されない[87]

---

85)　Buchanan／Tullock, supra note 70, pp.85.

86)　Hansjürgens, Äquivalenzprinzip（Fn.12）, S.327ff.

87)　以前、渡辺裕泰教授に自民党政権下における税制改正過程に関する次のような参考になる興味深い事例を拝聴した。かつての自民党政権下においては自民党税制調査会（以下、「党税調」）が税制改正に大きな影響力をもち、毎年度の税制改正案は党税調の議論で決定されていた。その意見集約方法であるが、各議員が発言した後での党税調執行部への一任であったそうである。これが結果として税制改正過程が滞ることなく進行した要因ではないかということであった（なお、記憶違いのおそれもあるが、その際の誤りの責めは筆者にある）。

ことがある。

　なお、その他の手段として言及されるのは、まずレファレンダムである。これは住民の"Voice"を政治過程においてその意思決定に際して強化するために利用することが可能である。具体的には、重要な政治的意思決定に議会のみの議決ではなく、一定数以上の市民の議決をも要するものである。このやり方のもとでは、ある公共政策の実施に際して、特別に市民の議決を要求し、市民の当該公共政策の実施の可否を問うことを可能とする。その際、同時に収入形式の決定を行なえば、収入および支出の同時決定が可能となる。さらに、それに関連するものであるが、Zimmermann 教授によると、ドイツにおいては地方公共団体レベルで公共政策プログラムが住民に提示され、当該プログラムの原資として不動産税の引上げを行なうという可能性が示されている[88]。これは収入と支出とを同時に決定するものであって、（部分的な租税政策と財政政策との統合であると同時に）部分的な全会一致の導入であろう。これは例えば一定の重要な公共政策の実施の是非を住民に問い，その費用負担に係る意思決定をも同時に行なうことを可能とするものである。ここでみたいずれも部分的ではあり、純然たる全会一致ではないが、収入と支出とを同時に決定するものであり、前述の財政錯覚を防止する手段となりうる。

(b)　特別多数決

　しかし、全会一致についてはドイツにおいてもその導入につき、とりわけ実際上の難点から賛同が得られていないように思われる。そこで考えられるのは、全会一致のメリットを獲得しつつ、現実的な意思決定ルールを

　以上のご教示を参考にさせていただくならば、次のことがいえるかもしれない。すなわち、一に、この一任の意味することは、執行部の見解への党税調所属議員の賛成であって、そこに実質的には結果としての全会一致が生ずるとはいえまいか。かような意思決定過程を素材とすれば、執行部への一任という方法は、ここで採決を得るための方法であって、必ずしも参加議員全員の内心の納得の結果ではない可能性も排除できないといえまいか。同時に、この段階で所属議員の背後に控える選挙民の政治的見解は実現されないことに行き着く。換言すれば、全会一致の議決方式を配備しても、あくまでも便宜的な議決の獲得が指向される可能性もあり、それが必ずしも選好の歪曲を除去するものではないと考えられる。また、二に、渡辺教授のご教示と重複するが、採決の実現可能性のない意思決定方法は、"意思決定不能な意思決定方法"として本末転倒であって、不合理であるといえよう。

88)　Zimmermann, Kommunale Einnahmequelle（Fn.78），S.77f.

構築することである。例えば、特別多数（qualifizierte Mehrheit）の設定に
言及されることがあるが、これは、全会一致の議決制度の非現実性を直視[89]
してのことである[90]。これによれば単純多数決ではないので、多数派形成に
一層多くの賛成票が必要となるため、その分多数派形成の際の選好一致度
は高くなるし、少数派の排除あるいは少数派への負担転嫁の可能性も一層
減少しうる[91]。このように、特別多数決に触れる立場の背後には、全会一致
の非実践性を直視しつつも、理論的観点からのメリットをできるだけ獲得
すること（これは手続的応益性の実現であろう）を指向する傾向があろう。

　ただし、こうした議論を評価する際にも、一定の限定は必要であって、
もちろんかような議決方式のみでは受益と負担との不一致を避けるための
制度としては、やはり全会一致ほどには前述のメリットは獲得されえない
こと、さらには、そうであるがゆえに Rent-seeking の可能性が排除され
ていないために、受益と負担との不一致の解消には不十分であると評価可
能かもしれない。加えて、Log-rolling をはじめとする全会一致に係る批判
はここでも当てはまるものがあろう。それに対する私見の対処法はⅣおよ
び第 7 章Ⅳで若干指摘するにとどめる。

(2)　制度競争──いわゆる"足による投票"の可能性

　以上のような投票行動と並んで、自己の政治的見解（ここでは公共財に
対する選好）を表明する手段として、納税義務者の Exit Option（退出とい
う選択肢）の可能性がある。この意味するところは、例えば、地方公共団
体においてその税負担に見合わない公共財が提供される際には、当該地方
公共団体の住民が、他の地方公共団体に移転する可能性である。すなわち、
納税義務者が自身の居住する地方公共団体の提供する公共財に満足してい
ないならば、別の地方公共団体に移転し、従前の地方公共団体にはもはや
租税を納付しないという選択肢である。これにより地方公共団体間で住民
を惹き付ける公共財の提供に係る競争が生じ、最終的に住民の公共財に対
する選好と実際に提供される公共財とが一致するというのである。この足

---

89)　Wicksell, Finanzwissenschaftliche Untersuchungen（Fn.81），S.116.

90)　Folkers, Begrenzung von Steuern und Staatsausgaben（Fn.12），S.38f.

91)　Folkers, Begrenzung von Steuern und Staatsausgaben（Fn.12），S.39.

による投票は周知のように Thiebout 教授の提案であるが、極めて限定的
な条件のもとで成立することが知られている。[92] その条件とは、①私人の
（地方公共団体間の）完全移動可能性、②私人がゲマインデの収入および支
出について完全情報を有している、③地方公共団体間の移動に伴う就労に
ついての支障がない、④ゲマインデの提供する公共財に外部効果が存在し
ない、⑤ゲマインデの規模が各個の公共財の提供について最適な規模を有
している、である。もちろん、以上の諸条件の充足は困難であるけれども、[93]
Hansjürgens 氏は、Thiebout 教授の議論に一定の積極的評価を行なってい
る。すなわち、足による投票を通じて、住民の選好表明の機会が確保され
ること、地方自治体の長が住民の選好に適合する公共財の提供を行なうよ
うなインセンティブが生じうること、住民は自己の選好を偽って表明する
ことがないこと、結局において全会一致が実現されること、である。[94] 要す
るに、納税義務者は自身の選好に適合する公共財を提供する地方自治体に
移動することが可能となり、それを以て一地方自治体内に選好を同じくす
る納税義務者が集まることが可能となるので、本章が主として検討した受
益と負担との不一致をもたらす歪みが回避されうるということであろう。[95]

4　小　括

　手続的応益性に着目し、それに適合させる形態で、租税制度あるいは財
政制度の構築を試みるとしても、以上に概観したいくつかの選択肢の検討
は、それが純化した形態で実施されることは理論的にも実際的にも困難で
あることを示す。結局その原因は、個々の選挙民あるいは納税義務者は、
財政当局と交渉し自身の望む公共財を、租税を通じて購入するわけではな

92）　以下の要件については、参照、Thiebout, Charles, M., A pure Theory of Local Expenditures, Journal of Political Economiy Vol.64, No.5（Oct. 1956）, pp.416., 418.
93）　早いところでは、例えば、Roppel, Ökonomische Theorie（Fn.25）, S.76f. は、少なくとも、足による投票は、短期的には、地方公共団体の長に財政支出変更の圧力を与えるものではなく、地方公共団体からの転出は所得機会、つまりは職場獲得の機会に依存しているとしていた。
94）　Hansjürgens, Äquivalenzprinzip（Fn.12）, S.335.
95）　尤も、いわゆる "Race to the bottom" に対する歯止めは別途検討する必要があろう。この詳細は改めて検討したい。

いことに求められよう。つまり、そこには市場における需給者間の個別交渉と同様のメカニズムは存在しないのである。

　したがって、手続的応益性を実現する手段は、手続的応益性の純化した実施にできるだけ接近するものであることになろう。その際、以上に挙げたドイツにおける可能性ある諸手段を個別に投入するのではなく、組み合わせることも考えられうる。例えば、本章の随所で言及した情報の偏在の防止のために選挙民・納税義務者に十分な財政・公共政策に係る情報提供を行ない、できるだけ正確な政治的見解の形成を行なわしめること、目的税を適切に導入すること、目的税の程度には及ばずとも一定の範囲の財政支出については一定の税目の全部または一部で贖うこと、租税制度につき税負担の垂直的公平性を確保すること等様々なものがその具体的手段として想定可能であることが本章の検討を通じて明らかになったが、例えば、情報提供や目的税の導入に限ってみても、提供された情報により当該目的税の有効性を判断し、それに基づき場合によっては目的税を改廃する可能性も創出される。このように複数の可能性を組み合わせることによって、納税義務者の判断の高度化が実現され、財政当局の裁量的判断（そこには当然プレッシャー活動に基づいた上での判断も含まれる）に統制を及ぼす可能性がある程度創出されるのである。このように、複数手段の組み合わせを以て応益性の実現に次第に接近することが可能であるとみるべきであろう。

　こうしたことは、次からも指摘可能であると考えられる。すなわち意思決定の方法のみならず、例えば、税率の限度率等を憲法上規定することは、端的には確保可能な税収が予め限定され、それを以て、納税義務者の選好に応える公共財の提供が不可能となり、Downs 氏が指摘するように[96]、国家の意思決定に係る柔軟性という重要かつ必要な属性を重要視するのであれば、意思決定の柔軟性を失わしめることになるまいか。さらには、前述のような税率のありようまで憲法上規定することは、その性質上あるべき

---

96)　Downs, Anthony, Would a Constitutional Amendment Limit Regulation and Inflation?, in:Moore, W. S.／Rudolph G. Penner （ed.）, The Constitution and the budget : are constitutional limits on tax, spending, and budget powers desirable at the Federal level?, Washington D. C. 1980, p.100.

ことであるのか、換言すれば、税率が果たして基本権と等価値であるのか、という疑義が呈せられているのである。[97] このことは結局憲法という法形式においてある程度でも厳格に財政ルールを規律することが財政規律を確保することには繋がらないということを示唆するものと理解できよう。換言すれば、財政政策の内容は納税義務者の選好を反映するその都度の個別的判断を通じて行なわれるべきものということになろう。

Ⅳ　結　　語

　本章の分析の結果を約言するとともに、本章で言及しきれなかった論点については別の機会を期することとして、以下で、本章の主題である財政政策および租税政策の形成の際に応益性概念がもつ意義を明らかにしておきたい。

　一に、一般的に立法過程も同様であるが、財政政策に係る予算過程も政治的な影響下にある。そこで、財政民主主義は、もちろん憲法上の規定であるので財政上の意思決定に係る手続は履践されるべきであることは当然であるが、単に国会の議決を通じて財政政策の内容的合理性も確保することまで保障する概念ではないと解すべきである。そこで、予算過程に係る一層の実効的統制の途が探られる必要が生ずる。こうした議論の背景には、ドイツにおいては予算過程におけるプレッシャー活動により財政上の意思決定が歪められ、その結果納税義務者の公共財に対する選好と実際に提供される公共財との間に乖離が生じており、税負担の配分基準としての応益負担原則を実現するのではなく、その乖離を縮小させるために、各個の納税義務者のもつかような選好が予算過程において汲まれることを確保する途が構築されるべきという立場である。

　二に、ところが、こうした国会による実効的財政統制の可能性の欠如は財政活動の基幹的属性から導出されうるものであって、それを喪失せしめ

97)　Musgrave, Richard A., Leviathan Cometh-Or Does He?, in:Laad, Helen F.／T. Nicolaus Tideman（ed.）, Tax and expenditure limitations, Washington D. C. 1981, pp.115-116.

てはむしろ逆に財政活動の実効性が失われる。そこで予算過程に対するプレッシャー活動により生起される歪みを防止しつつ、財政当局の専門知を活かした予算編成が行なわれるべきこととなる。それは財政制度の設計により試みられる事柄ではあるが、本章では近時のドイツ租税政策論の展開に鑑みて租税制度をも活かすことを通じて歪みの除去を試みる途を探った。そもそも問題の難しさは、財政民主主義と財政当局の裁量とをどのように、そしてどの程度調和させるかにある。すなわち、財政政策の歪みを是正するとして、財政政策を何らかの基準のもとに厳格に覊束しつつ置くことは、性質上却って不合理な帰結を生ぜしめる可能性があるのである。とするならば、やや抽象的なきらいはあるが、財政政策の理想的な存在形態は、財政当局が歪曲的な政治的影響を受けない状態を保ちつつ、その裁量的判断を行使できるというものであろう。ただし、裁量的な判断がなされるとしてもフリーハンドのもとにあるというわけではないことはいうまでもない。これが公共選択論から導出可能な、財政政策の規律に係る重要な示唆であろう。したがって、ドイツにおける議論に照らしても、応益負担原則を純化して実施するのではなく、予算過程において選挙民・納税義務者（＝本人）の意向に背かない行動を政治家・官僚（＝代理人）が採るような制度的措置の考案が求められよう。

　三に、如何なる制度的措置を以て本章で検討したところの応益性の実現が試みられるべきかという問いについては、目的税をはじめとしてドイツにおいて指摘されているところを概観および検討を行なった。まず目的税であるが、一般的には財政支出が法律上予め決定されており、確かにその点 Rent-seeking の余地はない。また税負担を担う者と財政支出の恩恵を被る者が一致すれば、受益と負担が一致する。しかし、目的税の改廃の可能性を斟酌すると、例えばその廃止後の財源支出のあり方をめぐり一定の Rent-seeking は生じうる。加えて、ここで注意を要するのは、本章で触れた意思決定に係る歪曲防止のための諸制度がもつ財政政策上の意義であろう。すなわち、公共選択論は、選挙民が選挙において、候補者の政策等について十分な情報を有さないことを重要な根拠の一つとして選挙の実効性の欠如に着目するのであるが、特に、（議会において収入の支出先を明確に

するという意味で）目的税、（議会の判断として特定の集団等に実質的に支出
を与えないという意味で）租税特別措置の統制、補完性原則に基づく権限・
財源配分等は収入と支出との繋がりを選挙民にとって明確化することに資
するのである。これにより、選挙民は自らの選好に適する公共政策を公約
する候補者に投票することを通じて選好表明を一層精確になしうるのであ
る。これも前述の歪みを防止することに資しうる。

　四に、結局受益と負担とを完全に一致させることは、財政活動の属性、
さらには全会一致の可能性の欠如等を直視して、困難であるといわざるを
えない。そこで、できるだけ受益と負担とを一致させるという立場が租税
政策と財政政策の立場からは追求されるべき現実的選択肢であることにな
る。そのためには如何なる手段がありうるかといえば、一応現段階では以
下のものが考えられる。すなわち、前述のように、例えば、本章の随所で
言及した情報の偏在の防止のために、選挙民・納税義務者に十分な財政・
公共政策に係る情報提供を行ない、できるだけ正確な政治的見解の形成を
行なわしめること、目的税を適切に導入すること、目的税の程度には及ば
ずとも一定の範囲の財政支出については一定の税目の全部または一部で贖
うこと、租税制度につき税負担の垂直的公平を確保すること等を組み合わ
せることといった諸手段を総合的に配備することである。もちろん総合的
配備のありようは経済社会の情勢に対応させつつ適宜修正しなければなら
ないのはいうまでもないし、また具体的な組み合わせの態様を明確に示し
うるわけではないが、本章で参照した公共選択論がいうところの選挙制度
の不完全性を補うための財政上の意思決定のあり方を構築するという問題
意識を前提とするならば、かような私見について一応前述の設例に基づき
基本的には合理性を承認可能ではないかと考える。

---

98)　本章で検討した素材によると、財政規律の確保の方法として、納税義務者の選好と公共財
　との一致の確保があった。これによって、確かに受益と負担との不一致という意味での財政
　規律の確保が指向されよう。この点、財政支出を量的に抑制するという近時とりわけ必要と
　されることは、目的税あるいは租税特別措置の統制をはじめとして、当然に念頭に置かれる
　べきことであろう。すなわち、支出可能な予算額（これは公債を原資とする場合もありう
　る）が所与とされ、それを如何なる目的で支出されるかが議論された。

第7章

租税政策の形成過程と租税制度（所得税等）の構築
——ドイツ租税政策論における応益性（Äquivalenz）概念を素材とした
一試論

I　はじめに——多元的民主主義および受益と負担との不一致
という租税政策の歪み

1　民主主義のもとにおける租税政策——多元的民主主義の示唆するもの

　個別具体の制度設計論を論ずる以外にも、租税政策論に係る法学的展開
可能性としては、租税立法過程を強いて挙げることができる。すなわち、
租税政策の形成過程のあり方が租税制度に如何なる影響を与えるか、また
はそうした過程の現状に照らして一般的に同じく如何なる影響をそれに与
えるか、を明らかにすることを通じて、租税立法過程の改革を論ずること
ができる。ここで租税政策論に係る中心的な議論の対象である税制改革の
ありよう一般に着目すると、しばしば言及されるのは、その政治性であろ
う。すなわち、税制改革については、社会の中に多くの利害関係者が存在
し、彼らが何らかの方法によって政策過程にプレッシャー活動を展開し、
自己に有利な租税政策の形成を企図するのである。周知のように、こうし
たプレッシャー活動を展開する者は多く、またその影響力も小さくなく、
結局租税制度は複雑化し、歪曲が生ずることとなる。

　以上のような一般的な認識はドイツ租税法学においても共有されている。
例えば、Tipke 教授がその体系書において "租税法のカオス" について言
及した際にも、その背景には前述のようなプレッシャー活動に基づく租税
制度の歪みが意識されていた。[1] Tipke 教授はそれを前提にかような歪みを
除去する基礎理論の展開を企図されたのであった。ここで歪曲とは、いわ
ゆる租税原則が実現されない状況を指すものとしておく。すなわち、公平、

---

1) Tipke, Klaus, Steuerrechtsordnung 2. Aufl. Köln 2000, S.88f.; Hey, Johanna in:Tipke, Klaus／
Joachim Lang（Hrsg.）, Steuerrecht 21. Aufl., Köln 2013, § 1 Rz.3.

中立、簡素といった税制改革の公準とされるべき諸基準があるが、これら
が実現される租税制度が優れた制度である。ところが、典型例として、租
税特別措置が組み込まれることにより、かような原則の実現は困難になる
ことは周知である。これについては、わが国でも経済政策の観点から増殖
した従来租税特別措置[2]の廃止・縮小が優れた租税制度を生み出す重要な手
段であるとされたのであった。そこで租税特別措置の排除が企図されるの
であるが[3]、それは現実には困難である。これをもたらすのが先の政治性で
もある。Tipke教授は平等原則、さらにはその具体化としての応能負担原
則の実現を以て優れた租税制度と考え、それを実現すれば、その結果かよ
うな租税特別措置の弊害は排除できるとされたのであった[4]。いうまでもな
く、租税特別措置の性質上一定の納税義務者にのみ税負担の軽減が生ずる
ことは承認可能な正当化事由を欠いている場合には、それは許されないも
のだからであり、その結果不平等な租税制度は存在を許されないこととな
る[5]。

2　租税政策論の特色と受益と負担との不一致

(1)　租税政策論の特色——従来の議論を参照して

　しかし、租税政策の形成過程の現実を直視すると、必ずしも議論は簡単
ではない。つまり、租税政策の形成過程の政治性は、租税原則の実現を簡
単には許さないからである。既に別稿でもドイツ法人税を素材として簡単

---

2)　金子宏『租税法〔第18版〕』（弘文堂・2013年）60頁以下、同「租税制度と租税政策」藤田
　晴＝貝塚啓明編『現代財政学2　現代財政の制度と政策』（有斐閣・1980年）99頁以下において、
　シャウプ勧告が租税特別措置の導入により歪められていく旨の叙述がある。
3)　実務上認められるこの必要性は、改めて触れるまでもなかろう。そこで学説については、
　例えば、参照、畠山武道「租税特別措置とその統制—日米比較」租税法研究18号（1990年）
　1頁以下、谷口勢津夫「西ドイツにおける租税補助金の法的統制」同30頁以下、占部裕典
　「租税特別措置に対する立法的、司法的統制—『租税特別措置の適用状況の透明化等に関する
　法律の制定』をうけて」記念論文集刊行委員会編『租税の複合法的構成　村井正先生喜寿記
　念論文集』（清文社・2012年）23頁以下等。
4)　Tipke, StRO I （Fn.1).
5)　かような議論の詳細として、手塚貴大「公共政策における租税政策および租税立法に係る
　特質—ドイツ租税法学（所得税）に見る租税法の立法学」広島大学マネジメント研究13号
　（2012年）97頁以下。

な検討を行なったことがあるが、その際得られた結論の一つはドイツ憲法裁判所の違憲審査が必ずしも積極的に行なわれないという点に着目すべきということであった。[6] ここで、応能負担原則は憲法上の平等原則と接合可能であり、憲法から導かれるといえよう。ところが平等原則に違反する租税制度について、憲法裁判所が積極的に違憲判断をすることは必然ではない。とするならば、租税立法過程においては租税原則が租税政策の形成について十二分に規範性を発揮するとは限らないとすると、租税原則の実現の有無については憲法裁判所が最終的に強い影響力を与えなければならないことになるが、そうではないのが現実である。このことは租税原則の実現（およびその首尾一貫した実施）のみを端的に強調することの、とりわけ実践性という視点からみた租税政策論としての不十分さを示唆しているといえよう。

　さらには、そもそも租税政策を租税法学の観点から議論する際には、従来は、具体的な租税制度と公平、中立、簡素といった租税原則との整合性の有無を確認する作業がなされていたことが多かったと思われる。具体的には、ある租税制度が不平等であるか否か、仮に不平等であるとしたら、それが正当化可能か否かを明確にするという具合である。確かにこれ自体重要な作業であることは否定しようがない。しかし両者の関係および租税原則の属性を仔細にみると、そうした作業のみを以て租税政策を法律学の観点から論じ尽くしたと評価することができないと考えられる。すなわち、例えば、所得税を例とすると、ライフサイクルで測る平等が平等原則の意味内容として合致するという点で租税理論において消費型所得概念が所得概念の到達点であるとされているが、それにもかかわらず、現実の所得税制はむしろそうした消費型所得概念の要素が実現されている箇所は、年金課税はともかく、少ない。ところが、所得税制が消費型所得概念を制度上受容していないことを直視して平等原則に違反するとする論者は多くはなかろう。むしろ現実の租税制度は様々な考慮の結果（税務執行が典型例で

6）　手塚貴大「法人税改革と租税政策論—ドイツ企業税法に係る税制改革の法構造と限界についての制度と理論の示唆」水野武夫先生古稀記念論文集刊行委員会編『行政と国民の権利　水野武夫先生古稀記念論文集』（法律文化社・2011年）601頁以下。

あろう。加えて、そこには妥協も含まれよう）、それらが積み重ねられて構築されるものであることを示唆する。換言すれば、このことは、租税原則がもつ現下の意味内容を直截かつ端的に租税制度に当てはめてその整合性を測ることの短絡性を示すといってよい。

　したがって、租税政策を論ずる際には、従来のような租税制度と租税原則との整合性を議論する作業を租税政策論から放擲することまでは不必要であるが、もう少し視点を拡張する必要がある。

(2)　受益と負担との不一致を避ける？──租税制度の機能

　そこで本章は別の分析枠組みに着目し、それを利用することによって、租税政策論を展開することを企図している。そもそも租税政策に限らず、公共政策は民主主義過程を通じてその内容が決定されるわけであるが、その結果各個の政策の内容の合理性は、プレッシャー活動による局所的な利益の反映を通じて失われていく傾向にあるといえよう。Ⅰ1で前述したところを踏まえつつ、これを租税政策に引き直していえば、特定の納税義務者に有利な租税制度が構築される結果、本来であれば当該者が負担すべき税負担が、いわば受益と負担との不一致という形で、他の納税義務者に転嫁される（forced carrying）こととなるという問題意識が近時のドイツ租税政策論[7]においてはもたれているのである（S.212）。

　ここに租税政策論における民主主義の問題点がある。そして、民主主義を論ずる際には、租税政策に民意が反映されることが当然に含意されるが、民意の反映のされ方次第では前述のような租税制度のもとでの歪みが生ずることとなる。ここで多元的民主主義（pluralistische Demokratie）という言葉がある（S.129）が、それは、文脈上社会全体の中において多様な政治的見解をもつ国民が存在し、かような見解の相違が政策過程において汲み上げられ、コンセンサスが形成され、その結果が具体的な公共政策に反映されることを指すといえよう。租税政策についても、多元的民主主義を与

---

7)　Esser, Clemens, Pluralistisch-demokratische Steuerpolitik in der globalisierten Welt:Die Rolle der Unternehmens- und Einkommensbesteuerung, München 2008. 右の業績については、極めて雑駁ではあるが、手塚貴大「政策過程と租税政策の形成─ドイツ租税政策論を素材として」論究ジュリスト 3 号（2012年）235頁以下において紹介と検討を行なった。本章はこの拙稿をベースに、大幅に加筆修正を行なったものである。

件とした政策形成がなされるのであろうが、それには先に触れた問題点が付着する。そこで、かような問題に対処するためには、租税立法過程の合理的改革が第一次的な作業となる。筆者もこれに大いに関心をもつものではあるが、本章では、近時のドイツ租税政策論において言及されるところの、応益性（Äquivalenz）の概念に着目しつつ、多元的民主主義のもとでの租税政策の構築について、特に所得税制を中心として、検討を行なうこととしたい。具体的にはⅡ1およびⅢ1で後述するが、近時のドイツ租税政策論において、租税原則を強調することによって、より具体的にいえば、租税制度自体に公共財に対する選好表明機能、政治統制機能をもたせることを通じて前述の意思決定の歪みを是正する可能性が指摘されているのである。尤も、手続的応益性を実現する手段については、本章で直接検討するもののほか、支出の固定化（Zweckbindungen）（S.165ff.）、連邦制内部での権限分配（S.173f.）もありうる。

　確かに、公共財に係る選好の一致を確保するためには、第一次的には、租税政策と財政政策とを統合的に構成することが必要であろう[8]。これによれば、受益と負担との一致は直接的なものとなる。この点、租税制度に前叙の機能をもたせるという立場は、租税法学においては、筆者の知る限りにおいて従前主張されることはあまりなかったといってよい。すなわち、租税原則の強調は税負担という金銭的負担の平等の実現を意味するのであって、前述の機能はその意味内容として読み込まれてはこなかったのである。それにもかかわらず、かような機能を新たに租税原則に託するという立場については、その理論的構造および背景を検討する必要はあろう。それが差し当たって本章の検討課題である。尤も、本章の議論の背後にある経済理論等の分析は改めて検討したい。なお、本文中に引用のある頁数は前掲注7）における Esser 氏の文献の該当箇所である。また、本章は、当該文献を引用しつつ各箇所でそれに対する検討を加えることとしたい。

8）　こうした問題は第一次的には財政政策の問題として論ぜられるべきものではあるかもしれない。本文中で言及する手続的応益性は重要な鍵概念でありうる。参照、手塚貴大「租税政策と財政政策―ドイツ租税法学における租税・財政制度論を素材として」税法学569号（2013年）137頁以下。

Ⅱ　租税政策と租税立法過程の理論と実際

1　手続的応益性について──その概念構築

(1)　公共財供給のメカニズム

　それでは、ここで応益性が租税立法過程において如何なる意味をもつかという点を明らかにする作業を行なう。先にⅠで挙げた受益と負担との不一致に立ち返ると、応益性という言葉が想起される。応益性は租税法学では通常税負担と公共財との間に一対一の対価関係があることを意味する。この意味での応益性が実現されれば、確かに、受益と負担との不一致の問題は解消される。しかし、この応益性は実現される見込みはなかろう。当然、かような応益性は個人に係る主観的担税力の考慮、さらには所得再分配を困難にする。加えて、経済理論の言うところによると、提供される公共財のメニューと納税義務者の選好とが一致すれば、公共財の提供は効率的な状態となる。[9]ところがかような状態の創出は次のような財政の裁量性に基づき困難であると考えられている。ここで、市場経済を想定すると、市場において需要者と供給者とが現れ、彼らの需給が一致すれば市場均衡が実現される。その際、市場経済においては財の価格および量がシグナルとなり、最終的にかような均衡に行き着くのである。しかし、公共財については性質上そうした均衡実現のメカニズムは期待されえない。何故なら、如何なる公共財を提供するかという判断は、専門知を備える財政当局が経済社会の情勢等を第一次的な基準として行なうこととなるからであり、こ[10]れは、公共財および私的財の供給メカニズムに係る大きな違いである。このことは、換言すれば、財政当局は予算編成に際して裁量的判断を行なうことを意味する。これがいわゆる目的非拘束の原則に他ならない。この結果、税負担の形式を採る税収は、租税の負担者とは異なる納税義務者のた

---

9)　Reding, Kurt／Walter Müller, Einführung in die Allgemeine Steuerlehre, München 1999, S.34f.

10)　例えば、Pommerche, Werner W., Präferenzen für öffentliche Güter：Ansätze zu ihrer Erfassung, Tübingen 1987, S.1ff. さらには、小村武『予算と財政法〔4訂版〕』（新日本法規出版・2008年）5頁。

めに支出されることとなりうる。尤も、それは第一次的には論難すべきことではない。財政活動が国民に対してなされる際の財政支出は市場における供給者による財・サービスの供給とは性質を異にする。すなわち、財政活動は政策的判断に基づいて行なわれ、必要性の高い費目を検索した上で当該費目に支出がなされるし、そして、例えば所得再分配の機能を発揮させるためには、"低所得者については税負担は低く、公共財による受益は多く"（高所得者についてこの逆であるといえるかもしれない）という財政支出でなければならない点に限ってみても、端的には受益と負担とが不一致であることはむしろ自然であるのかもしれない。換言すれば、財政政策の観点からも受益と負担との一致を厳密に確保することは性質上むしろ不合理であるといえるかもしれない。もちろん、財政政策の過程においてもプレッシャー活動が展開され、意思決定に歪みが生じている。さらに、租税政策の面でも、この立場は主観的担税力の斟酌を困難にするものであることはいうまでもない。そして以上のような公共財と租税とを一対一で対応させるという意味での応益性は、Esser 氏によれば、実体的応益性（materielle Äquivalenz）と呼ばれることがある（S.142）。

(2)　手続的応益性の意義と背景

とするならば、受益と負担との一致を実現させるといっても別の視角が必要となることが分かる。すなわち、その他の残された選択肢として、財政政策の裁量を前提とした上で、前述の歪みを解消する途が必要である。これは納税義務者の選好が提供される公共財のメニューに影響を与えうるそうした制度（本章では租税制度がこれに当たる）が必要であることを意味する。この応益性は手続的応益性（prozeduale Äquivalenz）と呼ばれることがある（S.142, S.161ff.）[11]。Esser 氏は、この手続的応益性をベースとして、租税制度の構築を提唱するのであるが、その背景にはいわゆる公共選択論

---

11)　この立場に依拠する近時のドイツにおける業績として、前掲注7）の文献以外にも、Folkers, Cay, Begrenzung von Steuern und Staatsausgaben in den USA: Eine Untersuchung über Formen, Ursachen und Wirkungen vorgeschlagener und realisierter fiskalischer Restriktionen, Baden-Baden 1983 ; Hansjürgens, Bernd, Äquivalenzprinzip und Staatsfinanzierung, Berlin 2001 等がある。

がある（S.68ff., S.143ff.）。公共選択論は、意思決定の歪みに着目しつつ、その原因仮説を提示する作業を行なっているが、本章で着目すべきは、例えば、Downs 氏も指摘するところの、選挙制度の機能不全[12]であろう。民主主義を基軸とする国家の意思決定においては、国民の政治的意思が選挙を通じて議会政治に反映されることになるが、かような制度が機能性を発揮する前提はまさに選挙を通じて国民の意思ができるだけ確実かつ正確に議会に反映されることであろう。極論をいえば、こうした選挙が民主主義における唯一の政治的意思表明のチャネルとして想定されているとも考えられる。しかし、現実はこうした範型のみを想定し、議論することを許さないのである。すなわち、Esser 氏によれば、現実には、政策過程において、その意思決定のあり方として、意思決定権者に対するプレッシャー活動がなされ、その結果そうした局所的利益を代表する一部のグループの政治的見解が公共政策に反映され、逆に意思決定権者も自らの政治的地位等を維持するためにプレッシャーグループの要求を汲み取り、それを公共政策に反映させていくというそうした事象がみられるのであり、それを議論の出発点とする理論が手続的心益性である（S.69ff.）という。すなわち、所論を敷衍するならば、後述 2 でも一部触れているが、政策過程における意思形成が選挙を通じて選挙権者である国民の意思に適った形で行なわれることがないという現状認識をベースに、政策過程においてプレッシャーグループの跋扈により、むしろ彼らの見解が通用し、そうした政策過程におけるプレッシャー活動を展開できる者あるいは集団がかような意思形成を支配し、自身に有利な公共政策を実施させ、ひいては国家の活動と国民一般の求める公共政策とが乖離する可能性が Esser 氏の議論から導出できよう。これは前述の選挙制度の機能不全と同義であり、そうであるがゆえに、かような機能不全を別の方法を考案することを以て是正する必要があるということであろう。これは現状認識としては一般的に正当と見なしうる。そこで、Esser 氏も、情報の非対称性を含めつつ、政策過程における権力の不均衡（Machungleichheit）に着目し（S.62）、租税法という制度に

---

12) Downs, Anthony, An Economic Theory of Democracy, New York 1957, p.236, p.257.

少数派保護の役割を見出し（S.182）、担税力に適った総合所得税を再定位する（S.62f.）。これは、換言すれば、所論によれば、租税に希少性シグナル（Knappheitssignal）機能をもたせることと同義であって、すなわち、受益と負担との歪みが解消されることにより、納税義務者が納付する租税が受益たる公共財との間に一定の対応関係が生ずることになる（S.129ff.）。また、後にⅢ1で触れるが、高所得者が組織化を行ない、政策過程におけるプレッシャー活動を展開しているという認識が措定可能である。さらに、いわゆる無知のベールに基づく意思決定を可能とするためには、意思決定プロセスと制度が重要であるという（S.160）。すなわち、ここで、所論が無知のベールに触れていることは、それが純化した形態で制度として採られることはないにせよ、意思決定プロセスの関係者相互間での意思疎通による組織化を回避する意図が込められているのである。意思決定プロセスにおいて、租税制度を配備することにより、歪みを防止し、さらにはFeed Back を効かせれば、歪みは漸進的にできるだけ除去されていくという見通しがあろう。同時に Feed Back の過程において後述する制度補完性も発揮されることになる。

2　租税政策の形成過程と多元的民主主義

(1)　政治システムと公共選択——公共政策と意思決定

(a)　政治的意思決定とその歪み——いくつかの仮説的言明とその示唆

　ここで前述1において明らかにした手続的応益性を実現する制度を考案する必要が生ずる。もちろん、第一次的には、選挙がある。ただし、Esser 氏の与する先の公共選択論の知見によれば、納税義務者に係る政治的見解の表明手段としては、その機能不全に基づき、選挙についてはチャネルとしての機能は弱いと解される。それに倣いつつ議論を進めると、候補者はある租税政策を選挙公約に表明し、有権者はそれに基づき投票行動を採る。ところが、選挙は選好表明のチャネルとして不十分であるとされる。その根拠として、また、しばしば租税立法過程のとりわけ実態を論ずるに際して、一般的にはいくつかの仮説が提示されている。これらをみると、Esser 氏も、中位投票の定理、レバイアサンモデル、利益グループ理

論、官僚制モデル等に触れる（S.68）。既に別稿でも触れたが[13]改めて本章
でも概観すると、拙稿（注8））では、次のように整理した。一に、中位
投票の理論は、大まかには、為政者が有権者の関心を獲得するためには、
中間的な政策を標榜すると、最も多くの支持を獲得できるというものであ
る[14]。二に、利益グループ理論とは、政策過程において社会における多かれ
少なかれ局所的である利益を政策過程に反映させるべく活動する集団が政
治的意思決定に大きな影響力をもっているとするものである[15]。三に、官僚
制モデルは、官僚がその専門知に基づいて政治的意思決定に大きな影響力
をもつとするものである[16]。中位投票の理論については、仔細にみれば、中
間層の取り込みを行なうことによって、本来の支持母体に含まれる有権者
である納税義務者がもつ公共政策に係る選好が政策過程において必ずしも
汲まれない可能性が見出される。もちろん、完全な形態での選好の実現は
性質上困難であって、中位投票の理論が示すことは、できるだけ多くの有
権者の選好を実現する点でむしろ望ましいとすらいえるかもしれない。と
はいえ、逆に、選挙に勝利することのみを指向する政治家が跋扈する可能
性を示すともいえよう。換言すれば、為政者としての専門知を活かす裁量
的判断が行なわれなくなるという問題が生じうるといえるかもしれない。
また、利益グループ理論、官僚制モデルについては、政策過程における意
思決定（とりわけ個別具体的なもの）に重要な影響を与えるのは、選挙を通
じて表明される選挙民の民意ではなく、官僚、利益集団であることが示さ
れている。このことは中位投票の理論についても、その構造上、政治家の
誘導的政策表明を契機として有権者の支持獲得がなされている点に着目す
るならば、同じことが当てはまろう。総じてみれば、仮に以上にみたいく
つかの仮説的言明が現実であるとすれば、それにより選挙のチャネルとし
ての機能は少なくとも減殺されると理解することは許されよう。とするな
らば、選挙以外のチャネルの配備という発想は、選挙に係る機能低下を補

---

13)　詳細は、参照、手塚・前掲注8）145頁以下。
14)　手塚・前掲注8）146頁。
15)　手塚・前掲注8）147頁。
16)　手塚・前掲注8）147頁。

完するという意味で優れた選択肢である。

(b) 政治システム概念とその示唆

　なお、ここで政治システムという概念への着目がみられる。Esser 氏も引用するが（S.37）、この点、David Easton 教授はシステム概念の開放性に縷々言及しつつ、次のように述べる。いわく「……政治システムは、諸価値が一つの社会につき、権威的に配分されることによる、そうした相互作用として定義される[17]」と。これは、いわゆるシステム論を政策過程に当てはめたものであり、凡そ、政治システムに Input を行ない、その結果 Output が生じ、その Output をもとに、次のサイクルにおいて Feed Back として改めて Input を行なうという循環型の政治的意思決定メカニズムを示すモデルである。加えて、政治システム自体もその外部にある他のシステムに影響を受けつつ、漸進的に形成展開していくというのである。Esser 氏は、このモデルについて、Easton 教授の議論[18]を引用しつつ、その前提としてあるものを次のように提示する。所論によれば、例えば、政治システムはシステムの内部環境に係る拘束的意思決定を行なうこと、政治システムは変化する環境の中で適応を通じて自己維持を図ろうとすること、政治システムは内的・外的環境を有し、それらがシステムに影響を与えること、ここでのシステムは Feed Back のプロセスを通じて環境と結び付いていること、システムはすべての需要に応えることはできず、需要を選別し、そこから Output を生み出すのであるが、かような Output に基づき前述の Feed Back プロセスを発揮させること、システムと環境との間の結び付きは、チャネルとサブシステムを通じて特徴付けられており、これらを通じて情報伝達がなされること等である（S.37f.）。

　そして、このモデルは前述のように当初 Easton 教授によって構築されたもので、これは Esser 氏に限られることなく、現代の政治的意思決定論においては必ず参照されるものである。この Easton 教授の政治システム論からも、租税制度を先の選挙の機能不全を補完するものとして位置付け

---

17)　Easton, David, Categories for the Systems Analyse of Politics, in:Ders.（ed.）, Varieties of Political Theory, Englewood Cliffs 1966, p.147.

18)　Easton, David, A System Analysis of Political Life, New York 1965, p.30, p.32.

るという立場は導かれる。その際、所論は、いわゆる制度補完性（institu-
tionelle Komplementarität）に言及するのである（S.41）。すなわち、この議
論に基づけば、租税制度が、多元的民主主義という属性をもつ政治システ
ムのもつ前述の欠陥を補完して、政治システムの発展的な形成展開を可能
とするというのであろう。もちろん、この結果が、やがて租税制度がかよ
うな機能を果たす必要がなくなり、政治システムが前叙の歪みを伴うこと
なく単独で良好に機能する状況が創出されるということまでをも示すもの
ではないと理解すべきであろう。以上にみた政治システム論および関連諸
概念によって、租税制度に先の選好表明機能および政治統制機能をもたせ
ることは巧く論証されているということはできよう。また、この議論に付
言するならば、租税制度に選好表明機能・政治統制機能を付与する場合は、
財政支出が税収のみを以て充てられることは必然的ではなくなる。確かに、
財政支出に公債発行により調達された原資が充てられれば、その分性質上
税収を調達する租税制度について措定される前述の諸機能はその意義をあ
る程度失わざるをえないが、選挙等のチャネルが相互補完関係にあるとす
れば、チャネルの複数化は望ましいといえよう（租税制度はチャネルそのも
のではないが実質的にそれと同視しうるかもしれない）。これにより、複数経
路による Input の正確化を通じて Output の質は高まろう。また、Easton
教授の示した Feed Back 機能の高度化のために、政策過程において公共
政策に係る PDS（Plan-Do-See）の全過程における情報の蓄積が極めて重要
であるといえよう。それゆえチャネルの複数化による政策当局の情報獲得
可能性の拡大は望ましいといえよう。ただし、政策過程における歪みの除
去の必要性という視点に着目した場合、IVで示すようにその言明の一部は
修正・補足されねばならない。

　なお、所論によれば、ここで政治システムに情報という Input を行なう
チャネルが重要であって（S.78ff.）、そこには選挙、アンケート、メディア、
抵抗、学問、行政府が挙げられている（S.79）。加えて、租税制度はそう
した中で希少性シグナルの役割を果たしうるか否かが問題となるが（S.79,
S.84f. なお、租税制度のかような機能は性質上それもチャネルとしての機能を果
たすと考えることも不可能ではないかもしれない）、選挙が一般性・平等性の

観点から優れているとされる（S.81）点には注意を要する。換言すれば、前述のように、本来は優れた政治的意思表明の手続である選挙の機能不全が公共選択論の問題意識であり、それは Esser 氏も共有するところなのである。

(2)　法制度の形成・発展の動態——アスペクトの提示

　租税制度に限らず、公共政策を規定する法制度は国会の制定法から成るために、人為的に構築されるものである。人為的に構築されるとしても、現状認識からすれば、構築作業への影響を与えることができるのは、それに直接携わる立法者のみではない。それは直前までの議論で明らかである。加えて、ここで着目すべきは、そうした法制度が形成され、その後継続的に発展することである。すなわち、法制度は時間の経過とともに、その内実が変化する。この変化を与える要因としては、先に言及した政策過程における諸アクターのみならず、経済社会の様々な与件も含まれるであろう。とするならば、ある法制度を取り巻く様々な要因は当該法制度の将来像に影響を与える。Esser 氏もこの点を捉えて、“進化”（S.40ff.）、前述の政治システムにおけるような “システム” という概念に着目するのであろう。ここで、所論によれば、特に前者（進化）については法制度に係る時間的動態性、後者（システム）については法制度の形成・発展が与件としての制度外の環境に規律されつつ進行することを示唆しよう（経路依存性〔Pfadabhängigkeit〕。S.40, S.44）。要するに、Esser 氏の言明を約言すれば、進化については、漸進的進化の結果形成される制度は、決して新古典派経済学の意味における市場均衡の如く、それに影響を与える諸要素の完全競争のもとでの均衡への到達というプロセスを経るのではなく、制度の形成という均衡へのプロセスにおいては、不均衡なパワーの存在、既存の制度、取引コスト、不知、情報の非対称性等の制約条件のもとで、Trial and Error のプロセスを経る必要がある（S.44f., S.186ff.）というのである。したがって、制度の形成は、租税制度も時間の経過とともに、また様々な外的要因に影響を受けつつ、形成・発展してきたのである。ここで本章の問題意識と接合するならば、法制度が外的環境の影響を受けつつその内容を変化させるということは、租税制度も含めて法制度一般については、多か

れ少なかれ制度形成に係る柔軟性を有しているといえよう。したがって、租税制度に Esser 氏が政治統制機能あるいは選好表明機能をもたせるためには、そうした機能を発揮すべく租税制度が構築されていなければならない。すなわち、制度改正の可能性を孕む柔軟性をもつ租税制度に加えて、ある程度の制度存続に係る硬性性が必要になってくるのである。このように考えると、Esser 氏の思考に対しては、かような属性を果たして現実の租税制度に期待することがそもそもできるのか否か、という重要な問題提起が可能であるかもしれない。

　以上の問題については、Ⅳで再び触れることとしたい。

3　租税立法過程における競争──立法過程の統制か、競争促進か？

⑴　立法過程の位置付け──財政政策・予算過程のアナロジー

　以上の議論を踏まえた上で、そもそも立法過程一般にいえば、そこでは様々な利害関係者が集合し、自己の利益実現を企図して、競争関係にある。最終的な政治的意思決定はかような競争の結果であり、均衡点であると理解する立場もありうる。これは立法過程の統制を企図するのではなく、むしろそこでの競争を促進すべきという帰結に行き着き、ひいては、利益集団の立法過程における跋扈もまた許されるものとなろう。

　このような意味での競争促進を支持する論者は、財政政策を素材としつつ、次のような論理を立てる。[19] 予算過程において、財政当局が予算編成作業を執るのであるが、予算要求官庁と財務省との間で予算獲得交渉が行なわれる。その際、両者の間の交渉的調整を以て、または首相のリーダーシップを以て妥結点に行き着くというのである。ところが、注意すべきは、こうした交渉的調整の過程にあるものとして、予算要求官庁と財務省との間での競争が観念されえて、その結果予算要求（需要）とその編成（供給）との一致点が探られるという。これは、市場経済のメカニズムを予算編成過程にアナロジーするものであることは理解できよう。この立場によ

---

19)　Breton, Albert, Competitive Government: An economic theory of politics and public finance, Cambridge 1996, pp.101.

れば、官庁間での交渉による予算編成作業には特に規律を設ける必要はな
く、交渉的調整にそれは委ねられる。

　これについては、既に別稿でも指摘したが、次のような疑義が呈されう
る[20]。確かに、予算編成に際しては、税収等の与件のもとで行なわれるため、
各官庁は自己の予算を最大化するために財務省との交渉を行なうであろう
から、そこに競争という性格を帯びた調整作業があることは間違いないで
あろう。しかし、そうであるとしても、財務省の裁量的判断が行なわれう
ること、さらには前述のような競争がなされることと予算要求・編成に納
税義務者の選好への配慮が十分入ることとは、無関係でありうることを直
視すれば、予算獲得過程での競争は本章で問題とするような政策過程の歪
みを除去することには必ずしも繋がらないとみるべきかもしれない。この
帰結は、財政支出の合理化という歪みを防止する直接的な手段に対して、
かような期待をもちえないことを意味するのであり、これも租税制度に係
る政治統制機能・選好表明機能の発揮を試みる動機の一つであろう。

　さて、以上の立法過程における競争の議論そのものではないが、強いて
立法過程にアナロジーを試みるならば、ある制度の配備・改廃を企図して
立法過程において利害関係者がプレッシャー活動を展開し、立法者が取捨
選択を行ない、その都度最も実施の必要性が高いものから作業していくと
いう立法過程像が観念されようか。果たしてこうした帰結を支持可能か否
かであるが、Esser 氏の立論を前提とするならば、支持できないであろう。
何故なら、立法過程においてそうした市場経済にも類似する需給調整機能
は必ずしも観念しえないであろうからである。そもそもプレッシャー活動
およびその前提たる納税義務者の集団に係る組織化の可能性という問題に
ついてみて取れるように、立法過程という市場に関与するアクター間で相
互に対等性がないとみるべきではないか。これが、Esser 氏が、複数のア
クターの跋扈に基づく政策過程の歪みに着目したそもそもの動機であろう。

---

20)　手塚・前掲注 8 ）149-150頁。

(2)　租税制度と経済構造

(a)　租税競争のもたらすもの

　租税競争という現象は租税政策を論ずる上では無視できない。これは、周知のように、国際的に移動可能な人的・物的資本が立法過程に影響を与え、それに伴い対応する租税政策の形成がなされるので、租税立法過程を論ずる際の重要事項である。租税競争についても見方は複数ある。Esser氏いわく、一に、租税競争が進展することにより、税率の引下げが展開するが、その結果、課税標準の拡大傾向が生ずるという正の効果が獲得できるとされ（S.87）、さらには、後述のシステム競争をアナロジーし、複数国間の競争を通じて公共政策に係る情報が獲得され、他国の制度等に照らした上で各国において制度改革圧力が高まりうるともされる（S.86）。これは租税政策についても当てはまろう。換言すれば、発見手続（Entdeckungs-verfahren）（S.86）としての租税競争である。これについてはまた、本章の問題意識からすれば、納税義務者の国外逃避により税収の減少をもたらし、それを食い止めるため、国家による財政支出が納税義務者の公共財に対する選好に一致する傾向をみせる、ともいえようか。

　二に、租税競争を通じて既存の Rent を失う者の抵抗が生じうる（S.87）とされるように、租税競争によってもかような効果は獲得できないというものである。経験的には後者の立場に与しやすい。何故なら、租税競争のもとでの政策当局がもつ租税政策の操作変数として課税標準も含まれ、税率の引下げと課税標準の拡大が同時に行なわれるとは限らないし、加えて、国外逃避の可能性を有するのは納税義務者の集団内で必ずしも多くはないということは十分考えられる。このことは、租税競争は財政政策の合理化を必ずしももたらさないという可能性を示そう。

　なお、租税競争については、いわゆる財政破綻（Race to the bottom）の危険性が指摘される[21]。これは、国家相互間の税負担の引下げを通じて生じようが、租税競争による近隣窮乏化が一国の財政を破綻に向かわせることを指す。しかし、しばしば指摘されるが、財政破綻の現象は現実化してい

---

21)　Hey, in : Tipke／Lang（Hrsg.）, Steuerrecht（Fn.1）, §13 Rz.156.

ない。むしろ、着目されるのは、租税競争下における財政支出の拡大傾向
である。例えば、社会保障等の支出はむしろ伸びの傾向を示しているとい
う（S.195）。この現象を説明するものとして、いわゆる補償仮説（Kompen-
sationshypothese）に言及される。これは、Esser 氏によれば、仮に、租税
競争が生じ、企業の国外逃避が始まる場合に、社会保障支出を増加させ、
企業にとって国家による雇用条件の改善措置を通じて、優れた従業員の確
保が可能となるというように、国家が租税競争の不利益の経済への拡散を
防止するための措置が採られることがあるという事象が存在するというこ
とを示す（S.195f.）という。これについては、租税政策と社会保障政策と
が相互補完的な関係にあることの証左と理解することもでき、社会保障政
策の充実を通じて、自らが移動不可能であり、同時に投資可能な資産を保
有しない中低所得者に対して生じうる租税競争がもつ負の影響をある程度
相殺することができるとも位置付けられる。そして、これが租税競争によ
って生み出された均衡状態ともいえるのであり、公共財と納税義務者の選
好とは一致することになろう。したがって、こうした見方は、確かに、補
償仮説の理論的かつ実際的正当性をもたらす。ひいては、それを以て、受
益と負担との不一致も解消しよう。しかし、補償措置として中低所得者に
配慮する公共政策が採用されるとは限らないのではないか。換言すれば、
かような場面における公共政策の内容は立法者のフリーハンドの中にある
とすらいえるし、その場合には租税競争に対する先の否定的評価がまた出
てくる。さらに付言するならば、補償仮説によれば、社会保障政策に係る
財政支出が増加するため、その点にのみ限定すれば、移動不能な納税義務
者の選好に合致する公共財の提供がなされていることになる。しかし、そ
うした増加する社会保障政策に係る支出の財源は移動可能な納税義務者に
対する増税ではなく、むしろ、結局自らに対する増税によることになろう。
これは本来移動可能な納税義務者に対する増税も含めて実施されるべきで
あるとも考えられるのであって、ここに新たな税負担の歪曲が生じている
ともいえよう。

　以上のシナリオのいずれが現実のものとなるかは明確ではないが、租税
競争が本章で検討するところの公共財と納税義務者との選好の一致を実現

するか否かは不確実であるともみることができそうである。

(b)　租税政策と"資本主義の多様性"——租税と経済との間の相互作用？

　さらに、以上の検討を一般化すれば、経済構造と租税制度との関係について示唆を得ることができるかもしれない。ここで資本主義の多様性（Varieties of Capitalism）という概念に言及される（S.57ff.）が、これは、Hall／Soskice 両教授によるものである。[22] Esser 氏はこの資本主義の多様性に基づき議論するが、これによれば、資本主義は大きく分けてアメリカ型およびドイツ型があり、前者が後者に比して一層自由主義的な市場経済をその特徴とし、後者は調整型市場経済ともいわれる（S.57.）。これを敷衍すると、資本主義をベースとする市場経済にいくつかの類型が認識されるのであれば、租税制度もかような市場経済に対応して分類が可能であることになる。すなわち、前述の租税競争を参照すれば、グローバル化という経済構造が租税制度に影響を与えることがあるといえるため（S.178f.）、租税制度も経済構造に規定される性質をもつのである。これは制度補完性あるいは経路依存性の概念を以てもまた説明可能であろう。

　ところが、こうした租税制度が経済構造に規定されるという関係のみでは、税負担の歪みの是正という Esser 氏の問題提起に応えることはできない。すなわち、二元的所得税は経済のグローバル化に対応して出現した税制であるともいいうるが、これが受益と負担との不一致を招来しているため、所得分類間の税負担の違いを均す、または二元的所得税の廃止といった租税制度の是正が求められる。ところが、そのためには租税制度が経済構造に矛盾することになり、例えば、二元的所得税のもとで要請される足の速い所得に係る税収確保は困難になる。ここで租税政策には選好表明機能・政治統制機能の確保および税収確保（この場合、結局は移動不能という属性をもつ中低所得者への増税ということになろうか）という二律背反する要請が突き付けられる。

　さらに、これと関連する概念としてニッチ競争（Nischenwettbewerb）に触れられる（S.53ff.）。経済のグローバル化の中では各国企業が業績向上の

---

22)　Hall, Peter A.／David Soskice, Varieties of Capitalism:The Institutional Foundations of Comparative Advantage, Oxford 2001.

ために、他国との競争の渦中において、他国によってなお提供されていな
い財・サービスを国際市場に提供することを通じて、競争上優位に立つこ
とになるが、各国企業はいわばそうした"隙間（Nisch）"を狙うわけであ
る（S.53f.）。この概念範型に従えば、先の資本主義の多様に係る租税政策
上の意義を改めて確認することができよう。すなわち、各国企業が競争を
行ない、その結果自国全体に係る産業構造が生み出され、かような産業構
造が派生的に企業、資金調達、就労、人的資本育成等の各形態を規定し、
関連産業をも生み出そう。そしてそれは自国経済にとっても重要なもので
あるから、一定の保護政策が採用されるかもしれない。その中には租税政
策も含まれ、総じて各国の産業構造に適った政策体系が構築される。これ
は資本主義の多様性がもたらす派生的現象といいうるのではないか。また、
Esser 氏は、経済のグローバル化がもたらした、ニッチ競争の帰結をシス
テム競争（Systemwettbewerb）と位置付けるのである（S.48ff.）。換言すれ
ば、文脈上、国家間のシステム（ここでシステムとは凡そ各国の配備した
個々の制度またはその総体を指そうか）がニッチ競争を通じて、その形成発
展に相互に影響をもたらすということであろう。ただし、ニッチ競争を通
じて、Race to the bottom に到達するということは必然ではないという
（S.55ff.）。その根拠としては、国家がニッチ競争に勝利する政策手段は税
制のみではなく、諸々の公共サービスでもあり、これには税収が必要であ
ること、各国のニッチが守備されることによる税収の獲得、ニッチ競争の
勝利のための他国の政策の模倣は無意味であること、が挙げられている
（S.55ff.）。このシナリオについてであるが、Race to the bottom による租税
制度の機能不全からくる財政破綻を回避する点はともかく、システム競争
を観念しても、手続的応益性の実現の可否との関連性はなお不明で、租税
制度による歪みの防止に資するものであるか否かは定かではないといいう
る。

　さて、私見によれば、以上の議論から得られる示唆は次のようにまとめ
ることができる。租税制度の構築は人為的になされるものではあるが、実
際には経済社会の様々な与件のもとでその作業はなされる。加えて、そう
した与件が制度構築に与える影響は極めて強いものがあろう。例えばある

国の重要産業には租税特別措置が配備されるという形態でそのことは具体的に現れる。すなわち、制度設計・構築者である租税立法者自身がそうした与件のもとに強く拘束されているのである。これは、Esser 氏が構想する政治統制機能・選好表明機能を租税制度にもたせることを困難にするのではないか。また、同じく租税理論の観点からもこの問題について議論ができそうである。この帰結に対する私見はⅣで示そう。

Ⅲ　租税政策のあり方——租税原則の実現

1　所得課税

(1)　租税制度の歪みとその実態

　ここで租税原則を実現するありようを具体的に示す。まず個人所得税であるが、政策過程におけるプレッシャー活動を展開するグループの存在により税負担の歪みが生ずる可能性があり、また同じくそれを防止する文脈で総合所得税に改めて言及がされているところからすれば、やや強引かもしれないが、（議論のための議論の前提として）所得水準によるプレッシャーグループの組織化の可否に照らし、高所得者から中低所得者への負担転嫁が仮定されるものとすることは許されよう。これを防止するべく、応能負担原則、特に垂直的公平の実現が求められることになる。Esser 氏によれば、ここで、所得課税の局面における政治的少数者（＝組織化不能な中低所得者）の保護、その意味での差別的課税の抑止が実現される（S.202f.,S.205）。所論によれば、以上に基づき、課税標準の拡大（S.216）が求められ、さらには所得税制（ここでは税率か）の累進性（S.212）も排除されてはいないと考えられうる。

　そもそも包括的所得概念は所得課税の公平を最もよく実現するものといわれる。課税の公平は、税負担という数量表現が可能な、各納税義務者に割り振られる金銭的負担についての公平を意味する。しかし、Esser 氏は、金銭負担の平等に尽きるのではなく、政策過程における意思決定の歪みの是正を行なう機能をも租税制度に読み込むことを試みる（自由権および参政権。S.212）。この背後にあるのは、少なくとも、政策過程の実態を示す

いくつかのモデルの示すものであろう。すなわち、政策過程における歪み
について、それを直接是正する手段・制度を構築することが性質上困難で
あるために、租税制度自体に納税義務者の選好を財政政策に反映させる仕
組みを構築しようとするのかもしれない。換言すれば、これは租税原則を
実現することによって、所得水準をベースとする政策過程でのプレッシャ
ーグループの組織化の可能性から生ずる意思決定の歪みを防止するための
立論であるといえるかもしれない。

　これについては、様々な評価が可能であろうが、私見は次の如し。おそ
らく、所論は、租税政策に係る政策過程における前叙の歪みは、納税義務
者ごとにみられる組織化の可能性の違いによるもので、いかんとしがたい
という見方を前提としている。また同じく租税立法過程の統制も目下のと
ころ実現しがたいと考えているのであろう。加えて、ここで、組織化の可
否を決定する要因として所得水準に着目しているとした場合、それを前提
に、高所得者が租税特別措置の創設に大きな影響力を行使できるのであれ
ば、相当程度の累進性をもった所得課税が望ましいという結論に行き着い
ているという理解の仕方は可能であろう。そして、程度の差こそあれ、高
い累進性をもつ所得税であれば、租税原則にも整合性をもつので、そうし
た税制は理論的にも支持しうるものである。この点、ドイツ租税法学にお
いては、かような言明を受け入れる基盤はある。租税法律主義に正義に係
る民主的正当性を読み込み、[23] さらに、社会国家原則が社会調整（国民にお
ける経済的弱者層の配慮）を財政目的規範および社会目的規範を通じて行
い、それが正義に適うならば、[24] 以上を以て租税法律主義を通じて担税力に
適った課税が実現されるのであり、それはまさに民主主義的租税立法によ
る垂直的平等の実現であるという結論を得ることも不可能ではなかろう。
これはまさに民主主義的租税立法による受益と負担の乖離の防止を意味し
よう。この議論は課税標準の拡大についても当てはまろう。確かに、これ
は正しい見方であると思われるが、しかし、差し当たりいくつかの疑義を
呈することはできる。一に、上述のような形での租税原則の強調は、現実

---

23)　Hey, in:Tipke／Lang (Hrsg.), Steuerrecht (Fn.1), § 3 Rz.231.
24)　Hey, in:Tipke／Lang (Hrsg.), Steuerrecht (Fn.1), § 3 Rz.210ff.

に形成される租税政策の歪みの是正には直接的に行き着かない。何故なら、そもそも租税立法過程はその“構造・性質上”租税原則の純粋な実現ができないからである。換言すれば、先の立場にはその意味で実践性が欠如している。二に、それは、一見すると、最近の租税政策の傾向にそぐわない。すなわち、程度にもよるであろうが、前述の如く累進性の高い所得税は、二元的所得税にみられるような経済立地点としての魅力の確保を織り込んだ租税政策には合わないであろう。とはいえ、必ずしも、かような累進性の確保の強調がまったく無意味であるとはいいえない。租税特別措置がしばしば課税標準に配備されることに照らすと、所得税率の累進性を強めることは、例えば、近時のわが国の税制改正に係る議論に照らしても、合理性をもち、かつ実現性のある租税政策であると考えられる。

　尤も、一般論になるが、伝統的な租税理論と先にみたような租税制度へ政治統制機能をもたせることとの接合可能性自体は首肯できるとしても、議論の組み立て方に一定の留保は必要である。すなわち、税負担の転嫁は租税特別措置によるものと代置するとして、中低所得者層にかような租税特別措置の恩恵が及ぶことがないわけではない。この点、例えば、ドイツ租税法学において触れられるのが、ドイツ所得税法13a条であり、これは農林業所得者に特別な所得計算方式の適用を許すものである。その他にも非独立労働所得者（給与所得者）には様々な政策的な非課税措置が適用される。これによれば所得水準のみが政策過程における影響力を必ずしも反映するわけではないことが理解できよう。

　以上の二点に基づけば、次のことが導けよう。まず租税原則の強調を実践する途が構築されるべきであろう。そもそも課税標準の構築、税率に係る累進性の程度決定についても Rent-seeking が生ずるのであるから、前述の如く租税原則の強調およびその意義の再確認のみでは、この作業は実践知の獲得にまで到達しない。筆者なりの回答は、詳細な部分も含めてⅣで示すが、差し当たり租税政策の形成および租税立法についての政治的リーダーシップが重要であろうと考える。租税法学からはやや離れるが、一般論として多元的利益が反映される公共政策の形成については（尤も、あらゆる公共政策について多かれ少なかれこうした性質は承認されうる）、現実

の政策過程においてそうした多元的利益の整除が強力になされる必要があるのではないか（政策過程への歪曲的な Input の排除）。次に、所得水準以外の何らかの基準が探索されるべきであろう。差し当たり、直前の例を参照すれば、職業が挙げられうる。すなわち、同業種の会社が集団を形成し（一つの巨大企業でもありうる）、政策過程においてプレッシャー活動を展開することは現実に考えられる。例えば（以下のことは前者にも性質上妥当するともいいうる）人的企業を例とすれば、累進税率の適用はそのままにし、課税ベースに非課税措置を多数配備するそうした税制の実現をすべく、それらはプレッシャー活動を展開することはあろう。これが示唆することは、税負担の歪曲防止のための手段がさらに考案されるべきこと、加えて、課税ベースについてもそれを広く把握すべきことが租税理論により承認されているにもかかわらず、課税ベースの拡大が実現されないのであるから、租税立法作業において租税原則の実現を一層確実化する手段が必要であることであろう。特に後者はⅣでも触れる立法過程の整備であろう。

(2)　租税制度との関係での Overlap の意義

　ここで、Overlap の概念に触れられるのである。これは、租税制度の設計を行なうに際して、複数の租税原則を同時に実現することを企図する判断枠組みである。Esser 氏は、これを効率性・正義の要請とシステムの観点からの要請が相克したり一致したりする程度に幅が生ずることの原因となる一連の諸性質であるとしている（S.184）。やや難解ではあるが、これによれば、消費型所得税を例とすると、Cash-Flow 型（Sparbereinigung）の税制を採用すれば、課税繰延が生じ、投資は活性化する。それを通じて税収は一時的に減少するかもしれないが、長期的にみれば税収の平準化が実現されるというのである（S.185）。さらに、企業に対してそのインフラの利用に着目した応益的課税を行なおうとするならば、租税理論からみると、企業の利益に対する税（Gewinnsteuer）ではなく、付加価値税が望ましいことになるが、利益税および付加価値のすべてではないが何らかの手段で一定程度把握される付加価値税を併課することによって、純粋な付加価値税を採用した場合と同水準の税収を確保するのであれば、付加価値税についても問題となる受益と負担の定量的明確化という難問を回避しつつ、

租税制度として合理性を確保できるとする（S.185）。特に、第二の設例に着目すべきであるが、要するに、受益と負担との一致を制度としての実践可能性を維持しつつ実現しようとするならば、複数の税目を適切に組み合わせる必要があるというのである（S.185f.）。実のところ、これは、実体的応益性および手続的応益性を同時に実現することを指向する鍵概念であり、要するに、（それを純化して実施するというわけではないが）実体的応益性をベースとする租税制度は、租税の機能からして当然に必要なのであるが、それに加えて税負担の歪みをなくするという手続的応益性をも組み込みつつ租税制度が構築されるべきということである（S.141）。

2 法人課税

次に法人税は如何にして構築されるべきか。Esser 氏いわく、法人は税負担の最終的担い手ではなく、私的領域ももたず、消費も行なわず、選挙権も有さないので、社会契約の当事者ではない（S.207）。すなわち、法人税は、周知のように、個人所得税とは異なり主観的担税力は観念されえず、また法人に係るステイクホルダーに法人税負担の転嫁が程度の差こそあれ生じうる等の特殊性が知られている。これは法人税には個人所得税と同じ意味での応能負担原則は妥当しないことを示す。そこで、所論によれば、主観的担税力を斟酌する必要がない法人のもとではその分課税標準が広くなり、そして、法人については、個人と異なり、受益と負担と間の関連性が明確であるとする（S.207）。この言明の真偽のほどは措くとしても、結果として実体的応益性に基づく課税に近くなるが、やはり特定の法人に係る受益を税負担に対応させることはできないであろうから、それを純化した形態で実施することまでは求められないであろう。これを突き詰めると、Esser 氏によれば、外形標準型の課税標準を採用することも選択肢の一つとなりうるのかもしれないが、そうではなく、法人の支払能力、具体的には実現利益に課税を限定することが、プレッシャーグループの影響を排除した課税を実現するという（S.216f.）。何故なら、課税の対象に計測可能性、管理可能性、確実性が承認されるからである（S.216）。加えて、法人は合併、分割を行ないうるのであって、垂直的公平を実現すべく累進課税

を行なうことは無意味であるとされ、そこで比例的法人税が支持される
（S.207）。

3　地方税制と多数税目主義

　地方税においても受益と負担との不一致という状況が生じうる。これは
必ずしも前叙の所得水準の違いにより引き起こされるものではないかもし
れない。例えば、事業税は法人および事業所得者という属性を備えた納税
義務者にのみ課される租税であるが、これも、特定の属性を備えた納税義
務者に対して、その他多数の納税義務者が負担を転嫁しているとみられる
のである。これについては、既に、"企業"という共通の属性を備えた納
税義務者に対して中立的な課税を構築すべきであるという視点から、ドイ
ツ租税法学が企業（農林業、独立労働所得等の稼得者）も含めて地方企業税、
地方経済税へと改変すべきという主張がなされる。[25] このように納税義務者
が拡大すれば、受益と負担との不一致を回避しうる契機が創出されうる
（S.195）。

　また、Esser 氏は多数税目主義（Vielsteuersystem）に着目すべきとする
（S.189, S.195）。これは、端的には、様々な税目を以て税収獲得をする租税
制度・体系を指向する立場である。まずその概要を示す。Esser 氏も引用
する Lang 教授によると、応能負担原則は主として課税標準の選択および
構築を通じて実現されることになるが、その際、課税可能な担税力の指標
を如何なる経済的事実関係または状態に見出すかが最も重要であり、それ
は歴史的にみて決して普遍的に妥当しているものはなく、現在に至るまで
凡そ土地、資本、消費という変遷を経ているという。[26] そして、単一税
（Alleinsteuer）の構想への着目がある。[27] これは、端的には税収を唯一の税
目を以て獲得するというものであるが、その背後には課税が国民経済の成
果（Erträgen der Volkswirtschaft）に対してなされ、そこからかような成果

---

25)　Kommission "Steuergesetzbuch", Steuerpolitisches Programm Einfacher, gerechter,
　　sozialer:Eine umfassende Ertragsteuerreform für mehr Wachstum und Beschäftigung, Berlin
　　2006, S.40ff., S.43.

26)　Hey, in: Tipke／Lang（Hrsg.）, Steuerrecht（Fn.1）, § 3 Rz.52.

27)　Hey, in: Tipke／Lang（Hrsg.）, Steuerrecht（Fn.1）, § 3 Rz.53.

を簒奪するものであるという思考がある。すなわち、課税の性格が私経済の成果に対してなされるという点に着目し、私経済活動の成果として最も相応しいものがあり、それに課税すべきとする帰結が導かれるのである。そうした最も相応しい成果の指標として17世紀においては土地が、19世紀においては純資産の増加としての所得が、20世紀においては消費が観念されたのであった。

　しかし、そうした単一税の構想には批判が提起された。単一税で以ては税収を十分に獲得することが困難であること、私経済活動の成果として最も相応しい指標が存在するというイメージが理論的に誤っているということがそれである。そこで前述の多数税目主義への着目がなされた。Esser氏によれば、これは先の単一税に対する批判を回避するとともに、多数税目主義を以て具体的には以下のような点で受益と負担との不一致を避けることができるという（S.188）。一に、所得税が消費税を通じて補完され、所得税負担が少ない納税義務者が消費税負担を負うことになり、適切な税負担の創出が可能となる。二に、特定の税目による税負担が突出することによる当該税目に係る税負担が過重になることはなくなる。三に、様々な場面で課税がされるので、多くの納税義務者が課税に服する機会があるため、課税漏れが少ない。これにより税負担を負う納税義務者の範囲は拡大する可能性があり、前叙の問題の解決に貢献する可能性がある。

　この多数税目主義への着目は、そもそもの理論的意義において Esser 氏の企図する受益と負担との不一致を回避する可能性を提供する基礎概念として構築されていたか否かはともかく（むしろ先に引用したもののみから判断すれば、必ずしもそうしたことは企図されていないようにも理解できる）、確かに所論の述べるような帰結をもたらす可能性は否定できない。ところが、同時に、ドイツ実定税法における税目は約50あり、そのうち10の税目で税収の相当部分を占めているという[28]。かような状況のもとでは税目の増加は単なる地方における公的部門の膨張を引き起こすにすぎないともいえよう。また、仮に、直接税（たる所得課税）のもとでいわゆる執行の欠陥がかな

---

28)　Lang, Joachim, Entwurf eines Steuergesetzbuchs, Köln 1993, S.114f.

り生じ、間接税への税負担の一層転嫁が生ずると、それに対応して多数税目主義は必ずしも応能負担原則の実現を帰結しない[29]という指摘もある。これは結局受益と負担との不一致をもたらそう。この点で、多数税目主義も必ずしも受益と負担との不一致を完全に解決するものではなく、加えて、先行研究に依拠しつつ[30]、直接税に係る税務執行の重要性が示唆されている。さらに、課税することが可能な税目が多数あると、国家がそれだけLeviathan 化する可能性にも言及される（S.189）。

Ⅳ　結語──租税政策論に係るいくつかのインプリケーション

　本章で概観したドイツ租税政策論に係る議論について、その特徴・構造、そしてそこから得られるインプリケーション等をまとめておきたい。
　一に、応益性概念は手続的な意味内容をももつとされた（いわゆる手続的応益性）。手続的応益性は実体的応益性とは異なり、いわば納税義務者の公共財に対する選好が、できるだけ正確に公共財提供メニューに反映されるべきことを求める。そして、これは、結局、政策過程における納税義務者のもつかような選好が反映される途が開かれるべきことを求める。ただし、これは公共財が市場取引を通じて獲得されるものではなく、むしろ財政当局の財政政策についての裁量的判断に基づいて提供されるという特質によって困難となる。なお、こうした公共財の提供に係る特質は性質上やむをえないが、財政統制という点では問題を孕む。本章の問題意識に照らせば、財政当局が政治的中立性を維持しつつ予算編成を行なうことが困難であるという現実を直視すると、裁量的判断の過程に様々な政治的影響が及ぶことはもはや阻止することができないことになる。この点、一般的には、憲法上の財政民主主義をベースに国民代表議会による財政統制が議論されることになると思われるが、議会の実態をみると、その構成員たる議員は予算編成過程において行使される政治的影響の主たる要因となっていると解されよう。とするならば、財政民主主義の意味内容として議会に

---

29)　Hey, in : Tipke／Lang（Hrsg.）, Steuerrecht（Fn.1）, § 3 Rz.54.

30)　Lang, Entwurf eines Steuergesetzbuchs（Fn.28）, S.114f.

よる議決を読み込むだけでは、財政統制の実効性は期待できないと考えるべきである。したがって、重要なことは、財政政策の裁量を前提としつつもプレッシャー活動に対して一定の硬性をもつ財政上の意思決定を可能とするそうした予算編成過程の実現およびそれに向けた現状の改革である。このことは第一次的には財政法の理論を深化させることによって対応すべきことであろうが、その課題は別の機会に扱うこととしたい。

　二に、ところが、現実の政策過程における歪みは、とりわけ租税特別措置の創設にみられるように、租税上の利益を得るがために、政策過程において利害関係を同じくする納税義務者の集団が形成される。この組織化の可否に応じて受益と負担との不一致が生ずる可能性が導出された。そこで本章では、租税制度自体にその是正の可能性が見出されうるか、という議論について検討を行なった。その際の重要な視角は所得課税について、いわゆる税収獲得（財政目的）、政策実現（社会目的）、税務執行の容易化（簡素化目的）という従来租税法学において租税制度に承認されてきたもの[31]とは異なる、そしてそうであるとは必ずしもいいがたい、かような役割が承認されうるか否かという論点である。本章で検討した諸説によると、租税制度もそうした役割を担うことが可能であり、またそうあるべきであるという帰結を論証することは不可能ではない。その際の重要な基礎概念はシステム論、制度補完性、経路依存性であった。確かにこれらは租税制度も含めた制度の形成展開のあり方を優れてよく示していると思われるが、しかし、結果として租税政策の形成に関しては、租税原則をできるだけ純化した形態で租税制度設計がなされるべきであるという帰結が示されただけではないか。確かにこれは理論的には正当である。ところが、本章において概観した租税政策の形成過程について、Esser 氏が援用した公共選択論を当てはめると、国家およびその活動としての公共政策（特に財政政策）の実施が局所的利益を追求する Rent-Seeker によって支配されているとするならば、国家の活動およびその原資たる税収は少ないほうがよいので、政府の肥大化を避けるために、"課税ベースをできるだけ小さく限定し、

---

31)　Hey, in: Tipke／Lang（Hrsg.）, Steuerrecht（Fn.1）, § 3 Rz.20, 21f., 23f.

納税義務者にとって租税負担を回避する「抜け道」を用意しておくことが
望ましい"[32]という帰結すら導かれうる。これは租税法学の視点からは到底
容れられるものではない。しかし、この帰結自体は首肯できるとしても、
租税政策の現実に活かしうる実践性をもつ理論的枠組みではないといわざ
るをえない。おそらく、これをカバーするために、納税義務者の選好表明
手段たるチャネルは、選挙等のみではなく、複数あったほうが望ましいと
考えているのであろう。希少性シグナルとしての租税制度も必ずしも十分
な合理性をもたなかったり、選挙も必ずしも有権者の選好を正確に伝える
ものではないとすると、納税義務者の選好内容という情報が財政当局に伝
達されるチャネルは、選挙以外のものがあるのがよいという結論が導ける。
そもそも、本章でみた租税制度自体に政治統制機能・選好表明機能をもた
せるという立場は、選挙あるいは政策過程におけるプレッシャーグループ
による選好表明としての Input がもつ不正確さを見出しているのである。
ここで Input の不正確性とは、Input が可能な集団とそうでない集団とが
存在し、前者のみの Input が政治システムになされることを指す。ただし、
租税制度自体も広い意味では政治システムへの Input の結果構築されるも
のであると観念しうること、さらに租税制度は制度補完性に基づく他の諸
制度と相互に影響し合って形成発展し、経路依存性に基づく過去の制度上
の意思決定に依存して形成発展していくものであることは銘記されるべき
である。これにより Input の不正確性が除去されなければ Esser 氏が想定
するところの諸機能を現実に租税制度に配備することは不可能である。も
ちろんいうまでもなくドイツにおいてもわが国においても特に個人所得税
の領域において担税力に即した課税および累進税率による所得再分配等に
基づく租税制度が概して指向されているので、かような諸機能を確保する
ことが不可能であるとは必ずしもいえず、むしろ、先の私見に基づく検
討は、単純化すれば、大型の税制改革は政治が利害関係から距離を置き強
力なリーダーシップを発揮することの必要性を示唆しているといえよう。[33]

---

32)　例えば、加藤寛編著『入門公共選択—政治の経済学』（勁草書房・2005年）348頁〔川野辺
　　裕幸〕。
33)　加えて、本章の検討からは逸れるが、その他にも、租税特別措置の改廃については、その

　筆者のみるところ、こうした政策過程におけるリーダーシップの意義は極めて大きい。例えば累進税率であるが、確かに、政策過程における（税負担に係る）受益と負担との乖離という歪みの原因である納税義務者集団の組織化の可否については、所得水準でそれが決定されるのであれば、高所得者に重い負担を課す累進税率が歪みを防止する有効な手段になりえよう。しかし、仮に、中低所得者（層）が政策過程において強い政治力をもつならば（これはⅢ1の考察からすればありえないことではない）、累進の度合いを一層強め、高所得者にさらに高い税負担を課するそうした税率改革も行なわれるかもしれない。つまり、その都度の社会情勢に応じて、税負担が高所得者から中低所得者へ、またはその逆方向へ歪曲を伴いつつ課されることがありうるのである。その際、社会情勢に応じて最も合理的な税負担を創出しうる税制が設計されねばならない。それを可能にするのは、政治的圧力を抑えつつ、租税立法をリードすることが可能なリーダーシップをもった政策立案者であろう。

　三に、一般論に移るが、Esser 氏は、政治システムに触れる際に、制度補完性・経路依存性に触れた。この二つの概念は、現在の制度間かまたは過去と現在の制度間かという対象の違いはあるにせよ、ある制度の構築は別の制度の影響のもとにあるという認識を内包する点において共通しているといえよう。この両者は税制改革を論ずる際には、以下のような形での議論に応用することが可能ではあるまいか。すなわち、これは、ある制度が構築される際に、当該制度構築に影響を与える要素として、構築時点の諸要素のみではなく、従前の諸要素もそれに影響を与えることを示す説明概念である。この概念がもつ直前で示した意味内容に係る正当性、そしてこの概念に着目することに係る論理的妥当性については、本章では首肯することとしたい。その上で、この概念から得られる示唆として、以下の点

制度化という手法が有効でありうる。わが国でも租税特別措置透明化法が制定されているが、租税特別措置の改廃につき、それを立法者の裁量に委ねるのではなく、改廃の手続を法律等の形式を以て制度化しておけば、改廃を要する場合、要件に該当する租税特別措置は一律かつ無差別に改廃の検討対象となり、政治的影響が改廃（およびその俎上の乗るか否かの）判断を左右することはなくなると仕組むこともできよう（ただし、そうした制度化自体が政治的影響のもとに置かれるならば、本章冒頭の問題がまた生ずる）。

を挙げておきたい。経路依存性は制度改正の作業についても性質上妥当す
るであろうが、税制改革論に当てはめると、次のようになろう。税制改革
において個別的措置の設計が行なわれる際に、その目的は既存の税制の改
善であろうが、その改善作業が必ずしも目的との関係で最適なものではな
く税制改革作業が取り敢えず終了することがある。これは通常税制改革の
政治性によって説明されることがあるが、それ自体妥当であるとしても、
本章冒頭で言及したように租税法学の観点からの議論としては不十分であ
ると考えられる。したがってこれを今一歩進め、租税政策の形成への含意
を導出するとすれば次のようになろう。例えば、ドイツ企業税法では、所
得課税および法人課税が併存し、以て企業形態に応じて税負担が異なると
いういわゆる二元主義があり、学説上批判の対象である。ところが何度か
の税制改革を経ても、この二元主義は克服されない。これは中立性の毀損
であるため論難されること自体、理論上は自然であるが、克服されないの
が問題である。ここで租税法学は克服後のあるべき租税制度を想定し、改
革案を提示する役割を負うべきであるが、それだけでは税制改革には貢献
できない。このことは租税法学の立場から租税政策を論ずる際には、租税
原則を純粋に実施すべきという帰結にだけ着目することの不十分さを示唆
する。こうした企業税法に係る設例のもとでは、むしろ経路依存性に着目
し、現にある租税制度が租税原則を純粋に実施していない要因を特定し、
可能であればそれを除去すると戦略的に考えたほうが租税政策論としては
生産的である。換言すれば、税制改革のターゲットそのものではなく、そ
うしたターゲットを取り囲み、税制改革を不首尾に終わらせる、既存の租
税制度を規定する要因に着目することが重要である。これには、差し当た
り、連邦憲法裁判所の租税立法に対する違憲審査権の行使のあり方、企業
法制における人的企業の多さ、ゲマインデの税収確保のための事業税の存
在といったものが該当しよう。[34] もちろん、これらはあくまでもドイツにお
ける法人税改革についての議論の産物であって、これらに類する税制改革
に係る制度的阻害要因が多々ありうることはいうまでもない。本章冒頭Ｉ

---

34)　手塚・前掲注6)。

でも指摘したが、租税制度の設計および税制改革については、政治性が支配しているという事実が正当な事実認識とされている中で、その場合の政治性の具体的意味として Rent-Seeker という人間の跋扈が観念されていた。ところが以上の議論展開においては、Rent-Seekr のみではなく、社会における法制度または経済財政制度等が実効的な税制改革の阻害要因として観念されるし、政治性という形容を与えることは必ずしも適切ではない。

　したがって、以上を要するに、税制改正の政治性を強調するのみでは、租税政策論を租税法学の観点から分析することはできず、様々な既存の制度（およびそのあり方）が税制改正の実効性を阻んでおり、税制改正を真に実現する場合には、周辺の既存の制度改正がまずその前提作業であるといえるのかもしれない。尤も、その際には、実効的な税制改革は極めて難しい作業であることが再確認される。すなわち、税制改革の実効性を論ずる際には、結局、抜本的な税制改革が想定されることもあろうから、既存の制度に何らかの改変を加えることなしには実効的税制改革は実施できないし、改変作業に着手しても時間も必要であろうから、税制改革はさらに遅延するという構造的阻害要因があると考えられよう。このことは、極めて単純化していうならば、租税立法者が受益と負担とを一致させる租税制度の構築を企図しても、それは必ずしも容易に実現されえず、仔細にみるならば、制度補完性を当てはめ経済制度から租税制度への影響により、さらには経路依存性を当てはめ過去の政策的判断により、租税立法者はその都度の経済社会情勢を直視して、最も望ましい租税制度のグランドデザインを構想することをなしえたとしても、それを純化して実施することはできないということになろう。

　それに関連して、租税政策論における租税政策の形成過程のもつ意味を再度確認しておく必要があろう。本章冒頭Ⅰにおいても言及したが、租税政策の形成を租税原則の具体化を通じて租税制度を構築する過程と理解すれば、租税政策のあり方を論ずる上で、租税原則と租税制度との整合性を測ることが租税法学の行なうべき作業であるといいうる。[35] 確かに、それは

---

35)　手塚・前掲注 5 ）。

必要な作業であるといえるが、租税法学における制度設計論を論ずるために、本章の検討をもとに以下に示すように視点の拡張は可能である。すなわち、拙稿（注 5 ））でも指摘したように、租税制度は租税原則を必ずしも充足せず（典型例としての租税特別措置の創設）、租税原則自体から一義的な租税制度は導出されえない（いわゆる Hybrid 型所得税の存在[36]）ので、租税制度と租税原則との整合性の確保のみを指向する租税政策論は不十分であると思われる。さらには、それに関連して、租税政策の形成過程たる租税立法過程は多元的利益の調整の場として存在し、そうした調整作業の結果として租税制度の構築に行き着くわけであって、いわれるところの政治的影響力を排除した租税政策の形成はむしろ論ずることができないともいいうる[37]。とはいえ、そうした政治的影響力が強過ぎると租税政策の合理性が確保できないという本章冒頭の問題提起に帰着する。そこで、租税法学の守備範囲として観念しうる一つの選択肢は、立法過程のあり方を検討すべきことであると考えられる。すなわち、租税制度と租税原則との整合性の確保という捨象が許されない作業をベースに、租税政策の形成に性質上付着する多元的利益の調整という作業をも適切な形態で同時進行させる立法過程論を構築する方向に進んでいく必要があると考える[38]。

　なお、本章を締め括る上で、Esser 氏の議論について、租税理論の観点から検討を行なっておく。例えば、二元的所得税についていえば、これは税負担に係る所得移動性に着目した弾力性を基準とした場合には中立的な税制であるとされる。しかし、端的には、高所得者に有利な税制ではあるため、本章における検討の視角からすれば、二元的所得税は中低所得者に係る税負担との兼ね合いで是正されるべきことになる。これは税負担の平等に着目した議論である。しかし、二元的所得税については、消費型所得概念との関係で、生涯所得を基準に担税力を測る立場からはなお平等原則

36）手塚貴大「所得税改革と租税政策論—ドイツ租税法学における所得分類再編論を素材として」記念論文集刊行委員会編・前掲注 3 ）595-596頁。

37）　手塚貴大『租税政策の形成と租税立法—ドイツ租税法学に見る租税政策論』（信山社・2013年）50頁以下。

38）　その具体的形態は未解明である。ただし、構想途上ではあるが、第三者性をもつ専門家集団の知見の立法への反映が検討の対象である。

に適合する税制と評価できるし、また、投資所得に係る軽課税を通じてそれに係るインフレ調整を行なっていることから正当化される可能性もある[39]。したがって、租税理論の観点からは、二元的所得税について、端的に平等原則を援用しつつ、それを論難し、垂直的平等を回復することによる税負担と受益との間の歪みを防止することは困難である。これは租税制度が複数の租税原則の要請から構築されることの帰結でもあるかもしれない。この点で、租税制度に政治統制機能・選好表明機能をもたせ、それを通じて前述の歪みを大幅に改善するというEsser氏の構想についてはその意義を、少なくとも現実面では、限定的に観念する必要があろう。換言すれば、租税制度は政治統制機能・選好表明機能を担う多くの制度・システムのごく一部である。さらに、これを一歩進めていえば、本章でみた範囲での、所得階層に応じた受益と負担とをできるだけ一致させるという意味での租税政策と財政政策との統合は差し当たり困難であるといいうる。

---

39)　手塚・前掲注37) 154頁。

事 項 索 引

手塚　貴大（てづか・たかひろ）

慶應義塾大学大学院法学研究科後期博士課程単位取得退学。
広島大学大学院社会科学研究科助教授、同准教授（職名変更による）を経て、2014年より現職。
現在　広島大学大学院社会科学研究科教授
専攻　行政法・租税法
主要著作　『租税政策の形成と租税立法─ドイツ租税法学に見る租税政策論』（信山社・2013）

法人・企業課税の理論〔租税法研究双書８〕

2017（平成29）年10月30日　初版１刷発行

著　者　手塚貴大
発行者　鯉渕友南
発行所　株式会社　弘文堂　　101-0062 東京都千代田区神田駿河台１の７
　　　　　　　　　　　　　　TEL 03(3294)4801　　振替 00120-6-53909
　　　　　　　　　　　　　　http://www.koubundou.co.jp
印　刷　港北出版印刷
製　本　井上製本所

ISBN978-4-335-32062-0

租税法 [第22版]　　金子 宏

【法律学講座双書】　各種の政策目的実現のために行われた多数の重要な平成28年度改正のすべてを現行法として織り込み、更に、平成29年度改正についても言及。重要判例・文献をフォローした最新版。　6000円

プレップ租税法 [第3版]

佐藤英明

親しみやすい会話体で、誰にも身近な租税の仕組みや考え方をもっと知りたくなる入門書。構成も刷新し、面白さ倍増の最新版。各講の終わりにある【考えてみよう】には「解答のてびき」付き。1900円

スタンダード所得税法 [第2版]

佐藤英明

学生や実務家の卵に必要なところを、基礎から発展へと段階を追い、事例、図表、2色刷、枠囲みなど工夫の限りを尽くしわかりやすく説明。「手続き」についても学べる、パワーアップの最新版。　3000円

ケースブック租税法 [第5版]

金子宏・佐藤英明・増井良啓・渋谷雅弘 編著

具体的な事実に即して法の適用と判例法の形成が学べ、実務的能力と感覚を養える判例教材。法改正、最新重要判例・文献を加え、詳細かつ難易度付きのNotes & Questionsでパワーアップの最新版。4500円

租税法演習ノート [第3版]

佐藤英明 編著／岡村忠生・渋谷雅弘・髙橋祐介・谷口勢津夫・増井良啓・渡辺徹也 著

租税法を楽しむ21問　21の設問について解答を作成し、解説を読むと、基礎知識が着実に定着し、運用する力が自然に身につく演習書。設問に対応した「解答例」付き。法改正や最新の判例・学説に対応。2800円

税法基本講義 [第5版]

谷口勢津夫

税法の基礎がわかるテキスト、法改正に対応の最新版。基礎理論、条文の読解、全体的・体系的な把握、ネーミング、論点の深い理解の5点を重視。難解だとされる税法を条文に沿って学べる基本書。　3700円

＊定価（税抜）は、2017年10月現在のものです。